La réparation des préjudices causés par les pratiques anticoncurrentielles

Recueil de décisions commentées

2e édition revue et augmentée

Rafael Amaro
Jean-François Laborde

Préface de Jacqueline Riffault-Silk
Avant-propos de Nathalie Dostert

ISBN 979-10-94201-41-1

Ouvrages Concurrences

La version électronique de ces ouvrages est disponible sur le site concurrences.com.

Mélanges

Albert Foer – A Consumer Voice in the Antitrust Arena, *Nicolas Charbit, Sonia Ahmad (ed.), 2020*

Richard Whish – Taking Competition Law Outside the Box, *Nicolas Charbit, Sonia Ahmad (ed.), 2020*

Frédéric Jenny – Standing Up for Convergence and Relevance in Antitrust, Vol. I & II, *Nicolas Charbit, Sonia Ahmad (ed.), 2019*

Wang Xiaoye – The Pioneer of Competition Law in China, *Adrian Emch, Wendy Ng (ed.), 2019*

Douglas H. Ginsburg – An Antitrust Professor on the Bench, Vol. I & II, *Nicolas Charbit, Ellie Yang (ed.), 2018*

Ian S. Forrester – A Scot Without Borders, Vol. I & II, *Assimakis Komninos et al. (ed.), 2015*

William E. Kovacic: An Antitrust Tribute, Vol. I & II, *Nicolas Charbit et al. (ed.), 2013 & 2014*

Thèses

Le droit de la commande et le droit de la concurrence de l'Union européenne, *Vincent Bridoux, 2021*

Essays in Industrial Organization: Competition and Regulation in Network Industries, *Jean-Marc Zogheib, 2021*

La faute lucrative en droit de la concurrence, *Godefroy de Moncuit de Boiscuillé, 2020*

The Role of Media Pluralism in the Enforcement of EU Competition Law, *Konstantina Bania, 2019*

Les accords de report d'entrée (Pay-for-delay), *Walid Chaiehloudj, 2019*

Buyer Power in EU Competition Law, *Ignacio Herrera Anchustegui, 2017*

Google, la presse et les journalistes, *Guillaume Sire, 2015*

L'Union européenne et le droit international des subventions, *Loïc Wagner, 2015*

Pratiques

Global Dictionary of Competition Law, *Deborah Healey, William Kovacic, Pablo Trevisan, Richard Whish (ed.), 2021*

Dictionnaire de droit de la concurrence, *Muriel Chagny (ed.), 2021*

Competition Law Climate Change & Environmental Sustainability, *Simon Holmes, Dirk Middelschulte, Martijn Snoep (ed.), 2021*

Perspectives on Antitrust Compliance, *Anne Riley, Andreas Stephan, Anny Tubbs (ed.), 2021*

Information Exchange and Related Risks: A Practical Guide, *Eric Meiring, Marcio Dias Soares (ed.), 2021*

State Aid & National Enforcement, *Jacques Derenne, Denis Jouve, Christophe Lemaire, Francesco Martucci (ed.), 2021*

Les pratiques commerciales déloyales, *Erwann Kerguelen, Jean-Louis Fourgoux, Leyla Djavadi, 2021*

La réparation des préjudices causés par les pratiques anticoncurrentielles, *Rafael Amaro, Jean-François Laborde, 2ème édition, 2020*

Merger Control in Latin America: A Jurisdictional Guide, *Paulo Burnier da Silveira & Pamela Sittenfeld (ed.), 2020*

Competition Law Inquiries in the EU – A Practitioner's Guide, *Nathalie Jalabert-Doury, 2020*

Competition Digest – A Synthesis of EU, US and National Leading Cases, 4th ed., *Frédéric Jenny (ed.), 2020*

Les inspections de concurrence des autorités françaises, *Nathalie Jalabert-Doury, 2019*

Gun Jumping in Merger Control, A Jurisdictional Guide, *Catriona Hatton, Yves Comtois,*

Andrea Hamilton (ed.), 2019

Grands arrêts du droit de la concurrence – Régulations, *Francesco Martucci (ed.), 2019*

Grands arrêts du droit de la concurrence – Distribution & Pratiques commerciales déloyales, *Nicolas Ferrier & Frédéric Buy (ed.), 2019*

Choice – A New Standard for Competition Analysis?, *Paul Nihoul et al., 2016*

Ouvrages Généraux

Women & Antitrust – Voices from the Field, Vol. I & II, *Evelina Kurgonaite & Kristina Nordlander (ed.), 2020*

Petit manuel (irrévérencieux) d'économie, *Emmanuel Combe, 2018*

A quoi sert la concurrence ?, *Martine Behar-Touchais et al. (ed.), 2014*

Colloques

Antitrust in Emerging and Developing Countries, Vol I & II, *Eleanor Fox, Harry First (ed.), 2015 & 2016*

Global Antitrust Law – Current Issues in Antitrust Law and Economics, *Douglas Ginsburg, Joshua Wright (ed.), 2015*

Competition Law on the Global Stage: David Gerber's Global Competition Law in Perspective, *David Gerber, 2014*

Sommaire

Préface

« *Public and private enforcement must go together.* » C'est ainsi que s'exprimait Alexander Italianer, alors directeur général de la concurrence à la Commission européenne, lors d'une conférence tenue à Bruxelles, en 2012. En d'autres termes, la mise en œuvre du droit de la concurrence, par les autorités publiques de concurrence, doit aller de pair avec celle qui résulte des actions en réparation engagées devant les juridictions nationales, par les victimes des pratiques anticoncurrentielles.

Cette affirmation, qui nous semble aujourd'hui aller de soi, marquait, à nouveau, la continuité de la démarche entreprise, plus de dix ans auparavant, par la Commission européenne, pour parvenir à une mise en œuvre effective des droits subjectifs détenus par les ressortissants de l'Union européenne, consommateurs et entreprises, démarche soutenue avec vigueur par la Cour de justice et le Parlement européen.

Certes, le règlement (CE) n° 1/2003 du Conseil, par lequel était consacrée l'action complémentaire des autorités publiques de concurrence et des juridictions nationales, allait réaliser cet équilibre – en droit. Mais ce n'était qu'une apparence : en pratique, ces actions privées restaient extrêmement rares, en raison d'un faisceau de difficultés commun à tous les États membres : la complexité de ces affaires, qui requièrent une analyse tant économique que juridique, le coût des procédures, la situation inégale des parties, enfin les obstacles, souvent dirimants, tenant à la charge de la preuve, qu'il s'agisse de la faute imputée aux auteurs de pratiques anticoncurrentielles, du préjudice subi à titre individuel, comme du lien de causalité entre les deux.

Le regretté professeur Luigi Prosperetti, économiste réputé de l'université de Milan, soulignait alors, lui aussi, combien l'absence concrète de *private enforcement* était une faille dans le système antitrust adopté en Europe. Ces obstacles étaient inacceptables, incompatibles avec le développement du marché unique décidé par les États membres de l'Union européenne.

Il restait à tracer la voie de ces réformes nécessaires. C'est ce qu'a fait la Cour de justice de l'Union européenne, notamment en 2001 dans l'arrêt *Courage*, en posant les principes d'*efficience* et d'équivalence du droit européen de la concurrence, et en rappelant la responsabilité partagée des juridictions nationales, et des autorités de concurrence, dans la mise en œuvre de ces règles. C'est la CJUE, encore, qui a défini, dans sa décision *Manfredi*, des standards communs pour la détermination des préjudices résultant de pratiques anticoncurrentielles.

Et c'est encore la CJUE qui a, dans ses décisions *Pfleiderer* et *Donau Chemie*, ménagé un équilibre délicat entre les exigences d'ordre public de la répression des pratiques anticoncurrentielles – qu'accompagne la nécessaire protection accordée à ceux qui révèlent leur existence contre la promesse de bénéficier d'une mesure de clémence – et la garantie, non moins exigeante, pour les victimes, d'un meilleur accès aux preuves qui leur sont indispensables pour le succès de leurs demandes en réparation.

La directive européenne de 2014 s'est fait l'écho de ces avancées, et de ces compromis, en posant des règles nouvelles et parfois révolutionnaires : généralisation de l'effet liant pour les juridictions civiles, commerciales, administratives, des décisions des autorités de concurrence constatant l'existence de pratiques anticoncurrentielles, et ce, en dépit de leur nature administrative, établissement de présomptions multiples propres à alléger le fardeau de la preuve… tout en préservant un équilibre nécessaire entre des impératifs parfois contraires tenant à la protection d'intérêts publics et privés.

La transposition de la directive par chacun des États membres a suivi, et ces règles nouvelles, de procédure et de fond, sont appliquées aujourd'hui par les juridictions nationales, dans toute l'Europe. Il est remarquable de constater que les textes issus de ces transpositions, notamment en France, ne distinguent pas selon que l'infraction constatée par l'autorité de concurrence, constitutive d'une faute génératrice de responsabilité civile, est fondée sur la violation du droit européen, ou du droit national.

La Commission européenne, enfin, a ajouté à ce nouvel arsenal juridique des guides pratiques non contraignants pour l'analyse économique des préjudices et de leur réparation, véritables « boîtes à outils » de nature à aider non seulement les juges, mais aussi ceux qui les saisissent, consommateurs, entreprises, comme leurs conseils, en leur fournissant les éléments d'un langage commun.

Quelle a été la réception, en Europe, de ces évolutions profondes, par les parties et par les juges ?

Dans la première édition de cet ouvrage, publiée en mars 2019, Rafaël Amaro et Jean-François Laborde ont retracé le mouvement puissant par lequel les actions privées se sont multipliées en Europe, et commenté l'essor de la jurisprudence issue des juridictions nationales, tant en France que dans d'autres États membres de l'Union européenne.

Cette jurisprudence s'est enrichie depuis de nombreuses décisions et, comme auparavant, la Cour de justice européenne lui a apporté des réponses essentielles, sur les questions tant procédurales que de fond.

Édifice complexe, assurément, que viennent éclairer les regards croisés des deux auteurs, celui du juriste, celui de l'économiste, pour un nouveau bilan.

Nul doute que l'ouvrage vienne compléter, avec bonheur, la « boîte à outils » mise à la disposition des juridictions françaises – et sans doute, aussi, celles de leurs homologues européens.

Jacqueline RIFFAULT-SILK
Doyen de la chambre commerciale de la Cour de cassation
Président honoraire de l'Association des juges européens en droit de la concurrence (AECLJ)

Avant-propos

Je ne saurais trop remercier MM. Amaro et Laborde de me permettre d'exprimer quelques considérations sur un sujet d'importance majeure pour le tribunal de commerce de Paris. Nos échanges réguliers et constructifs ont contribué à nourrir la réflexion des juges spécialisés en droit de la concurrence. Qu'ils en soient chaleureusement remerciés.

Si l'on a pu précédemment s'interroger sur la réception en France par les parties et par les juges des évolutions profondes dans le domaine du *private enforcement* tout en soulignant l'augmentation significative des actions en réparation, force est de constater que cette tendance ne se dément pas et que les tribunaux se sont effectivement, et depuis plusieurs années déjà, approprié la matière et ont progressé dans la résolution des éléments de complexité auxquels tous les États membres se trouvent confrontés : la situation inégale des parties et les potentielles difficultés d'accès aux éléments de preuve pour les besoins de la démonstration de la faute, du lien de causalité le cas échéant et du préjudice allégué, la charge de la preuve ou bien encore la force probatoire des expertises économiques et le coût des procédures, sans parler de leur durée.

La majeure partie des contentieux soumis aux juridictions en *follow-on* concerne toujours majoritairement des litiges nés antérieurement à l'entrée en vigueur de la directive européenne de 2014 compte tenu de la durée des procédures menées devant les autorités nationales de concurrence. La question de l'application de la loi dans le temps a ainsi pu connaître des solutions différentes selon les juridictions, certaines choisissant d'appliquer certaines composantes de la loi nouvelle à des contentieux anciens. Ainsi la charge de la preuve a-t-elle pu donner lieu à des approches diverses dans le cadre de la réparation des pratiques anticoncurrentielles. La prise en compte de la répercussion des surcoûts a été examinée à plusieurs reprises par le tribunal de commerce de Paris selon les dispositions en vigueur avant 2014, tout en ouvrant la voie au renversement de la charge de la preuve adopté par la directive, ceci dans le but de faciliter l'accès aux preuves dans le respect des principes posés par ce texte. D'autres juridictions ont pu adopter une position différente.

Il en est de même de l'approche sur la quantification du préjudice, qui peut opposer les tenants d'une démonstration contraignante du quantum allégué à ceux qui sont tentés de mettre en jeu le pouvoir souverain du juge face à la complexité de l'exercice.

En réalité, les approches des différentes juridictions tendent toutes à mettre en œuvre le principe d'effectivité et il est permis de penser que nous convergerons à terme en Europe, nonobstant d'inévitables nuances consubstantielles à nos droits positifs respectifs, vers une lecture proportionnée des moyens à mettre en œuvre au regard de la nécessaire réparation des pratiques anticoncurrentielles et vers une plus grande ouverture à l'appréciation du juge face aux inévitables approximations de tout scénario contrefactuel.

Le tribunal de commerce de Paris, par une approche comparatiste excellemment documentée par l'ouvrage de MM. Amaro et Laborde, a développé sa pratique dans deux directions sur lesquelles je souhaiterais attirer l'attention.

Il a tout d'abord traduit la lettre de la directive en organisant sa procédure aux fins de protéger le secret des affaires le plus souvent attaché aux procédures en cause. Le tribunal de commerce de Paris a ainsi été conduit à proposer soit des « *data rooms* » soit, plus récemment, des cercles de confidentialité. La transposition dans le droit français de la directive européenne sur le secret des affaires a constitué un apport majeur pour le traitement des contentieux en réparation des pratiques anticoncurrentielles.

Le tribunal de commerce de Paris a ensuite réservé une place de choix à l'expertise économique, enrichie par des échanges réguliers avec nombre d'experts de la place. La compréhension des enjeux mutuels a conduit à une meilleure prise en compte de la valeur ajoutée, et parfois des limites, de l'expertise. Les réflexions se poursuivent.

L'ensemble des juridictions européennes œuvre dans ces mêmes directions, parfois à des rythmes différents.

La nouvelle édition de l'ouvrage nous fournit encore une fois des informations précieuses et nous invite à continuer de nous interroger sur l'appréhension par les juridictions françaises et étrangères de ce contentieux en réparation dont il est permis de penser que les acteurs économiques nationaux sauront faire un plein usage.

Je formule le vœu que l'excellence du for français, riche de professionnels compétents et à l'éthique sans faille, soit consacrée dans un environnement judiciaire fortement concurrentiel.

Nathalie DOSTERT
Vice-présidente
Tribunal de Commerce de Paris

Remerciements

Nous adressons nos remerciements les plus chaleureux à Mmes Nathalie Dostert et Jacqueline Riffault-Silk, qui ont accepté de préfacer cet ouvrage, à MM. Nicolas Charbit, Thomas Moretto et à leur équipe, qui ont accepté de le publier, et à Mme Isabelle Raymond Polli pour la qualité remarquable de ses corrections.

Introduction

On l'oublie peut-être, mais le contentieux privé des pratiques anticoncurrentielles – le « *private enforcement* » dans le jargon très anglicisé des praticiens de la matière[1] – n'est pas un sujet nouveau. Depuis les années 1960, des demandes en nullité de contrats anticoncurrentiels ou en réparation de préjudices causés par les ententes et les abus de position dominante ont donné lieu à un contentieux plus ou moins abondant devant les juridictions internes. Pour mémoire, le vieil arrêt *Bosch* de la Cour de justice sur l'application dans le temps de l'ancien règlement de procédure 62/17 avait été rendu à l'occasion d'une action en nullité pour entente devant une juridiction néerlandaise[2]. En France, il y a presque quarante ans, un arrêt aussi pittoresque que méconnu de la Cour de cassation[3] approuvait en des termes très clairs l'arrêt d'appel qui admettait, sur le fondement du droit commun de la responsabilité civile, la réparation du préjudice causé par une entente dans le secteur de la vente de légumes à Saint-Malo. Rien de bien nouveau donc[4], si ce n'est qu'il faudra attendre le début des années 2000 pour que les Européens – bien inspirés par l'exemple nord-américain – prennent véritablement conscience des potentialités de ce contentieux privé. La suite est plus connue : l'arrêt *Courage* de 2001 de la Cour de justice[5] donnera le coup d'envoi d'une réflexion sur les moyens de développer le contentieux privé. Cette réflexion sera alors recentrée sur la réparation des préjudices de concurrence, la nullité ne posant en définitive que peu de difficultés. Un peu plus de treize années plus tard, elle aboutira à la directive 2014/104/UE[6].

Cette directive – transposée en France par une ordonnance et un décret du 9 mars 2017[7] – est avant tout un texte de droit de la preuve. Elle contient des règles de droit civil de la

---

1 Pour une discussion des expressions « contentieux privé » et « *private enforcement* », nous nous permettrons de renvoyer à la note 4 de notre article : R. Amaro, « Transposition de la directive Dommages en France : Regards sur le nouveau titre VIII du livre IV du Code de commerce », *Concurrences* n° 2-2017, p. 70 et s.

2 CJCE, 6 avr. 1962, *Bosch*, aff. 13-61, ECLI:EU:C:1962:11, *Rec.* 1962, p. 00089.

3 Cass. com., 1er mars 1982, n° 80-15.834 : *Bull. civ.*, n° 76 ; *adde* en doctrine : R. Houin, « Les conséquences civiles d'une infraction aux règles de la concurrence », *Ann. Dr. Liège*, 1963, p. 27 et s.

4 On trouve même trace en France d'un contentieux civil des ententes datant du XIXe siècle. V. en ce sens : L. Pfister, « Contrat, libre concurrence et ordre public : la sanction des ententes dans la jurisprudence française du XIXe siècle », *RDC* 2012/2, p. 349 et s.

5 CJCE, 20 sept. 2001, *Courage*, aff. C-453/99, ECLI:EU:C:2001:465, *Rec.*, p. I-6297 ; *LPA*, n° 212, 24 oct. 2001, obs. P. Arhel ; *RDC* 2003/1, p. 71, note J.-S. Bergé ; *Europe*, 2001/11, comm. 330, note L. Idot ; *Contrats, conc., consom.* 2002/1, comm. 14, obs. S. Poillot-Peruzzetto.

6 Directive 2014/104/UE du Parlement européen et du Conseil du 26 novembre 2014 relative à certaines règles régissant les actions en dommages et intérêts en droit national pour les infractions aux dispositions du droit de la concurrence des États membres et de l'Union européenne, *JOUE* n° L. 349 du 5 déc. 2014, p. 1 ; A. Choné-Grimaldi *et al.*, « La transposition de la directive 2014/104/UE relative aux actions en dommages et intérêts pour violation du droit des pratiques anticoncurrentielles », *Concurrences* n° 2-2015, pp. 11-37.

7 Ordonnance n° 2017-303 et décret n° 2017-305 du 9 mars 2017 relatifs aux actions en dommages et intérêts du fait des pratiques anticoncurrentielles, *JORF* n° 0059 du 10 mars 2017, n° 29 et 31.

preuve (présomptions, charge et objet de la preuve de certains faits, modes de preuve, force probante de ces modes de preuve) et de droit judiciaire de la preuve (conditions de recevabilité en justice de certaines preuves, conditions de communication, de production et d'obtention desdites preuves, etc.). Elle pose aussi quelques règles de responsabilité civile (principe de réparation intégrale, règles relatives à l'obligation et à la contribution à la dette, conséquences de la transaction sur l'étendue de la responsabilité, etc.).

Depuis une dizaine d'années, la doctrine s'est attachée essentiellement à commenter les propositions de directive – il y en a eu deux – puis la directive elle-même et enfin les textes de transposition.

Toutefois, cet intérêt « doctrinal » bien compréhensible ne doit pas faire oublier que la directive n'a été que très peu appliquée à l'heure où ces lignes sont écrites.

La chose s'explique surtout par son application *ratione temporis*. Outre que les États membres n'ont transposé la directive qu'entre fin 2016 et 2018, son article 22 dispose que les règles de fond qu'elle contient ne peuvent s'appliquer aux faits postérieurs aux textes de droit interne qui la transposent quand ses règles de procédure s'appliquent aux procédures introduites à compter du 26 décembre 2014.

En droit français, cette règle a été reprise à l'article 12 de l'ordonnance de transposition (non codifié). Les règles de fond ne s'appliqueront donc qu'aux faits postérieurs au 11 mars 2017[8]. Autrement dit, pour les faits antérieurs au 11 mars 2017, le droit commun de la responsabilité civile continue de s'appliquer. C'est ce qui explique qu'en droit français, les règles de fond issues de la transposition n'aient à notre connaissance jamais été appliquées dans des affaires significatives. Il est même fort probable qu'elles ne soient que très peu appliquées dans les cinq à dix ans à venir, voire plus. Il n'est pas rare, comme le savent les praticiens de la matière, qu'une à deux décennies soient nécessaires avant que les actions en réparation consécutives à un cartel ne soient introduites devant les juridictions nationales ; de quoi différer l'application du droit réformé de longues années.

Par ailleurs, aussi innovante que puisse être la directive, il ne faut pas perdre de vue que ses textes de transposition ne règlent pas tout. Des pans entiers de la matière restent donc régis par le droit commun.

Enfin, nous sommes de ceux qui pensent qu'en dépit de certains effets d'annonce des pouvoirs publics ou de commentaires plus ou moins objectifs sur les prétendus apports du droit réformé, la directive n'a pas changé radicalement l'état du droit positif français. La plupart des solutions jurisprudentielles dégagées antérieurement sur le fondement du droit commun restent donc pertinentes.

Ces raisons nous paraissent suffisantes pour que l'on s'intéresse encore aux décisions rendues en application du droit antérieur. Il existe, en outre, un corpus de décisions

---

[8] Observons que cette règle ne dissipe pas toute hésitation. *Quid*, par exemple, des règles de prescription ? De celles relatives à la charge de la preuve et aux présomptions ? Leur qualification de règles de procédure ou de règles de fond faisant débat, il n'est pas évident de déterminer leur régime d'application dans le temps. *Quid* encore des infractions continues qui auraient déployé leurs effets avant et après le 11 mars 2017 ? À toutes ces questions, l'ordonnance n'apporte aucune réponse.

françaises sur la réparation des préjudices de concurrence bien plus significatif que ce que l'on croit parfois.

L'objectif du présent ouvrage est donc, avant tout, de porter à la connaissance des praticiens et des universitaires ces décisions et d'en proposer une présentation analytique et ordonnée. Nous avons voulu aussi que cette présentation soit pluridisciplinaire en joignant les points de vue d'un juriste et d'un expert. Les praticiens familiers de la matière savent à quel point le concours d'experts économiques et financiers est indispensable au stade de l'évaluation du préjudice. Car en définitive, une fois réglées les difficultés juridiques, une seule question essentielle demeure sur toutes les lèvres : combien ? Or, pour répondre à cette question, le juriste est souvent mal armé. Il trouvera dans cet ouvrage des éléments qui l'aideront à appréhender le sujet.

Quelques précisions sur les décisions sélectionnées : il s'agit bien d'une sélection et non pas d'une recension exhaustive. Cette sélection est sans doute discutable et d'autres auteurs auraient peut-être ajouté ou ôté certains arrêts. Elle s'est faite principalement en fonction de l'apport jurisprudentiel ou de la valeur illustrative que nous avons cru discerner dans les décisions retenues. Pour cette raison aussi, nous avons choisi, de façon indifférente, des décisions du juge administratif et du juge judiciaire. Si le contentieux devant le juge administratif est peut-être plus homogène[9] que celui devant le juge judiciaire, nombre des questions qui lui sont posées sont identiques. Il nous aurait donc semblé regrettable d'amputer le corpus des décisions françaises de celles du juge administratif. Depuis la première édition de ce recueil, la jurisprudence du Conseil d'État s'est aussi étoffée, au point qu'il a paru nécessaire d'ajouter plusieurs commentaires qui en présentent les apports les plus significatifs. Nous nous sommes également efforcés de choisir principalement des décisions récentes ; non pas que les décisions plus anciennes n'aient aucune valeur, mais la pratique décisionnelle des juridictions du fond s'est affinée depuis quelques années et il nous a semblé que les décisions récentes étaient souvent plus solidement fondées en droit, plus approfondies sur le plan de l'analyse économique, et donc plus instructives. Précisons aussi que certaines décisions commentées dans le présent ouvrage ont été abordées dans la revue *Concurrences* à la chronique dont l'un des auteurs est signataire depuis 2015. Les quelques lecteurs assidus de cette chronique ne s'étonneront pas d'en retrouver parfois quelques passages.

Enfin, nous avons pris la liberté de présenter des décisions étrangères, rompant ainsi avec notre projet initial de ne commenter que des décisions françaises. Ce choix nous a toutefois paru s'imposer, car dans une matière particulièrement propice à la comparaison – y compris jusqu'en haut lieu[10] – les décisions d'autres juridictions européennes sont susceptibles d'apporter un éclairage précieux sur des questions encore mal réglées en droit français.

---

9 Les affaires qui ont été portées devant le juge administratif sont nombreuses, mais moins diverses que celles qui ont été portées devant le juge judiciaire. Elles concernent presque exclusivement des ententes entre soumissionnaires à des appels d'offres de marchés publics condamnées par les autorités de concurrence et pour lesquelles les personnes publiques qui en sont victimes cherchent à obtenir réparation.

10 Pour fonder une évolution de sa position sur la question du domaine des clauses d'élection de for, la Cour de cassation n'a pas hésité à citer dans le corps même d'un arrêt du 11 octobre 2017 une décision de la Cour suprême du Portugal (Supremo Tribunal de Justiça) qui adoptait une position contraire à celle qu'elle avait soutenue dans une décision antérieure. V. *infra* n° 97 et s.

À proprement parler, le présent ouvrage n'est donc pas un recueil de « grands » arrêts (il y en aurait trop peu) mais plutôt une sélection de décisions qui nous ont semblé instructives. Ces décisions renseigneront le praticien et l'universitaire sur l'état de la jurisprudence, et de la pratique décisionnelle des juges du fond. Pour cette raison, il nous a souvent semblé utile de présenter des arrêts d'appel, voire des jugements de première instance.

Le plan de l'ouvrage a été conçu selon la chronologie la plus naturelle des questions susceptibles de se poser lors d'un procès visant la réparation des préjudices de concurrence. La question de l'existence du droit d'agir soulevée bien souvent par des défendeurs qui invoquent la prescription de l'action des demandeurs (Chapitre 1) précède celle de la compétence (Chapitre 2), qui concerne l'exercice de ce droit. Suivent les questions relatives à la preuve (Chapitre 3) puis celles relatives aux conditions et aux effets de la responsabilité civile. À ce sujet, un chapitre est consacré aux aspects juridiques du fait générateur, du lien de causalité et du dommage (Chapitre 4), un autre à l'évaluation des différents préjudices réparables (Chapitre 5).

Rafael Amaro a rédigé les Chapitres 1 à 4, Jean-François Laborde le Chapitre 5.

Enfin, à l'heure de mettre un point final à cette deuxième édition, les auteurs ont une pensée émue pour Suzanne Carval, à qui était dédiée la première édition et avec laquelle chacun avait eu la chance d'échanger longuement à propos du sujet ici traité.

Paris, le 15 novembre 2020

Chapitre 1
Droit d'agir – Intérêt, qualité et prescription extinctive

A. État de la question

1. La première édition de ce recueil n'abordait, dans le présent chapitre, que la question de la prescription extinctive. Comme nous l'avons fait pour le plan de notre chronique semestrielle à la revue *Concurrences*, il nous semble nécessaire d'étendre désormais ce chapitre à la question plus générale du droit d'agir.

Évidence du processualiste : la notion de droit d'agir apparaît en creux à l'article 122 du code de procédure civile, qui définit la fin de non-recevoir. Cet article énonce qu'un tel moyen de défense « *tend à faire déclarer l'adversaire irrecevable en sa demande, sans examen au fond, pour défaut de droit d'agir, tel le défaut de qualité, le défaut d'intérêt, la prescription, le délai préfix, la chose jugée* ». Soulever une prescription acquise, un défaut de qualité ou d'intérêt revient donc à contester l'existence du droit d'agir du demandeur. Or, si la prescription reste la fin de non-recevoir la plus souvent soulevée en défense dans les contentieux de concurrence, d'autres conditions d'existence du droit d'agir des demandeurs commencent à être discutées par les défendeurs. C'est le cas de l'intérêt et de la qualité à agir visés à l'article 122. La chose n'est pas (seulement) un effet de manche éculé d'avocats spécialistes des prétoires, elle s'explique aussi par la diversification du contentieux de la réparation. Depuis peu, des acteurs peu familiers de ce type d'affaires tentent d'obtenir des dommages et intérêts à la suite d'ententes ou d'abus de position dominante dont ils s'estiment victimes. On pense, par exemple, aux fédérations professionnelles ou aux caisses nationales d'assurance maladie. Or à la différence des entreprises contractantes d'auteurs de pratiques anticoncurrentielles, l'intérêt ou la qualité à agir de ces demandeurs insolites ne relève pas toujours de l'évidence. Une décision en donnera une intéressante illustration[11].

Notons aussi que le défaut de pouvoir juridictionnel des juridictions françaises non spécialisées étant sanctionné par une fin de non-recevoir – et non par une exception de compétence comme l'exigerait, à notre sens, la rigueur des concepts[12] –, la question de la spécialisation pourrait être traitée dans ce chapitre. Si, en effet, la jurisprudence distingue le défaut de pouvoir juridictionnel de l'incompétence d'attribution, c'est, semble-t-il, parce que dans le premier cas le justiciable ne dispose pas de droit d'agir – peu importe qu'il ait saisi le bon juge – alors que dans le second il n'a pas saisi le bon juge mais dispose bien du droit d'agir. Il serait

---

[11] V. *infra* n° 50 et s. le commentaire du jugement impliquant la Fédération régionale des syndicats d'exploitants agricoles de la région Bretagne

[12] V. *infra* n° 115 et s.

donc possible de traiter le défaut de pouvoir juridictionnel ici. Nous préfèrerons, néanmoins, l'aborder dans le chapitre dédié à la compétence, tant la proximité (voire l'identité) entre compétence et pouvoir juridictionnel paraît frappante. Le lecteur attentif remarquera simplement que nous avons pris la précaution de rebaptiser dans cette deuxième édition le chapitre idoine : « Compétence et pouvoir juridictionnel des juridictions françaises »[13].

2. Cela étant dit, la prescription extinctive restera la principale fin de non-recevoir évoquée ici en raison des discussions récurrentes qu'elle engendre devant le juge de la réparation. Parmi ces discussions, celle relative à l'identification du point de départ du délai quinquennal des articles 2224 du code civil et L. 110-4 du code de commerce peut s'avérer particulièrement indécise en pratique. Ce point de départ doit-il être fixé à la date de la décision de condamnation de l'autorité ? À la date d'une éventuelle décision de mesures conservatoires ? À celle de l'audition d'un demandeur au cours de la procédure devant une autorité de concurrence voire, plus en amont, à la date de l'entrée sur le marché de ce demandeur ? Au vu des enjeux financiers parfois significatifs que ces quelques années de différence peuvent représenter, la question n'a rien d'anodin. C'est une des premières explications à sa récurrence. Deux autres raisons peuvent l'expliquer. On peut mentionner d'abord une raison factuelle qui tient à l'ancienneté des faits. Comme on l'observait dans le propos introductif du présent recueil, le juge de la réparation est, en général, saisi de faits anciens qui ont fréquemment plus de dix ans. Les défendeurs sont donc logiquement incités à porter la discussion sur le terrain de la prescription. On peut mentionner aussi une raison plus juridique : les incertitudes du droit positif quant au point de départ du délai de prescription et quant à ses causes d'interruption. De telles incertitudes laissent place à la chicane et favorisent logiquement la multiplication des moyens tirés de la prescription.

3. Et c'est sur ce point que nous voudrions insister ici. Qu'une question aussi cruciale que la prescription puisse être encore mal réglée par le droit français pourrait sembler étonnant. Pourtant, ces incertitudes s'expliquent assez bien par la complexité, l'instabilité et l'insuffisance des règles légales en matière de prescription. Ce constat – qui vaut ailleurs – se traduit pour le contentieux des pratiques anticoncurrentielles par trois difficultés majeures.

4. On peut d'abord identifier des difficultés de conflits de lois dans le temps entre les règles successives qui régissent la prescription de l'action en réparation. L'ancienneté des faits qui vient d'être mentionnée et le caractère continu des infractions aux règles de concurrence favorisent de tels conflits. Par exemple, quant au point de départ du délai de prescription, pas moins de trois dispositions différentes peuvent encore être applicables *ratione temporis* :

- l'ancien article 2270-1, alinéa 1er, du code civil pour les affaires dont les faits sont antérieurs à l'entrée en vigueur de la fameuse loi du 17 juin 2008 qui a considérablement remanié notre droit commun de la prescription[14] ;

---

13 V. *infra* n° 63 et s.

14 Loi n° 2008-561 portant réforme de la prescription en matière civile ; et parmi une littérature abondante, v. not. B. Fauvarque-Cosson et J. François, « Commentaire de la loi du 17 juin 2008 portant réforme de la prescription en matière civile », *D.* 2008, p. 2512 et s. ; P. Casson et P. Philippe (dir.), *La réforme de la prescription en*

- l'article 2224 du code civil pour les affaires dont les faits sont postérieurs à l'entrée en vigueur de la loi du 17 juin 2008 et antérieurs à l'ordonnance de transposition du 9 mars 2017 ;
- l'article L. 482-1 du code de commerce pour les affaires dont les faits sont postérieurs à l'entrée en vigueur de ladite ordonnance.

Quant aux causes interruptives de prescription, là encore trois régimes différents sont toujours applicables :

- les jurisprudences *Lycées d'Île-de-France* et *JCB*[15] rendues sur le fondement du droit commun pour les affaires antérieures à l'entrée en vigueur de la loi relative à la consommation du 17 mars 2014, dite « loi Hamon »[16] ;
- l'article L. 462-7 du code de commerce dans sa rédaction issue de la loi Hamon pour les affaires dont les faits sont postérieurs à l'entrée en vigueur de cette loi et antérieurs à l'ordonnance de transposition de 2017 ;
- l'article L. 462-7 du code de commerce dans sa rédaction issue de l'ordonnance de transposition de 2017 et applicable à compter de son entrée en vigueur.

5. On comprend qu'il soit possible de s'y perdre.

Certes, il existe des dispositions destinées à régler ces conflits de lois dans le temps. C'est le cas notamment de l'article 26 de la loi du 17 juin 2008, qui prévoit plusieurs règles de droit transitoire. Mais cet article est très insuffisant pour les contentieux de concurrence, car il n'a pas été complété ultérieurement par d'autres dispositions textuelles destinées à faciliter l'articulation du droit commun issu de la loi de 2008 avec les dispositions spéciales du droit des pratiques anticoncurrentielles posées par la loi Hamon, puis par l'ordonnance de transposition de 2017. Il faut donc recourir à des principes d'interprétation dont l'application est toujours éminemment discutable.

6. La deuxième difficulté tient aux incertitudes récurrentes quant aux interactions entre procédures devant les autorités de concurrence et procédures devant le juge de la réparation. Une question particulièrement décisive nourrit fréquemment les débats devant le juge : les actes des autorités de concurrence ont-ils un effet interruptif du délai de prescription de l'action en réparation ? Comme on l'a dit plus haut, la réponse varie selon le droit applicable *ratione temporis*. Dans la jurisprudence antérieure à l'entrée en vigueur du droit réformé, la saisine de l'Autorité de la concurrence n'a pas d'effet interruptif sur l'écoulement du délai de prescription de l'action en réparation, quand l'application de l'article L. 462-7 du code de commerce issu de la loi Hamon conduit à la solution exactement contraire. Le demandeur dont le dommage est survenu avant l'entrée en vigueur de la loi Hamon et qui n'a pas pris la précaution d'introduire l'instance devant le juge de la réparation pendant que l'Autorité traitait l'affaire aura donc de fortes chances d'être prescrit, à l'inverse de celui dont le dommage est survenu après ladite loi.

---

matière civile. Le chaos enfin régulé, Dalloz, coll. « Thèmes Et Commentaires », 2010 ; J. Klein, *Le point de départ de la prescription*, préf. N. Molfessis, Economica, coll. « Recherches Juridiques », 2013.

15 V. *infra* n° 31 et s. pour un exposé de ces solutions.

16 Loi n° 2014-344, 17 mars 2014 relative à la consommation.

7. La troisième difficulté, enfin, peut être imputée aux juges du fond qui, trop souvent, ne répondent pas de façon suffisamment précise à la question du point de départ de la prescription. Il n'est pas rare que leur motivation n'appréhende que la question de la cause interruptive sans que l'on sache quand a commencé à courir le délai initial. Si répondre à cette question est suffisant pour régler un litige dès lors qu'il est décidé qu'il existe une cause interruptive, les parties (et les commentateurs) n'en restent pas moins dans le doute quant à la question du point de départ.

8. En synthèse, on peut donc dire que *de lege lata*, le régime de la prescription est une compilation de règles divergentes dont l'application dépend de la date des faits. Ces règles sont d'un maniement malaisé et peuvent avoir des conséquences radicalement différentes pour les parties en présence, comme l'illustre la question de l'effet interruptif des actes des autorités de concurrence qui vient d'être évoquée. *De lege ferenda*, on pourrait souhaiter que les régimes issus de la transposition et ceux qui lui sont antérieurs fussent identiques. Pour les causes d'interruption du délai de prescription, ce ne serait pas impensable, car les règles applicables aux faits antérieurs à la loi Hamon sont d'origine prétorienne. Il suffirait donc d'un alignement de la jurisprudence sur les dispositions introduites par la loi Hamon – lesquelles anticipaient déjà la directive 2014/104/UE. Certes, cette uniformisation aurait pour effet d'avantager les demandeurs – ce qui ne serait d'ailleurs pas incohérent avec les visées de la Cour de justice et de la Commission européenne –, mais indépendamment de cet objectif dont la promotion dépend des convictions de chacun, elle participerait surtout d'une meilleure lisibilité de la règle de droit que l'on peut plus objectivement défendre.

Depuis la première édition de ce recueil, la cour d'appel de Paris a d'ailleurs rendu un arrêt *Arkeos*[17], intéressant à bien des égards, qui semble aller en ce sens.

B. Textes applicables

Directive 2014/104/UE – Article 10 – Délais de prescription

1. Les États membres arrêtent, conformément au présent article, les règles relatives aux délais de prescription applicables aux actions en dommages et intérêts. Ces règles déterminent le moment à partir duquel le délai de prescription commence à courir, la durée de ce délai et les circonstances dans lesquelles il est interrompu ou suspendu.
2. Les délais de prescription ne commencent pas à courir avant que l'infraction au droit de la concurrence ait cessé et que le demandeur ait pris connaissance ou puisse raisonnablement être considéré comme ayant connaissance :
   a) du comportement et du fait qu'il constitue une infraction au droit de la concurrence ;
   b) du fait que l'infraction au droit de la concurrence lui a causé un préjudice ; et
   c) de l'identité de l'auteur de l'infraction.

[17] Et commenté ci-après, v. *infra* n° 35.

3. Les États membres veillent à ce que les délais de prescription applicables aux actions en dommages et intérêts soient de cinq ans au minimum.
4. Les États membres veillent à ce qu'un délai de prescription soit suspendu ou, selon le droit national, interrompu par tout acte d'une autorité de concurrence visant à l'instruction ou à la poursuite d'une infraction au droit de la concurrence à laquelle l'action en dommages et intérêts se rapporte. Cette suspension prend fin au plus tôt un an après la date à laquelle la décision constatant une infraction est devenue définitive ou à laquelle il a été mis un terme à la procédure d'une autre manière.

Ancien article 2270-1, alinéa 1er, du code civil

Les actions en responsabilité civile extracontractuelle se prescrivent par dix ans à compter de la manifestation du dommage ou de son aggravation.

Article 2224 du code civil

Les actions personnelles ou mobilières se prescrivent par cinq ans à compter du jour où le titulaire d'un droit a connu ou aurait dû connaître les faits lui permettant de l'exercer.

Article 2241 du code civil

La demande en justice, même en référé, interrompt le délai de prescription ainsi que le délai de forclusion. Il en est de même lorsqu'elle est portée devant une juridiction incompétente ou lorsque l'acte de saisine de la juridiction est annulé par l'effet d'un vice de procédure.

Article L. 482-1 du code de commerce

L'action en dommages et intérêts fondée sur l'article L. 481-1 se prescrit à l'expiration d'un délai de cinq ans. Ce délai commence à courir du jour où le demandeur a connu ou aurait dû connaître de façon cumulative :

1° Les actes ou faits imputés à l'une des personnes physiques ou morales mentionnées à l'article L. 481-1 et le fait qu'ils constituent une pratique anticoncurrentielle ;

2° Le fait que cette pratique lui cause un dommage ;

3° L'identité de l'un des auteurs de cette pratique.

Toutefois, la prescription ne court pas tant que la pratique anticoncurrentielle n'a pas cessé.

Elle ne court pas à l'égard des victimes du bénéficiaire d'une exonération totale de sanction pécuniaire en application d'une procédure de clémence tant qu'elles n'ont pas été en mesure d'agir à l'encontre des auteurs de la pratique anticoncurrentielle autres que ce bénéficiaire.

Article L. 462-7 du code de commerce (issu de l'ordonnance du 9 mars 2017)

Tout acte tendant à la recherche, à la constatation ou à la sanction de pratiques anticoncurrentielles par l'Autorité de la concurrence, une autorité nationale de concurrence d'un autre État membre de l'Union européenne ou la Commission européenne interrompt la prescription de l'action civile et de l'action indemnitaire engagée devant une juridiction administrative sur le fondement de l'article L. 481-1. L'interruption résultant d'un tel acte produit ses effets jusqu'à la date à laquelle la décision de l'autorité de concurrence compétente ou de la juridiction de recours ne peut plus faire l'objet d'une voie de recours ordinaire.

Article L. 462-7 du code de commerce (issu de la loi Hamon du 17 mars 2014)

L'ouverture d'une procédure devant l'Autorité de la concurrence, une autorité nationale de concurrence d'un autre État membre de l'Union européenne ou la Commission européenne interrompt la prescription de l'action civile. L'interruption résultant de l'ouverture de cette procédure produit ses effets jusqu'à la date à laquelle la décision de ces autorités ou, en cas de recours, de la juridiction compétente est définitive.

C. Décisions

1. Prescription extinctive et principe d'effectivité – Inapplication *ratione temporis* de la directive 2014/104/UE (arrêt *Cogeco*)

CJUE, 2e ch., 28 mars 2019, Cogeco, aff. C-637/17, ECLI:EU:C:2019:263[18]

25. S'agissant de l'application ratione temporis de la directive 2014/104, il convient de relever que cette directive contient une disposition particulière, qui détermine expressément les conditions d'application dans le temps des dispositions procédurales et substantielles de celle-ci.

26. En particulier, d'une part, en vertu de l'article 22, paragraphe 1, de la directive 2014/104, les États membres devaient veiller à ce que les dispositions nationales adoptées en application de l'article 21 de celle-ci afin de se conformer aux dispositions substantielles de cette directive ne s'appliquent pas rétroactivement.

27. D'autre part, en vertu de l'article 22, paragraphe 2, de la directive 2014/104, les États membres devaient veiller à ce qu'aucune disposition nationale adoptée afin de se conformer aux dispositions procédurales de cette directive ne s'applique aux actions en dommages et intérêts dont une juridiction nationale avait été saisie avant le 26 décembre 2014.

28. Or, il ressort, a contrario, de l'article 22, paragraphe 2, de la directive 2014/104 que les États membres disposaient d'un pouvoir discrétionnaire pour décider, lors de la transposition de cette directive, si les règles nationales visant à transposer les dispositions procédurales de celle-ci s'appliqueraient ou non aux actions en dommages et intérêts intentées après le 26 décembre 2014, mais avant la date de transposition de ladite directive ou, au plus tard avant l'expiration du délai de transposition de celle-ci.

---

[18] *JDE* 2019, n° 260, pp. 249-251, note P. de Bandt et C. Binet ; *RJC* 2019/3, p. 231, note G. Decocq ; *Europe*, 2019/5, p. 34, note L. Idot ; *RLC*, 2019/85, p. 41, note C. Nourissat ; *Concurrences* n° 3/2019, p. 232, note R. Amaro.

29. Ainsi, dans le cas où des États membres, en exerçant ce pouvoir, ont décidé que les dispositions de leur ordre juridique interne transposant les dispositions procédurales de la directive 2014/104 ne seraient pas applicables aux recours en dommages et intérêts introduits avant la date d'entrée en vigueur de ces dispositions nationales, les recours introduits après le 26 décembre 2014, mais avant la date d'expiration du délai de transposition de cette directive, restent régis uniquement par les règles procédurales nationales qui étaient déjà en vigueur avant la transposition de ladite directive.

30. Il en va a fortiori ainsi des dispositions nationales adoptées en application de l'article 21 de la directive 2014/104 par les États membres, afin de se conformer aux dispositions substantielles de celle-ci, dans la mesure où, ainsi qu'il ressort du libellé de l'article 22, paragraphe 1, de cette directive, ces dispositions nationales ne doivent pas s'appliquer rétroactivement.

31. En l'occurrence, d'une part, il est constant que le recours en dommages et intérêts de Cogeco Communications a été introduit le 27 février 2015, à savoir avant l'expiration du délai de transposition de la directive 2014/104 et avant la transposition de cette directive dans l'ordre juridique portugais par la loi n° 23/2018.

32. D'autre part, il ressort du dossier dont la Cour dispose que le législateur portugais a décidé, à l'article 24 de cette loi, que les règles nationales transposant les dispositions procédurales de ladite directive ne s'appliquent pas aux recours en dommages et intérêts introduits avant l'entrée en vigueur de ladite loi.

33. Dans ces conditions, et compte tenu du fait que l'article 22, paragraphe 1, de la directive 2014/104 interdit l'application rétroactive des dispositions substantielles du droit portugais adoptées en application de l'article 21 de celle-ci, il y a lieu de considérer que cette directive n'est, en tout état de cause, pas applicable ratione temporis au litige au principal.

34. Eu égard aux considérations qui précèdent, il y a lieu de répondre aux cinquième et sixième questions que l'article 22 de la directive 2014/104 doit être interprété en ce sens que cette directive ne s'applique pas au litige au principal.

[...]

44. À cet égard, et spécifiquement dans le domaine du droit de la concurrence, ces règles ne doivent pas porter atteinte à l'application effective de l'article 102 TFUE (voir, en ce sens, arrêt du 5 juin 2014, Kone e.a., C-557/12, EU:C:2014:1317, point 26).

45. Dans ce contexte, les délais de prescription constituant des modalités d'exercice du droit de demander réparation du préjudice résultant d'une infraction au droit de la concurrence, il y a lieu, premièrement, ainsi que Mme l'avocate générale l'a relevé au point 81 de ses conclusions, de prendre en considération l'ensemble des éléments du régime de prescription portugais.

46. Deuxièmement, il convient de tenir compte des spécificités des affaires relevant du droit de la concurrence et plus particulièrement de la circonstance que l'introduction des actions en dommages et intérêts pour infraction au droit de

la concurrence de l'Union nécessitent, en principe, la réalisation d'une analyse factuelle et économique complexe.

47. Dans ces conditions, il convient de relever qu'une réglementation nationale fixant la date à partir de laquelle le délai de prescription commence à courir, la durée et les modalités de la suspension ou de l'interruption de celui-ci doit être adaptée aux spécificités du droit de la concurrence et aux objectifs de la mise en œuvre des règles de ce droit par les personnes concernées, afin de ne pas réduire à néant la pleine effectivité de l'article 102 TFUE.

48. Il s'ensuit que la durée du délai de prescription ne peut être courte au point que, combinée aux autres règles de prescription, elle rende l'exercice du droit de demander réparation pratiquement impossible ou excessivement difficile.

49. Des délais de prescription courts, qui commencent à courir avant que la personne lésée par une infraction au droit de la concurrence de l'Union puisse connaître l'identité de l'auteur de cette infraction, sont susceptibles de rendre pratiquement impossible ou excessivement difficile l'exercice du droit de demander réparation.

50. En effet, il est indispensable, pour que la personne lésée puisse introduire une action en dommages et intérêts, qu'elle sache quelle est la personne responsable de l'infraction au droit de la concurrence.

51. Il en va de même d'un délai de prescription court, qui ne peut être suspendu ou interrompu pendant la durée des procédures à l'issue desquelles une décision définitive est rendue par l'autorité nationale de concurrence ou par une instance de recours.

52. En effet, le caractère approprié d'un délai de prescription, au regard des exigences du principe d'effectivité, revêt une importance particulière tant en ce qui concerne les actions en dommages et intérêts introduites indépendamment d'une décision définitive d'une autorité nationale de concurrence que pour celles qui le sont à la suite d'une telle décision. S'agissant de ces dernières, si le délai de prescription, qui commence à courir avant l'achèvement des procédures à l'issue desquelles une décision définitive est rendue par l'autorité nationale de concurrence ou par une instance de recours, est trop court par rapport à la durée de ces procédures et ne peut être ni suspendu ni interrompu pendant le cours de telles procédures, il n'est pas exclu que ce délai de prescription s'écoule avant même que lesdites procédures soient achevées. Dans ce cas, toute personne ayant subi des dommages se trouverait dans l'impossibilité d'engager des actions fondées sur une décision définitive constatant une infraction aux règles de concurrence de l'Union.

53. Dans ce contexte, il convient de considérer qu'un délai de prescription de trois ans, tel que celui en cause au principal, qui, d'une part, commence à courir à partir de la date à laquelle la personne lésée a eu connaissance de son droit à réparation, même si le responsable de l'infraction n'est pas connu et, d'autre part, ne peut être suspendu ou interrompu au cours d'une procédure suivie devant l'autorité nationale de concurrence, rend l'exercice du droit à réparation intégrale pratiquement impossible ou excessivement difficile.

9. Dans le contexte d'une action en réparation pour abus de position dominante, cet arrêt *Cogeco* de la Cour de justice procède à la première interprétation de la directive 2014/104/UE. Par six questions préjudicielles du Tribunal Judicial da Comarca de Lisboa (tribunal de première instance de Lisbonne), il était demandé à la Cour de justice de se prononcer sur deux principaux sujets : l'application dans le temps de cette directive et la conformité du droit portugais de la prescription extinctive, antérieur à la directive, au principe d'effectivité du droit de l'Union.

10. En l'espèce et comme souvent, l'enjeu pratique de ces questions était absolument décisif puisqu'il tenait à la question de savoir si le demandeur était prescrit ou non. Ce n'est donc pas un hasard si, dans cette décision comme d'ailleurs dans celles du Bundesgerichtshof et de la Cour constitutionnelle de Belgique présentées ci-après, des litigants invoquent des principes supralégislatifs internes et européens pour tenter d'échapper à une application trop stricte des règles internes de prescription.

11. Ici, le droit commun du code civil portugais – applicable, aux litiges soumis au droit antérieur à la directive 2014/104/UE – offrait à la Cour de justice une bonne occasion de préciser les conditions auxquelles doit répondre une règle interne de prescription pour être conforme au principe d'effectivité. On notera d'ailleurs que le droit portugais étant très similaire à la plupart des droits continentaux antérieurs à la directive, l'apport de cet arrêt *Cogeco* est précieux bien au-delà des étroites frontières lusitaniennes.

En droit portugais, la difficulté pour les demandeurs est triple. Premièrement, le délai du code civil est court (trois ans). Deuxièmement, les modalités de fixation du point de départ de ce délai sont sévères pour le demandeur puisque la seule connaissance par ce dernier de sa qualité de victime de la pratique anticoncurrentielle suffit à faire courir la prescription. Troisièmement, l'ouverture d'une procédure devant une autorité de concurrence n'a pas d'effet interruptif ou suspensif sur le cours de la prescription de l'action en réparation. Il résulte de cette combinaison de règles que le demandeur soumis au droit portugais a toutes les chances de se trouver prescrit alors même que la procédure devant l'autorité portugaise n'a pas été close, voire qu'elle n'a pas même été ouverte. C'était sans doute le cas en l'espèce.

Depuis, l'article 10 de la directive 2014/104/UE a mis en place un régime de prescription largement plus favorable au demandeur. Chacun des trois obstacles du droit civil portugais a été levé par le droit nouveau : le délai est dorénavant de cinq ans au minimum (§ 3) ; il ne peut commencer à courir qu'à la triple condition que la victime ait connaissance de sa qualité de victime, qu'elle connaisse l'identité des défendeurs et qu'elle sache que le comportement en cause est une violation du droit de la concurrence (§ 2) ; et l'ouverture d'une procédure devant une autorité de concurrence interrompt ou suspend (selon le droit interne) le délai de prescription de l'action en réparation (§ 4).

Or des données factuelles rappelées par la Cour, il ressort que si les textes de transposition de l'article 10 de la directive avaient été applicables au litige, l'action du demandeur n'aurait sans doute pas été prescrite.

12. On comprend donc l'enjeu de la première série de questions préjudicielles auxquelles la Cour répond, qui consistent à savoir si la directive était applicable *ratione temporis* au litige dont était saisie la juridiction portugaise. Plus précisément, la Cour était interrogée sur les deux règles de conflit de lois dans le temps de

l'article 22 de la directive. Le § 1 de cet article impose aux États membres de veiller à ce que les « *dispositions substantielles* » de la directive « *ne s'appliquent pas rétroactivement* », tandis que le § 2 ajoute qu'aucune des dispositions issues des textes de transposition ne peut s'appliquer aux actions introduites devant une juridiction nationale avant le 26 décembre 2014.

La lettre de ce § 2 est quelque peu obscure, mais la réponse de la Cour de justice en clarifie le sens. On comprend que ce texte permet aux États membres d'étendre l'application des règles de transposition de la directive aux instances en cours, à condition que de telles instances aient été introduites après le 27 décembre 2014. Au point 28 de son arrêt, la Cour cantonne toutefois cette faculté aux seules règles procédurales et à la condition que les États membres aient prévu une dérogation expresse dans les textes de transposition[19].

La Cour en conclut que la directive n'était pas applicable au litige, sans que l'on sache vraiment si les règles portugaises de prescription sont des règles de fond qui obéissent au § 1 de l'article 22 de la directive ou des règles de procédure qui obéissent au § 2 de ce même article[20].

13. Cela étant dit, le plus important tient sans doute à la réponse qu'apporte la Cour de justice à la deuxième série de questions préjudicielles qui lui est posée. Celles-ci portent sur la conformité au principe d'effectivité du droit portugais de la prescription, antérieur à la directive.

Ce à quoi la Cour répond d'abord par une référence à son arrêt *Kone* de 2014[21] qui rappelle l'importance attachée aux actions en réparation pour défendre le « *caractère opérationnel des règles de concurrence de l'Union* » et protéger l'intérêt général[22]. Elle renvoie ensuite au principe d'autonomie procédurale avant, comme souvent, de donner sa propre appréciation de la conformité du droit interne aux principes d'équivalence et d'effectivité[23]. Comme dans l'affaire *Kone*, la Cour juge que le droit interne dont l'examen lui est soumis attente au principe d'effectivité[24]. En l'espèce, elle estime que la combinaison des différentes règles de droit portugais qui régissent la prescription extinctive sous le régime antérieur à la directive entrave de façon significative l'action en réparation des victimes de pratiques anticoncurrentielles[25].

---

19 « *[D]'un pouvoir discrétionnaire pour décider, lors de la transposition de cette directive, si les règles nationales visant à transposer les dispositions procédurales de celle-ci s'appliqueraient ou non aux actions en dommages et intérêts intentées après le 26 décembre 2014, mais avant la date de transposition de ladite directive ou, au plus tard avant l'expiration du délai de transposition de celle-ci.* »

20 Pts 28, 33 et 34.

21 CJUE, 5e ch., 5 juin 2014, *Kone*, aff. C-557/12, ECLI:EU:C:2014:1317 ; *JCP E* 2014, 30, p. 35, note C. Maréchal ; *Contrats, conc., consom.* 2014/8, p. 27, note G. Decocq ; *Europe*, 2014/8-9, comm. 336, note L. Idot ; *Concurrences* n° 1-2015, p. 5, note E. Claudel ; *adde* S. Carval, « La responsabilité civile des membres d'une entente peut être engagée du fait du dommage causé par un effet d'ombrelle sur les prix », *D.* 2014, p. 1525 et s.

22 Pt 41.

23 Pt 43.

24 Pt 55.

25 Pts 49 à 51 : « *49. Des délais de prescription courts, qui commencent à courir avant que la personne lésée par une infraction au droit de la concurrence de l'Union puisse connaître l'identité de l'auteur de cette infraction, sont susceptibles de rendre pratiquement impossible ou excessivement difficile l'exercice du droit de demander réparation. 50. En effet, il est indispensable, pour que la personne lésée puisse introduire une action en dommages et intérêts, qu'elle sache quelle est la personne responsable de l'infraction au droit de la*

En conséquence, le juge portugais devra sans doute développer une jurisprudence *contra legem* en conformité avec cette interprétation pour le contentieux de concurrence.

14. Cet arrêt illustre de façon frappante la vigueur du principe d'effectivité. En l'espèce, l'inapplication de la directive n'empêche pas la Cour de justice d'imposer aux États membres de faire évoluer leurs règles antérieures pour les mettre sensiblement au même niveau que les règles issues de la directive.

2. Caractère inconstitutionnel de l'absence d'effet interruptif de la saisine d'une autorité de concurrence sur l'écoulement du délai de prescription de l'action en réparation

Cour const. belge, 10 mars 2016, n° 38/2016, aff. *Herman Verboven c/ Honda*

B.5. Le droit d'accès au juge ne s'oppose pas à des conditions de recevabilité telles que des délais de prescription, pour autant que de telles restrictions ne portent pas atteinte à l'essence de ce droit et pour autant qu'elles soient proportionnées à un but légitime. Le droit d'accès à un tribunal se trouve atteint lorsque sa réglementation cesse de servir les buts de sécurité juridique et de bonne administration de la justice et constitue une sorte de barrière qui empêche le justiciable de voir son litige tranché au fond par la juridiction compétente [...] (NDR : citation de la jurisprudence de la CEDH et de la CJUE)

B.7. Dans le contentieux de la concurrence, il existe deux procédures parallèles. D'une part, la répression administrative des infractions aux règles de la concurrence, qui vise à sanctionner les infractions en vue de préserver l'intérêt général et, d'autre part, le recours aux règles du droit civil qui visent à réparer le préjudice causé par des infractions aux règles de la concurrence. [...]

B.8. L'existence d'une infraction en matière de concurrence peut être constatée aussi bien par le juge civil que par le juge chargé des litiges en matière de concurrence.

B.9. L'existence de cette infraction en matière de concurrence est essentielle pour établir une faute au sens de l'article 1382 du Code civil. Il résulte de l'article 870 du Code judiciaire et de l'article 1315 du Code civil que la personne lésée doit prouver l'existence d'une pratique de concurrence illicite. Toutefois, ce caractère illicite est le plus souvent déterminé par une analyse factuelle et économique complexe sur la base d'éléments de preuve qui ne sont généralement pas accessibles au public. Par conséquent, la personne lésée doit supporter dans la procédure civile une charge de la preuve extrêmement lourde. Dans la procédure de répression administrative, la charge de la preuve relative à l'existence d'une infraction en matière de concurrence incombe à une instance publique [...], qui dispose, à cette fin, de pouvoirs d'investigations étendus, comme la possibilité de procéder à des perquisitions [...]

---

concurrence. 51. Il en va de même d'un délai de prescription court, qui ne peut être suspendu ou interrompu pendant la durée des procédures à l'issue desquelles une décision définitive est rendue par l'autorité nationale de concurrence ou par une instance de recours. »

B.11. L'engagement de la procédure de répression administrative n'empêche ni l'écoulement du délai de prescription au détriment de la personne lésée, ni la poursuite par le juge civil de l'examen d'une action en réparation du dommage découlant d'une infraction aux règles de la concurrence, sans devoir attendre une décision définitive du juge compétent pour la répression administrative.

B.12. Comme le délai de prescription fixé pour intenter une action en réparation du préjudice résultant d'une infraction en matière de concurrence continue de courir, nonobstant le fait que celle-ci fasse l'objet d'une procédure de répression administrative, la personne lésée est obligée d'introduire immédiatement une procédure civile à titre conservatoire, alors qu'il n'existe encore aucune certitude concernant le caractère licite ou non de la pratique de concurrence. La personne lésée ne peut donc attendre le jugement définitif dans la procédure administrative et utiliser celui-ci comme preuve de la faute, ce qui complique sérieusement l'établissement par le juge civil de son droit à la réparation du dommage. [...]

B.13. En outre, la personne lésée qui introduit une procédure civile à titre conservatoire risque de se voir condamnée à payer des frais de justice, tels que l'indemnité de procédure.

B.14. Compte tenu de ce qui est dit en B.9 à B.13, l'article 2262bis, § 1er, alinéa 2, du Code civil, en obligeant la personne lésée par une infraction en matière de concurrence à intenter devant le juge civil une action en dommages et intérêts résultant d'infractions en matière de concurrence avant l'expiration du délai de prescription prévu par cette disposition, alors que la procédure de répression administrative n'est pas encore définitivement terminée, porte une atteinte disproportionnée aux droits de la personne lésée.

B.15. La question préjudicielle appelle une réponse affirmative. Par ces motifs, la Cour dit pour droit : L'article 2262bis, § 1er, alinéa 2, du Code civil viole les articles 10 et 11 de la Constitution, en ce que l'action civile en réparation du préjudice résultant d'une infraction en matière de concurrence peut se prescrire avant qu'une décision passée en force de chose jugée ait constaté l'existence d'une infraction en matière de concurrence.

15. Saisie d'une question préjudicielle d'une juridiction du fond (le tribunal de commerce de Gand), la Cour constitutionnelle de Belgique était appelée à statuer sur la constitutionnalité du délai de prescription de cinq ans de l'article 2262 bis, § 1, alinéa 2, du code civil belge applicable aux actions en réparation. Au cas d'espèce, la question était décisive. La demanderesse, la SA Herman Verboven, achetait à l'étranger des motos Honda. Avant de pouvoir les vendre en Belgique, elle devait passer par une procédure de certification de la SA Honda Motor Europe Logistics, importateur officiel de la marque de motos. Cette procédure de certification fut jugée constitutive d'un abus de position dominante et sanctionnée par l'ancien Conseil belge de la concurrence par une décision de 1999. Aux termes de l'arrêt de la Cour constitutionnelle, les faits remontaient « *au début des années nonante* », et la plainte devant l'autorité belge fut déposée en 1995. Ce n'est qu'en 2006 que la plaignante saisit le tribunal de commerce de Gand pour obtenir réparation de son dommage.

16. Notons qu'à cette date la décision de l'autorité n'était toujours pas définitive (elle ne le sera qu'en 2011). Le juge de la réparation se demande alors si l'application stricte du délai quinquennal de prescription de l'article 2262 bis, § 1, alinéa 2, du code civil belge qui conduit à juger l'action prescrite depuis plusieurs années, en l'absence de tout effet interruptif de la saisine de l'autorité belge de la concurrence, n'est pas inconstitutionnelle. Plus précisément, le premier juge cherche à savoir si le fait que ce délai ne soit pas interrompu par une action devant l'autorité belge viole le principe d'égalité et l'interdiction des discriminations des articles 10 et 11 de la Constitution belge par comparaison avec les actions devant le juge pénal qui ont un effet interruptif sur les actions civiles.

17. La réponse de la Cour constitutionnelle est nette. Elle dit pour droit que : « *L'article 2262bis, §1er, alinéa 2, du Code civil viole les articles 10 et 11 de la Constitution, en ce que l'action civile en réparation du préjudice résultant d'une infraction en matière de concurrence peut se prescrire avant qu'une décision passée en force de chose jugée ait constaté l'existence d'une infraction en matière de concurrence.* »

18. Outre que ce débat n'est pas inconnu de l'observateur français, c'est surtout le raisonnement pragmatique de la Cour constitutionnelle qui mérite d'être souligné. La Cour rappelle d'abord la difficulté pour les victimes à établir seules l'existence d'une pratique anticoncurrentielle. Elle mentionne aussi le fait que le sursis à statuer du juge civil n'est que facultatif en cas de saisine parallèle de l'autorité belge et que cette saisine n'interrompt pas le délai de prescription de l'action en réparation. Elle en conclut que « *la personne lésée est obligée d'introduire immédiatement une procédure civile à titre conservatoire, alors qu'il n'existe encore aucune certitude concernant le caractère licite ou non de la pratique de concurrence. La personne lésée ne peut donc attendre le jugement définitif dans la procédure administrative et utiliser celui-ci comme preuve de la faute, ce qui complique sérieusement l'établissement par le juge civil de son droit à la réparation du dommage* ».

19. Elle fait ensuite ouvertement référence à la directive 2014/104/UE et au principe de son article 10, § 4, qui impose aux États membres de veiller « *à ce qu'un délai de prescription soit suspendu ou, selon le droit national, interrompu par tout acte d'une autorité de concurrence visant à l'instruction ou à la poursuite d'une infraction au droit de la concurrence* ». Elle souligne enfin le risque pour les demandeurs de se voir condamnés à payer des frais de justice élevés en cas d'action infondée.

20. Il est à noter que la Cour ne fonde pas sa réponse sur le principe d'égalité et l'interdiction des discriminations, comme l'y invitait la question préjudicielle. Sa réponse reste même évasive quant au fondement retenu : elle cite la directive et une « *atteinte disproportionnée aux droits de la personne lésée* ». Cette motivation s'explique peut-être par le fait qu'elle ne s'aventure pas sur le terrain de l'analogie avec le droit pénal, choisi là aussi par le juge du fond. Sa réponse n'est donc pas totalement conforme à la question posée. Mais ce n'est pas l'essentiel. Retenons plutôt que la mention de « l'atteinte disproportionnée » est riche de perspectives pour les demandeurs qui souhaiteraient faire ployer les règles de droit interne face aux droits fondamentaux ou au droit constitutionnel.

21. Enfin, on peut noter que cet arrêt est emblématique de la place croissante – en droit de la concurrence comme en toute matière – des droits fondamentaux. Pour l'heure, ce sont surtout les règles de procédure qui sont dans le viseur des parties et de leurs conseils. On se souvient, par exemple, que la jurisprudence *Semavem*[26] – présentée plus en détail dans la suite de ce recueil[27] – avait admis la divulgation de pièces du dossier des autorités de concurrence au nom du « *principe du respect des droits de la défense* », bornant ainsi, dans certaines circonstances, le domaine de l'interdiction de l'article L. 463-6 du code de commerce qui sanctionne la violation du secret de l'instruction devant l'Autorité de la concurrence. L'affaire *Kemmler* présentée au commentaire suivant en apporte une autre illustration.

3. Application rétroactive d'une règle de droit allemand suspendant le cours de la prescription de l'action en réparation en cas d'actes d'enquête d'une autorité de concurrence

Bundesgerichtshof, 12 juin 2018, *Kemmler Beton GmbH c/ HeidelbergCement AG*, aff. n° KZR 56/16, ECLI:DE:BGH:2018:120618U KZR56.16.0

22. Cette décision de principe du 12 juin 2018 du Bundesgerichtshof allemand (la Cour suprême fédérale de justice) apporte un intéressant éclairage sur la question de l'application dans le temps des règles relatives à la prescription de l'action en réparation. L'affaire à l'origine de cette décision commence à être connue, y compris en France. Il s'agit du cartel du ciment allemand qui a donné lieu à une décision de condamnation du Bundeskartellamt (l'autorité allemande de concurrence) en 2002, confirmée en 2013 par le Bundesgerichtshof. En 2015, une victime du cartel cherche à obtenir réparation du préjudice qu'elle estime avoir subi entre 1993 et 2002. Après avoir vu la plupart de ses demandes accueillies en première instance, l'OLG de Karlsruhe statuant en appel la déboute, jugeant notamment son action prescrite.

23. Sur le terrain de la prescription, la difficulté venait du fait que la grande réforme du droit allemand de la concurrence entrée en vigueur le 1er juillet 2005 – la Gesetz gegen Wettbewerbsbeschränkungen (GWB) – a introduit un article 33 (5) – devenu 33h (6) –, qui prévoit que les actes d'enquête d'une autorité de concurrence ont un effet suspensif sur le cours de la prescription de l'action en réparation. La GWB ne prévoyant aucune disposition de droit transitoire, la question se posait donc de savoir si l'ancien article 33 (5) pouvait avoir un effet rétroactif. Sans entrer dans une présentation détaillée du droit allemand, retenons simplement qu'en application des deux délais de prescription de droit commun applicables en l'espèce, l'action en réparation était prescrite sauf si les actes d'enquête avaient eu un effet suspensif. On comprend donc l'intérêt pratique de la question posée au Bundesgerichtshof. Jusque-là, la jurisprudence des juridictions inférieures alle-

---

26 Cass. com., 19 janv. 2010, n° 08-19.761, *Bull. civ.* IV, n° 8 ; *Contrats, conc., consom.* 2010, comm. 105, note G. Decocq ; *Rev. jurid. écon. publique*, 2010, n° 677, comm. 36, note A. Friboulet ; *Concurrences* n° 2-2010, p. 136, obs. C. Lemaire, S. Naudin.

27 V. *infra* n° 151 et s.

mandes était contradictoire. Des juges avaient admis que l'article 33 (5) puisse avoir un effet rétroactif ; d'autres avaient adopté la thèse contraire, à l'instar de l'OLG Karlsruhe, dont la décision était ici attaquée.

24. Le Bundesgerichtshof opte pour la première thèse et juge l'article 33 (5) de la GWB applicable rétroactivement aux demandes de réparation du préjudice causé par des cartels commis avant l'entrée en vigueur de la disposition – le 1er juillet 2005, donc – à condition que l'action ne soit pas encore prescrite à cette date. En l'espèce, cette interprétation change totalement l'issue du litige. L'application de l'article 33 (5) de la GWB ayant pour effet de suspendre la prescription jusqu'à la date où la décision de condamnation devient définitive (soit en 2013 après confirmation par le Bundesgerichtshof), l'action n'était donc pas prescrite en 2015.

25. Cette solution mérite d'être portée au débat sur les évolutions possibles du droit français. Nous avons noté dans le propos introductif du présent chapitre le caractère discutable des jurisprudences *JCB* et *Lycées d'Île-de-France*[28], qui refusent de faire produire aux actes d'enquête des autorités de concurrence un effet interruptif sur le cours de la prescription de l'action en réparation. L'adoption en droit français de la solution du Bundesgerichtshof pourrait, par exemple, conduire à l'abandon de cette jurisprudence au profit d'une solution proche, voire identique, à celle qui résulterait de l'application des dispositions de l'article L. 462-7 du code de commerce introduites par la loi Hamon qui posent la solution contraire. C'est d'ailleurs dans cette voie que semble s'être engagée, depuis la première édition de ce recueil, la cour d'appel de Paris à l'occasion de l'affaire *Arkeos*, commentée ci-après, et au prix peut-être d'un raisonnement discutable[29].

4. Point de départ du délai de de prescription de l'action en réparation devant le juge administratif –

CE, ch. 2-7, 22 nov. 2019, *SNCF Mobilités*, req. n° 418645, ECLI:FR:CECHR:2019:418645.20191122

7. Pour juger que les conclusions, présentées par la SNCF au tribunal administratif de Paris le 14 mars 2011 au titre de la responsabilité quasi-délictuelle, étaient prescrites depuis 2007 par application du délai de prescription décennale résultant alors de l'article 2270-1 du code civil, la cour administrative d'appel de Paris a relevé qu'une information judiciaire avait été ouverte le 30 juin 1995, que la direction générale de la concurrence, de la consommation et de la répression des fraudes avait, dans le cadre de l'instruction pénale, établi un rapport mettant en évidence des indices de pratiques anticoncurrentielles notamment sur les lots nos 34 B et 37 B du projet EOLE et que la presse s'était fait l'écho de ces pratiques dès 1995 et a retenu que le délai de la prescription avait commencé à courir au plus tard le 4 juillet 1997, date à laquelle la SNCF s'était constituée partie civile. De même, pour rejeter comme prescrite la demande de la SNCF, présentée au tribunal administratif le 1er juillet 2014, relative à l'annulation du marché correspondant au lot n° 37 B et à la condamnation des

28 V. *infra* n° 31 et s.
29 V. *infra* n° 35.

sociétés Bouygues et Bouygues Travaux Publics à lui verser une indemnité en conséquence, la cour administrative d'appel de Paris a retenu que la SNCF avait nécessairement eu connaissance des pratiques anticoncurrentielles provoquant le dol dont elle s'estime victime au plus tard le 4 juillet 1997, date à laquelle elle s'était constituée partie civile à l'occasion de la procédure pénale visant ces pratiques, ce dont elle a déduit que la prescription était en tout état de cause acquise depuis le 4 juillet 2002.

8. Toutefois, il ressort des pièces du dossier soumis aux juges du fond que les termes de la constitution de partie civile de la SNCF sur laquelle s'est fondée la cour administrative d'appel de Paris ne traduisaient que de simples soupçons et n'étaient pas de nature à établir que la SNCF aurait eu, à cette date, connaissance de manière suffisamment certaine de l'étendue des pratiques anticoncurrentielles dont elle a été victime de la part des titulaires des marchés. Il ressort des pièces du dossier soumis aux juges du fond qu'au cas présent la SNCF n'a été en mesure de connaître de façon suffisamment certaine l'étendue de ces pratiques qu'au vu de la décision du 21 mars 2006 du Conseil de la concurrence.

9. Il résulte de ce qui précède qu'en se fondant sur les éléments qu'elle a pris en considération pour juger que la SNCF avait une connaissance suffisante de son dommage dès le 4 juillet 1997 et retenir en conséquence cette date comme point de départ de la prescription, initialement de dix ans, applicable à la demande en responsabilité quasi-délictuelle de la SNCF comme de la prescription de cinq ans, applicable à son autre demande, la cour administrative d'appel a dénaturé les pièces du dossier.

10. Il s'ensuit, sans qu'il soit besoin de se prononcer sur les autres moyens du pourvoi, que SNCF Mobilités est fondée à demander l'annulation de l'arrêt qu'elle attaque en tant qu'il a rejeté ses conclusions d'appel.

CE, ch. 7-2, 27 mars 2020, *Signalisation France*, req. n° 420491, ECLI:FR:CECHR:2020:420491.20200327

3. En deuxième lieu, aux termes de l'article 2270-1 du code civil, en vigueur jusqu'à l'entrée en vigueur de la loi du 17 juin 2008 portant réforme de la prescription en matière civile : « Les actions en responsabilité civile extracontractuelle se prescrivent par dix ans à compter de la manifestation du dommage ou de son aggravation. » Aux termes de l'article 2224 du même code, résultant de la loi du 17 juin 2008 : « Les actions personnelles ou mobilières se prescrivent par cinq ans à compter du jour où le titulaire d'un droit a connu ou aurait dû connaître les faits lui permettant de l'exercer. » Aux termes du II de l'article 26 de cette loi : « Les dispositions de la présente loi qui réduisent la durée de la prescription s'appliquent aux prescriptions à compter du jour de l'entrée en vigueur de la présente loi, sans que la durée totale puisse excéder la durée prévue par la loi antérieure. » Enfin, aux termes de l'article L. 481-1 du code de commerce, dans sa rédaction issue de l'ordonnance du 9 mars 2017 relative aux actions en dommages et intérêts du fait des pratiques anticoncurrentielles : « Toute personne physique ou morale formant une entreprise (...) est responsable du dommage qu'elle a causé du fait de la commission d'une pratique anticoncurrentielle (...) ». Aux termes de l'article L. 482-1 du même code : « L'action en dommages et

intérêts fondée sur l'article L. 481-1 se prescrit à l'expiration d'un délai de cinq ans. Ce délai commence à courir du jour où le demandeur a connu ou aurait dû connaître de façon cumulative : / 1° Les actes ou faits imputés à l'une des personnes physiques ou morales mentionnées à l'article L. 481-1 et le fait qu'ils constituent une pratique anticoncurrentielle ; / 2° Le fait que cette pratique lui cause un dommage ; / 3° L'identité de l'un des auteurs de cette pratique (...) ». Aux termes de l'article 12 de cette ordonnance : « I. Les dispositions de la présente ordonnance entrent en vigueur le lendemain de sa publication (...). II. Les dispositions de la présente ordonnance qui allongent la durée d'une prescription s'appliquent lorsque le délai de prescription n'était pas expiré à la date de son entrée en vigueur. Il est alors tenu compte du délai déjà écoulé. »

4. Il résulte de ces dispositions que, jusqu'à l'entrée en vigueur de la loi du 17 juin 2008, les actions fondées sur la responsabilité quasi-délictuelle des auteurs de pratiques anticoncurrentielles se prescrivaient par dix ans à compter de la manifestation du dommage. Après l'entrée en vigueur de cette loi, la prescription de ces conclusions est régie par les dispositions de l'article 2224 du code civil fixant une prescription de cinq ans. S'appliquent, depuis l'entrée en vigueur de l'ordonnance du 9 mars 2017, les dispositions de l'article L. 482-1 du code de commerce posant une même prescription.

5. La cour administrative d'appel de Nantes a estimé, au terme de son appréciation souveraine des pièces du dossier, que le département de la Manche n'avait eu connaissance de manière suffisamment certaine de l'étendue des pratiques anticoncurrentielles dont il avait été victime qu'à compter de la décision du 22 décembre 2010 de l'Autorité de la concurrence. En en déduisant que l'action engagée par cette collectivité devant le tribunal administratif de Caen le 16 février 2015, soit dans le délai de cinq ans fixé par l'article 2224 du code civil, n'était pas prescrite, la cour, qui a suffisamment motivé son arrêt sur ce point, n'a pas commis d'erreur de droit.

26. Par ces deux arrêts, le Conseil d'État dégage d'utiles lignes directrices quant au point de départ du délai de prescription de l'action indemnitaire d'une personne publique victime d'une entente entre soumissionnaires à des appels d'offres.

Chaque arrêt fait suite à des affaires connues.

27. L'arrêt *SNCF Mobilités* du 22 novembre 2019 est une des nombreuses séquences de l'affaire dite « des travaux publics d'Île-de-France ». Celle-ci impliquait plusieurs dizaines d'entreprises de travaux publics qui, par le truchement d'un logiciel (le logiciel « drapo »), avaient mis au point une concertation illicite à l'occasion d'appels d'offres pour le projet « Eole » visant l'allongement du RER E. Les faits remontaient aux années 1990 et seront sanctionnés, en 2006, par l'ancien Conseil de la concurrence d'une amende de 48 millions d'euros[30]. Bien qu'elle se fût constituée partie civile dès 1997 dans le cadre du volet pénal de cette affaire, ce n'est qu'en 2011 que la SNCF saisit le tribunal administratif de Paris pour

[30] Déc. n° 06-D-07 bis du 21 mars 2006 relative à des pratiques mises en œuvre dans le secteur des travaux publics dans la région Île-de-France.

obtenir, à titre principal, l'annulation des marchés publics viciés par l'entente et, à titre subsidiaire, la réparation du surcoût.

La cour administrative d'appel de Paris avait fixé le point de départ de la prescription à la date de la constitution de partie civile, soit en 1997, pour la demande de nullité comme pour la demande indemnitaire[31]. Elle motivait sa décision en relevant une variété d'éléments factuels lui permettant de conclure que la SNCF étant en mesure d'agir valablement dès sa constitution de partie civile. Parmi ces éléments, elle relevait notamment « *qu'un certain nombre d'autorités ont été informées dans le courant de l'année 1994, de la mise en place d'un logiciel "DRAPO" [...], à des fins anticoncurrentielles pour permettre aux sociétés concernées de présenter des offres de couverture dans les marchés publics* ». Elle notait qu'à la suite de ces révélations, le procureur de la République de Paris avait ouvert une information judiciaire « *dès cette époque* » et qu'un rapport « *très complet* » de la DGCCRF sur ces pratiques avait été publié, autant de faits couverts par la presse. La cour ajoutait « *qu'à la suite de l'audition par le juge d'instruction, le 2 juillet 1997, du représentant de la SNCF et de la révélation des documents qui lui ont été présentés, la SNCF constatant que de nombreux marchés conclus au cours des années 1991 à 1995 avaient fait l'objet d'ententes de diverses entreprises du bâtiment et des travaux publics ayant faussé le jeu de la concurrence, a décidé de se constituer partie civile dans ces affaires* ». Elle en concluait que la SNCF avait « *une connaissance suffisante de l'existence des dommages correspondant à ces surco[û]ts, pour en demander réparation* » et qu'elle était logiquement prescrite en 2011, à la date de la saisine du tribunal administratif de Paris.

28. Cette motivation, solidement étayée en fait, ne résiste pas à l'examen du Conseil d'État, qui casse l'arrêt et décide de fixer le point de départ de la prescription à la date de la décision du Conseil de la concurrence, soit le 21 mars 2006. L'instance ayant été introduite le 14 mars 2011, le délai quinquennal du nouvel article 2224 du code civil introduit par la loi du 17 juin 2008 n'était pas écoulé à quelques jours près et, logiquement, l'ancien délai décennal de l'article 2270-1 du même code ne l'était pas non plus. L'action de la SNCF n'est pas prescrite.

Le plus important ici tient à la motivation du Conseil d'État, qui justifie sa solution en notant « *que les termes de la constitution de partie civile de la SNCF sur laquelle s'est fondée la cour administrative d'appel de Paris ne traduisaient que de simples soupçons et n'étaient pas de nature à établir que la SNCF aurait eu, à cette date, connaissance de manière suffisamment certaine de l'étendue des pratiques anticoncurrentielles dont elle a été victime de la part des titulaires des marchés* ». Il ajoute qu'il « *ressort des pièces du dossier soumis aux juges du fond qu'au cas présent la SNCF n'a été en mesure de connaître de façon suffisamment certaine l'étendue de ces pratiques qu'au vu de la décision du 21 mars 2006 du Conseil de la concurrence* ».

29. Cette solution s'inscrit dans la continuité de la jurisprudence des juridictions judiciaires qui invite les juges du fond à déterminer *in concreto* du point de

---

31 CAA Paris, 6e ch., 29 déc. 2017, *Sociétés Bouygues et Bouygues Construction*, n° 16PA02417-16PA02473-16PA02476.

départ de la prescription selon la connaissance exacte des faits dont dispose le demandeur. En l'espèce, le Conseil d'État fait même référence aux termes de la constitution de partie civile pour en déduire que la SNCF ne disposait pas d'informations suffisantes. Sans doute n'eût-il pas été superflu de savoir quelles informations lui avait été transmises également au cours de l'instruction pour mesurer de la façon la plus précise possible sa connaissance des éléments nécessaires à son action en réparation. Quoique cohérente sur le plan de la méthode, la solution n'échappe donc pas totalement à la discussion pour ce qui est des éléments factuels pris en compte dans cette affaire. L'arrêt confirme surtout, qu'en matière de cartel, il est peu probable que les victimes disposent d'informations suffisantes pour engager efficacement une action en réparation avant la décision de condamnation[32].

30. L'arrêt *Signalisation France* du 27 mars 2020 confirme cette analyse dans l'une des très nombreuses suites du cartel dit « de la signalisation verticale » condamné en 2010 par l'Autorité de la concurrence. Il sera fait mention en divers endroits de l'ouvrage de cette affaire et l'on en retiendra simplement ici la confirmation par le Conseil d'État de la solution dégagée dans l'arrêt *SNCF Mobilités*. La motivation du Conseil est sommaire et laisse entendre que ce point ne fait plus guère débat.

5. Application de l'ancien délai décennal à une action en réparation d'une entente verticale – Absence d'effet interruptif de la saisine de la Commission européenne – Effet interruptif de la citation en justice – Inapplicabilité de l'article 2233 du code civil

CA Paris, ch. 5-4, 26 juin 2013, *Sté JCB Sales Ltd, Sté JC Bamford Excavators Ltd et Sté JCB Service c/ SA Central Parts*, RG 12/04441[33]

Considérant que les sociétés JCB Service, JCB Sales Ltd et JCB JCB Bamford Excavators LTD font valoir que le préjudice de la société Central Parts doit être encadré dans le temps, qu'en effet, la prescription décennale est acquise pour partie et que l'action en réparation ayant été engagée par acte du 12 avril 2005 devant le Tribunal de commerce d'Orléans, seuls, sont à prendre en compte les préjudices subis à partir du 12 avril 1995, à les supposer justifiés ; qu'elles ont mis fin aux infractions au plus tard le 21 février 2001, Considérant que selon la société Central Parts, la prescription n'a pu courir alors que sa créance indemnitaire dépendait de la condition de sa reconnaissance par les juridictions communautaires, que le préjudice a subsisté après l'injonction de la commission du 20 décembre 2000, Considérant que selon l'ancien article 2270-1 du code civil applicable à la cause, le délai de prescription court à compter de la manifestation du dommage ; que l'article 2233 du Code civil ne peut être utilement invoqué par la société

[32] V. *infra* le commentaire de la décision *Arkeos*, n° 35 et s..

[33] TGI Paris, réf., 15 janv. 2009, *Conseil régional d'Île-de-France et Région Île-de-France*, RG 08/55030, 08/59948, 08/59949, *RLC*, 2009/19, p. 97, note M. Chagny ; *Concurrences* n° 3-2013, www.concurrences.com, obs. A. Ronzano.

Central Parts, qu'en effet sa créance n'est pas conditionnelle et que rien n'interdisait à la société Central Parts de saisir du litige la juridiction nationale, sauf pour cette dernière de surseoir à statuer dans l'attente de la décision des instances communautaires ; qu'en effet, l'instance devant les juridictions communautaires dont l'objet est de déterminer les infractions à la législation communautaire, de les sanctionner et non de réparer le préjudice qui peut résulter de la commission de ces infractions, ne peut avoir suspendu la prescription ici encourue, Considérant que doivent être pris en compte les préjudices subis depuis le 15 avril 1995 et résultant des infractions commises jusqu'au 21 février 2001 [...]

TGI Paris, réf., 15 janv. 2009, *Conseil régional d'Île-de-France et Région Île-de-France*, RG 08/55030, 08/59948, 08/59949[34]

[Le demandeur à l'action en réparation] ne saurait [...] se prévaloir d'actes interruptifs de prescription intervenus au cours d'une procédure pénale, conduite à son terme, dans laquelle des personnes morales n'ont pas été attraites, si ce n'est pour les faits délictueux dont elles auraient à répondre comme civilement responsables ;

[...]

[Il] n'est pas [...] établi [...] qu'une saisine, une procédure d'instruction et une décision du Conseil de la concurrence, lequel n'est pas une juridiction mais une autorité administrative indépendante chargée de la protection de l'ordre public économique, ne disposant pas du pouvoir d'attribuer à l'éventuelle victime d'actes [d'entente] la réparation de son dommage, serai[ent] de nature à permettre à une partie de bénéficier d'une interruption de prescription pour pouvoir saisir la juridiction civile d'une action en indemnisation de son préjudice, après l'expiration du délai de prescription afférent à cette action civile [...]

31. Dans l'affaire *JCB*, la société Central Parts agissait en réparation du préjudice causé par une entente verticale condamnée par la Commission européenne dans une décision du 21 décembre 2000[35]. Cette décision fut confirmée par un arrêt de l'ancien tribunal de première instance[36] qui fit lui-même l'objet d'un recours rejeté par la Cour de justice[37]. À la suite de nombreuses séquences judiciaires dont le présent arrêt n'est pas l'épilogue[38], la cour d'appel de Paris est notamment amenée à se prononcer sur la question de la prescription de l'action en réparation de la victime. La motivation de la cour d'appel de Paris est succincte mais instructive. On peut en retenir trois enseignements.

32. D'abord, la cour fait application de l'ancien délai décennal de prescription, applicable *ratione temporis* à la cause. Ensuite, elle estime que l'article 2233 du code civil est inapplicable à une action en réparation d'un préjudice causé

---

34 *RLC*, 2009/19, p. 97, note M. Chagny.

35 Aff. COMP. F.1/35.918 – *JCB*.

36 Aff. T-67/01, ECLI:EU:T:2004:3.

37 Aff. C-167/04 P, ECLI:EU:C:2006:594.

38 L'arrêt de Cour de cassation de 2015 sera commenté ci-après sur d'autres points : v. *infra* n° 190 et s. ; 269 et s.

par une pratique anticoncurrentielle. Cet article dont la rédaction est inchangée depuis la loi de 2008 (en réalité depuis 1804 sous son ancienne numérotation – article 2257 – d'ailleurs applicable à l'affaire à la place de l'article 2233 mentionné par la cour) régit le point de départ du délai de prescription des créances conditionnelles. Il dispose que la « *prescription ne court pas : 1° À l'égard d'une créance qui dépend d'une condition, jusqu'à ce que la condition arrive* ». L'argumentation n'était pas dénuée d'intérêt, car si elle avait convaincu la cour, celle-ci aurait pu juger que la créance conditionnelle en réparation du préjudice aurait été consolidée dans son existence par la décision de condamnation de la Commission européenne. Partant, le point de départ du délai de prescription aurait pu être différé à cette date. La cour écarte cet argument sans s'en expliquer.

33. Elle en conclut – et c'est le troisième apport de cet arrêt – que le délai de prescription de l'action en réparation, dont le point de départ n'est pas précisé, a été interrompu par la citation en justice. Cette citation date de 2005. L'interruption du délai décennal à ce moment précis fait que la victime peut demander la réparation de son préjudice pour les dix années antérieures, donc hypothétiquement entre 1995 et 2005 (si ce n'est que la pratique a cessé en 2001). En l'espèce, ce sont près de six années qui sont « perdues » pour la victime : de 1989 (date du début de la pratique) à 1995. La cour ajoute, ce faisant, que la procédure devant la Commission européenne n'a eu aucun effet sur le cours de la prescription de l'action en réparation. Elle le dit d'ailleurs très explicitement : « *[L]'instance devant les juridictions communautaires dont l'objet est de déterminer les infractions à la législation communautaire, de les sanctionner et non de réparer le préjudice qui peut résulter de la commission de ces infractions, ne peut avoir suspendu la prescription ici encourue.* »

34. Cet arrêt est celui qui est le plus souvent cité comme ayant défini la position de la jurisprudence française quant à l'effet de la saisine d'une autorité de concurrence sur la prescription de l'action en réparation. La réponse de la cour d'appel est nette : l'instance devant une autorité de concurrence n'a pas même d'effet suspensif, donc sans doute pas d'effet interruptif. Cette solution avait déjà été adoptée dans le jugement relatif à l'affaire dite « des Lycées d'Île-de-France »[39] si ce n'est que le tribunal de grande instance de Paris parlait d'absence d'effet interruptif[40]. Or, comme nous l'énoncions dans notre propos introductif, cette jurisprudence est aujourd'hui renversée par l'article L. 462-7, alinéa 4, du code de commerce cité ci-dessus en vigueur depuis la loi Hamon[41] et dont l'application dans le temps a été précisée par l'arrêt *Arkeos* présenté au commentaire suivant.

---

39 Dont la motivation est citée ci-dessus.

40 Elle a aussi été adoptée par le tribunal de commerce dans son jugement *Orange Réunion* : T. com. Paris, 15e ch., 20 juin 2016, *SA Orange Réunion c/ SRR et al.*, RG 2014058853.

41 Qui prévoit, dans sa rédaction issue de l'ordonnance de transposition de la directive 2014/104/UE, que « *[t]out acte tendant à la recherche, à la constatation ou à la sanction de pratiques anticoncurrentielles par l'Autorité de la concurrence, une autorité nationale de concurrence d'un autre État membre de l'Union européenne ou la Commission européenne interrompt la prescription de l'action civile et de l'action indemnitaire* ».

6. Point de départ et interruption de la prescription par l'ouverture d'une procédure devant l'Autorité de la concurrence – Application *ratione temporis* de l'article L. 462-7, alinéa 4, du code de commerce

CA Paris, ch. 5-4, 6 mars 2019, *SARL Arkeos et al. c/ SA EDF, SASU EDF Énergies Nouvelles Réparties et SASU EDF ENR Solaire*, RG 17/21261[42]

Sur le point de départ de la prescription

L'article 2224 du code civil, modifié par la loi n° 2008-561 du 17 juin 2008, dispose que : « Les actions personnelles ou mobilières se prescrivent par cinq ans à compter du jour où le titulaire d'un droit a connu ou aurait dû connaître les faits lui permettant de l'exercer ».

La notion de « faits permettant d'exercer un droit » s'entend de faits permettant d'agir ou de défendre ce droit. En matière d'action en responsabilité, comme dans la présente espèce, la prescription ne court qu'à compter de la réalisation du dommage ou de la date à laquelle il est révélé à la victime, si celle-ci établit qu'elle n'en avait pas eu précédemment connaissance, à savoir de la date à laquelle elle savait ou aurait pu savoir qu'elle avait été victime de l'infraction, et connaître la consistance de celle-ci, son imputabilité et sa durée.

Compte tenu de ses caractéristiques et de son contenu, la décision de mesures conservatoires n° 09-MC-01 du 8 avril 2009, retenue par le tribunal de commerce comme point de départ de la prescription, ne confère pas aux victimes des pratiques anticoncurrentielles la connaissance réelle ou supposée des faits leur permettant d'exercer en justice leur droit à réparation au sens de l'article 2224 du code civil et ne saurait par conséquent faire courir le délai de prescription.

En effet, de façon générale, les décisions de mesures conservatoires établissent qu'une pratique « est susceptible » d'enfreindre le droit de la concurrence et sont temporaires, la Cour de cassation ayant rappelé que des mesures conservatoires peuvent être décidées « dès lors que les faits dénoncés, et vises par l'instruction dans la procédure au fond, apparaissent susceptibles, en l'état des éléments produits aux débats, de constituer une pratique contraire aux articles L. 420-1 ou L. 420-2 du code de commerce » ; ces décisions de mesure conservatoire ne déclarent pas une pratique anticoncurrentielle comme les décisions au fond de l'Autorité, qui, par ailleurs, sont beaucoup plus détaillées. Leur objet est en effet essentiellement de mettre un terme de manière urgente à des atteintes à la concurrence par des injonctions et non de sanctionner une pratiqu[e] factuellement et juridiquement établie. Par ailleurs, elles renvoient, comme en l'espèce, l'étude de certains griefs à l'instruction, qui, finalement, ne seront pas retenus dans la décision au fond.

Moins détaillées dans leur motivation, susceptibles d'être remises en cause par une décision au fond, elles ne peuvent suffire à constituer la base d'une connais-

---

42 *Contrats, conc., consom.* 2019/5, comm. 90, obs. G. Decocq ; *L'actu-concurrence*, n° 10/2019, note A. Ronzano

sance utile des pratiques par les victimes, de nature à leur permettre d'agir en justice pour obtenir réparation.

Le fait que cette décision ait fait l'objet d'une publicité, comme le relèvent les sociétés EDF dans leurs conclusions, est indifférent et ne saurait conférer à ces mesures conservatoire[s] la force d'établir avec certitude, dans ses éléments factuels et juridiques, la pratique anticoncurrentielle.

Donc, l'action consécutive en réparation exercée, le 11 décembre 2014, par les victimes d'abus d'éviction, n'est pas prescrite, le délai de prescription ayant commencé à courir à partir, non pas de la décision de mesures conservatoires du 8 avril 2009, mais seulement de la décision de condamnation au fond adoptée par l'Autorité de la concurrence, le 17 décembre 2013.

Sur l'interruption de la prescription

Mais, même à supposer que la date de la décision de mesures conservatoires constitue le point de départ du préavis, les mesures qui reportent le point de départ du délai de prescription ou interrompent la prescription par rapport à l'application du droit commun de la responsabilité civile ont pour conséquence un allongement du délai, et sont soumises à l'article 2222 du code civil qui dispose que « La loi qui allonge la durée d'une prescription ou d'un délai de forclusion est sans effet sur une prescription ou une forclusion acquise. Elle s'applique lorsque le délai de prescription ou le délai de forclusion n'était pas expiré à la date de son entrée en vigueur. Il est alors tenu compte du délai déjà écoulé. En cas de réduction de la durée du délai de prescription ou du délai de forclusion, ce nouveau délai court à compter du jour de l'entrée en vigueur de la loi nouvelle, sans que la durée totale puisse excéder la durée prévue par la loi antérieure ».

Or, aux termes L. 462-7 alinéa 4 du code de commerce introduit par la loi dite « Hamon », n° 2014-344 du 17 mars 2014 : « L'ouverture d'une procédure devant l'Autorité de la concurrence, une autorité nationale de concurrence d'un autre État membre de l'Union européenne ou la Commission européenne interrompt la prescription de l'action civile. L'interruption résultant de l'ouverture de cette procédure produit ses effets jusqu'à la date à laquelle la décision de ces autorités ou, en cas de recours, de la juridiction compétente est définitive ».

La loi Hamon qui allonge le délai de prescription en prévoyant que l'ouverture d'une procédure devant l'Autorité de la concurrence interrompt la prescription, s'applique immédiatement au 19 mars 2014, alors que le délai de prescription de la présente action, courant à compter du 8 avril 2009, n'était pas expiré (le 8 avril 2014).

Par conséquent, le délai de prescription de l'action indemnitaire de cinq ans a été interrompu par le recours devant l'Autorité de la concurrence, jusqu'à sa décision du 17 décembre 2013, puis, en raison de l'appel interjeté à son encontre, jusqu'à la décision définitive rendue par la cour d'appel de Paris en date du 21 mai 2015.

Il en résulte que même à supposer le point de départ de la prescription fixé au 8 avril 2009, l'action consécutive en réparation exercée, le 11 décembre 2014, par les victimes des abus d'éviction, ne serait pas prescrite.

35. Cet arrêt *Arkeos* témoigne d'un effort de clarification du droit antérieur à la directive 2014/104/UE par la cour d'appel de Paris. Il est rendu dans une des suites de l'affaire dite du « photovoltaïque ».

Pour mémoire, après une décision de mesures conservatoires de 2009[43], EDF avait été condamnée en 2013[44] pour un abus d'éviction commis sur ce marché émergent à l'occasion du lancement de l'offre de sa filiale EDF ENR. La décision de l'Autorité sera partiellement réformée en 2015 par la cour d'appel de Paris[45], dont l'arrêt sera lui-même partiellement cassé en 2017[46]. Jusqu'à la Cour de cassation, toutefois, l'existence de certains abus ne sera pas démentie. Le 11 décembre 2014 (la date est importante comme on le verra par la suite), six sociétés concurrentes d'EDF ENR saisissent le tribunal de commerce de Paris pour obtenir réparation du dommage prétendument causé par cet abus. Un jugement du 27 septembre 2017 les déboute au motif que leur action est prescrite et c'est sur appel de ce jugement que se prononce la cour dans le présent arrêt.

Sur la prescription, seul point de droit évoqué ici, la cour d'appel de Paris apporte deux séries de précisions fort utiles.

36. La première série de précisions a trait au point de départ de la prescription.

Afin d'en déterminer la date, la cour d'appel procède d'abord à une interprétation soignée de la notion de « *faits permettant d'exercer un droit* » qui figure à l'article 2224 du code civil[47], applicable aux litiges qui ne sont pas soumis aux règles de transposition de la directive 2014/104/UE. La notion est importante car, comme il a été rappelé au commentaire précédent, c'est au jour de la connaissance de ces faits qu'est fixé le point de départ « glissant » de la prescription. La cour précise qu'il faut entendre par ces faits ceux « *permettant d'agir ou de défendre ce droit* » – jusque-là rien de novateur ; puis elle ajoute – et c'est ce qui doit retenir l'attention – qu'« *en matière d'action en responsabilité, [...] la prescription ne court qu'à compter de la réalisation du dommage ou de la date à laquelle il est révélé à la victime, si celle-ci établit qu'elle n'en avait pas eu précédemment connaissance, à savoir de la date à laquelle elle savait ou aurait pu savoir qu'elle avait été victime de l'infraction, et connaître la consistance de celle-ci, son imputabilité et sa durée* ».

37. Ce premier élément de motivation de la cour appelle quatre observations.

Première observation : l'arrêt ne rompt pas avec l'approche *in concreto* qui préside à la détermination du point de départ de la prescription. Simplement, il en relève les exigences en allongeant la liste des conditions cumulatives à remplir par rapport à la lettre de l'article 2224 du code civil.

---

43 Aut. conc., déc. n° 09-MC-01 du 8 avr. 2009 relative à la saisine au fond et à la demande de mesures conservatoires présentée par la société Solaire Direct.

44 Aut. conc., déc. n° 13-D-20 du 17 déc. 2013 relative à des pratiques mises en œuvre par EDF dans le secteur des services destinés à la production d'électricité photovoltaïque.

45 CA Paris, ch. 5-7, 21 mai 2015, RG 14/02694 ; *Énergie* 2015, comm. 70 ; *Concurrences* n° 3-2015, p. 77, note F. Marty.

46 Cass. com., 27 sept. 2017, n° 15-20.087 et 15-20.291, ECLI:FR:CCASS:2017:CO01223, inédit ; *Concurrences* n° 1-2018, p. 94, note F. Marty; *Contrats, conc., consom.* 2017/12, p. 42, note G. Decocq.

47 On rappellera que le nouvel article L. 482-1 du code de commerce, qui transpose l'article 10 de la directive 2014/104/UE, ne s'appliquera *ratione temporis* qu'aux faits postérieurs au 11 mars 2017.

Deuxième observation : il est manifeste que l'interprétation de la cour est particulièrement protectrice du demandeur à l'action. Puisque sont désormais requises la connaissance de « *la consistance* » (la qualification ?) de l'infraction « *son imputabilité* » et « *sa durée* », il semble que la date du point de départ de la prescription sera le plus souvent fixée au jour de la décision de condamnation de l'Autorité ou de la Commission. Il n'y a guère que dans les cas où la victime aurait eu une lecture particulièrement fine du marché et/ou aurait disposé de preuves accablantes contre les défendeurs que la prescription pourrait courir contre elle avant la date de la condamnation. Le scénario est plausible en matière d'abus ou d'entente verticale puisque les pratiques qui en sont le support ne sont pas secrètes. Il l'est plus encore lorsque le demandeur en réparation est aussi plaignant à la procédure devant l'Autorité et qu'il peut ainsi avoir accès à des informations du dossier de l'Autorité, susceptibles de le renseigner sur les pratiques en cause, leurs victimes et l'identité des contrevenants (en l'espèce, il n'était d'ailleurs pas impossible que ce fût le cas). C'était d'ailleurs le cas dans l'affaire *Cinésogar*, présentée ci-après[48], ou encore dans l'affaire *CNAMTS c/ Sanofi*[49], que l'on ne fera que mentionner ici.

Pour autant, il existe des affaires d'abus et d'ententes verticales plus complexes où l'illicéité des pratiques litigieuses n'a rien d'évident et donne lieu à des débats indécis. L'existence d'un dommage réparable n'est alors révélée aux victimes qu'à la date de publication de la décision qui juge la pratique illicite. Dans ces conditions, il serait discutable que le point de départ de la prescription fût antérieur.

Pour les affaires de cartels, la situation est renversée tout en aboutissant au même résultat. Ce n'est plus l'illicéité de la pratique qui est incertaine – elle est indiscutable – mais la connaissance par les victimes des faits matériels constitutifs de l'infraction, en général méticuleusement dissimulés par leurs auteurs. Par conséquent, les victimes apprennent le plus souvent qu'elles ont subi un dommage lorsqu'est publiée la décision de condamnation et c'est, là encore, à cette date que la prescription commence à courir contre elles. C'est d'ailleurs ce qu'enseignent les décisions du juge administratif commentées ci-après[50].

En somme, s'il ne faut retenir qu'un enseignement de cet arrêt, c'est peut-être celui-ci : quant au point de départ de la prescription, rien n'est sûr ! La

48 V. *infra* n° 42 et s.

49 T. com. Paris, 1re ch., 1er oct. 2019, *CNAMTS c/ Sanofi*, RG 2017053369 ; *Concurrences*, n° 1-2020, note B. Thomas ; dans cette espèce la Caisse nationale de l'Assurance maladie des travailleurs salariés (la « CNAMTS ») avait saisi le tribunal de commerce d'une action en réparation en septembre 2017. La Caisse cherchait à obtenir réparation du préjudice causé par l'abus de position dominante commis par Sanofi dans l'affaire dite du « Plavix » et condamné par l'Autorité de la concurrence dans une décision du 14 mai 2013 (Aut. conc., déc. n° 13-D-11 du 14 mai 2013 relative à des pratiques mises en œuvre dans le secteur pharmaceutique). Le tribunal juge l'action prescrite au motif que cette dernière avait participé « *de manière active* » à l'instruction de la procédure devant l'Autorité. Auditionnée à six reprises entre juin 2010 et septembre 2011, elle avait également répondu à quatre demandes d'information entre octobre 2010 et avril 2012 et avait surtout produit un rapport présentant à l'Autorité une « *estimation des pertes financières* » causées par les pratiques en cause. Le tribunal considère que c'est la date de remise de ce rapport qui marque le point de départ de la prescription (en l'occurrence le 16 septembre 2011, soit six ans avant l'assignation devant le tribunal), dans la mesure où, à compter de cette date, juge le tribunal, « *la CNAM[TS] ne pouvait ignorer les pratiques de dénigrement auxquelles s'est livrée SANOFI, leur consistance, le rapport possible entre ces pratiques et le dommage* ».

50 V. *infra* n° 26 et s.

détermination *in concreto* de ce point de départ est sans doute la plus conforme aux textes mais elle suppose de plonger au cœur des faits de l'espèce. C'est dire que pour éviter toute difficulté liée à la prescription, les demandeurs seront bien inspirés de saisir simultanément l'Autorité et le juge de la réparation, quitte à ce que ce dernier sursoie à statuer le temps de la procédure répressive (ce qu'il fera selon toute vraisemblance).

Troisième observation, en lien avec la précédente : il semble désormais que cette interprétation de l'article 2224 du code civil, très favorable au demandeur à l'action, soit conforme au principe d'effectivité tel qu'interprété dans l'arrêt *Cogeco* présenté ci-dessus[51].

À l'analyse, et ce sera la quatrième observation, le régime antérieur à la transposition de la directive en deviendrait presque plus favorable au demandeur que celui qui en est issu ! Quand on compare la nouvelle interprétation de l'article 2224 du code civil au nouvel article L. 482-1 du code de commerce, on constate que celui-ci requiert la connaissance d'un nombre de faits plus restreint pour que la prescription commence à courir contre le demandeur, soit : 1° les actes litigieux et leur caractère infractionnel ; 2° leur caractère dommageable pour la victime ; 3° l'identité de l'un de leurs auteurs ; 4° leur cessation. De cette liste, sont absentes les deux conditions suivantes posées par la cour d'appel de Paris dans cet arrêt *Arkeos* sur le fondement de l'article 2224 du code civil : que le demandeur ait connaissance de la « consistance » de l'infraction et de sa durée. Dans certaines affaires, il ne serait pas impossible que cette différence ait des conséquences pratiques significatives. Que l'on songe, par exemple, au cas fréquent où la victime qui soupçonne une pratique illicite ne sait pas s'il s'agit d'un abus ou d'une entente. Dans cette hypothèse, elle ne connaît pas la « consistance » de la pratique : la prescription ne court pas dans le régime *Arkeos* ; mais elle a connaissance de son caractère infractionnel : la prescription court dans le régime de l'article L. 482-1 du code de commerce…

38. Par ailleurs, la cour d'appel de Paris apporte aussi une précision supplémentaire quant au point de départ : celle de l'effet d'une décision de mesures conservatoires sur le cours de la prescription. En l'espèce, cette précision – quoique surabondante pour trancher le litige – était importante sur le plan des principes, car le tribunal de commerce avait fixé le point de départ de la prescription à la date de la décision de mesures conservatoires de 2009 et non à la date de la décision de condamnation de 2013. En résumé, la cour estime que la décision de mesures conservatoires ne contient pas tous les éléments factuels nécessaires pour que les victimes des abus d'EDF puissent exercer leur action[52]. Observons que l'examen de la cour reste

---

[51] V. *supra* n° 9 et s.

[52] La motivation de la cour mérite d'être lue en intégralité : « *Compte tenu de ses caractéristiques et de son contenu, la décision de mesures conservatoires [...] ne confère pas aux victimes des pratiques anticoncurrentielles la connaissance réelle ou supposée des faits leur permettant d'exercer en justice leur droit à réparation au sens de l'article 2224 du code civil et ne saurait par conséquent faire courir le délai de prescription. En effet, de façon générale, les décisions de mesures conservatoires établissent qu'une pratique "est susceptible" d'enfreindre le droit de la concurrence et sont temporaires [...] ; [elles] ne déclarent pas une pratique anticoncurrentielle comme les décisions au fond de l'Autorité, qui, par ailleurs, sont beaucoup plus détaillées. Leur objet est en effet essentiellement de mettre un terme de manière urgente à des atteintes à la concurrence*

circonstancié, ce qui est cohérent avec la détermination *in concreto* du point de départ de la prescription selon la connaissance « réelle » que la victime de la faute a des faits lui permettant d'agir. En théorie, il n'est donc pas impossible qu'une décision de mesures conservatoires particulièrement détaillée, et qui constate des faits dont le caractère infractionnel ne fait quasiment aucun doute, puisse être suffisante pour que coure la prescription.

39. La deuxième série de précisions apportées par la cour concerne l'application dans le temps de l'alinéa 4 de l'article L. 462-7 du code de commerce. Introduit par la loi Hamon, cet alinéa, déjà évoqué à plusieurs reprises dans les commentaires précédents et dans le propos introductif du présent chapitre, dispose que l'ouverture d'une procédure devant l'Autorité de la concurrence est interruptive du délai de prescription de l'action en réparation. Son introduction en 2014 anticipait donc la solution posée par la directive 2014/104/UE à l'alinéa 4 de son article 10. Il est utile de redire ici que la loi Hamon prenait ainsi le contrepied des jurisprudences *Lycées d'Île-de-France* et *JCB* rendues sur le fondement du droit commun[53], posant que l'ouverture d'une procédure devant l'Autorité n'interrompt pas le délai de prescription.

40. Pour juger le nouvel alinéa 4 de l'article L. 462-7 du code de commerce applicable à l'espèce, la cour adopte un raisonnement en deux temps. Premièrement, elle précise le régime d'application dans le temps de cet alinéa en se fondant sur l'article 2222 du code civil. Cet article – issu de la loi sur la prescription du 17 juin 2008 – contient plusieurs règles de droit transitoire. L'une de ces règles, qui fonde le raisonnement de la cour en l'espèce, régit les cas où la loi nouvelle « *allonge la durée d'une prescription* ». Dans cette hypothèse, précise l'article 2222, la loi nouvelle « *s'applique lorsque le délai de prescription [...] n'était pas expiré à la date de son entrée en vigueur. Il est alors tenu compte du délai déjà écoulé* ». La cour juge que la nouvelle cause interruptive de l'alinéa 4 de l'article L. 462-7 du code de commerce introduit par la loi Hamon est bien une disposition qui « allonge le délai », d'où elle déduit que son application dans le temps obéit à l'article 2222 du code civil. Elle décide donc d'appliquer cet alinéa 4 au jour de l'entrée en vigueur de la loi Hamon, soit le 19 mars 2014. Or cette date est importante en l'espèce, car elle intervient vingt jours précisément avant que le délai quinquennal ne soit acquis s'il avait commencé à courir, comme l'avait décidé le tribunal, au jour de la décision de mesures conservatoires (le 8 avril 2009). Puis, deuxième temps du raisonnement, par l'effet de cette nouvelle disposition applicable à la cause, la cour d'appel juge que le délai n'a recommencé à courir qu'à compter du caractère définitif de la condamnation, soit en 2015, à la date de l'arrêt partiellement confirmatif rendu sur le recours en annulation contre la décision de l'Autorité. En l'occurrence, l'action en réparation ayant été introduite le 11 décembre 2014, il n'y a pas de difficulté (le délai aurait expiré en 2020).

---

par des injonctions et non de sanctionner une pratiqu[e] factuellement et juridiquement établie. Par ailleurs, elles renvoient, comme en l'espèce, l'étude de certains griefs à l'instruction, qui, finalement, ne seront pas retenus dans la décision au fond. Moins détaillées dans leur motivation, susceptibles d'être remises en cause par une décision au fond, elles ne peuvent suffire à constituer la base d'une connaissance utile des pratiques par les victimes, de nature à leur permettre d'agir en justice pour obtenir réparation. »

53 V. *supra* n° 31 et s.

41. Cette motivation appelle trois remarques.

D'abord, l'interprétation dégagée est indéniablement favorable aux demandeurs à l'action en réparation. La même conclusion que celle formulée plus tôt pour les règles relatives au point de départ peut être suggérée : désormais, il est probable que si la Cour de justice avait à se prononcer sur le droit français de la prescription, antérieur à la directive, elle le jugerait conforme au principe d'effectivité.

Ensuite, il reste encore à préciser ce que la cour entend par décision « définitive ». Ici, elle semble considérer que la décision « définitive » était l'arrêt de 2015 rendu par sa chambre 5-7 sur le recours en annulation contre la décision de l'Autorité, et non l'arrêt de la Cour de cassation de 2017. La solution peut évidemment se défendre et elle est cohérente avec la rédaction du nouvel article L. 481-2 du code de commerce, qui transpose l'article 9 de la directive[54]. Il reste que l'utilisation de l'adjectif « définitif » sème le doute. Ainsi, qu'en est-il si la qualification de pratique anticoncurrentielle est contestée par le pourvoi formé devant la Cour de cassation ? L'arrêt d'appel est-il définitif ? Non, à l'évidence, et l'on ne peut que repenser à certaines affaires qui, par le passé, ont pu démontrer que de singuliers coups de théâtre n'étaient pas impossibles devant la Cour de cassation[55]. Or, en l'espèce, les qualifications d'abus étaient bien contestées par le pourvoi qui a donné lieu à l'arrêt de 2017[56], si bien que l'arrêt d'appel aurait pu ne pas être « définitif »... Sans doute qu'une périphrase comme celle du nouvel article L. 481-2 du code de commerce aurait été préférable pour éviter l'incertitude attachée à l'adjectif « définitif ».

Enfin, on pourrait discuter aussi de l'application dans le temps de l'alinéa 4 de l'article L. 462-7 du code de commerce. En l'espèce, cet alinéa est appliqué aux faits antérieurs à l'entrée en vigueur de la loi Hamon ; conclusion que la cour fonde sur l'application de l'article 2222 du code civil, on l'a dit. Or on peut avancer deux objections à ce raisonnement. D'une part, il est douteux que l'alinéa 4 de cet article L. 462-7 du code de commerce relève du domaine de la règle de droit transitoire de l'article 2222 du code civil, pour la simple raison qu'une cause interruptive « n'allonge pas », au sens juridique du terme, la prescription[57]. D'autre part, et à supposer que cette première objection soit écartée, on ne voit pas en quoi la règle de droit transitoire de l'article 2222 du code civil est d'un quelconque secours pour déterminer l'application dans le temps de l'alinéa en question. Par définition, une règle de droit transitoire aménage la période « transitoire » où la règle nouvelle, quoiqu'applicable *ratione temporis*, doit tout de même être combinée avec certains

---

[54] Ces deux articles traitent de la présomption irréfragable de faute en cas de décision de condamnation d'une autorité. L'article 9 de la directive dispose que ce sont les constats de condamnation des décisions « définitives » de l'autorité qui ont la valeur d'une présomption irréfragable, ce que l'article L. 481-2 du code de commerce traduit par « *décision qui ne peut plus faire l'objet d'une voie de recours ordinaire pour la partie relative à ce constat* », ce qui semble bien exclure le pourvoi en cassation (voie de recours extraordinaire).

[55] Que l'on pense p. ex. à l'affaire *Image chèques* ; v. dernièrement CA Paris, ch. 5-7, 21 déc. 2017, *Sté Crédit Lyonnais*, RG 15/17638.

[56] Si l'on en juge à la lecture des deuxième et troisième moyens du pourvoi sur lesquels statue l'arrêt de la Cour de cassation de 2017 (préc.).

[57] C'est ce qu'a pu juger sans ambiguïté la Cour de cassation à propos d'une cause interruptive du droit commun : Cass. com., 28 mars 2018, n° 16-27.268, P, ECLI:FR:CCASS:2018:CO00347.

effets de la loi ancienne. Il ne s'agit donc pas d'une règle de conflit de lois dans le temps qui a pour seule fonction de déterminer le moment où s'applique une disposition nouvelle comme celle en cause. En d'autres termes, la règle de droit transitoire répond à la question de savoir comment appliquer la loi nouvelle ; la règle de conflit de lois dans le temps répond à la question de savoir quelle loi s'applique, entre la nouvelle et l'ancienne. D'où notre seconde objection : en quoi l'article 2222 du code civil est-il pertinent pour déterminer si l'article L. 462-7 du code de commerce est applicable ?

Si l'on se place sur le terrain des conflits de lois dans le temps, seul pertinent, on l'aura compris, pour savoir si la loi Hamon s'applique en l'espèce, deux raisonnements sont envisageables. Premier raisonnement : l'interruption de la prescription est une règle de procédure. Dans ce cas, l'application immédiate aux instances en cours se justifie et la solution de la cour est cohérente. Deuxième raisonnement : c'est une règle de fond et l'application immédiate aux faits antérieurs résulte d'une véritable exception au principe de non-rétroactivité de l'article 2 du code civil. La solution de la cour devient nécessairement plus douteuse, car elle est *contra legem*... En réalité, le doute est permis, car la jurisprudence rendue en d'autres occasions ne semble pas d'une absolue constance quant à la qualification processuelle ou substantielle des causes interruptives de prescription[58].

En définitive, c'est peut-être sur cette question de qualification de la cause interruptive, et dans le régime d'application *ratione temporis* qui en découle, que la solution de l'arrêt *Arkeos* reste critiquable. Pour ce qui est de la détermination du point de départ, l'interprétation que propose la cour de l'article 2224 du code civil (peut-être pas son application à l'espèce) semble difficilement contestable.

7. Durée du délai de prescription et articulation entre l'ancien article 2270-1 et l'article 2224 du code civil – Point de départ du délai de prescription : date à laquelle la victime a adressé une lettre à l'ancien Conseil de la concurrence – Absence d'effet interruptif de la saisine du Conseil

CA Fort-de-France, 24 janv. 2017, *C. c/ SARL Cinésogar, SARL Filmdis, SAS Mediagestion*, RG 15/00486

À l'encontre des sociétés Cinésogar et Mediagestion, avec lesquelles il n'était pas lié par un contrat, M. R.C. réclame la réparation de ses préjudices au visa de l'article 1382 du Code civil. La prescription de son action était donc, lorsqu'elle a été engagée par assignation du 24 mars 2000, soumise en toutes ses composantes à la prescription décennale de l'ancien article 2270-1 du Code civil, selon lesquelles « les actions en responsabilité civile extra-contractuelle

---

58 P. ex., les causes d'interruption du nouvel article 2241 C. civ. dans sa rédaction issue de la loi du 17 juin 2008 ont été qualifiées de règles de procédure : Cass. 2e civ., 17 févr. 2011, n° 10-13.977, *Procédures* 2011, comm. 132, obs. Perrot ; alors que les causes d'interruption de l'ancien article 2244 du même code ont été qualifiées de règles de fond par une jurisprudence plus ancienne : Cass. 3e civ., 7 déc. 1988, n° 86-19.427, *Bull. civ.* III, n° 174 a jugé qu'« *en tant qu'elle concerne les causes interruptives de prescription la loi du 5 juillet 1985 [nota : qui avait modifié l'art. 2244 C. civ.] n'est pas une loi de procédure* ».

se prescrivent par dix ans à compter de la manifestation du dommage ou de son aggravation ». Il lui a été substitué un délai quinquennal par l'article 2224 issu de la loi n° 2008-561 du 17 juin 2008, entrée en vigueur le 19 juin 2008, l'article 26 II de cette loi prévoyant que « les dispositions qui réduisent la durée de la prescription s'appliquent aux prescriptions à compter du jour de l'entrée en vigueur de la loi, sans que la durée totale puisse excéder la durée prévue par la loi antérieure ».

Le point de départ du délai de prescription se situe au jour où M. R.C. a eu connaissance des faits à l'origine du préjudice dont il se plaint. Il ressort du procès-verbal de la réunion de conciliation du Médiateur du cinéma, en date du 8 octobre 1999, que celui-ci a été saisi de la plainte de M. R.C. par courriers des 28 octobre 1998 et 17 juin 1999 et que M. R.C. a amplement développé devant lui les distorsions aux règles de la libre concurrence dont il s'estimait victime de la part de la société Filmdis. Ce même comportement anticoncurrentiel a ensuite été dénoncé dans la lettre enregistrée le 9 mars 2000 destinée au Conseil de la concurrence, puis dans les mémoires des 2 mai et 28 juin 2000, détaillant les pratiques de la société Filmdis-Circuit Elizé qu'il estimait anticoncurrentielles. M. R.C. connaissait ainsi les manquements reprochés aujourd'hui aux intimées dès le 28 octobre 1998 et, dans toute leur ampleur, à tout le moins dès le 9 mars 2000. Son préjudice, dont aucune aggravation n'est caractérisée, était alors également déjà constitué. Le délai imparti à M. R.C. pour agir a donc commencé à courir le 9 mars 2000. La procédure engagée devant le Conseil de la concurrence puis, sur recours, devant la Cour d'appel de Paris n'a eu pour effet ni de retarder le point de départ de la prescription, ni d'en suspendre le cours. Elle a simplement permis à M. R.C. de faire sanctionner les sociétés Filmdis et Cinésogar et de se ménager des éléments de preuve supplémentaires, sans aucunement l'empêcher d'agir devant la juridiction civile en réparation de ses préjudices.

S'agissant d'une action extra-contractuelle, le délai maximum de dix ans dont bénéficiait M. R.C. expirait donc le 9 mars 2010. En l'absence de solidarité légale ou contractuelle entre les parties défenderesses, l'assignation délivrée une autre partie n'a eu aucun effet interruptif à l'égard des autres. Or, M. R.C. a fait assigner les sociétés Filmdis, Cinésogar et Mediagestion par actes des 24 mars et 8 avril 2000, les demandes indemnitaires à l'encontre de Mediagestion, initialement appelées en déclaration de jugement commun, n'étant même présentées pour la première fois que le 21 janvier 2014. Le premier juge a donc exactement retenu que les actions engagées à l'encontre des sociétés Filmdis, Cinésogar et Mediagestion étaient irrecevables comme prescrites.

42. Cet arrêt de la cour d'appel de Fort-de-France passerait presque inaperçu. Et pourtant, s'il ne statue que sur la prescription d'une action en réparation, ce qu'il en dit est de nature à nourrir utilement la réflexion. Il est aussi intéressant par ce qu'il ne dit pas sur un point qui saute aux yeux : le défaut de pouvoir juridictionnel de la cour saisie ! Ce point ne sera toutefois pas traité ici[59].

---

[59] Sur la compétence interne, v. *infra* 115 et s.

43. L'exploitant d'une salle de cinéma (l'appelant) avait déposé une plainte auprès de l'ancien Conseil de la concurrence contre des sociétés de distribution de films (les intimées). Il dénonçait des abus de position dominante desdites sociétés dans leur activité de location de films. Par une décision du 15 septembre 2004[60], le Conseil avait condamné ces sociétés pour violation de l'article L. 420-2 du code de commerce. La cour d'appel de Paris réformera partiellement cette décision en ne condamnant qu'une des sociétés pour abus[61]. En 2010, le plaignant engage une action en réparation que le tribunal mixte de commerce de Fort-de-France juge irrecevable par un jugement du 30 juin 2015. Il fait donc appel de ce jugement devant la cour de Fort-de-France pour demander diverses sommes en réparation des préjudices « *économique* » et « *moral* » causés par l'abus de position dominante et en restitution de paiements qu'il estime indus. Au total les sommes qu'il demande atteignent près de deux millions d'euros. Point notable : le demandeur fonde son action sur la responsabilité contractuelle des intimées avec lesquelles il est en lien d'affaires.

44. La cour juge son action prescrite et le déboute de toutes ses demandes, confirmant ainsi le jugement de première instance. Pour en arriver à cette conclusion, elle commence par préciser la nature de l'action en responsabilité du demandeur afin de déterminer le point de départ de la prescription. Écartant la qualification contractuelle soutenue par l'appelant, elle retient la qualification extracontractuelle en se fondant sur un constat : bien qu'étant le cocontractant de la principale intimée, condamnée pour abus, l'appelant n'a pas été affecté par la convention type, dont les clauses ont été jugées abusives par la cour d'appel de Paris et l'ancien Conseil de la concurrence. Ainsi, « *en l'absence de manquement de la société Filmdis à ses obligations nées du contrat spécifiquement conclu avec M. Rosan C., les fautes commises par celles-ci ne peuvent engager que sa responsabilité délictuelle* ».

45. Cette solution apporte un éclairage utile sur une question encore mal balisée par la jurisprudence : celle de la nature de la responsabilité civile encourue par les auteurs de pratiques anticoncurrentielles. Dans la plupart des affaires, c'est la responsabilité extracontractuelle qui est invoquée. Mais la cour d'appel de Fort-de-France ne semble pas exclure que la responsabilité civile pour abus de position dominante puisse être contractuelle. Une lecture *a contrario* du motif cité ci-dessus permet de penser que si le manquement à une clause avait été constitutif d'un abus de position dominante, la responsabilité civile en découlant aurait été contractuelle.

46. Sur la prescription, trois points méritent d'être soulignés.

47. Premièrement, quant à la durée du délai, la cour juge que les faits sont soumis à l'ancien article 2270-1 du code civil et son délai décennal. Dans la mesure où ce délai a été affecté par l'entrée en vigueur de la loi n° 2008-561 du 17 juin 2008 et du nouveau délai quinquennal de l'article 2224 du même code, la cour s'appuie ensuite sur la règle de droit transitoire de l'article 26 II de cette loi de 2008 pour en déterminer la durée exacte. Pour mémoire, cet article prévoit que « *les*

---

60 Cons. conc., déc. n° 04-D-44 du 15 sept. 2004 relative à une saisine présentée par le Ciné-Théâtre du Lamentin dans le secteur de la distribution et de l'exploitation de films.

61 CA Paris, 1re ch. H, 29 mars 2005, RG 2004/19930.

dispositions qui réduisent la durée de la prescription s'appliquent aux prescriptions à compter du jour de l'entrée en vigueur de la loi, sans que la durée totale puisse excéder la durée prévue par la loi antérieure » ; règle également codifiée à l'article 2222 du code civil.

48. Deuxièmement, quant au point de départ du délai de prescription, l'arrêt le fixe au jour où l'appelant a eu connaissance des faits à l'origine de son préjudice. Plusieurs dates sont évoquées par la cour, qui finit par retenir celle du 9 mars 2000, date à laquelle l'appelante a adressé une lettre au Conseil de la concurrence « *détaillant les pratiques de la société Filmdis-Circuit Elizé qu'[elle] estimait anticoncurrentielles* ». De là, la cour en conclut que l'appelante connaissait les manquements reprochés « *dans toute leur ampleur* » à la date en question. La méthode est fidèle à la jurisprudence antérieure[62] comme à la jurisprudence postérieure, notamment à l'arrêt *Arkeos* présenté au commentaire précédent[63]. On notera cependant que sa formulation manque de précision par rapport à celle de l'arrêt *Arkeos.*

49. Troisièmement, quant aux éventuelles causes d'interruption ou de report du point de départ, la cour juge que « *la procédure engagée devant le Conseil de la concurrence puis, sur recours, devant la Cour d'appel de Paris n'a eu pour effet ni de retarder le point de départ de la prescription, ni d'en suspendre le cours* ». Elle applique donc la solution *JCB* évoquée ci-dessous.

8. Intérêt et qualité à agir d'un syndicat – Prescription de l'action subrogatoire (jugement *FRSEA c/ Roullier*)

TGI Rennes, 2e civ., 7 oct. 2019, *FRSEA Bretagne c/ CFPR et al.*, RG 13/00136

Qualité pour agir du syndicat

La Fédération peut agir pour toute atteinte aux intérêts collectifs agricoles défendus par elle. La FRSEA a en effet pour objet d'assurer, dans le cadre de la région administrative Bretagne, la représentation et la défense des intérêts de la profession agricole dans les domaines juridiques, fiscal, social, économique, environnemental et administratif y compris en matière de formation et d'emploi ; elle examine tous les dossiers d'intérêt agricole régional, touchant l'ensemble des problèmes qui se posent à l'agriculture (article 3 de ses statuts).

Elle justifie de ce que, par délibération de son Conseil d'Administration en date du 27 janvier 2012, son président a été autorisé à introduire la présente action.

Il a été habituellement jugé, sous l'empire des textes antérieurs à la directive de l'Union, précitée, que l'action civile [du syndicat] n'a pas pour objet de donner satisfaction aux intérêts individuels d'un ou de plusieurs de ses membres, mais bien d'assurer la protection de l'intérêt collectif de la profession envisagée dans son ensemble et représentée par le syndicat dont la personnalité juridique est distincte de la personne de chacun de ceux qui la composent.

---

62 Cass. 2e civ., 5 avr. 2007, n° 06-12.935 : JurisData n° 2007-038394 ; *Resp. civ. et assur.* 2007, comm. 209 ; Cass. 1re civ., 12 juill. 2007 : JurisData n° 2007-040277 ; *Resp. civ. et assur.* 2007, comm. 306.

63 V. *supra* n° 35 et s.

Cette position de la jurisprudence s'exprime également selon la formule « la somme d'intérêts individuels ne constitu[e] pas l'intérêt collectif » ou « l'intérêt collectif n'est pas la somme des intérêts individuels ».

L'intérêt collectif est, dans ce contexte celui de voir réprimer civilement ou pénalement un comportement illicite ou encore d'obtenir une réparation civile pour ce qui concerne – non pas le dommage matériel subi individuellement par les adhérents du syndicat – mais la réparation du dommage résultant de l'atteinte à l'intérêt moral du syndicat, qui défend les intérêts de la profession (et donc au[-]delà de ses seuls adhérents).

Cette action est donc recevable en ce qu'une entente constitue une infraction susceptible de porter une atteinte à l'intérêt collectif de la profession agricole concernée, cette action est une action syndicale au sens qui en est donné par l'article L. 2132-3 du Code du travail lequel habilite les syndicats à agir dans cadre suivant : « les syndicats professionnels ont le droit d'agir en justice. Ils peuvent, devant toutes les juridictions, exercer tous les droits réservés à la partie civile concernant les faits portant un préjudice direct ou indirect à l'intérêt collectif de la profession qu'ils représentent ».

Les dispositions plus récentes du code de commerce qui prévoient en son article L. 490-10 (ordonnance du 9 mars 2017) que les organisations professionnelles peuvent introduire l'action devant la juridiction civile ou commerciale pour les faits portant un préjudice direct ou indirect à l'intérêt collectif de la profession ou du secteur qu'elles représentent, ou à la loyauté de concurrence, viennent en réalité, dans le cadre de la transposition d'une directive européenne, consacrer une jurisprudence antérieure conférant aux organisations professionnelles le droit d'agir pour défendre les intérêts collectifs de la profession qu'elles représentent, l'un de ces intérêts collectif[s] étant celui du caractère loyal de la concurrence, la Cour de Cassation précisant ainsi dans son arrêt 08-13.052 du 24 novembre 2009 qu'il était nécessaire de caractériser l'atteinte propre à l'intérêt collectif de la profession résultant des actes de concurrence déloyale [donc : ou des actes d'entente] et non le préjudice subi par ses membres qui ne caractérisait pas une atteinte propre à l'intérêt collectif de la profession.

En revanche, en l'absence de dispositions légales ou réglementaires le permettant, l'action de la Fédération syndicale ne peut être reçue en tant qu'action de substitution, action selon laquelle un syndicat peut, dans certains cas prévus par la loi, exercer une action personnelle c'est-à-dire agir, seul, sans mandat, pour défendre une personne (ou plusieurs) qui soit ou non adhérente à la seule condition d'avoir averti le salarié concerné et que celui-ci ne s'y soit pas opposé. La FRSEA qui n'invoque à ce titre aucune disposition légale ou réglementaire et qui ne produit aucune autorisation même implicite émanant d'adhérents, n'est pas habilitée à représenter les agriculteurs concernés, individuellement.

En conséquence, l'action de la FRSEA est, dans les limites qui viennent d'être énoncées, recevable.

Prescription de l'action en intervention forcée

[...]

Il est habituellement jugé, en matière d'action indemnitaire, faisant suite à une décision d'une autorité de concurrence, que la date de cette décision constitue le point de départ du délai de prescription de cinq ans.

Par ailleurs le principe selon lequel chacun des responsables d'un même dommage doit être condamné in solidum, à le réparer en entier postule que la partie lésée dispose indifféremment contre l'un ou l'autre de ses codébiteurs d'une action permettant, par l'effet de la subrogation portée à l'article 1251, paragraphe 3 [devenu 1346] du code civil, à celui qui aura payé le tout, de répéter, contre celui ou ceux qui étaient tenus avec lui au payement, la part de chacun d'eux dans la dette commune.

En l'espèce, l'action en garantie vise précisément à mettre en cause la société TESSENDERLO aux fins de condamnation in solidum avec CFPR/TIMAB, aux fins de répartition de la dette finale de réparation, au stade de la contribution à la dette, entre les sociétés éventuellement condamnées (page 49 des conclusions de CFPR/TIMAB).

Cette action est donc bien une action subrogatoire, de sorte que CFPR/TIMAB est soumise à la prescription applicable à l'action directe de la victime.

La prescription de l'action indemnitaire de la victime, soumise aux règles de droit commun de l'article 2224 du code civil, trouve son point de départ au 20 juillet 2010, date de la Décision Simplifiée ayant condamné la société TESSENDERLO, décision définitive en ce qu'elle n'a fait l'objet d'aucun recours.

CFPR/TIMAB, assignées depuis le 20 mars 2012, n'étaient nullement dans l'impossibilité d'agir en garantie à l'encontre de TESSENDERLO avant l'expiration du délai de prescription, si elle a pu obtenir un sursis à statuer en attente d'une décision définitive la concernant, ce sursis à statuer n'a eu d'effet qu'entre les parties au litige (FRSEA et CFPR/TIMAB) et ne pouvait leur interdire d'agir, même dans le cadre d'une action personnelle ou récursoire à l'encontre du co-auteur d'une entente, dès lors que celui qui voit sa responsabilité engagée pour avoir participé à une infraction anticoncurrentielle, le délai de prescription court à compter du jour où il est en mesure d'agir ou de défendre ses droits, c'est-à-dire du jour où il sait être poursuivi par une des victimes prétendues de l'infraction en question.

L'action subrogatoire est donc prescrite depuis le 20 juillet 2015, l'action personnelle récursoire le serait depuis le 20 mars 2017, la prescription est donc valablement opposée par la société TESSENDERLO à CFPR/TIMAB qui n'a été mise en cause que le 22 mai 2017, c'est-à-dire après l'expiration de ces délais.

50. Ce jugement de première instance du tribunal de grande instance de Rennes du 7 octobre 2019 répond à une variété de questions quasiment toutes inédites.

À l'origine de cette action : un syndicat professionnel, la Fédération régionale des syndicats d'exploitants agricoles de la région Bretagne (la « FRSEA »), demande réparation du préjudice causé par le cartel du phosphate, condamné en 2010 par la Commission européenne. L'action a été introduite le 20 mars 2012.

51. Dans sa motivation, le tribunal relève tout d'abord que la directive « dommages »[64] et les textes de transposition ne sont pas applicables *ratione temporis*. Il cite notamment le nouvel article L. 481-3 du code de commerce[65], qu'il juge inapplicable.

Puis il juge l'action du syndicat recevable après avoir écarté plusieurs fins de non-recevoir soulevées par les défenderesses.

52. Pour ce faire, il commence par rappeler que la FRSEA peut agir pour toute atteinte aux « *intérêts collectifs agricoles défendus par elle* » et que l'action en question est à la fois conforme à ses statuts et autorisée par une délibération de son conseil d'administration. Le tribunal procède ensuite à un rappel élémentaire de droit judiciaire en énonçant la distinction conceptuelle entre intérêt collectif et intérêt individuel. Il ajoute que, dans le contexte en cause, l'intérêt collectif tient à l'intérêt « *de voir réprimer civilement ou pénalement un comportement illicite ou encore d'obtenir une réparation civile pour ce qui concerne – non pas le dommage matériel subi individuellement par les adhérents du syndicat – mais la réparation du dommage résultant de l'atteinte à l'intérêt moral du syndicat, qui défend les intérêts de la profession* ».

Il en conclut à la recevabilité de l'action en se fondant sur deux intéressantes dispositions : l'article L. 2132-3 du code du travail, siège de l'action syndicale en défense de l'intérêt collectif[66], et surtout l'article L. 490-10 du code de commerce (nouvelle numérotation de l'ancien article L. 470-7), qui donne qualité aux organisations professionnelles pour agir devant les juridictions civiles ou commerciales pour les «*faits portant un préjudice direct ou indirect à l'intérêt collectif de la profession ou du secteur qu'elles représentent, ou à la loyauté de concurrence* ». Il précise enfin que l'action du syndicat ne saurait être qualifiée d'action de substitution en défense de l'intérêt individuel de ses membres.

53. Ce premier volet de la motivation du tribunal n'appellera que deux brèves remarques.

54. Premièrement, on observera que la dernière précision qui vient d'être mentionnée est sans doute plus importante qu'elle en a l'air. Pourquoi prendre soin d'ajouter que le syndicat ne saurait engager une action de substitution en défense des intérêts individuels alors qu'il est manifeste qu'est en cause l'intérêt collectif ? La réponse tient peut-être au fait que le tribunal songe à certaines actions comme celle de l'article L. 1235-8 du code du travail qui ont précisément pour particularité de permettre aux syndicats d'agir en défense de l'intérêt individuel des salariés, sans mandat de leur part, mais à condition de les avertir de l'action envisagée. On se souvient que cette exigence était explicitement mentionnée par le Conseil constitutionnel dans sa décision n° 89-257 DC du 25 juillet 1989[67] comme condition de la constitutionnalité de cette action. On se souvient aussi qu'à l'occasion des discussions très politiques sur l'introduction en droit français d'une action de

---

64 Directive 2014/104/UE, préc.

65 Article qui dresse une liste (incomplète) des préjudices réparables découlant d'une pratique anticoncurrentielle.

66 Il dispose que les « *syndicats professionnels ont le droit d'agir en justice. Ils peuvent, devant toutes les juridictions, exercer tous les droits réservés à la partie civile concernant les faits portant un préjudice direct ou indirect à l'intérêt collectif de la profession qu'ils représentent* ».

67 Cons. const., déc. n° 89-257 DC du 25 juill. 1989, *Loi modifiant le code du travail et relative à la prévention du licenciement économique et au droit à la conversion*, consid. 24.

groupe à option d'exclusion (« *opt out* ») – qui permet d'être partie à l'instance sans exprimer son consentement en ce sens –, cette décision a été régulièrement invoquée par les contempteurs de ce modèle, qui ont cru y trouver la preuve la plus indiscutable qu'un tel modèle de représentation serait inconstitutionnel[68].

La motivation du tribunal n'est donc pas totalement anodine et l'on peut y voir la volonté que son jugement ne soit pas interprété comme une reconnaissance presque fortuite d'une action en représentation à option d'exclusion.

55. Deuxièmement, si la motivation du tribunal ne dissocie pas toujours clairement l'intérêt et la qualité à agir et si l'assimilation entre intérêt collectif de l'article L. 2132-3 du code du travail et intérêt général de l'article L. 490-10 du code de commerce peut prêter à discussion, l'essentiel est dit : le syndicat dispose à la fois de l'intérêt et de la qualité à agir en réparation du préjudice causé à l'intérêt collectif (et/ou à l'intérêt général) par la commission d'une entente affectant la collectivité de ses membres.

56. Par ailleurs, toujours sur la recevabilité, le jugement tranche une seconde question, semble-t-il inédite : *quid* de la prescription de l'action subrogatoire de l'auteur d'une entente contre un coauteur ? Cette action est exercée, en l'espèce, par le truchement d'une demande en intervention forcée de la principale défenderesse contre un autre membre du cartel.

57. Pour répondre, le tribunal énonce que : « *Il est habituellement jugé, en matière d'action indemnitaire, faisant suite à une décision d'une autorité de concurrence, que la date de cette décision constitue le point de départ du délai de prescription de cinq ans.* »

Il ajoute que l'action subrogatoire de la défenderesse est soumise au même régime que sa propre action. Il s'ensuit qu'en application de la jurisprudence qu'il vient de citer (et dont il passe les subtilités sous silence[69]), le point de départ de cette action subrogatoire est fixé à la date de la décision de condamnation (2010). En 2015, le délai quinquennal de l'article 2224 du code civil était donc écoulé. La demande en intervention ayant été formée en 2017, l'action subrogatoire est prescrite.

Enfin, on relèvera que le tribunal ne retient aucun fait interruptif ou suspensif pouvant bénéficier à la défenderesse qui forme la demande d'intervention forcée. Il juge ainsi que la suspension de l'instance par le sursis à statuer qu'avait cru bon de prononcer le tribunal, n'a pas pu lui bénéficier.

9. Point de départ de la prescription de l'action en réparation du préjudice subi par une consommatrice

TGI Lille, 1re ch., 6 juin 2017, *Mme V. c/ Sté Colgate Palmolive et al.*, RG 15/10938

En l'espèce, il n'est pas démontré que Mme V. aurait eu personnellement connaissance des articles de presse nationale ou régionale faisant état de l'entente ou même de la demande de clémence des sociétés ayant dénoncé l'entente. Il n'est

[68] V. pour une discussion sur cette intéressante question : M. Verpeaux, « L'action de groupe est-elle soluble dans la Constitution ? », *D.* 2007, p. 258 et s.

[69] V. not. sur ces subtilités les deux commentaires suivants.

d'ailleurs pas démontré qu'elle serait lectrice du Figaro, de L'Humanité, de l'Est républicain, de la Voix du Nord ou de Ouest France. Son action introduite le 29 décembre 2014 reposant sur une décision de l'Autorité de la concurrence du 18 décembre 2014 ne peut pas être atteinte par la prescription.

58. En dépit de son caractère quelque peu anecdotique, ce jugement du tribunal de grande instance de Lille est suffisamment inédit et instructif pour trouver écho ici.

59. Une consommatrice cherche à obtenir réparation du préjudice causé par le cartel des produits d'hygiène et d'entretien[70] à l'encontre de cinq multinationales du secteur condamnées par l'Autorité et d'un distributeur. Après avoir été, par erreur, mise au rôle de la juridiction de proximité de Reims puis du tribunal d'instance de cette même ville, l'affaire est finalement transmise à la juridiction spécialisée compétente : le tribunal de grande instance de Lille.

60. Sans grande surprise, les défendeurs soulèvent la prescription et la première question à laquelle répond le tribunal est celle de son point de départ. Au visa de l'ancien article 2270-1 du code civil antérieur à la réforme de 2008, déjà mentionnée plus haut, et de l'actuel article 2224 du même code, le tribunal fixe le point de départ au jour où la victime a eu connaissance de son préjudice.

61. En principe, cette solution n'est pas incohérente et peut se réclamer à la fois de la jurisprudence rendue sur le fondement du premier article cité et de la lettre du second. Ce qui est plus étonnant ici, c'est la façon dont est appliquée la solution. Le tribunal relève qu'il n'est pas démontré que la demanderesse a eu connaissance de l'entente ou de la demande de clémence présentée par l'une des entreprises en cause, car – précise-t-il – elle n'était pas lectrice d'un certain nombre de grands journaux nationaux (dont les noms sont cités par le tribunal !), où l'affaire avait été relayée. Certes, cette appréciation très concrète de la connaissance des faits par la demanderesse est conforme au droit positif, mais on peut douter qu'elle puisse être systématisée. À supposer que dans un avenir plus ou moins proche les actions en réparation de consommateurs se multiplient, ce qui est loin d'être certain, faudra-t-il au juge examiner les lectures de tous les demandeurs pour savoir s'ils étaient censés être au courant de l'existence de la pratique et ainsi fixer à l'égard de chacun d'eux le point de départ du délai de prescription ? Ce serait évidemment impossible. Un peu d'abstraction sera sans doute nécessaire. On pourrait retenir, par exemple, la date de la décision de condamnation. Éventuellement, la date de première publication dans la presse générale d'un article relayant la condamnation serait plus adaptée aux actions engagées par les consommateurs, car il est assez peu probable qu'un consommateur *lambda* scrute avec assiduité le site institutionnel de l'Autorité pour être le premier informé des communiqués de condamnation publiés en ligne...

62. Au cas d'espèce, le tribunal juge que l'action ayant été introduite quelques jours après la publication de la décision de condamnation de l'Autorité, elle n'était pas prescrite. Il ne précise pas le point de départ du délai de prescription, mais on comprend que c'est sans doute la date de publication de cette décision.

---

[70] Aut. conc., déc. n° 14-D-19 du 18 déc. 2014 relative à des pratiques mises en œuvre dans le secteur des produits d'entretien et des insecticides et dans le secteur des produits d'hygiène et de soins pour le corps.

Chapitre 2
Compétence et pouvoir juridictionnel des juridictions françaises

63. La question de la compétence concerne, sans surprise, la compétence internationale du juge français et, lorsque celui-ci est désigné pour traiter d'un litige, sa compétence en droit judiciaire interne. Or chaque question soulève des difficultés délicates, mises en lumière par de récents développements jurisprudentiels.

La compétence internationale pose logiquement des problèmes de droit international privé, quand la compétence interne soulève des difficultés relatives à la division particulière du « travail judiciaire » – pour reprendre les mots de Cornu et Foyer – entre juridictions françaises. Ces difficultés de droit judiciaire interne se dédoublent. Elles tiennent d'abord à la dualité de notre ordre juridictionnel, car identifier la « bonne » juridiction française suppose, au préalable, de savoir qui, du juge administratif ou du juge judiciaire, peut connaître d'une action en réparation. Elles tiennent, ensuite, à la spécialisation de certaines juridictions judiciaires de première instance et d'appel. À supposer que l'affaire relève du juge judiciaire, il faudra encore se demander quelle juridiction devra en connaître. La question n'a rien d'anodin, car l'erreur du demandeur à l'action en réparation l'expose à des conséquences sérieuses dans la mesure où la jurisprudence sanctionne la saisine d'un juge judiciaire non spécialisé par l'irrecevabilité de la demande et non par le mécanisme de l'incompétence et des éventuels renvois qui lui sont attachés. On aura l'occasion d'y revenir. On observera seulement, dans ce propos introductif, qu'une telle règle de spécialisation n'existe pas pour le juge administratif, lequel est donc désigné selon les règles de compétence du code de justice administrative qui s'appliquent à son ordre.

64. Il est à noter, enfin, que les questions de compétence ne font l'objet d'aucune disposition dans la directive 2014/104/UE. Elles sont donc régies par les droits internes à l'exception des règles de compétence d'attribution contenues dans le règlement (CE) n° 1/2003[71] et des règles de compétence internationale du règlement dit « Bruxelles I »[72] et de sa version refondue.

Seront donc abordés la compétence internationale dans ses aspects de droit international privé (Section 1), puis les aspects de droit judiciaire interne (Section 2).

---

71 Qu'il n'est pas utile d'aborder en détail et pour lesquelles la présente note de bas de page sera suffisante. L'article 6 du règlement prévoit ainsi que les juridictions internes peuvent appliquer les articles 101 et 102 du TFUE, dont on peut déduire ce qui tombe sous le sens : elles disposent de la compétence d'attribution pour juger sur le fondement de ces articles qu'un comportement infractionnel est aussi une faute civile au sens du droit commun de la responsabilité civile.

72 Règlement (CE) n° 44/2001 du 22 déc. 2000 concernant la compétence judiciaire, la reconnaissance et l'exécution des décisions en matière civile et commerciale, *JOCE* n° L 12 du 16 janv. 2001, p. 1.

Section 1
Compétence internationale
Aspects de droit international privé

A. État de la question

65. Statistiquement, les litiges de concurrence qui comportent une dimension internationale ne sont pas les plus nombreux. L'expérience enseigne, en effet, que le contentieux devant le juge français est surtout le théâtre de litiges entre entreprises françaises sur des marchés relativement localisés. Le constat ne revient pas à dire que la question de la compétence internationale est sans intérêt pratique. Elle est même absolument cruciale dans le traitement des conséquences civiles des pratiques les plus graves, notamment celles condamnées par la Commission européenne. On pense aux cartels internationaux – à l'instar du « cartel des camions » – et peut-être dans un futur proche aux abus de position dominante reprochés aux géants du numérique. Les multiples affaires *Google*, par exemple, ont déjà donné l'occasion aux juridictions internes de trancher de délicates questions de droit international privé. En outre, on observe depuis peu l'émergence d'acteurs spécialisés dans les contentieux de concurrence « de masse », plutôt chargés de la défense des intérêts des demandeurs, dont la stratégie contentieuse repose sur le choix d'une loi ou d'un for qui leur est favorable. Or cette stratégie de *law* et de *forum shopping* suppose de tirer le meilleur avantage des possibilités offertes par un maniement subtil des règles de droit international privé. La question de la compétence internationale est donc appelée à gagner en importance à mesure que le contentieux de la réparation attirera des acteurs spécialisés qui jouent sur les règles de compétence pour choisir le for qui leur sied.

66. Il faut préciser, enfin, que la question de la compétence internationale a donné lieu à plusieurs arrêts récents de la Cour de justice, abondamment commentés en doctrine. On en rendra compte ci-dessous en présentant brièvement leurs principaux apports.

B. Décisions commentées

1. Lieu de l'événement causal et lieu de matérialisation du dommage – Conditions de concentration du litige en cas de cartel (action du cessionnaire de la créance indemnitaire de l'acheteur direct)

CJUE, 4e ch., 21 mai 2015, *Cartel Damage Claims (CDC) Hydrogen Peroxide SA*, aff. C-352/13, ECLI:EU:C:2015:335[73]

20. Ainsi, pour l'application de l'article 6, point 1, du règlement n° 44/2001, il y a lieu de vérifier s'il existe entre les différentes demandes, introduites par le même

[73] *D.* 2015, p. 2031, obs. L. d'Avout ; *D.* 2016, p. 964, obs. D. Ferrier ; *ibid.* p. 1045, obs. F. Jault-Seseke ; *AJCA*, 2015, p. 382, obs. A.-M. Luciani ; *RTD eur.* 2015, p. 807, obs. L. Idot ; *Europe*, 2015/7, comm. 287, note L. Idot ; *Procédures* 2015/7, comm. 225, note C. Nourissat ; *RLC*, 2015/44, p. 85, obs. C. Robin.

requérant contre différents défendeurs, un lien de connexité tel qu'il y a intérêt à les juger ensemble afin d'éviter des solutions qui pourraient être inconciliables si les causes étaient jugées séparément (voir arrêts Freeport, C-98/06, EU:C:2007:595, point 39, ainsi que Sapir e.a., C-645/11, EU:C:2013:228, point 42). À cet égard, pour que des décisions puissent être considérées comme inconciliables, il ne suffit pas qu'il existe une divergence dans la solution du litige, mais il faut encore que cette divergence s'inscrive dans le cadre d'une même situation de fait et de droit (voir arrêts Freeport, C-98/06, EU:C:2007:595, point 40 ; Painer, C-145/10, EU:C:2011:798, point 79, ainsi que Sapir e.a., C-645/11, EU:C:2013:228, point 43).

21. En ce qui concerne la condition d'existence d'une même situation de fait et de droit, il convient de la considérer comme remplie dans des circonstances telles que celles en cause au principal. Malgré le fait que c'est de façon disparate, tant du point de vue géographique que temporel, que les défenderesses au principal ont participé à la mise en œuvre de l'entente concernée en concluant et en exécutant des contrats conformément à celle-ci, cette entente constituait, aux termes de la décision 2006/903 sur laquelle les demandes au principal s'appuient, une infraction unique et continue à l'article 101 TFUE et à l'article 53 de l'accord EEE. Toutefois, cette décision ne fixe pas les conditions de leur éventuelle responsabilité civile, le cas échéant solidaire, celle-ci étant déterminée par le droit national de chaque État membre.

22. S'agissant, enfin, du risque de solutions inconciliables, dès lors que les différents droits nationaux sont susceptibles de diverger quant aux conditions de la responsabilité civile des participants à l'entente illicite, il découle de cette circonstance un risque de décisions inconciliables au cas où des actions seraient engagées par une prétendue victime de l'entente devant les juridictions de différents États membres.

[...]

30. Dans l'affaire au principal, il est allégué par certaines parties que, avant l'introduction de l'action au principal, une transaction amiable aurait été conclue entre la requérante au principal et Evonik Degussa, dont le siège est situé en Allemagne, et que ces parties auraient volontairement différé la conclusion formelle de cette transaction amiable après l'introduction de cette action, à la seule fin d'établir la compétence de la juridiction saisie à l'égard des autres défenderesses au principal.

31. Afin de pouvoir exclure l'applicabilité de la règle de compétence figurant à l'article 6, point 1, du règlement n° 44/2001, une telle allégation doit néanmoins être assortie d'indices probants établissant l'existence d'une collusion des parties concernées en vue de créer ou de maintenir, de manière artificielle, les conditions d'application de cette disposition au moment de l'introduction de la demande.

32. S'il incombe à la juridiction saisie d'apprécier lesdits indices, il convient de préciser que le seul fait d'avoir mené des pourparlers en vue d'une éventuelle transaction amiable n'est pas de nature à établir une telle collusion. En revanche, il en serait ainsi s'il s'avérait qu'une telle transaction a effectivement été conclue, mais qu'elle a été dissimulée aux fins de créer l'apparence de ce que les conditions d'application de l'article 6, point 1, du règlement n° 44/2001 étaient réunies.

67. Cet arrêt ainsi que les deux suivants apportent chacun leur pierre à la jurisprudence de la Cour de justice, qui tente ainsi de préciser son interprétation des règles de compétence du règlement Bruxelles I (dans sa version originale et dans sa version refondue) dans le contexte des contentieux internationaux de concurrence.

68. En l'espèce, le Landgericht Dortmund devait statuer sur l'action en responsabilité engagée par la société Cartel Damage Claims (CDC) à l'encontre des membres du cartel dit du « peroxyde d'hydrogène » condamné par la Commission en 2006[74]. Quatre éléments factuels sont importants. Premièrement, la société CDC agit en tant que titulaire de créances indemnitaires acquises auprès d'entreprises établies dans treize États membres de l'Union européenne ou de l'Espace économique européen, contractantes directes des membres du cartel. Deuxièmement, il était inséré dans certains des contrats de vente liant les cédantes des créances des clauses compromissoires et des clauses attributives de juridiction. Troisièmement, la stratégie procédurale de CDC consistait à agir contre l'un des membres du cartel dont le lieu d'établissement était situé en Allemagne (en l'occurrence Evonik Degussa) sur le fondement de l'article 2 du règlement Bruxelles I (devenu l'article 2 dans sa version refondue) puis, grâce au chef de compétence dérivée de l'article 6 § 1 du même règlement (8 § 1 de la version refondue), à concentrer le litige en attrayant tous les autres codéfendeurs devant le juge allemand. Enfin, et c'est le quatrième et dernier élément à noter, la société CDC s'était désistée, en cours d'instance, de son action contre le défendeur d'ancrage – Evonik Degussa, donc –, avec lequel elle avait conclu une transaction.

69. Doutant de sa compétence, le Landgericht Dortmund pose à la Cour trois questions préjudicielles. Seules les deux premières seront traitées ici, la troisième, relative aux clauses attributives de juridiction, fera l'objet d'un commentaire distinct[75]. En substance, la première question est double : elle consiste d'abord à savoir si la règle de compétence dérivée de l'article 6 § 1 s'applique aux actions en responsabilité contre les participants à une même entente, puis, dans la positive, elle interroge la Cour sur le point de savoir si le désistement à l'encontre de la société dont l'établissement fonde la compétence du for fait échec à l'extension de compétence de cet article. Par la seconde question préjudicielle, le Landgericht demande à la Cour de clarifier son interprétation de la notion de lieu de survenance du fait dommageable au sens de l'article 5 § 3 du règlement Bruxelles I (7 § 2 de la version refondue) dans le contexte d'un cartel auquel les défenderesses ont participé « *dans plusieurs États membres à des endroits et des époques différents* ».

70. La réponse à la première question peut être rapidement résumée : l'article 6 § 1 est applicable à une action en réparation du préjudice causé par une entente « *unique et continue* » lorsqu'existe une même situation de fait et de droit et un risque de décisions inconciliables[76], y compris en cas de désistement du demandeur à l'action conduite contre le défendeur d'ancrage[77].

---

74 Comm. CE, aff. COMP/F/C.38.620 – *Peroxyde d'hydrogène et perborate* ; *JO* n° L 353 du 13 déc. 2006, p. 54.
75 V. *infra* n° 91 et s.
76 CJUE, 4e ch., 21 mai 2015, *CDC*, préc., pts 21 et 22.
77 *Ibid.*, pts 29 à 32.

71. La réponse à la deuxième question relative au lieu du fait générateur du fait dommageable au sens de l'article 5 § 3 est plus complexe. Faisant fond sur sa jurisprudence *Mines de potasse d'Alsace*[78], la Cour dissocie logiquement le lieu de l'événement causal du lieu de matérialisation du dommage.

Quant au lieu de l'événement causal, elle énonce que c'est celui où l'entente a été « *conclue* » en cas de lieu unique ou, en cas de pluralité de lieux, celui où elle a été « *définitivement conclue* ». Concrètement, il s'agit du lieu où les réunions visant l'organisation de la concertation se sont tenues[79] et, en cas de pluralité de réunions, celle qui paraît la plus décisive. La Cour précise ensuite que cette compétence spéciale peut être étendue à tous les participants à l'entente[80].

Quant au lieu de matérialisation du dommage, la Cour énonce qu'il s'agit du siège social du demandeur[81], la juridiction désignée pouvant alors connaître de l'entier dommage causé à ce demandeur[82]. La Cour confirme, par ailleurs, que le demandeur dispose d'une option entre la juridiction du lieu du fait générateur et celle du lieu de matérialisation du dommage[83].

72. Cet arrêt a été diversement apprécié en doctrine. Entre autres critiques, on lui a notamment reproché de consacrer une sorte de *forum actoris* au profit des demandeurs, peu en phase avec l'esprit du règlement Bruxelles I[84]. Surtout, cet arrêt n'a pas réglé toutes les difficultés relatives à la compétence internationale dans le contexte d'une action en réparation. Deux arrêts plus récents ont été nécessaires à la Cour de justice – *flyLAL* et *Tibor-Trans,* tous deux commentés ci-après – pour clarifier son interprétation des règles de compétence internationale dans des cas de figure qui n'étaient pas exactement identiques à celui de l'arrêt *Cartel Damage Claims.*

2. Lieu de l'événement causal et lieu de matérialisation du dommage – Lieu d'une succursale en cas d'ententes verticales et d'abus de position dominante

CJUE, 2e ch., 5 juill. 2018, *flyLAL*, aff. C-27/17, ECLI:EU:C:2018:533

34. Ainsi qu'il ressort du dossier dont dispose la Cour et, sous réserve de l'appréciation des faits qu'il revient à la juridiction de renvoi d'effectuer, le manque à gagner allégué par flyLAL consiste dans les pertes prétendument subies en raison de la difficulté d'exploiter de manière rentable des vols au départ et à destination de l'aéroport de Vilnius, à la suite des prix prédateurs pratiqués par Air Baltic, lesquels auraient été financés grâce aux réductions des tarifs aéroportuaires dont Air Baltic aurait bénéficié en amont, au moyen d'un accord anticoncurrentiel conclu avec l'aéroport de Riga. En l'occurrence, ainsi qu'il a été soutenu par

---

78 CJCE, 30 nov. 1976, *Mines de potasse d'Alsace*, aff. 21/76, ECLI:EU:C:1976:166, *Rec.* CJCE, p. 1735, *Rev. crit. DIP* 1977.563, note P. Bourel.

79 CJUE, 4e ch., 21 mai 2015, *CDC*, préc., pt 44.

80 *Ibid.*, pt 50.

81 *Ibid.*, pt 52.

82 *Ibid.*, pt 54.

83 *Ibid.*, pt 56.

84 V. p. ex. C. Nourissat, *Procédures* 2015/7, comm. 225.

flyLAL lors de l'audience, il s'agirait notamment des pertes de ventes sur les liaisons aériennes au départ et à destination de l'aéroport de Vilnius affectées par ces comportements.

[...]

36. Il y a lieu, également, de considérer qu'un manque à gagner consistant, notamment, en une perte de ventes prétendument subie à la suite de comportements anticoncurrentiels contraires aux articles 101 et 102 TFUE est susceptible d'être qualifié de « dommage » aux fins de l'application de l'article 5, point 3, du règlement n° 44/2001, permettant de fonder, en principe, la compétence des juridictions de l'État membre sur le territoire duquel le fait dommageable s'est produit.

37. La deuxième question vise, en second lieu, à établir le lieu de la matérialisation d'un tel dommage.

38. Il ressort de la décision de renvoi, d'une part, que les comportements prétendument anticoncurrentiels des parties défenderesses au principal ont porté sur le marché des vols au départ et à destination de l'aéroport de Vilnius, emportant, selon flyLAL, une distorsion de la concurrence au sein de ce marché. D'autre part, ces comportements auraient causé un préjudice à flyLAL.

39. En l'occurrence, et s'agissant de pertes encourues par une compagnie aérienne sur les vols opérés au départ et à destination de la capitale de l'État membre dans lequel est établie ladite compagnie, le marché essentiellement affecté doit être considéré comme étant celui dudit État membre sur lequel ladite compagnie développe l'essentiel de ses activités de ventes afférentes à de tels vols, à savoir le marché lituanien.

40. Lorsque le marché affecté par le comportement anticoncurrentiel se trouve dans l'État membre sur le territoire duquel le dommage allégué est prétendument survenu, il y a lieu de considérer que le lieu de la matérialisation du dommage, aux fins de l'application de l'article 5, point 3, du règlement n° 44/2001, se trouve dans cet État membre. Cette solution, fondée sur la concordance de ces deux éléments, répond, en effet, aux objectifs de proximité et de prévisibilité des règles de compétence, dans la mesure où, d'une part, les juridictions de l'État membre dans lequel se situe le marché affecté sont les mieux placées pour examiner de tels recours indemnitaires et, d'autre part, un opérateur économique se livrant à des comportements anticoncurrentiels peut raisonnablement s'attendre à être attrait devant les juridictions du lieu où ses comportements ont faussé les règles d'une concurrence saine.

41. En outre, ainsi qu'il a été relevé par M. l'avocat général au point 52 de ses conclusions, une telle détermination du lieu de la matérialisation du dommage est conforme aux exigences de cohérence prévues au considérant 7 du règlement (CE) n° 864/2007 du Parlement européen et du Conseil, du 11 juillet 2007, sur la loi applicable aux obligations non contractuelles (Rome II) (JO 2007, L 199, p. 40), dans la mesure où, selon l'article 6, paragraphe 3, sous a), de ce règlement, la loi applicable en cas d'actions en dommages et intérêts en lien avec un acte restreignant la concurrence est celle du pays dans lequel le marché est affecté ou susceptible de l'être.

42. Étant donné que le litige au principal implique plusieurs défendeurs, il y a lieu de rappeler, par ailleurs, que ce chef de compétence opère également en cas de pluralité d'auteurs d'un dommage, dans la mesure où l'article 5, point 3, du règlement n° 44/2001 permet d'établir la compétence d'une juridiction au titre du lieu de la matérialisation du dommage allégué par rapport à tous les acteurs prétendument responsables, à condition que celui-ci se matérialise dans le ressort de la juridiction saisie (voir, en ce sens, arrêt du 3 avril 2014, Hi Hotel HCF, C-387/12, EU:C:2014:215, point 40).

43. Eu égard à ces considérations, il y a lieu de répondre à la deuxième question que l'article 5, point 3, du règlement n° 44/2001 doit être interprété en ce sens que, dans le cadre d'une action en réparation d'un préjudice causé par des comportements anticoncurrentiels, le « lieu où le fait dommageable s'est produit » vise, dans une situation telle que celle en cause au principal, notamment le lieu de la matérialisation d'un manque à gagner consistant en une perte de ventes, c'est-à-dire le lieu du marché affecté par lesdits comportements au sein duquel la victime prétend avoir subi ces pertes.

Sur la première question

44. Si la première question concerne, selon ses termes, la pratique de prix prédateurs se rapportant à l'article 102 TFUE, elle porte également sur l'hypothèse visant la conclusion, en amont, d'un accord anticoncurrentiel contraire à l'article 101 TFUE.

45. Par cette question, la juridiction de renvoi demande, en substance, si l'article 5, point 3, du règlement n° 44/2001 doit être interprété en ce sens que, dans le cadre d'une action en réparation d'un préjudice causé par des comportements anticoncurrentiels, la notion de « lieu où le fait dommageable s'est produit » peut être comprise comme étant soit le lieu de la conclusion d'un accord anticoncurrentiel contraire à l'article 101 TFUE, soit le lieu où ont été accomplis les actes exploitant l'avantage financier résultant de cet accord, consistant notamment en l'application de prix prédateurs constitutive d'un abus de position dominante visé à l'article 102 TFUE.

46. Il convient d'observer d'emblée, ainsi qu'il a été rappelé au point 28 du présent arrêt, que l'article 5, point 3, du règlement n° 44/2001 confère au demandeur la faculté de saisir soit la juridiction du lieu de la matérialisation du dommage, soit celle du lieu de l'évènement causal à l'origine du dommage, de sorte qu'une juridiction peut être légalement saisie sur le fondement de l'un de ces deux chefs de compétence.

47. En l'occurrence, l'affaire au principal se caractérise par l'existence d'une chaîne d'évènements dont chacun pourrait constituer, à lui seul, l'« évènement causal à l'origine du dommage » allégué, l'hypothèse dans laquelle le dommage résulterait de l'interaction de ceux-ci demeurant toutefois également ouverte. Ainsi, la juridiction de renvoi fait référence, d'une part, à des comportements anticoncurrentiels dans le cadre desquels l'aéroport de Riga aurait accordé des rabais préférentiels à Air Baltic, liés aux services de décollage, d'atterrissage et de protection des aéronefs, ce qui aurait renforcé la position dominante de cette dernière sur le marché des vols à destination et au départ de l'aéroport

international de Riga, ainsi qu'à un accord anticoncurrentiel prétendument conclu entre ledit aéroport et Air Baltic à cette fin et, d'autre part, à des actes exploitant l'avantage financier résultant de cet accord, notamment par l'application, par Air Baltic, de prix prédateurs sur certains vols au départ et à destination de l'aéroport de Vilnius. L'existence d'un accord illégal au titre de l'article 101 TFUE étant alléguée dans l'affaire au principal, la pratique des prix prédateurs pourrait se limiter à une mise en exécution de cet accord ou pourrait constituer, à son tour, une infraction distincte au titre de l'article 102 TFUE.

48. Dans ces circonstances particulièrement complexes, la détermination concrète du lieu de l'évènement causal à l'origine du dommage dépend ainsi, notamment, de la question de savoir si les comportements anticoncurrentiels allégués sont constitutifs d'un accord anticoncurrentiel, au titre de l'article 101 TFUE, et/ou d'un abus de position dominante, au titre de l'article 102 TFUE.

49. Sous réserve des vérifications qu'il incombe à la juridiction de renvoi d'effectuer concernant, en l'occurrence, le rapport entre les différents comportements anticoncurrentiels concernés, il y a lieu d'observer que, dans la mesure où il résulterait des circonstances factuelles de l'affaire au principal que l'accord anticoncurrentiel, prétendument conclu en infraction à l'article 101 TFUE, constitue l'évènement causal à l'origine du dommage allégué, la compétence pour connaître, au titre « du lieu de l'évènement causal à l'origine du dommage » et à l'égard de tous les auteurs de cet accord, d'un dommage prétendument causé par celui-ci peut revenir, en vertu de l'article 5, point 3, du règlement n° 44/2001, à la juridiction du lieu où l'accord a été définitivement conclu (voir, en ce sens, arrêt du 21 mai 2015, CDC Hydrogen Peroxide, C-352/13, EU:C:2015:335, point 50). Dans un tel cas de figure, le lieu de la conclusion du prétendu accord anticoncurrentiel pourrait être identifié comme étant la Lettonie.

50. Une telle solution devrait également être retenue s'il était établi que la pratique par Air Baltic de prix prédateurs sur certains vols au départ et à destination de l'aéroport de Vilnius s'était limitée à des actes de mise en exécution de cet accord.

51. En revanche, si la pratique de prix prédateurs constituait une infraction distincte à l'article 102 TFUE, la juridiction du lieu où le comportement anticoncurrentiel concerné a été mis en œuvre serait compétente au titre de l'article 5, point 3, du règlement n° 44/2001.

52. En effet, à la différence d'un dommage résultant d'une entente illicite entre divers participants, l'évènement causal qui est à l'origine du dommage dans les cas d'exploitation abusive d'une position dominante ne se fonde pas sur un accord, mais réside dans la mise en œuvre de cette exploitation, c'est-à-dire dans les actes accomplis par l'entreprise dominante pour la mettre en pratique, notamment en proposant et en appliquant des prix prédateurs sur le marché concerné.

53. Dans l'hypothèse où les évènements à l'origine de l'affaire au principal feraient partie d'une stratégie commune visant à évincer flyLAL du marché des vols à destination et au départ de l'aéroport de Vilnius et concourraient ensemble à la réalisation du dommage allégué, il appartiendrait à la juridiction de renvoi d'identifier l'évènement revêtant une importance particulière pour la mise en

œuvre d'une telle stratégie dans le cadre de la chaîne d'évènements en cause au principal.

54. Cet examen sera mené uniquement afin d'identifier les points de rattachement avec l'État du for justifiant sa compétence en vertu de l'article 5, point 3, du règlement n° 44/2001 (arrêt du 16 juin 2016, Universal Music International Holding, C-12/15, EU:C:2016:449, point 44), la juridiction de renvoi devant se contenter à cet égard d'un examen prima facie du litige sans examen du fond de celui-ci dans la mesure où, ainsi qu'il a été en substance relevé par M. l'avocat général aux points 89 à 92 de ses conclusions, la détermination des éléments de la responsabilité civile délictuelle, dont le fait générateur du préjudice, relève du droit national applicable.

55. En effet, une solution consistant à faire dépendre l'identification du point de rattachement de critères d'appréciation issus du droit matériel national irait à l'encontre de l'objectif de sécurité juridique, dès lors que, en fonction du droit applicable, l'agissement d'une personne qui a eu lieu dans un État membre autre que celui de la juridiction saisie pourrait être qualifié ou non d'évènement causal aux fins de l'attribution de compétence en vertu de l'article 5, point 3, du règlement n° 44/2001 (arrêt du 16 mai 2013, Melzer, C-228/11, EU:C:2013:305, point 35).

56. Ainsi qu'il a été relevé par M. l'avocat général au point 96 de ses conclusions, le choix d'un évènement spécifique comme étant pertinent aux fins de déterminer la compétence juridictionnelle évite la multiplication des compétences. Cela est conforme au caractère spécial de la compétence prévue à l'article 5, point 3, du règlement n° 44/2001 et à la nécessité d'une interprétation restrictive, tout en permettant une meilleure prévisibilité.

57. Eu égard à ces considérations, il y a lieu de répondre à la première question que l'article 5, point 3, du règlement n° 44/2001 doit être interprété en ce sens que, dans le cadre d'une action en réparation d'un préjudice causé par des comportements anticoncurrentiels, la notion de « lieu où le fait dommageable s'est produit » peut être comprise comme étant soit le lieu de la conclusion d'un accord anticoncurrentiel contraire à l'article 101 TFUE, soit le lieu où les prix prédateurs ont été proposés et appliqués, si ces pratiques étaient constitutives d'une infraction au titre de l'article 102 TFUE..

Sur la troisième question

58. Par sa troisième question, la juridiction de renvoi interroge, en substance, la Cour sur l'interprétation de la notion de « contestation relative à l'exploitation d'une succursale » au sens de l'article 5, point 5, du règlement n° 44/2001, dans des circonstances telles que celles en cause au principal.

59. À cet égard, il y a lieu de rappeler que la Cour a identifié deux critères qui déterminent si une action judiciaire relative à l'exploitation d'une succursale est rattachée à un État membre. En premier lieu, la notion de « succursale » suppose l'existence d'un centre d'opérations qui se manifeste d'une façon durable vers l'extérieur, comme le prolongement d'une maison mère. Ce centre doit être pourvu d'une direction et être matériellement équipé de façon à pouvoir négocier avec des tiers qui sont ainsi dispensés de s'adresser directement à la

maison mère. En second lieu, le litige doit concerner soit des actes relatifs à l'exploitation d'une succursale, soit des engagements pris par celle-ci au nom de la maison mère, lorsque ces derniers doivent être exécutés dans l'État où cette succursale est située (voir, en ce sens, arrêt du 19 juillet 2012, Mahamdia, C-154/11, EU:C:2012:491, point 48 et jurisprudence citée).

60. Selon la juridiction de renvoi, il ne fait pas de doute que les conditions requises par le premier critère, telles que posées par la jurisprudence, sont remplies en l'espèce. Cette juridiction se demande uniquement, dans le cadre de l'examen du second critère, si le litige au principal concerne l'« exploitation » de la succursale qu'Air Baltic détient en Lituanie.

61. À cet égard, ladite juridiction indique que, si cette succursale dispose, conformément à son statut, du pouvoir d'établir des relations économiques avec des tiers, et notamment de fixer les prix de ses services, il n'existe pas de données montrant que celle-ci aurait effectivement fixé les prix des vols sur les marchés concernés par l'affaire au principal. De surcroît, elle n'aurait pas établi une comptabilité séparée de celle de la maison mère.

62. Instituant une dérogation à la règle générale de compétence posée à l'article 2, paragraphe 1, du règlement n° 44/2001, l'article 5, point 5, de ce règlement doit, ainsi qu'il a été rappelé au point 26 du présent arrêt, être interprété de manière stricte.

63. Par conséquent, ainsi qu'il a été relevé par M. l'avocat général aux points 137 et 142 de ses conclusions, en cas d'actions fondées sur la responsabilité délictuelle, pour que la contestation soit relative à l'exploitation d'une succursale, celle-ci doit effectivement participer à certains des actes constitutifs du délit civil.

64. En l'occurrence, il incombe à la juridiction de renvoi d'identifier l'éventuel rôle de la succursale d'Air Baltic dans la commission des comportements anticoncurrentiels allégués. Au vu des indications ressortant de la décision de renvoi, il lui appartient d'examiner, notamment, si les activités exercées par cette succursale ont consisté en des actes effectifs de proposition et d'application des prix prédateurs allégués et si cette participation à l'abus de position dominante allégué a été suffisamment significative pour être considérée comme présentant un lien étroit avec le litige au principal.

65. Quant à la circonstance que la succursale d'Air Baltic n'a pas établi de documents comptables distincts de ceux de la société mère, il y a lieu de relever qu'un tel fait ne constitue pas un critère pertinent afin d'établir si cette succursale a effectivement participé à la pratique des prix prédateurs que flyLAL reproche à Air Baltic d'avoir suivie.

66. Eu égard à ces considérations, il y a lieu de répondre à la troisième question que l'article 5, point 5, du règlement n° 44/2001 doit être interprété en ce sens que la notion de « contestation relative à l'exploitation d'une succursale » couvre l'action visant l'indemnisation d'un dommage prétendument causé par un abus de position dominante consistant en l'application de prix prédateurs, lorsqu'une succursale de l'entreprise détenant la position dominante a, d'une manière effective et significative, participé à cette pratique abusive.

73. Alors que l'arrêt *Cartel Damage Claims* concernait une action en réparation consécutive à un cartel, l'arrêt *flyLAL*[85] concerne une action consécutive à une entente verticale et à un abus de position dominante. Le ton pédagogue, voire doctrinal, adopté par la Cour en rend la lecture agréable, mais la complexité des solutions qu'il dégage alimente plus encore le doute qu'ont pu exprimer certains commentateurs quant à l'adéquation du règlement Bruxelles I au contentieux des pratiques anticoncurrentielles[86].

74. En l'espèce, la compagnie lituanienne flyLAL reproche des pratiques anticoncurrentielles à une compagnie concurrente (Air Baltic) et à la société exploitant l'aéroport de Riga. Devant le Vilniaus apygardos teismas (tribunal régional de Vilnius), elle demande 57,9 millions d'euros en réparation de son préjudice et obtient partiellement gain de cause. En appel, devant la Lietuvos apeliacinis teismas (la cour d'appel de Lituanie), les défenderesses contestent la compétence de la juridiction lituanienne, comme elles l'avaient déjà fait sans succès en première instance.

75. La cour d'appel de Lituanie pose alors trois questions préjudicielles à la Cour de justice.

Les deux premières portent sur l'interprétation de l'article 5 § 3 du règlement Bruxelles I (7 § 2 de la version refondue), qui régit la compétence spéciale en matière délictuelle et plus précisément sur l'application des notions de « lieu de l'événement causal » et de « matérialisation du dommage ». La troisième question préjudicielle interroge la Cour sur l'interprétation de l'article 5 § 5 du même règlement (7 § 5 de la version refondue), qui régit la compétence en cas d'implication d'une succursale.

76. La Cour répond, en premier lieu, à la deuxième question concernant le lieu de matérialisation du dommage. Elle apporte, ce faisant, deux éléments de réponse utiles.

77. D'abord, elle tente de dissiper une première difficulté posée par la question préjudicielle qui concerne le domaine de la règle de compétence spéciale de l'article 5 § 3. On peut la formuler en ces termes : le manque à gagner découlant de la perte de ventes de la demanderesse face à l'offre prédatrice de sa concurrente constitue-t-il un dommage de nature à fonder la compétence des juridictions de l'État du lieu de matérialisation du dommage ? Si la question doit être posée, c'est parce qu'il existe une limite importante dans la jurisprudence de la Cour[87] au domaine de la compétence spéciale de l'article 5 § 3. Celle-ci ne couvre que le seul « *dommage initial* » et non les « préjudices financiers consécutifs »[88]. Or, en l'espèce, le doute existait quant à la nature du manque à gagner découlant d'une perte de ventes causée par une pratique de prix prédateurs. S'agit-il d'un dommage initial ou d'un préjudice consécutif ? La Cour y voit un dommage initial[89] et conclut donc que ce manque à gagner peut fonder la compétence de

---

[85] CJUE, 2e ch., 5 juill. 2018, *flyLAL*, aff. C-27/17, ECLI:EU:C:2018:533.

[86] L. Idot, note préc. ; C. Nourissat, note préc.

[87] La Cour cite elle-même son arrêt *Marinari* : CJCE, 19 sept. 1995, aff. C-364/93, ECLI:EU:C:1995:289, pts 14 et 15.

[88] *flyLAL*, pt 33.

[89] Comme elle l'avait déjà fait dans un arrêt précédent : CJUE, 3e ch., 21 déc. 2016, *Concurrence*, aff. C-618/15, ECLI:EU:C:2016:976, pts 33 et 35.

l'État membre du lieu de matérialisation du dommage au sens de l'article 5 § 3 du règlement Bruxelles I[90].

78. Encore faut-il savoir où localiser ce manque à gagner. C'est la seconde précision de la Cour : le lieu de matérialisation du dommage, lorsqu'il s'agit d'un manque à gagner, est celui « *du marché affecté [...] au sein duquel la victime prétend avoir subi ces pertes* »[91].

Elle ajoute que, pour les pertes subies par une compagnie aérienne comme celle en cause, c'est bien le marché lituanien qui est affecté dans la mesure où la pratique anticoncurrentielle affecte les vols opérés au départ et à destination de la Lituanie, État dans lequel est établie la victime de cette pratique[92]. On observera que la Cour s'attache à étayer cette position par une motivation soignée. Selon ses termes, cette interprétation de l'article 5 § 3 répond « *aux objectifs de proximité et de prévisibilité des règles de compétence, dans la mesure où, d'une part, les juridictions de l'État membre dans lequel se situe le marché affecté sont les mieux placées pour examiner de tels recours indemnitaires et, d'autre part, un opérateur économique se livrant à des comportements anticoncurrentiels peut raisonnablement s'attendre à être attrait devant les juridictions du lieu où ses comportements ont faussé les règles d'une concurrence saine* »[93]. Cette solution serait en outre « *conforme aux exigences de cohérence* » du règlement Rome II, qui désigne comme loi applicable à l'action en réparation du dommage causé par une pratique anticoncurrentielle celle du pays dans lequel le marché est affecté ou susceptible de l'être[94].

79. La Cour répond ensuite à la première question préjudicielle : *quid* du lieu de l'événement causal lorsque les comportements anticoncurrentiels sont susceptibles d'être qualifiés d'entente verticale et d'abus de position dominante ? En l'espèce, la question est importante, car la demanderesse reproche à l'aéroport de Riga une entente verticale avec Air Baltic (les rabais préférentiels) mais prétend aussi que cette dernière est coupable d'abus de position dominante (les prix plus compétitifs offerts aux clients finals).

La Cour considère que le lieu de l'événement causal est alors soit « *le lieu de la conclusion d'un accord anticoncurrentiel contraire à l'article 101 TFUE, soit le lieu où les prix prédateurs ont été proposés et appliqués, si ces pratiques étaient constitutives d'une infraction au titre de l'article 102 TFUE* »[95]. Autrement dit, dans les cas comme celui de l'espèce, la victime dispose d'une option de compétence. Elle peut choisir soit le lieu où l'accord anticoncurrentiel a été conclu, soit celui où les actes constitutifs d'un abus (en l'occurrence la pratique de prix bas) ont été commis. La première option n'est qu'une extension aux ententes verticales de la solution *Cartel Damage Claims* posée pour les ententes horizontales. Pour les abus, la solution semble plus nouvelle quoiqu'elle ne soit pas étonnante. Dans sa motivation, la Cour rappelle que, pour statuer sur la compétence, la juridiction nationale n'en doit pas moins se contenter « *d'un examen prima facie du litige sans examen du fond* »[96].

---

90 *flyLAL*, pts 35 et 36.
91 *Ibid.*, pt 43.
92 *Ibid.*, pt 39.
93 *Ibid.*, pt 40.
94 *Ibid.*, pt 41.
95 *Ibid.*, pt 57.
96 *Ibid.*, pt 54.

80. La troisième et dernière question interroge la Cour sur la notion d'exploitation d'une succursale au sens de l'article 5 § 5 du règlement Bruxelles I (7 § 5 de la version refondue). En l'espèce, la question n'était pas dénuée d'intérêt puisqu'Air Baltic – compagnie basée en Lettonie – disposait d'une succursale en Lituanie de nature à fonder, là encore, la compétence du for lituanien.

Pour la Cour, la notion d'exploitation d'une succursale – dont elle rappelle la définition[97] – « *couvre l'action visant l'indemnisation d'un dommage prétendument causé par un abus de position dominante consistant en l'application de prix prédateurs, lorsqu'une succursale de l'entreprise détenant la position dominante a, d'une manière effective et significative, participé à cette pratique abusive* »[98].

Une telle réponse conduit, en définitive, à dégager une quatrième option de juridiction à la demanderesse.

81. Si l'on résume l'apport de cet arrêt *flyLAL*, dans les cas comme celui de l'espèce, le demandeur peut agir devant les juridictions suivantes :

- celles du lieu de matérialisation du dommage, entendu comme le lieu où il a subi un manque à gagner découlant de la perte de ventes causée par les prix anticoncurrentiels d'un concurrent ;
- celles du lieu où l'accord vertical a été conclu ;
- celles du lieu où les abus ont été commis ;
- celles du lieu d'exploitation de la succursale qui a pris une part significative à la commission des abus.

82. À ces quatre options, il faut ajouter le lieu du domicile du défendeur de l'article 2 du règlement Bruxelles I (article 4 de la version refondue), dont on oublierait presque qu'il s'agit de la compétence de principe.

83. Ainsi, en l'état de la jurisprudence de la Cour de justice rendue en matière de pratiques anticoncurrentielles : le demandeur dispose de pas moins de cinq options de compétence ! Pour cette raison, il est probable que les critiques dont nous faisions état ci-dessus soient réitérées tant le principe de la compétence du for du défendeur paraît écorné. En pratique, avec une telle latitude de choix, le demandeur pourra presque toujours agir au lieu de son domicile. Or il est vrai que ce *forum actoris de facto* est peu conforme à l'esprit du règlement. Cela étant, on pourra faire valoir que cette latitude est aussi un moyen d'éviter les contestations et les renvois chronophages. En somme, dès qu'une affaire présentera un élément d'extranéité, le demandeur aura (presque) toujours raison de choisir le for qu'il souhaite…

---

97 Elle le fait en ces termes : « *[I]l y a lieu de rappeler que la Cour a identifié deux critères qui déterminent si une action judiciaire relative à l'exploitation d'une succursale est rattachée à un État membre. En premier lieu, la notion de "succursale" suppose l'existence d'un centre d'opérations qui se manifeste d'une façon durable vers l'extérieur, comme le prolongement d'une maison mère. Ce centre doit être pourvu d'une direction et être matériellement équipé de façon à pouvoir négocier avec des tiers qui sont ainsi dispensés de s'adresser directement à la maison mère. En second lieu, le litige doit concerner soit des actes relatifs à l'exploitation d'une succursale, soit des engagements pris par celle-ci au nom de la maison mère, lorsque ces derniers doivent être exécutés dans l'État où cette succursale est située* » (pt 59).

98 *Ibid.*, pt 66.

3. Lieu de matérialisation du dommage en cas de cartel (action de l'acheteur indirect)

CJUE, 6e ch., 29 juill. 2019, *Tibor-Trans*, aff. C-451/18, ECLI:EU:C:2019:635

31. S'agissant de la nature du dommage allégué, il y a lieu de faire observer que celui-ci ne constitue pas une simple conséquence financière du dommage qui aurait pu être subi par les acheteurs directs, tels que les concessionnaires automobiles hongrois, et qui aurait pu consister dans une perte de ventes à la suite de l'augmentation des prix. En revanche, le dommage allégué dans l'affaire au principal résulte pour l'essentiel des surcoût[s] payés en raison des prix artificiellement élevés et, de ce fait, apparaît comme étant la conséquence immédiate de l'infraction au titre de l'article 101 TFUE et constitue donc un dommage direct permettant de fonder, en principe, la compétence des juridictions de l'État membre sur le territoire duquel il s'est matérialisé.

32. S'agissant du lieu de la matérialisation d'un tel dommage, il résulte de la décision concernée que l'infraction constatée à l'article 101 TFUE s'étendait à l'ensemble de l'EEE. Elle a donc emporté une distorsion de la concurrence au sein de ce marché dont la Hongrie fait également partie à partir du 1er mai 2004.

33. Or, lorsque le marché affecté par le comportement anticoncurrentiel se trouve dans l'État membre sur le territoire duquel le dommage allégué est prétendument survenu, il y a lieu de considérer que le lieu de la matérialisation du dommage, aux fins de l'application de l'article 7, point 2, du règlement n° 1215/2012, se trouve dans cet État membre (voir, en ce sens, arrêt du 5 juillet 2018, flyLAL-Lithuanian Airlines, C-27/17, EU:C:2018:533, point 40).

34. Cette solution répond, en effet, aux objectifs de proximité et de prévisibilité des règles de compétence, dans la mesure où, d'une part, les juridictions de l'État membre dans lequel se situe le marché affecté sont les mieux placées pour examiner de tels recours indemnitaires et, d'autre part, un opérateur économique se livrant à des comportements anticoncurrentiels peut raisonnablement s'attendre à être attrait devant les juridictions du lieu où ses comportements ont faussé les règles d'une concurrence saine (voir, en ce sens, arrêt du 5 juillet 2018, flyLAL-Lithuanian Airlines, C-27/17, EU:C:2018:533, point 40).

35. Ainsi que la Commission l'a fait valoir dans ses observations écrites et qu'il a été également rappelé au point 41 de l'arrêt du 5 juillet 2018, flyLAL-Lithuanian Airlines (C-27/17, EU:C:2018:533), une telle détermination du lieu de la matérialisation du dommage est aussi conforme aux exigences de cohérence prévues au considérant 7 du règlement (CE) n° 864/2007 du Parlement européen et du Conseil, du 11 juillet 2007, sur la loi applicable aux obligations non contractuelles (Rome II) (JO 2007, L 199, p. 40), dans la mesure où, selon l'article 6, paragraphe 3, sous a), de ce règlement, la loi applicable en cas d'actions en dommages et intérêts en lien avec un acte restreignant la concurrence est celle du pays dans lequel le marché est affecté ou susceptible de l'être.

36. S'agissant des autres circonstances particulières relevées par la juridiction de renvoi, liées au fait que Tibor-Trans a agi à l'encontre d'une seule des entreprises

impliquées dans l'infraction en cause auprès de laquelle elle ne s'est pas directement approvisionnée, il y a lieu d'observer, à l'instar de la Commission, qu'une infraction unique et continue au droit de la concurrence emporte la responsabilité solidaire de ses auteurs. Dès lors, la circonstance que Tibor-Trans a agi en justice uniquement contre l'un des auteurs auprès duquel elle ne s'est pas directement approvisionnée n'est pas de nature à remettre en cause les développements contenus aux points 31 à 33 du présent arrêt, en ce qui concerne la règle de compétence prévue à l'article 7, point 2, du règlement n° 1215/2012.

84. Cet arrêt *Tibor-Trans*[99] précise – voire contredit – la jurisprudence *Cartel Damage Claims* dans le contexte presque identique d'une action en réparation consécutive à un cartel. Une différence factuelle peut toutefois être relevée : l'action est introduite par un acheteur indirect et non pas par le cessionnaire d'une créance indemnitaire d'un acheteur direct, comme l'était l'entreprise CDC. Suffit-elle à justifier la différence de raisonnement de la Cour ? C'est douteux.

85. Les faits sont les suivants : une société hongroise de transport de marchandises (Tibor-Trans) agit en réparation contre l'un des membres du cartel condamnés dans l'affaire du cartel des camions (DAF Trucks NV, société de droit néerlandais). Elle agit devant les juridictions hongroises. Élément factuel important : Tibor-Trans n'était pas cocontractante de DAF Trucks dans la mesure où elle devait passer par des concessionnaires établis en Hongrie. Or c'est précisément cette circonstance qui fait douter le juge hongrois de la possibilité d'appliquer à l'espèce les solutions dégagées par la Cour dans son arrêt *Cartel Damage Claims*.

86. Dans la présente affaire, c'est seulement l'interprétation de la notion de lieu de matérialisation du dommage qui est en cause (quand celle du lieu du fait générateur était aussi au cœur de l'arrêt *Cartel Damage Claims*). La société DAF Trucks soutient que cette interprétation ne peut être étendue à une situation comme celle de l'espèce car, faute de relations contractuelles avec Tibor-Trans, elle ne peut raisonnablement s'attendre à être attraite devant les juridictions hongroises. En première instance, l'argumentation semble avoir fait mouche puisque la Győri Törvényszék (juridiction de première instance de Győr) a décliné sa compétence. En appel, la Győri Ítélőtábla (cour d'appel régionale de Győr) hésite. D'où sa demande préjudicielle, qui interroge la Cour sur le point de savoir si, en présence d'un cartel sur les prix, le lieu du fait dommageable peut être « *le lieu où la victime prétend avoir subi ce préjudice, même si l'action est dirigée contre un participant à l'entente en cause avec lequel cette victime n'avait pas établi de relations contractuelles* »[100].

87. Après quelques rappels de rigueur, la Cour répond que, dans les circonstances comme celles en cause, le lieu de matérialisation du dommage au sens de l'article 7 § 2 du règlement Bruxelles I refondu est celui du « *dommage initial, découlant*

---

99 CJUE, 6e ch., 29 juill. 2019, *Tibor-Trans*, aff. C-451/18, ECLI:EU:C:2019:635 ; *LEDICO* nov. 2019, n° 112m9, p. 1, obs. M. Celaya ; *RTD eur.* 2019, p. 907, note L. Idot ; *D.* 2019, p. 1956, E. Farnoux ; *Concurrences* n° 4-2019, pp. 158-159.

100 *Ibid.*, pt 22.

directement de l'évènement causal » et non pas celui « *des conséquences préjudiciables ultérieures* ». On aura reconnu la distinction de l'arrêt *flyLAL*[101], introduite pour les actions en réparation consécutives aux abus de position dominante et aux ententes verticales[102], et elle-même reprise de l'arrêt *Marinari*[103].

La Cour précise que le surcoût d'un acheteur indirect « *ne constitue pas une simple conséquence financière du dommage* » mais « *la conséquence immédiate de l'infraction* »[104].

Vient enfin l'apport principal de cet arrêt : le lieu où ce dommage direct est subi est celui du marché affecté par le surcoût[105].

C'est là aussi l'un des apports de l'arrêt *flyLAL*, dûment cité à plusieurs reprises ; et, comme dans cette décision, la Cour justifie la solution par les objectifs de proximité, de prévisibilité et de cohérence qui irriguent les règles de compétence internationale du règlement Bruxelles I. Des deux premiers objectifs, il découle que « *les juridictions de l'État membre dans lequel se situe le marché affecté sont les mieux placées pour examiner de tels recours indemnitaires* » et qu'« *un opérateur économique se livrant à des comportements anticoncurrentiels peut raisonnablement s'attendre à être attrait devant les juridictions du lieu où ses comportements ont faussé les règles d'une concurrence saine* »[106]. Du troisième, la Cour tire la nécessité d'aligner compétence internationale et conflits de lois puisque l'on sait que l'article 6 § 3 du règlement Rome II prévoit que la loi applicable aux actes restreignant la concurrence est celle du pays « *dans lequel le marché est affecté ou susceptible de l'être* ».

88. Cette solution pose trois questions.

D'abord, que change-t-elle, en pratique, par rapport à celle de l'arrêt *Cartel Damage Claims*, qui assimile le lieu de matérialisation du dommage à celui du siège social de la victime ?

Pour de nombreuses affaires, on serait tenté de répondre « pas grand-chose », tant il est fréquent que le siège social des victimes de pratiques anticoncurrentielles coïncide avec le marché où elles opèrent. Mais ce n'est évidemment pas toujours le cas et la nouvelle solution imposera à certains demandeurs de saisir les juridictions du marché sur lequel ils déploient leurs activités sans pour autant y avoir leur siège social. L'arrêt *Tibor-Trans* limite donc un peu le « crypto-*forum actoris* » qui découle de l'arrêt *Cartel Damage Claims*. Par conséquent, l'évolution du raisonnement n'est pas totalement négligeable.

89. Ensuite, s'agit-il d'un revirement de jurisprudence ? À peu près toutes les réponses ont été formulées par les commentateurs... La prudence est donc de mise, d'autant que l'arrêt a été rendu sans conclusions. Disons que la thèse du revirement n'a rien d'invraisemblable. Deux indices permettent de le penser.

---

101 Présenté au commentaire précédent.

102 *Tibor-Trans*, pt 43.

103 CJCE, 19 sept. 1995, *Marinari*, aff. C-364/93, ECLI:EU:C:1995:289, pts 14 et 15.

104 *Tibor-Trans*, pt 31.

105 *Ibid.*, pt 33.

106 *Ibid.*, pt 34.

Un premier indice de forme, d'abord : dans sa motivation, la Cour ne cite pas une seule fois l'arrêt *Cartel Damage Claims*, alors qu'elle cite à sept reprises l'arrêt *flyLAL*. Y voir le fruit du hasard serait sans doute naïf. L'omission est d'autant plus saisissante que les termes mêmes de la demande préjudicielle l'invitaient très précisément à prendre parti sur l'extension de la solution *Cartel Damage Claims* à la situation de l'espèce. De quoi nourrir la thèse du revirement « en catimini ».

Deuxième indice, quant à l'esprit de cet arrêt : la référence appuyée à l'arrêt *flyLAL* semble témoigner d'une volonté de la Cour d'aligner sa jurisprudence rendue en matière de cartels sur celle rendue en matière d'abus et d'ententes verticales. Dès lors, il ne serait pas illogique d'abandonner la jurisprudence *Cartel Damage Claims* au profit de la jurisprudence *flyLAL*, de facture plus récente.

Cela dit, on pourra toujours objecter que les faits de l'espèce étant différents de ceux de l'arrêt *Cartel Damage Claims*, il s'agit d'un affinement de la jurisprudence antérieure et non pas d'un revirement. Si c'est le cas, la solution *Tibor-Trans* devra s'appliquer uniquement à l'action de la victime qui n'a pas de relation contractuelle directe avec les membres du cartel, tandis que sera maintenue la solution *Cartel Damage Claims* pour la victime cocontractante des membres du cartel.

Il en découlera une légère complication[107] du raisonnement puisque, désormais, les demandeurs (et surtout leurs conseils) devront se poser deux questions préalables avant de savoir s'ils peuvent saisir les juridictions de leur État membre. Première question : existe-t-il des relations contractuelles avec les défendeurs ? Dans la positive, la solution *Cartel Damage Claims* s'applique et les demandeurs peuvent saisir les juridictions du lieu de leur siège social. Dans la négative, une deuxième question se pose : le préjudice subi est-il une conséquence immédiate ou indirecte du cartel ? Si c'est une conséquence immédiate, la solution *Tibor-Trans* s'applique et ouvre la possibilité d'agir devant les juridictions du lieu du marché affecté. Dans le cas contraire, c'est impossible.

90. Enfin, quelle que soit l'exacte portée de la solution *Tibor-Trans*, sa valeur pose au moins deux séries d'interrogations.

Première série d'interrogations : comment distinguer conséquence « immédiate » et conséquence « indirecte » ? À bien suivre la Cour, le surcoût répercuté par un concessionnaire sur un acheteur indirect serait bien une conséquence immédiate mais pas l'effet volume (la Cour parle plutôt de « *perte de ventes à la suite de l'augmentation des prix* »), qui serait une conséquence indirecte[108]. La distinction nous paraît spécieuse et l'on avouera avoir du mal à comprendre pourquoi le surcoût répercuté sur un acheteur indirect serait « plus » immédiat que l'effet volume de l'acheteur direct. Dans les deux cas, il y a une chaîne causale complexe où plusieurs faits interviennent entre la décision de cartelliser les prix et ses conséquences dommageables. La distinction entre conséquence « immédiate » et conséquence « indirecte » sera d'autant plus délicate à manœuvrer qu'un cartel peut avoir une variété d'effets plus ou moins directs qui se prêtent mal à une dualité aussi simple. *Quid* notamment du surcoût répercuté par l'acheteur indirect

---

107 Jugée « inutile » par L. Idot, *RTD eur.* 2019, p. 907, n° 3.

108 *Tibor-Trans*, pt 27.

à son propre client (par exemple, un donneur d'ordre de Tibor-Trans) ? *Quid* du renchérissement de l'assurance liée au surcoût qui augmente la valeur du camion assuré et donc l'assiette de calcul des primes ? *Quid* encore de la surconsommation de carburant liée au volet « normes EURO » du cartel des camions ? Conséquence indirecte ou immédiate ? Et, en pratique, comment faire si un demandeur invoque une pluralité de préjudices dont certains seulement sont des conséquences « immédiates » du cartel ? Par exemple, le demandeur qui subit un surcoût dans un État membre A mais un effet volume dans un État membre B devra-t-il agir dans deux fors différents ? Dans la mesure où la compétence du lieu de matérialisation du dommage n'est pas une compétence qui couvre l'intégralité du litige, contrairement à celle de l'événement causal, la question semble pouvoir se poser.

Deuxième série de questions : si la volonté de dégager un critère de rattachement identique (le marché affecté) pour les conflits de lois et la compétence délictuelle peut effectivement se réclamer d'une forme de cohérence intellectuelle, en pratique, le maintien de tous les autres chefs de compétence optionnels conduira à ce que, dans bien des cas, un juge saisi d'une action en réparation n'appliquera pas son droit national au fond de l'affaire. On sait que les stratégies de *forum shopping* – qui découlent, par exemple, du rachat massif de créances par des entreprises spécialisées dans le contentieux *follow-on* – conduisent à ce que les juridictions néerlandaises, allemandes ou britanniques soient fréquemment saisies d'actions visant la réparation de dommages subis à l'étranger, par des entreprises étrangères. Autant d'affaires dans lesquelles leur droit national n'est souvent pas applicable.

En somme, cet arrêt entretiendra sans doute l'attrait proverbial pour la complexité des internationalistes. Il satisfera un peu moins le désir de simplicité que pourraient légitimement éprouver les justiciables...

4. Conditions de l'efficacité des clauses d'élection de for

CJUE, 4e ch., 21 mai 2015, *Cartel Damage Claims (CDC) Hydrogen Peroxide SA*, aff. C-352/13, ECLI:EU:C:2015:335

61. Il y a donc lieu de considérer que la juridiction saisie peut en principe se voir lier par une clause attributive de juridiction dérogeant aux compétences prévues aux articles 5 et 6 du règlement n° 44/2001 que les parties ont conclue conformément à l'article 23, paragraphe 1, de celui-ci.

62. Cette conclusion ne saurait être remise en cause au regard de l'exigence de mise en œuvre efficace de l'interdiction des ententes. En effet, d'une part, la Cour a déjà jugé que les règles de droit matériel applicables au fond d'un litige ne sauraient avoir d'influence sur la validité d'une clause attributive de juridiction conforme à l'article 17 de la convention mentionnée au point 59 du présent arrêt (voir, en ce sens, arrêt Castelletti, C-159/97, EU:C:1999:142, point 51). Conformément à la jurisprudence rappelée au point 60 du présent arrêt, cette interprétation est également pertinente pour l'article 23 du règlement n° 44/2001.

63. D'autre part, il y a lieu de considérer que la juridiction saisie ne saurait, sous peine de remettre en cause la finalité du règlement n° 44/2001, refuser de prendre en compte une clause attributive de juridiction conforme aux exigences de l'article 23 de ce règlement au seul motif qu'elle estime que la

juridiction désignée par cette clause n'assurerait pas le plein effet du principe de mise en œuvre efficace de l'interdiction des ententes en ne permettant pas à la victime d'une entente d'obtenir la réparation intégrale du préjudice qu'elle a subi. Il importe, au contraire, de considérer que le système des voies de recours mis en place dans chaque État membre, complété par le mécanisme du renvoi préjudiciel prévu à l'article 267 TFUE, fournit aux justiciables une garantie suffisante à cet égard (voir, par analogie, arrêt Renault, C-38/98, EU:C:2000:225, point 23).

64. Dans une affaire telle que celle au principal, la juridiction saisie devra néanmoins s'assurer, avant d'examiner les conditions de forme que ledit article 23 établit, que les clauses en question sont effectivement opposables à la requérante au principal. En effet, ainsi que la Cour l'a déjà précisé, une clause attributive de juridiction insérée dans un contrat ne peut, en principe, produire ses effets que dans les rapports entre les parties qui ont donné leur accord à la conclusion de ce contrat. Pour qu'une telle clause puisse être opposable à un tiers, il est, en principe, nécessaire que celui-ci ait donné son consentement à cet effet (arrêt Refcomp, C-543/10, EU:C:2013:62, point 29).

65. En effet, ce serait uniquement dans le cas où, conformément au droit national applicable au fond, tel que déterminé en application des règles de droit international privé de la juridiction saisie, le tiers aurait succédé au contractant initial dans tous ses droits et obligations qu'une clause attributive de juridiction à laquelle ce tiers n'a pas consenti pourrait néanmoins jouer à l'encontre de celui-ci (voir, en ce sens, arrêt Coreck, C-387/98, EU:C:2000:606, points 24, 25 et 30).

[…]

68. Une clause attributive de juridiction ne peut concerner que des différends nés ou à naître à l'occasion d'un rapport de droit déterminé, ce qui limite la portée d'une convention attributive de juridiction aux seuls différends qui trouvent leur origine dans le rapport de droit à l'occasion duquel cette clause a été convenue. Cette exigence a pour objectif d'éviter qu'une partie ne soit surprise par l'attribution à un for déterminé de l'ensemble des différends qui surgiraient dans les rapports qu'elle entretient avec son cocontractant et qui trouveraient leur origine dans des rapports autres que celui à l'occasion duquel l'attribution de juridiction a été convenue (voir, en ce sens, arrêt Powell Duffryn, C-214/89, EU:C:1992:115 point 31).

69. Au vu de cet objectif, la juridiction de renvoi devra notamment considérer qu'une clause qui se réfère de manière abstraite aux différends surgissant dans les rapports contractuels ne couvre pas un différend relatif à la responsabilité délictuelle qu'un cocontractant a prétendument encourue du fait de son comportement conforme à une entente illicite.

70. En effet, un tel litige n'étant pas raisonnablement prévisible pour l'entreprise victime au moment où elle a consenti à ladite clause, l'entente illicite impliquant son cocontractant lui étant inconnue à cette date, il ne saurait être considéré comme ayant son origine dans les rapports contractuels. Une telle clause ne porterait donc pas valablement dérogation à la compétence de la juridiction de renvoi.

71. En revanche, en présence d'une clause faisant référence aux différends relatifs à la responsabilité encourue du fait d'une infraction au droit de la concurrence et désignant une juridiction d'un État membre autre que celui de la juridiction de renvoi, celle-ci devrait décliner sa propre compétence, même lorsque cette clause conduit à écarter les règles de compétence spéciales prévues aux articles 5 et/ou 6 du règlement n° 44/2001.

72. Il y a donc lieu de répondre à la troisième question que l'article 23, paragraphe 1, du règlement n° 44/2001 doit être interprété en ce sens qu'il permet, dans le cas où des dommages et intérêts sont réclamés en justice en raison d'une infraction à l'article 101 TFUE et à l'article 53 de l'accord EEE, de prendre en compte les clauses attributives de juridiction contenues dans des contrats de livraison, même si une telle prise en compte a pour effet de déroger aux règles de compétence internationale prévues aux articles 5, point 3, et/ou 6, point 1, dudit règlement, à la condition que ces clauses se réfèrent aux différends relatifs à la responsabilité encourue du fait d'une infraction au droit de la concurrence.

CJUE, 3e ch., 24 oct. 2018, *Apple Sales International*, aff. C-595/17, ECLI:EU:C:2018:854[109]

22. [...] une clause attributive de juridiction ne peut concerner que des différends nés ou à naître à l'occasion d'un rapport de droit déterminé, ce qui limite la portée d'une clause attributive de juridiction aux seuls différends qui trouvent leur origine dans le rapport de droit à l'occasion duquel cette clause a été convenue. Cette exigence a pour objectif d'éviter qu'une partie ne soit surprise par l'attribution à un for déterminé de l'ensemble des différends qui surgiraient dans les rapports qu'elle entretient avec son cocontractant et qui trouveraient leur origine dans des rapports autres que celui à l'occasion duquel l'attribution de juridiction a été convenue (arrêt du 21 mai 2015, CDC Hydrogen Peroxide, C-352/13, EU:C:2015:335, point 68 et jurisprudence citée).

[...]

26. À la lumière de cette jurisprudence, il convient d'examiner si cette interprétation de l'article 23 du règlement n° 44/2001 et les motifs la soutenant valent également à l'égard d'une clause attributive de juridiction invoquée à l'occasion d'un différend relatif à la responsabilité délictuelle qu'un cocontractant a prétendument encourue du fait d'une contravention à l'article 102 TFUE.

27. Tel est le cas lorsque le comportement anticoncurrentiel allégué se présente comme étant étranger au rapport contractuel dans le cadre duquel la clause attributive de juridiction a été conclue.

28. Or, alors que le comportement anticoncurrentiel visé à l'article 101 TFUE, à savoir une entente illicite, n'est en principe pas directement lié à la relation contractuelle entre un membre de cette entente et un tiers, sur laquelle l'entente

---

109 *Concurrences* n° 1-2019, p. 168, note A. Lacresse ; *Contrats, conc., consom.* 2019, comm. 11, note D. Bosco ; *Europe*, 2018, n° 12, note L. Idot ; *RJC* 2019, n° 1, p. 49, note G. Decocq ; *LPA*, 24 mai 2019, n° 144q1, p. 80, note M. Dumarçay ; *D.* 2018, p. 233, note H. Gaudemet-Tallon ; *Procédures* 2018, n° 12, p. 13, note C. Nourissat ; *AJ Contrat* 2019, p. 31, note G. Parléani.

déploie ses effets, le comportement anticoncurrentiel visé à l'article 102 TFUE, à savoir l'abus d'une position dominante, peut se matérialiser dans les relations contractuelles qu'une entreprise en situation de position dominante noue et au moyen des conditions contractuelles.

29. Il y a donc lieu de relever que, dans le cadre d'une action sur le fondement de l'article 102 TFUE, la prise en compte d'une clause attributive de juridiction faisant référence à un contrat et à la relation correspondante ou aux relations en découlant entre les parties ne saurait être considérée comme surprenant l'une des parties au sens de la jurisprudence visée au point 22 du présent arrêt.

30. Au vu de tout ce qui précède, il y a lieu de répondre aux première et deuxième questions que l'article 23 du règlement n° 44/2001 doit être interprété en ce sens que l'application, à l'égard d'une action en dommages et intérêts intentée par un distributeur à l'encontre de son fournisseur sur le fondement de l'article 102 TFUE, d'une clause attributive de juridiction contenue dans le contrat liant les parties n'est pas exclue au seul motif que cette clause ne se réfère pas expressément aux différends relatifs à la responsabilité encourue du fait d'une infraction au droit de la concurrence.

[...]

31. Par sa troisième question, la juridiction de renvoi souhaite savoir, en substance, si l'article 23 du règlement n° 44/2001 doit être interprété en ce sens que l'application d'une clause attributive de juridiction dans le cadre d'une action en dommages et intérêts intentée par un distributeur à l'encontre de son fournisseur sur le fondement de l'article 102 TFUE dépend du constat préalable d'une infraction au droit de la concurrence par une autorité nationale ou européenne.

32. Il convient de répondre par la négative à cette question.

33. En effet, ainsi que la relevé M. l'avocat général au point 83 de ses conclusions, l'existence ou non d'un constat préalable par une autorité de la concurrence d'une infraction aux règles de concurrence est une considération étrangère à celles qui doivent prévaloir pour conclure à l'application d'une clause attributive de juridiction à une action tendant à la réparation de dommages prétendument subis en raison d'une violation des règles de concurrence.

34. Dans le contexte de l'article 23 du règlement n° 44/2001, une distinction en fonction de l'existence ou non d'un constat préalable, par une autorité de la concurrence, d'une infraction aux règles de concurrence, se heurterait également à l'objectif de prévisibilité qui inspire cette disposition.

35. Par ailleurs, selon une jurisprudence constante de la Cour (voir, en ce sens, arrêt du 13 juillet 2006, Manfredi e.a., C-295/04 à C-298/04, EU:C:2006:461, point 60 ainsi que jurisprudence citée), et ainsi que le mentionnent les considérants 3, 12 et 13 de la directive 2014/104/UE du Parlement européen et du Conseil, du 26 novembre 2014, relative à certaines règles régissant les actions en dommages et intérêts en droit national pour les infractions aux dispositions du droit de la concurrence des États membres et de l'Union européenne (JO 2014, L 349, p. 1), les articles 101 et 102 TFUE produisent des effets directs dans les relations entre particuliers et créent, pour les personnes concernées,

des droits et des obligations au respect duquel les juridictions nationales doivent veiller. Il s'ensuit que le droit pour toute personne s'estimant lésée par une infraction aux règles du droit de la concurrence de demander réparation du préjudice subi est indépendant du constat préalable d'une telle infraction par une autorité de la concurrence.

36. Au vu de ce qui précède, il y a lieu de répondre à la troisième question que l'article 23 du règlement n° 44/2001 doit être interprété en ce sens que l'application d'une clause attributive de juridiction dans le cadre d'une action en dommages et intérêts intentée par un distributeur à l'encontre de son fournisseur sur le fondement de l'article 102 TFUE ne dépend pas du constat préalable d'une infraction au droit de la concurrence par une autorité nationale ou européenne

91. L'arrêt *Cartel Damage Claims*, déjà commenté plus haut[110], et l'arrêt *Apple Sales*, qui lui est postérieur d'un peu plus de trois ans, précisent aussi le sort des clauses d'élection de for dans le contentieux de la réparation consécutif à la commission d'un cartel (arrêt *Cartel Damage Claims*) et à la commission d'un abus de position dominante (arrêt *Apple Sales*).

92. Dans l'affaire *Cartel Damage Claims*, certaines victimes directes du cartel étaient liées par des clauses d'élection de for insérées dans les contrats de livraison conclus avec les membres du cartel. Ces derniers les opposèrent alors à la société *Cartel Damage Claims*, dont on a dit plus haut qu'elle était cessionnaire des créances indemnitaires et demanderesse à l'action, pour contester la compétence de la juridiction allemande.

93. Par sa troisième question, le Landgericht Dortmund demande donc à la Cour de justice si l'article 23 § 1 du règlement Bruxelles I (25 § 1 de la version refondue) et le principe de mise en œuvre efficace de l'interdiction des ententes en droit de l'Union permettent la mise en œuvre de ces clauses alors même que leur application conduit à déroger à la compétence spéciale et dérivée des juridictions désignées en application des articles 5 § 3 et 6 § 1 du même règlement, commentés plus haut.

94. Rappelant sa jurisprudence antérieure, la Cour commence par répondre qu'il n'y a pas d'obstacle à ce que ces clauses puissent être efficaces quand bien même le droit européen de la concurrence serait applicable au fond du litige[111]. La Cour rappelle aussi que, par principe, le tiers au contrat dans lequel a été stipulée la clause doit avoir consenti à être lié par elle pour qu'elle puisse lui être opposable[112].

95. Vient ensuite le principal apport de l'arrêt. Soulignant l'objectif de prévisibilité attaché aux règles de compétence internationale, la Cour rappelle que, par principe, la clause ne doit être applicable qu'« *aux seuls différends qui trouvent leur origine dans le rapport de droit à l'occasion duquel cette clause a été convenue* »[113]. De là, elle en conclut « *qu'une clause qui se réfère de manière abstraite aux différends*

110 V. *supra* n° 67 et s.
111 Pts 60 à 62.
112 Pts 63 à 66.
113 Pt 68.

surgissant dans les rapports contractuels ne couvre pas un différend relatif à la responsabilité délictuelle qu'un cocontractant a prétendument encourue du fait de son comportement conforme à une entente illicite »[114]. Autrement dit, une clause dont la rédaction serait trop générale ne couvrira pas l'action en réparation consécutive à la commission d'un cartel. La Cour de justice justifie sa position en ajoutant qu'« *un tel litige n'étant pas raisonnablement prévisible pour l'entreprise victime au moment où elle a consenti à ladite clause, l'entente illicite impliquant son cocontractant lui étant inconnue à cette date, il ne saurait être considéré comme ayant son origine dans les rapports contractuels* »[115].

96. Cette solution – au demeurant fort critiquée par la doctrine internationaliste – peut aussi se justifier par les spécificités factuelles de l'affaire en cause. Le contentieux fait ici suite à la condamnation par la Commission européenne d'un cartel international dont on sait qu'il implique en général de nombreux demandeurs et défendeurs. Or, neutraliser les clauses d'élection de for comme le fait la Cour de justice a l'avantage de permettre la concentration des litiges devant une seule juridiction par le mécanisme d'extension de compétence de l'article 6 § 1 du règlement Bruxelles I déjà mentionné[116].

97. Quoi qu'il en soit, cet arrêt n'a pas suffi à dissiper toutes les hésitations des juridictions nationales, ce qui explique que la Cour de justice ait dû s'employer à compléter son interprétation de l'article 23 § 1 à l'occasion de l'affaire *Apple Sales*.

98. Cette affaire a donné lieu à pas moins de trois arrêts de la Cour de cassation, dont deux étaient commentés conjointement dans la première édition de cet ouvrage. Ce commentaire a été logiquement supprimé de cette deuxième édition au profit de celui de l'arrêt du 24 octobre 2018 de la Cour de justice. Les faits de l'affaire sont connus : un revendeur agréé demandait réparation à plusieurs sociétés du groupe Apple du préjudice qu'elles lui avaient prétendument causé par des pratiques anticoncurrentielles et des actes de concurrence déloyale. Les défenderesses soulevaient alors l'incompétence de la juridiction française saisie en raison de l'existence, dans le contrat les liant à la demanderesse, d'une clause d'élection de for au profit des juridictions irlandaises.

Par un arrêt du 7 octobre 2015[117], la Cour de cassation s'était prononcée une première fois sur l'efficacité de cette clause. Au visa de l'article 23 du règlement Bruxelles I[118], elle avait jugé que cette clause pouvait permettre de déroger aux règles de compétence délictuelle de l'article 5 § 3[119] et aux règles de concentration du litige de l'article 6 § 1[120]. Mais elle y posait une condition directement inspirée de l'arrêt *Cartel Damage Claims*. Pour que la clause soit efficace, il fallait que les termes de son libellé « *se réfèrent aux différends relatifs à la responsabilité*

114 Pt 69.
115 Pt 70.
116 V. en ce sens L. Idot, *RTD eur.* 2019, p. 907.
117 Cass. 1re civ., 7 oct. 2015, n° 14-16.898, n° 1053 FS-P+B+I, ECLI:FR:CCASS:2015:C101053 ; *D.* 2015, p. 2620, note F. Jault-Seseke ; *JCP G* 2015.1322, note L. Idot.
118 Devenu 25 du règlement Bruxelles I refondu.
119 Devenu 7 § 2 du règlement Bruxelles I refondu.
120 Devenu 8 § 1 du règlement Bruxelles I refondu.

encourue du fait d'une infraction au droit de la concurrence ». En l'espèce, la clause ne visait pas expressément les infractions au droit de la concurrence (comme c'est très fréquemment le cas) et l'on en déduisait donc que l'exception d'incompétence soulevée par Apple ne pouvait prospérer.

99. Certains commentateurs faisaient alors observer que ce prompt alignement de la Cour de cassation sur la solution *Cartel Damage Claims* se heurtait à une difficulté majeure tenant au caractère très imparfait de l'analogie avec l'affaire *Apple Sales*[121]. Là où l'action en réparation engagée par la société *Cartel Damage Claims* faisait suite à un cartel international condamné par la Commission européenne, le contractant d'Apple engageait une action autonome visant vraisemblablement à obtenir réparation du préjudice causé par des abus de domination, même si le fondement de la demande n'était pas précisé. Il n'était donc pas nécessaire de concentrer le litige, dans la mesure où il n'y avait que deux litigants. Ensuite, la pratique anticoncurrentielle n'était pas établie et elle ne le serait peut-être jamais puisqu'aucune autorité de concurrence n'avait encore eu à connaître du comportement litigieux. Or, en se contentant d'alléguer l'existence d'une telle pratique, sans même la prouver, le demandeur pouvait facilement contourner la clause d'élection de for insuffisamment précise, alors même qu'il y avait pourtant consenti. On perçoit ainsi ce que la solution de la Cour de cassation avait de discutable : en conditionnant l'efficacité d'une clause, comme celle en cause, à la simple allégation d'une pratique anticoncurrentielle qui parfois (voire souvent) ne reposera sur aucun élément tangible, l'arrêt du 7 octobre 2015 aurait pu favoriser les stratégies d'évitement du for convenu.

100. C'est ce qui explique que la Cour de cassation, ayant de nouveau à connaître de cette affaire, ait cru bon de poser à la Cour de justice trois questions préjudicielles pour l'interroger sur son interprétation de l'article 23 du règlement Bruxelles I dans le contexte spécifique d'une action autonome en réparation d'un éventuel abus de position dominante[122].

101. Suivant les conclusions de son avocat général[123], la Cour de justice juge, en définitive, que l'article 23 du règlement doit être interprété en ce sens que « *l'application, à l'égard d'une action en dommages et intérêts intentée par un distributeur à l'encontre de son fournisseur sur le fondement de l'article 102 TFUE, d'une clause attributive de juridiction contenue dans le contrat liant les parties n'est pas exclue au seul motif que cette clause ne se réfère pas expressément aux différends relatifs à la responsabilité encourue du fait d'une infraction au droit de la concurrence* »[124].

La Cour de cassation videra définitivement le débat dans un troisième arrêt rendu dans la même affaire qui confirmera l'incompétence du juge français[125].

---

121 L. Idot, note préc.

122 Cass. 1re civ., 11 oct. 2017, n° 16-25.259, P+B ; on notera que la Cour de cassation cite explicitement une décision de la Cour suprême du Portugal (Supremo Tribunal de Justiça, 16 févr. 2016, *Interlog et Taboada c/ Apple*) qui, dans une affaire quasiment identique, si ce n'est qu'elle impliquait le revendeur portugais d'Apple, avait jugé une clause d'élection de for, rédigée en des termes généraux, applicable à l'action en réparation du dommage causé par le prétendu abus de position dominante allégué par ledit revendeur.

123 Concl. de l'avocat général M. N. Wahl, présentées le 5 juill. 2018, ECLI:EU:C:2018:541.

124 *Apple Sales*, pt 30.

125 Cass. 1re civ., 30 janv. 2019, n° 16-25.259, *Bull. civ.* I, n° 84, ECLI:FR:CCASS:2019:C100084.

102. Pour les raisons évoquées ci-dessus, la solution mérite sans doute d'être approuvée, l'analogie entre l'action en réparation complémentaire pour cartel et l'action en réparation autonome pour abus n'étant que très imparfaite. Il n'en demeure pas moins qu'au fil des arrêts de la Cour de justice, l'émergence d'un régime complexe et dérogatoire de compétence internationale, marqué par « *les considérations substantielles* »[126] du droit de la concurrence, pose de nouveau cette lancinante question : ne serait-il pas nécessaire de fixer ce régime dans un instrument européen, qui mettrait à plat le droit international privé de la concurrence ?

5. Domaine d'application d'une clause d'élection de for

CA Paris, ch. 5-16, 7 janv. 2020, *Sport One c/ Nike Europe Operations Netherlands (NEON)*, RG 19/12209

40. Il se déduit de ces deux décisions de la Cour de Justice de l'Union européenne [Nota : les arrêts *CDC* et *Apple Sales*] que l'application d'une clause attributive de juridiction dans le cadre d'une action en responsabilité fondée sur des pratiques anticoncurrentielles varie, non pas en fonction de la nature du comportement allégué, mais en considération du lien qui existe entre ce comportement et le contrat contenant la clause attributive de juridiction.

41. Il convient à cet égard d'apprécier si le litige porte sur des pratiques qui ne peuvent être considérées comme étrangères au rapport contractuel dans le cadre duquel la clause attributive de juridiction a été conclue, et pour ce faire de vérifier si les pratiques anticoncurrentielles auxquelles se serait livrée l'intimée, se sont matérialisées dans les relations contractuelles nouées entre les parties, au moyen des conditions contractuelles convenues.

42. En l'espèce, la société Sport One expose dans son assignation que la décision du 18 mai 2015 de cesser les relations commerciales ayant été motivée par « la prétendue inadéquation de son positionnement commercial avec la stratégie et les besoins commerciaux de NEON, et ce suite à une récente révision de la stratégie commerciale de cette dernière » et les dispositions « ayant trait à la vente en ligne par internet » qui figurent à l'article 9.4 de ses conditions générales de vente interdisant notamment l'acheteur d'utiliser « une marque Nike sur un site internet sans l'accord écrit préalable de Nike », le comportement de la société NEON est « constitutif d'une restriction verticale caractérisée prohibée par le droit de la concurrence ».

43. La société Sport One ajoute ainsi que « la décision notifiée à la requérante par NEON le 18 mai 2015 de rompre les relations commerciales avec la société Sport One SARL, en ce qu'elle est motivée par une restriction verticale prohibée est nulle de plein droit ».

44. Il ressort de ces éléments que dans le cadre du présent litige, la demande principale de la société Sport One porte expressément sur l'appréciation au

---

[126] V., sur cette intéressante question, la thèse éclairante d'Étienne Farnoux, « Les considérations substantielles dans le règlement de la compétence internationale des juridictions. Réflexion autour de la matière délictuelle », dir. S. Bollée, th. dactyl. Paris I, 2017.

regard des règles de droit de la concurrence de la licéité de la clause 9.4 des conditions générales de vente, lesquelles contiennent aussi la clause attributive de juridiction litigieuse [...]

[...]

47. Ainsi la demande principale relative à la nullité de la décision du 18 mai 2015 étant fondée par la société Sport One sur l'illicéité alléguée de l'article 9.4 des conditions générales de vente au regard des règles sur le droit de la concurrence, il y a lieu de considérer que le comportement anticoncurrentiel allégué est en lien avec ces conditions générales de vente contenant la clause attributive de juridiction et que les pratiques dénoncées ne sont manifestement pas étrangères au rapport contractuel dans le cadre duquel la clause attributive de juridiction a été conclue.

48. En conséquence, la société Sport One n'est pas fondée à considérer que la clause attributive de juridiction insérée dans ces conditions générales n'a pas vocation à s'appliquer pour déterminer la juridiction compétente.

103. Cet arrêt livre d'utiles indications sur l'interprétation, par la cour d'appel de Paris, de l'article 25 du règlement Bruxelles I refondu (article 23 de la version antérieure) et de la jurisprudence de la Cour de justice présentée au commentaire précédent.

104. L'espèce était banale : un revendeur d'équipements sportifs (Sport One) agit en réparation contre la filiale néerlandaise du groupe Nike (NEON) à la suite de la rupture, par cette dernière, du contrat de distribution qui les lie. Comme souvent dans ce genre de litiges, les parties fondent leurs prétentions sur plusieurs dispositions du droit européen et français de la concurrence. Le revendeur évincé soutient, à titre principal, que la rupture litigieuse est la conséquence d'une entente verticale et, à titre subsidiaire, qu'elle est brutale au sens de l'ancien article L. 442-6, I, 5° du code de commerce (nouvel article L. 442-1, II du même code). Saisi en première instance, le tribunal de commerce de Paris décline sa compétence au profit d'un tribunal d'Amsterdam désigné par la clause d'élection de for stipulée dans les conditions générales de Nike. Sa décision fait l'objet d'un appel du revendeur qui aboutit à l'arrêt ici commenté.

105. Fondant ses moyens essentiellement sur l'arrêt *Cartel Damage Claims*, le revendeur cherche à écarter la clause afin de pouvoir valablement saisir le juge français en application de la règle de compétence spéciale en matière délictuelle de l'article 7 § 2 du règlement de Bruxelles I refondu. En résumé, son argumentation consiste à soutenir que la clause ne couvre pas les litiges délictuels comme celui en cause mais uniquement ceux « *trouvant leur origine dans les commandes et l'exécution des conditions générales de vente* ».

106. De son côté, la filiale néerlandaise de Nike, défenderesse à l'action, soutient que ce n'est pas la nature délictuelle ou contractuelle de l'action qui est déterminante mais le rattachement des prétentions du demandeur au « *rapport de droit déterminé* » couvert par la clause. Elle ajoute – et l'on notera là l'amorce de la discussion d'un des critères dégagés par la Cour de justice dans ses arrêts *Cartel Damage Claims* et *Apple Sales* – qu'il n'est pas nécessaire que la clause

vise expressément les litiges portant sur l'éventuelle commission de pratiques anticoncurrentielles, peu importe, d'ailleurs, la nature de la pratique alléguée (entente ou abus). Enfin et pour ce qui est de la clause litigieuse, elle conclut que sa rédaction est suffisamment large pour couvrir l'ensemble des litiges en lien avec la relation commerciale entre les parties puisqu'elle vise « *toute action en justice ou procédure judiciaire* » sous réserve que celle-ci soit « *liée à une commande et/ou aux présentes conditions* ».

107. La cour d'appel de Paris choisit le parti de la défenderesse. Citant la solution des arrêts *Cartel Damage Claims* et *Apple Sales*, elle confirme que ce n'est pas la nature de la pratique anticoncurrentielle (entente horizontale, verticale ou abus) qui est décisive mais le rattachement de ce que les processualistes appelleraient la « cause » du litige au rapport de droit désigné par la clause[127].

108. Au considérant suivant, la cour livre un premier élément de « méthode » en ces termes : « *Il convient à cet égard d'apprécier si le litige porte sur des pratiques qui ne peuvent être considérées comme étrangères au rapport contractuel dans le cadre duquel la clause attributive de juridiction a été conclue, et pour ce faire de vérifier si les pratiques anticoncurrentielles auxquelles se serait livrée l'intimée, se sont matérialisées dans les relations contractuelles nouées entre les parties, au moyen des conditions contractuelles convenues*[128]. »

109. Puis elle explicite plus loin, dans la motivation relative à la rupture brutale, ladite méthode : « *Il appartient donc à la cour d'apprécier en l'espèce si la clause litigieuse est rédigée en termes suffisamment larges pour englober l'action diligentée par la société Sport One [...]* »

110. Il nous semble que, mis bout à bout, ces différents éléments de motivation permettent de formuler le résumé suivant. Pour déterminer si un litige est couvert par une clause d'élection de for, le juge national, auquel revient le devoir d'interpréter la clause[129], n'a pas à tenir compte de la qualification de la pratique anticoncurrentielle alléguée par le demandeur ou de la qualification de l'action en réparation (1er enseignement) mais il doit procéder à ce que l'on pourrait appeler un test du caractère « non manifestement étranger »[130] de la cause du litige au rapport de droit couvert par la clause (2e enseignement).

111. En l'espèce, la clause couvrait « *toute action en justice ou procédure judiciaire liée à une Commande* » et toute action ou procédure judiciaire liée « *aux présentes Conditions* ». Or le revendeur estimait que certaines stipulations des conditions générales de Nike, liées à l'interdiction de la revente en ligne, étaient constitutives d'une restriction verticale. C'est suffisant, juge la cour, pour que

---

127 Ce que la cour formule de la façon suivante : « *[L]'application d'une clause attributive de juridiction dans le cadre d'une action en responsabilité fondée sur des pratiques anticoncurrentielles varie, non pas en fonction de la nature du comportement allégué, mais en considération du lien qui existe entre ce comportement et le contrat contenant la clause attributive de juridiction* » (consid. 40)

128 Consid. 41.

129 CJCE, 10 mars 1992, *Powell Duffryn*, aff. C-214/89, ECLI:EU:C:1992:115 ; *Rev. crit. DIP* 1992, p. 528, note Gaudemet-Tallon ; *JDI* 1993, p. 474, note Bischoff, pt 33.

130 L'exactitude de la formule est au prix de son élégance.

la cause du litige soit liée aux « Conditions » et donc couverte par la clause d'élection de for.

112. Si cet arrêt ne révolutionne pas les règles qui déterminent la délimitation du domaine des clauses d'élection de for, son apport méthodologique est indéniable. Cependant, la motivation de la cour peut être critiquée sur un point qui, en l'espèce, aurait pu (dû ?) faire basculer la solution dans le sens contraire. L'une des interprétations possibles de la solution dégagée par la Cour de justice dans son arrêt *Cartel Damage Claims* conduit à écarter les clauses d'élection de for si la pratique anticoncurrentielle invoquée est une entente (une violation de l'article 101 du Traité, précisait la Cour de justice) et que la clause en question ne stipule pas *expressis verbis* qu'elle couvre les « *différends relatifs à la responsabilité encourue du fait d'une infraction au droit de la concurrence* »[131]. Toujours selon cette interprétation, ce serait là la principale différence avec les litiges où c'est l'article 102 du Traité qui est invoqué et pour lesquels une telle précision n'est pas exigée par la Cour de justice depuis son arrêt *Apple Sales*[132]. Or, en l'espèce, c'est bien la commission d'une entente (verticale, certes, mais une entente tout de même) qui est invoquée par le demandeur. En se ralliant à cette interprétation de la solution de l'arrêt *Cartel Damage Claims*, la cour d'appel de Paris aurait pu exiger que la clause mentionnât les infractions au droit de la concurrence pour couvrir le litige, ce qui n'était pas le cas en l'espèce.

113. Cela étant dit, en opportunité, la solution peut convaincre. À l'instar du contentieux privé des abus de position dominante, celui des ententes verticales emprunte plus au registre du contentieux contractuel que le contentieux privé des cartels, et les liens avec les « rapports de droit » visés par les clauses y sont plus resserrés. L'exigence d'une mention relative aux infractions au droit de la concurrence semble donc moins nécessaire que pour le contentieux des cartels. Mais il n'en reste pas moins qu'à supposer que la distinction entre ententes verticales et ententes horizontales se tienne, elle mériterait peut-être d'être confirmée par la Cour de justice. Le présent arrêt en est la meilleure preuve.

114. En somme, cet arrêt livre des indications méthodologiques dont les rédacteurs d'actes tireront d'utiles enseignements sur la façon de rédiger les clauses d'élection de for. Ce faisant, il fait naître une nouvelle question, dont la réponse n'est pas évidente dans la jurisprudence de la Cour de justice : l'exigence d'une référence explicite aux litiges de concurrence est-elle nécessaire pour qu'une clause d'élection de for soit applicable lorsqu'est invoquée une entente verticale ?

---

131 Préc., pt 72.

132 Préc., pt 30.

Section 2
Compétence et pouvoir juridictionnel en droit interne Aspects de droit judiciaire privé et de contentieux administratif

A. État de la question

115. Si le litige est de la compétence de l'ordre judiciaire, ce sont alors des règles dérogatoires du droit commun qui s'appliquent. Comme nous l'indiquions dans le propos introductif de ce chapitre, le législateur a désigné certaines juridictions judiciaires spécialisées pour connaître du contentieux des pratiques anticoncurrentielles mais n'a pas jugé nécessaire d'étendre cette règle aux juridictions administratives. Le principe de la spécialisation est prévu à l'article L. 420-7 du code de commerce depuis un décret d'application[133] de la loi NRE[134] entré en vigueur le 1er janvier 2006[135]. Cet article L. 420-7 est complété par les textes réglementaires issus du décret et codifiés aux articles R. 420-3, R. 420-4, R. 420-5 du code de commerce, qui eux-mêmes renvoient aux annexes 4-1 et 4-2 du même code. En première instance sont désignés les tribunaux judiciaires et les tribunaux de commerce des huit villes suivantes : Bordeaux, Fort-de-France, Lille, Lyon, Marseille, Nancy, Paris, Rennes. L'appel est exclusivement confié à la cour d'appel de Paris.

116. Quant au principe même de la spécialisation, on peut y adhérer ou s'en méfier et chacun se fera son opinion[136]. En revanche, il est un constat qui devrait faire l'unanimité : les textes de spécialisation comportent de nombreuses lacunes qui en perturbent significativement la compréhension, donc la bonne application. Comme souvent lorsque le législateur décide de confier des compétences spéciales à des juridictions, un doigt est mis dans un périlleux engrenage. Spécialiser une juridiction, c'est faire naître une multitude de questions de procédure dont la plupart ne sont jamais traitées par les décrets laconiques qui régissent cette spécialisation.

117. Quelques exemples parmi bien d'autres pour s'en convaincre : le moyen de défense invoquant la saisine d'un juge non spécialisé est-il une exception d'incompétence ou une fin de non-recevoir ? Cette spécialisation relève-t-elle du régime de la compétence d'attribution ou de celui du pouvoir juridictionnel ? En lien

---

133 Décret n° 2005-1756 du 30 déc. 2005 fixant la liste et le ressort des juridictions spécialisées en matière de concurrence, de propriété industrielle et de difficultés des entreprises ; *RLC*, 2006/6, p. 71, B. Cheynel ; *RTD com.* 2006, p. 322, note E. Claudel ; *Concurrences* n° 1-2006, p. 185, note V. Michel-Amsellem.

134 Loi n° 2001-420 du 15 mai 2001 relative aux nouvelles régulations économiques.

135 Art. 23 du décret.

136 V. pour un aperçu de la discussion, outre les commentaires du décret de 2005 : D. Bosco, « La spécialisation judiciaire française en matière de concurrence dans l'impasse », *Concurrences* n° 1-2011, p. 236 et s. ; M. Chagny, « Restriction de compétence matérielle et droit de la concurrence », *Procédures* 2011/4, dossier 10 ; L. Idot, « Nouvel épisode de l'adaptation du droit français au règlement n° 1/2003 : convergence confirmée, mais surtout centralisation surprenante ! » *Europe*, 2006/2, alerte 5.

avec ces deux premières questions : la saisine d'une juridiction non spécialisée interrompt-elle le délai de prescription ? En cas de jugement au fond d'un juge de première instance non spécialisé doit-on faire appel devant la cour spécialisée ou devant la cour du ressort de cette juridiction de première instance ? Quels sont les pouvoirs du juge ou du conseiller de la mise en état quand sa juridiction est saisie à tort ? Peut-il – ou doit-il – scinder le litige et renvoyer les seules questions préjudicielles de droit de la concurrence au juge spécialisé ? Peut-il – ou doit-il – renvoyer tout le litige ? A-t-il même ce pouvoir de renvoi ? Un juge non spécialisé peut-il connaître du contentieux de la concurrence en référé ? Sur requête ?

118. Ces questions n'ont rien de théorique. Si jusqu'à présent elles se sont assez peu posées pour le contentieux des pratiques anticoncurrentielles, les praticiens savent qu'elles empoisonnent le contentieux des pratiques restrictives de concurrence de l'ancien article L. 442-6 du code de commerce (devenu notamment L. 442-1), qui fait l'objet d'une règle de spécialisation identique aux articles D. 442-3 et D. 442-4 du même code. La Cour de cassation essaie tant bien que mal de dissiper ces incertitudes. Mais elle le fait comme elle peut, c'est-à-dire au gré des affaires qui lui sont soumises, par petites touches et, parfois, dans le désordre. Elle n'est ainsi pas à l'abri de certains errements, comme en témoigne son revirement remarqué du 29 mars 2017 quant au régime de l'appel mal dirigé[137]. Malheureusement, il est à prédire que ces nombreuses difficultés de procédure gagnent progressivement le contentieux des pratiques anticoncurrentielles.

119. Deux raisons conduisent à le penser à la lumière des enseignements du contentieux de l'ancien article L. 442-6 du code de commerce et plus particulièrement de celui de la rupture brutale de l'ancien article L. 442-6, I, 5°. La première raison tient à l'ampleur du contentieux. Celui de la rupture brutale est particulièrement nourri, ce qui logiquement multiplie les chances que des moyens de procédure soient soulevés. Or, le contentieux de la réparation des pratiques anticoncurrentielles prend progressivement son essor. Sans atteindre la dimension du contentieux de la rupture brutale, il n'en offrira pas moins de plus en plus d'occasions aux défendeurs et à leurs conseils de soulever des moyens de procédure encore sans réponse claire en droit positif. La deuxième raison, en lien avec la première, tient à la dimension peut-être plus « démocratique » de l'article L. 442-6, I, 5°. Cet article est invoqué dans tout type de relations, par

---

[137] 29 mars 2017, (3 arrêts) n° 15-17.659, n° 15-24.241 et n° 15-15.337 ; *D.* 2017, p. 2444, obs. N. Dorandeu, et 2018, p. 865, obs. D. Ferrier ; *AJ Contrat* 2017, p. 217, obs. B. Ruy ; *RTD civ.* 2017, p. 722, obs. P. Théry. V., sur ces arrêts, M. Behar-Touchais, « Un revirement au service de l'efficacité de la spécialisation des juridictions », *JCP G* 2017, n° 18, 498 ; ces arrêts énoncent qu'une cour d'appel non spécialisée saisie d'un appel contre un jugement de première instance qui a statué à tort sur une question de droit des pratiques anticoncurrentielles qui n'était pas du pouvoir juridictionnel du premier juge doit juger l'appel recevable si la juridiction de première instance est bien située dans son ressort. Il lui appartiendra ensuite de dire si le premier juge disposait bien du pouvoir de juger l'affaire en question. Dans la négative, elle infirmera son jugement sans statuer elle-même sur le fond des questions de droit des pratiques anticoncurrentielles puisque ce n'est pas dans son pouvoir. Dans l'un de ces trois arrêts (15-17.659) cette nouvelle règle est formulée en ces termes : « *[L]'appel d'un jugement rendu par le tribunal de Saint-Denis de La Réunion, juridiction non spécialement désignée située dans son ressort, il lui appartenait de déclarer l'appel recevable et d'examiner la recevabilité des demandes formées devant ce tribunal puis, le cas échéant, de statuer dans les limites de son propre pouvoir juridictionnel [...]* »

tout type de parties – petites ou grandes entreprises – et donc par tout type de conseils : avocats spécialisés en droit de la concurrence ou pas. Ceci explique sans doute que plus d'erreurs soient commises (à supposer qu'il s'agisse bien d'erreurs et point de choix délibérés des parties ou de leurs conseils de ne pas se soumettre aux règles de spécialisation). Or, si le contentieux des pratiques anticoncurrentielles est longtemps resté un contentieux de spécialistes, son essor progressif va dans le sens d'une démocratisation comparable à celle du contentieux de la rupture brutale, qui accroîtra la probabilité que des erreurs soient commises par des conseils moins bien informés des règles de droit judiciaire de la matière.

120. Pour finir, il faut redire ici, comme on l'a fait dans le propos introductif de ce chapitre, qu'il existe une autre difficulté propre au système juridique français découlant de la dualité de notre ordre juridictionnel. Qui du juge administratif ou du juge judiciaire doit connaître du contentieux de la réparation impliquant des personnes publiques et des personnes privées ? La question a trouvé une réponse dans une importante décision du Tribunal des conflits commentée elle aussi dans la présente section[138].

B. Textes applicables

Article L. 420-7 du code de commerce

Sans préjudice des articles L. 420-6, L. 462-8, L. 463-1 à L. 463-4, L. 463-6, L. 463-7 et L. 464-1 à L. 464-8, les litiges relatifs à l'application des règles contenues dans les articles L. 420-1 à L. 420-5 ainsi que dans les articles 81 et 82 du traité instituant la Communauté européenne et ceux dans lesquels ces dispositions sont invoquées sont attribués, selon le cas et sous réserve des règles de partage de compétences entre les ordres de juridiction, aux juridictions civiles ou commerciales dont le siège et le ressort sont fixés par décret en Conseil d'État. Ce décret détermine également le siège et le ressort de la ou des cours d'appel appelées à connaître des décisions rendues par ces juridictions.

Article R. 420-3 du code de commerce

Pour l'application de l'article L. 420-7, le siège et le ressort des juridictions commerciales compétentes en métropole et dans les départements d'outre-mer sont fixés conformément aux tableaux de l'annexe 4-2 du présent livre.

Article R. 420-4 du code de commerce

Pour l'application de l'article L. 420-7, la liste des tribunaux judiciaires compétents en métropole et dans les départements d'outre-mer est fixée conformément aux tableaux de l'annexe 4-1 du présent livre.

NOTA :

Conformément à l'article 9 du décret n° 2019-966 du 18 septembre 2019, les présentes dispositions entrent en vigueur le 1er janvier 2020.

[138] V. *infra* n° 121 et s.

Article R. 420-5 du code de commerce

Pour l'application de la deuxième phrase de l'article L. 420-7, la cour d'appel de Paris est compétente.

› Annexe 4-1 Modifié par Décret n°2019-966 du 18 septembre 2019 - art. 8

JURIDICTIONS COMPÉTENTES POUR CONNAÎTRE, EN APPLICATION DE L'ARTICLE L. 420-7, DES PROCÉDURES APPLICABLES AUX PERSONNES QUI NE SONT NI COMMERÇANTS NI ARTISANS

SIÈGE DES TRIBUNAUX judiciaires	RESSORT
Marseille.	Le ressort des cours d'appel d'Aix-en-Provence, Bastia, Montpellier et Nîmes.
Bordeaux.	Le ressort des cours d'appel d'Agen, Bordeaux, Limoges, Pau et Toulouse.
Lille.	Le ressort des cours d'appel d'Amiens, Douai, Reims et Rouen.
Fort-de-France.	Le ressort des cours d'appel de Basse-Terre, Cayenne et Fort-de-France.
Lyon.	Le ressort des cours d'appel de Chambéry, Grenoble, Lyon et Riom.
Nancy.	Le ressort des cours d'appel de Besançon, Colmar, Dijon, Metz et Nancy.
Paris.	Le ressort des cours d'appel de Bourges, Paris, Orléans, Saint-Denis-de-la-Réunion et Versailles.
Rennes.	Le ressort des cours d'appel d'Angers, Caen, Poitiers et Rennes.

› Annexe 4-2 Modifié par Décret n°2011-1877 du 14 décembre 2011 - art.

JURIDICTIONS COMPÉTENTES POUR CONNAÎTRE, EN APPLICATION DE L'ARTICLE L. 420-7, DES PROCÉDURES APPLICABLES AUX PERSONNES QUI SONT COMMERÇANTS OU ARTISANS

SIÈGE DES TRIBUNAUX de commerce et des tribunaux mixtes de commerce	RESSORT
Marseille.	Le ressort des cours d'appel d'Aix-en-Provence, Bastia, Montpellier et Nîmes.
Bordeaux.	Le ressort des cours d'appel d'Agen, Bordeaux, Limoges, Pau et Toulouse.
Lille.	Le ressort des cours d'appel d'Amiens, Douai, Reims et Rouen.
Fort-de-France.	Le ressort des cours d'appel de Basse-Terre, Cayenne et Fort-de-France.
Lyon.	Le ressort des cours d'appel de Chambéry, Grenoble, Lyon et Riom.
Nancy.	Le ressort des cours d'appel de Besançon, Colmar, Dijon, Metz et Nancy.
Paris.	Le ressort des cours d'appel de Bourges, Paris, Orléans, Saint-Denis-de-la-Réunion et Versailles.
Rennes.	Le ressort des cours d'appel d'Angers, Caen, Poitiers et Rennes.

C. Décisions commentées

1. Compétence des juridictions administratives pour connaître du contentieux de la réparation des préjudices causés par des ententes entre soumissionnaires à des appels d'offres publics

T. conf., 16 nov. 2015, *Région Île-de-France c/ M. N. et autres*, n° 4035[139]

Considérant que les litiges relatifs à la responsabilité de personnes auxquelles sont imputés des comportements susceptibles d'avoir altéré les stipulations d'un contrat administratif, notamment ses clauses financières, dont la connaissance relève de la juridiction administrative, et d'avoir ainsi causé un préjudice à la personne publique qui a conclu ce contrat, relèvent de la compétence de la juridiction administrative ; Considérant que le présent litige a pour objet l'engagement de la responsabilité de sociétés et de leurs préposés en raison d'agissements susceptibles d'avoir conduit la région Île-de-France à passer des marchés publics à des conditions de prix désavantageuses et tend à la réparation du préjudice qui résulterait de la différence entre les termes des marchés publics effectivement conclus et ceux auxquels ils auraient dû l'être dans des conditions normales de concurrence ; qu'il résulte de ce qui a été dit ci-dessus qu'un tel litige relève de la compétence de la juridiction administrative ; qu'il suit de là que c'est à bon droit que le préfet a élevé le conflit [...]

121. L'affaire à rebondissements des *Lycées d'Île-de-France* a donné l'occasion au Tribunal des conflits de trancher un vieux débat : celui de l'ordre juridictionnel compétent pour connaître des actions en réparation engagées par des personnes publiques, adjudicatrices de marchés publics, contre des entreprises soumissionnaires et des personnes physiques ayant faussé ces marchés par des concertations prohibées.

122. Les faits sont connus : la région d'Île-de-France cherchait à obtenir réparation du préjudice qu'elle estimait avoir subi du fait d'ententes entre attributaires de marchés publics, conclus afin de rénover les lycées de la région. Une procédure pénale avait abouti à la condamnation définitive d'une dizaine de personnes physiques poursuivies notamment mais pas exclusivement sur le fondement de l'article L. 420-6 du code de commerce, tandis que l'ancien Conseil de la concurrence avait condamné les entreprises attributaires sur le fondement de l'article L. 420-1 du même code. En 2010, la région introduisit une action en réparation devant le tribunal de grande instance de Paris contre 25 personnes physiques et morales. L'action fut jugée prescrite par un jugement du 17 décembre 2013[140] et la région interjeta appel. Devant la cour d'appel de Paris, le préfet de la région forma un déclinatoire de compétence pour contester la compétence du juge judiciaire au profit du juge administratif. Par un arrêt du 24 juin 2015[141], la chambre 5-4 lui donna tort et se déclara compétente. Le préfet saisit alors le Tribunal des conflits.

---

139 *Concurrences* n° 2-2016, pp. 178-179, note C. Lemaire, S. Chikh ; *Concurrences* n° 1-2016, www.concurrences.com, obs. A. Ronzano.

140 TGI Paris, 17 déc. 2013, RG 10/03480.

141 CA Paris, ch. 5-4, 24 juin 2015, *Région Île-de-France c/ L. Nautin et al.*, RG 14/01570 ; *Concurrences* n° 4-2015, p. 185, note C. Lemaire, S. Naudin.

123. Dans la décision ici commentée, le Tribunal des conflits infirme la position de la cour d'appel de Paris et juge que seules les juridictions administratives sont compétentes pour connaître des « *litiges relatifs à la responsabilité de personnes auxquelles sont imputés des comportements susceptibles d'avoir altéré les stipulations d'un contrat administratif [...] et d'avoir ainsi causé un préjudice à la personne publique qui a conclu ce contrat* ». On comprend donc que l'effet des pratiques anticoncurrentielles sur les stipulations des contrats passés en exécution des marchés publics est l'élément jugé décisif pour rattacher le litige à la matière administrative. En d'autres termes, le Tribunal des conflits estime que le lien entre les fautes et le contrat est suffisamment resserré pour que le litige soit étroitement lié à la formation ou à l'exécution du contrat. C'est un choix évidemment discutable à en juger par les hésitations récurrentes qu'a soulevées la question.

124. Pour preuve de l'indécision du débat, rappelons que, dans son arrêt du 24 juin 2015, la cour d'appel de Paris jugeait le lien trop distendu entre le contrat administratif et les pratiques anticoncurrentielles. Partant, elle voyait dans celles-ci des fautes de nature extracontractuelle, de la compétence du juge judiciaire. Elle avançait, parmi d'autres arguments solides, que « *l'objet du litige est de dire responsables ou non de faits d'entente illicite des personnes privées et des personnes morales de droit privé en application de l'article 1382 du code civil, d'obtenir l'indemnisation du préjudice résultant de fautes causées par des pratiques anticoncurrentielles commises par ces personnes de droit privé alors que les contrats n'étaient pas encore passés et alors que les fautes ne se situent pas dans le champ d'exécution du contrat ; que l'action ne se fonde pas sur le contrat mais trouve sa source en amont, sur un autre terrain, qu'elle s'inscrit dans la poursuite de l'exercice de l'action civile devant le juge pénal, s'agissant des conséquences matérielles d'actes faussant ou restreignant le jeu de la concurrence, et dans le prolongement de la décision du Conseil de la concurrence, s'agissant des pratiques anticoncurrentielles ; que cette action de nature délictuelle ne peut être absorbée par le droit des contrats* ». Cela n'aura pas suffi à convaincre le Tribunal.

2. Défaut de pouvoir juridictionnel des juridictions spécialisées sanctionné par une fin de non-recevoir

Cass. com., 9 nov. 2010, n° 10-10.937[142]

Mais attendu qu'il résulte des termes de l'article L. 420-7 du code de commerce que les litiges relatifs à l'application des règles contenues dans les articles L. 420-1 à L. 420-5, ainsi que dans les articles 81 et 82 du Traité instituant la Communauté européenne (articles 101 et 102 du TFUE), et ceux dans lesquels ces dispositions sont invoquées, sont attribués, selon le cas et sous réserve des règles de partage de compétences entre les ordres de juridictions, aux tribunaux de grande instance ou aux tribunaux de commerce dont le siège et le ressort sont fixés par décret en Conseil d'État ; que l'arrêt relève que si la société

---

[142] JurisData n° 2010-020763 ; *Bull. civ.* IV, n° 169 ; *RLDA*, 2010/55, n° 3169, obs. C. Anadon ; *RLC*, 2011/27, n° 1814, obs. C. Barbier de La Serre ; *D.* 2010, p. 2764, obs. E. Chevrier ; *Contrats, conc., consom.* 2011/1, comm. 5, note M. Malaurie-Vignal ; *Procédures* 2011/2, comm. 61, note B. Ruy.

Rocade distribution ne tend pas à faire juger que la société Distribution Casino France est l'auteur d'un abus de position dominante, mais seulement à obtenir que la société Distribution Casino France lui permette de réaliser des relevés de prix dans l'établissement commercial de cette dernière, il n'en demeure pas moins que l'assignation introductive d'instance invoque expressément l'article L. 420-2 du code de commerce ; qu'il relève encore que la société Distribution Casino France soulève une question relative à l'application de l'article L. 420-1 du code de commerce ; qu'il retient, enfin, qu'il ressort tant du libellé de l'article L. 420-7, que des travaux parlementaires, que le législateur a entendu conférer une compétence exclusive aux tribunaux spécialisés dans le contentieux des pratiques anticoncurrentielles ; qu'en l'état de ces constatations et énonciations, c'est à bon droit, sans dénaturer les termes de l'assignation introductive d'instance et sans avoir à procéder à la recherche inopérante visée par la quatrième branche, que la cour d'appel s'est déclarée incompétente et a ordonné le renvoi de l'affaire devant le tribunal de commerce de Rennes [...]

Cass. com., 21 févr. 2012, n° 11-13.276[143]

Mais attendu qu'il résulte de la combinaison des articles L. 420-7 et R. 420-5 du code de commerce, ce dernier issu du décret n° 2005-1756, entré en vigueur le 1er janvier 2006, que la cour d'appel de Paris est seule investie du pouvoir de statuer sur les appels formés contre les décisions rendues sur les litiges relatifs à l'application des articles L. 420-1 à L. 420-5 du même code, ainsi qu'à l'application des articles 81 et 82 du traité, devenus 101 et 102 du TFUE ; que l'inobservation de ces textes est sanctionnée par une fin de non-recevoir ; qu'ayant relevé que le litige était relatif à l'application des articles L. 420-1 et L. 420-2 du code de commerce et que l'appel avait été formé le 28 février 2007, la cour d'appel en a justement déduit que cet appel était irrecevable ; que le moyen n'est pas fondé [...]

Cass. com., 10 juill. 2018, n° 17-16.365, ECLI:FR:CCASS:2018:CO00696

Sur le moyen unique, pris en sa première branche :

Vu l'article 125 du code de procédure civile, ensemble les articles L. 420-7 et R. 420-5 du code de commerce ; Attendu qu'il résulte de la combinaison de ces textes que les actions en réparation des préjudices nés de pratiques anticoncurrentielles sont portées devant les juridictions spécialisées désignées à l'article R. 420-3 du code de commerce et que seule la cour d'appel de Paris est investie du pouvoir juridictionnel de statuer sur l'appel formé contre les décisions rendues par ces juridictions ; que l'inobservation de ces règles d'ordre public est sanctionnée par une fin de non-recevoir ; Attendu, selon l'arrêt attaqué, que la société Filmdis assure la distribution de films en Martinique et recourt, pour la distribution de films en Guadeloupe, à un sous-distributeur, la société Cinesogar ; que ces sociétés sont des filiales de la société Holding Mediagestion ; que, le 9 mars 2000, M. Y..., qui exploite une salle de cinéma sous l'enseigne Ciné théâtre, a saisi le Conseil de la concurrence (le Conseil) de pratiques mises en œuvre dans le secteur de la distribution et de l'exploitation de films ; que par une décision n° 04-D-44 du

143 *D.* 2012, p. 677, obs. E. Chevrier.

15 septembre 2004, le Conseil a dit que les sociétés Filmdis et Cinesogar avaient enfreint les dispositions de l'article L. 420-2 du code de commerce, leur a infligé une sanction pécuniaire et fait injonction de supprimer certaines clauses des contrats les liant aux exploitants de salles de cinéma indépendants et de cesser certains agissements ; que par un arrêt du 29 mars 2005, la cour d'appel de Paris a réformé cette décision, retenant, notamment, qu'il n'était pas établi que la société Cinesogar ait enfreint l'article L. 420-2 du code de commerce, et réduit la sanction infligée à la société Filmdis ; que par actes des 24 mars et 8 avril 2010, M. Y... a assigné les sociétés Filmdis, Cinesogar et Mediagestion en réparation des préjudices qu'il estimait avoir subis du fait de ces pratiques anticoncurrentielles ; que par un jugement du 30 juin 2015, le tribunal mixte de commerce de Fort de France a déclaré prescrite cette action ; que M. Y... a interjeté appel de cette décision devant la cour d'appel de Fort-de-France ; Attendu que l'arrêt confirme ce jugement, rendu par une juridiction spécialement désignée par l'article R. 420-3 du code de commerce ; Qu'en statuant ainsi, sans relever d'office la fin de non-recevoir tirée de son défaut de pouvoir juridictionnel pour statuer sur l'appel formé devant elle, la cour d'appel a violé les textes susvisés ; Et vu l'article 627 du code de procédure civile, après avertissement délivré aux parties ; Par ces motifs, et sans qu'il y ait lieu de statuer sur les autres griefs ; Casse et annule, en toutes ses dispositions, l'arrêt rendu le 24 janvier 2017, entre les parties, par la cour d'appel de Fort-de-France.

125. Ces trois arrêts de la Cour de cassation témoignent d'une évolution de la jurisprudence quant aux qualifications et au régime qui traduisent dans notre droit positif le principe de la spécialisation voulu par le législateur. L'arrêt du 9 novembre 2010 adopte la qualification de compétence exclusive des juridictions spécialisées. Il reste toutefois évasif sur la nature du moyen de défense sanctionnant la saisine d'un juge non spécialisé. Or, en matière de spécialisation, deux solutions sont possibles comme nous le relevions dans le propos introductif du présent chapitre : soit le juge non spécialisé est dépourvu de compétence d'attribution et l'irrégularité de sa saisine est alors sanctionnée par une exception d'incompétence ; soit il est dépourvu de pouvoir juridictionnel et l'irrégularité de sa saisine est alors sanctionnée par une fin de non-recevoir. Le choix entre ces deux options est évidemment lourd de conséquences, eu égard au régime bien distinct de ces deux moyens de défense.

126. Dans l'arrêt de 2010, les termes « compétence » et « incompétence » reviennent ainsi à plusieurs reprises, ce qui oriente plutôt sur la thèse de l'exception d'incompétence. En revanche, les arrêts du 21 février 2012 et du 10 juillet 2018 sont très clairs. Tous deux précisent sans hésitation possible que le moyen de défense qui sanctionne le défaut de spécialisation est une fin de non-recevoir. En bonne logique, il faut en déduire que le juge non spécialisé n'est pas incompétent mais dépourvu de pouvoir juridictionnel, ce qu'affirme d'ailleurs la Cour dans son arrêt du 10 juillet 2018. Elle dissipe donc définitivement les hésitations qu'avait pu faire naître un arrêt à la rédaction quelque peu confuse, commenté dans la première édition de ce recueil[144].

---

144 Cass. com., 18 oct. 2017, n° 15-26.363, ECLI:FR:CCASS:2017:CO01275, inédit.

127. Certes, la différence entre incompétence et défaut de pouvoir juridictionnel n'est pas toujours inutile (ainsi en matière d'immunité de juridiction ou de défaut de pouvoir du juge étatique lorsqu'existe une convention d'arbitrage). Il n'en reste pas moins qu'elle est subtile, voire, dans certaines hypothèses, complètement artificielle. C'est le cas, nous semble-t-il, pour les compétences spéciales comme celles dont il est ici question. Aucune raison convaincante ne nous paraît soutenir la qualification de défaut de pouvoir juridictionnel plus que celle d'incompétence. Et il est très probable que le choix de la Cour de cassation s'explique uniquement par la volonté de voir sanctionnée la violation des règles relatives à la spécialisation par une fin de non-recevoir et point par une exception d'incompétence.

128. Cet objectif, qui semble être désormais le maître-mot en matière de spécialisation, n'en est pas moins discutable. Il ne faut pas perdre de vue que la qualification de fin de non-recevoir est particulièrement brutale pour les parties qui se trompent de juge, pour une raison simple : conformément à l'article 2243 du code civil, la demande introductive d'instance frappée d'irrecevabilité n'a pas d'effet interruptif sur les délais pour agir[145]. Si par le passé, la jurisprudence a pu admettre l'usage des mécanismes de renvoi du code de procédure civile prévus pour les exceptions d'incompétence, la solution demeure hétérodoxe. Or, il est probable qu'après le prononcé de la fin de non-recevoir, le demandeur soit hors délai. Il pourra l'être en première instance si les faits sont un peu anciens et/ou que la procédure a été longue avant le prononcé de la fin de non-recevoir. Il le sera assurément pour faire appel (sauf dans le cas – assez improbable dans ce type de litiges – où le jugement de première instance n'aura pas été notifié). Qui plus est, dans le régime réformé de la procédure d'appel, la déclaration irrecevable n'est plus même susceptible d'être réitérée, comme en dispose le nouvel article 911-1, alinéa 3, du code de procédure civile. En bonne logique, l'appel devrait être impossible après le prononcé de l'irrecevabilité d'un premier appel mal dirigé. En outre, la jurisprudence du 29 mars 2017 mentionnée en introduction de ce chapitre[146], qui devrait être applicable au contentieux des pratiques anticoncurrentielles, ne fait qu'accentuer ce phénomène. Comme nous le faisions observer ailleurs[147] : si l'on prend le cas le plus courant où une partie saisit un juge non spécialisé en première instance, l'appel du jugement de ce premier juge non spécialisé sera désormais irrecevable devant la cour d'appel de Paris. Par conséquent, si l'appelant a la mauvaise idée de vouloir corriger son erreur au stade de l'appel, sa déclaration d'appel sera jugée irrecevable alors même qu'il a saisi la cour spécialisée. L'appel ne pouvant plus être réitéré, le jugement de première instance sera alors définitif. Si, en revanche, l'appelant saisit la cour d'appel du ressort de la juridiction non spécialisée comme l'y obligent dorénavant les arrêts du 29 mars 2017, il ne sera guère plus avancé, car cette cour n'aura d'autres choix que de relever d'office la fin de non-recevoir tirée du défaut de pouvoir juridictionnel du premier juge.

---

145 Cass. 2e civ., 8 oct. 2015, n° 14-17.952 ; *Procédures* 2016, comm. 2, H. Croze ; Cass. com., 26 janv. 2016, n° 14-17.952 ; *JCP E* 2016, 1102 ; V. not., pour une discussion critique de cet article : J. Jourdan-Marques, « Faut-il abroger l'article 2243 du Code civil ? », *Procédures* 2016/7, étude 7, spéc. n° 16 à 23.

146 V. *supra* n° 118.

147 *D.* 2018, p. 2171.

À l'inverse, la demande introductive d'instance présentée devant un juge incompétent est bien interruptive de prescription, comme le prévoit expressément l'alinéa 2 de l'article 2241 du code civil. En outre, le régime de l'exception d'incompétence – notamment les articles 76, 81 et 82 du code de procédure civile – permet efficacement de régler l'incident de compétence en renvoyant l'affaire à la bonne juridiction, ce qui est plutôt de bonne justice. Pour cette raison, la qualification d'incompétence d'attribution – plus que celle de défaut de pouvoir juridictionnel – nous semble tout à la fois plus cohérente sur le plan conceptuel, moins rigoureuse pour les parties et plus satisfaisante pour le bon fonctionnement de la justice. Mais ce point de vue ne semble guère partagé[148].

129. Enfin et surtout, la jurisprudence ultérieure des juridictions du fond confirme une forme d'acculturation à cette solution qui éloigne la perspective d'une évolution jurisprudentielle.

130. Plusieurs décisions récentes de juges non spécialisés jugent ainsi irrecevables les prétentions fondées sur le droit des pratiques anticoncurrentielles, qu'elles soient présentées au juge du fond – en demande[149] ou en défense[150] – ou au juge des référés[151], ce qui mérite d'être approfondi au commentaire suivant.

3. Extension de la spécialisation aux instances introduites en référé ou sur requête (mesures d'instruction *in futurum*) – Recevabilité de l'appel devant la cour non spécialisée

CA Versailles, ch. 14, 28 nov. 2018, *Société Sud Radio c/ SA Médiamétrie*, RG 17/08351

Il est constant qu'a le pouvoir juridictionnel de statuer sur une demande de mesure d'instruction in futurum fondée sur l'article 145 sus visé, par application des articles 42 et 46 du code de procédure civile, le président du tribunal susceptible de connaître de l'instance au fond ou celui du tribunal dans le ressort duquel duquel les mesures d'instruction sollicitées doivent, même partiellement, être exécutées.

Il est également constant que, seules les juridictions du premier degré, civiles ou commerciales selon la qualité des parties, spécialement désignées par les articles D 442-3 et R 420-3 du code de commerce, sont investies du pouvoir de statuer sur

---

148 V. toutefois P. Théry, « À propos du défaut de pouvoir juridictionnel : observations sur l'usage abusif d'une notion dévoyée », *RTD civ.* 2017, p. 722.

149 P. ex. CA Nîmes, 1re civ., 28 mai 2020, *SARL GMG c/ O., D., SAS VCR France et Société Vivai Cooperativi Rauscedo*, RG 15/05027, qui juge irrecevable la demande en réparation fondée sur les articles L. 420-1 du code de commerce et 1240 du code civil.

150 CA Montpellier, ch. com., 22 mai 2020, *SARL Il Venti Nove c/ SARL Balducci Di Piu*, RG 17/05647, qui précise : « *[L]e moyen tiré de l'existence d'un abus de position dominante [...] à supposer même qu'il puisse être analysé comme un simple moyen de défense, [...] aurait échappé aux juridictions commerciales non spécialisées, empêchées de connaître de tout litige relatif à l'application des articles L. 420-1 à L. 420-5.* »

151 CA Aix-en-Provence, ch. 3-1, 30 janv. 2020, *Société Distriparfum LLC c/ SAS Coty France*, RG 19/07904 : le président du tribunal de commerce de Marseille (juridiction spécialisée) avait été saisi en référé sur le fondement des anciens articles 872 et 873 du code de procédure civile et de l'ancien article L. 442-6, I, 5° du code de commerce. En appel, était aussi visé l'article L. 420-1 du code de commerce. La cour d'Aix-en-Provence juge toutefois l'appel de l'ordonnance du premier juge irrecevable au motif que l'appelant aurait dû saisir la cour d'appel de Paris.

les litiges relevant de l'article L 442-6 du même code relatif aux pratiques restrictives de concurrence ou des articles L 420-1 à L 420-5 relatifs aux pratiques anticoncurrentielles, que ces dispositions soient invoquées en demande ou en défense.

Il résulte de l'application combinée de ces textes et principes que, si la partie qui demande une mesure sur le fondement de l'article 145 du code de procédure civile dispose du choix de saisir soit le président du tribunal appelé à connaître du litige soit celui du tribunal du lieu d'exécution de la mesure d'instruction, le président saisi ne peut toutefois ordonner une telle mesure que dans les limites du pouvoir juridictionnel de ce tribunal.

En l'espèce, s'il est exact que la société Sud radio ne s'est pas prévalue, dans son acte introductif d'instance devant le président du tribunal de commerce de Nanterre, de pratiques anticoncurrentielles ou autres pratiques prohibées de la part de la société Médiamétrie, la société demanderesse, en invoquant, dans ses conclusions en réponse soutenues en première instance, le fait « qu'une action au fond fondée sur l'article L. 420-2 du code de commerce pour obtenir la cessation des pratiques litigieuses et la réparation du préjudice causé ne serait pas manifestement vouée à l'échec » s'est fondée expressément devant le premier juge, à l'appui de sa demande de mesure d'instruction, sur un litige potentiel relatif à un abus de position dominante de la part de Médiamétrie, relevant dès lors exclusivement du pouvoir juridictionnel du tribunal de commerce de Paris, juridiction spécialisée pour connaître du procès potentiel au fond, en application des articles L 420-7, R 420-3 et son annexe 4-2 du code de commerce.

Il s'en déduit qu'en statuant sur la demande d'expertise formée par Sud radio au regard notamment d'un litige futur relevant de l'article L 420-2 du code de commerce, le juge des référés du tribunal de commerce de Nanterre a outrepassé ses pouvoirs peu important que la demanderesse ait pu invoquer, en outre, une action en responsabilité délictuelle éventuelle fondée sur les dispositions de droit commun.

En application des articles L. 442-6, III, et D. 442-3 du code de commerce relatifs à la transparence, aux pratiques restrictives de concurrence et autres pratiques prohibées, seuls les recours formés contre les décisions rendues par les juridictions du premier degré spécialement désignées sont portés devant la cour d'appel de Paris, de sorte qu'il appartient aux autres cours d'appel, conformément à l'article R. 311-3 du code de l'organisation judiciaire, de connaître de tous les recours formés contre les décisions rendues par les juridictions situées dans leur ressort qui ne sont pas désignées par le second texte ; il en est ainsi même dans l'hypothèse où celles-ci auront, à tort, statué sur l'application du premier, auquel cas elles devront relever, d'office, l'excès de pouvoir commis par ces juridictions en statuant sur des demandes qui, en ce qu'elles ne relevaient pas de leur pouvoir juridictionnel, étaient irrecevables.

CA Paris, ch. 1-8, 25 oct. 2019, *Société X Y c/ Société Renault Trucks*, RG 19/05356

[I]l convient de relever que la présente demande de production de pièces, qui se rapporte à une procédure de condamnation par la Commission pour des pratiques anticoncurrentielles, relève du dispositif prévu aux articles L. 420-7 et R. 420-5 du code de commerce, de sorte que la cour d'appel de Paris est compétente pour connaître de l'appel formé contre la décision attaquée rendue par le juge des référés du tribunal de commerce de Lyon. En effet, de même que seuls certains tribunaux ont le pouvoir de connaître de ces contentieux spécifiques du droit de la concurrence, y compris lorsqu'est demandée une mesure sur le fondement de l'article 145 du code de procédure civile (Com. 17 janvier 2018, Bull. IV n° 2, pourvoi n° 17-10.360), seule la cour d'appel de Paris peut connaître des recours formés contre les décisions de ceux-ci rendues en cette matière.

131. Ces deux arrêts de juridictions du fond précisent de façon explicite les conséquences de la spécialisation lorsque le droit des pratiques anticoncurrentielles est invoqué en référé ou sur requête par un litigant qui souhaite obtenir le prononcé de mesures d'instruction *in futurum* sur le fondement de l'article 145 du code de procédure civile.

132. On commencera par présenter l'arrêt de la cour d'appel de Versailles du 29 novembre 2018 – juridiction non spécialisée –, qui confirme en des termes choisis les solutions de la Cour de cassation présentées au commentaire précédent et apporte, ce faisant, plusieurs précisions utiles.

133. En l'espèce, une station de radio (Sud Radio) demande en référé le prononcé d'une expertise *in futurum* sur le fondement de l'article 145 du code de procédure civile contre une société spécialisée dans la mesure d'audience radiophonique (Médiamétrie). La première suspecte des comportements fautifs de la seconde dans le choix de ses méthodes de détermination de l'audience. Deux éléments factuels importent en l'espèce. Premièrement, la demanderesse aux mesures a saisi le tribunal de commerce de Nanterre dans le ressort duquel est situé le siège social de la défenderesse. Or, on le sait, cette juridiction n'est pas spécialisée (aucune ne l'est dans le ressort de la cour d'appel de Versailles, d'ailleurs, il faut saisir les juridictions parisiennes). Deuxièmement, le droit des pratiques anticoncurrentielles, en l'occurrence l'article L. 420-2 du code de commerce, comme fondement possible d'une action au fond, n'a pas été invoqué dans l'acte introductif d'instance mais seulement dans des conclusions en réplique de la demanderesse.

134. Dans l'ordonnance attaquée, le tribunal de commerce de Nanterre s'est jugé « compétent » (les guillemets sont de rigueur) et a rejeté l'exception d'incompétence formée par la défenderesse aux mesures. Ce qui ne l'empêche pas de débouter la demanderesse, faute pour elle d'établir un motif légitime au sens de l'article 145 du code de procédure civile.

135. L'arrêt de la cour d'appel de Versailles ne statue que sur la question de « l'incompétence » du premier juge mais apporte, ce faisant, cinq enseignements utiles.

136. Premièrement, la cour écarte la qualification d'incompétence du premier juge au profit de celle de « défaut de pouvoir juridictionnel », désormais utilisée avec constance par la Cour de cassation[152]. Au-delà des concepts, la solution a une importance pratique considérable puisque l'incompétence est sanctionnée par une

152 Depuis not. Cass. com., 10 juill. 2018, n° 17-16.365, *Bull. civ.* IV, n° 696 ; ECLI:FR:CCASS:2018:CO00696 ; *Concurrences* n° 4-2018, p. 223, note R. Amaro.

exception de procédure quand le défaut de pouvoir juridictionnel est sanctionné par une fin de non-recevoir. La cour d'appel de Versailles met ainsi un terme à certaines hésitations qu'elle-même avait pu contribuer à nourrir, notamment par une autre décision relativement récente de cette même 14e chambre[153].

137. Deuxièmement, la cour juge sans ambiguïté que les articles L. 420-7 et R. 420-3 l'autorisent à statuer sur les jugements rendus à tort par des juridictions non spécialisées de son ressort, appliquant ainsi la solution dégagée par l'arrêt du 29 mars 2017 de la Cour de cassation en droit judiciaire des pratiques restrictives et évoquée à plusieurs reprises au commentaire précédent.

138. Troisièmement, elle confirme que la spécialisation s'étend aussi aux actions fondées sur l'article 145 du code de procédure civile. On s'en doutait dans la mesure où dans un arrêt du 17 janvier 2018[154] qui statuait principalement sur la question de la spécialisation des articles D. 442-3 et D. 442-4 du code de commerce pour certaines pratiques restrictives de concurrence du titre IV du livre IV du code de commerce, la Cour de cassation avait cru bon de viser, par un *obiter dictum*[155], les articles L. 420-1 et suivants.

139. Quatrièmement, elle estime que l'invocation du droit des pratiques anticoncurrentielles dans des écritures postérieures à l'acte introductif d'instance n'empêche pas les règles de spécialisation de s'appliquer dans toute leur rigueur.

140. De là il découle – et c'est le cinquième enseignement – que la juridiction du lieu des mesures *in futurum*, dont la jurisprudence admet la compétence dérogatoire, est dépourvue de pouvoir juridictionnel si l'action au fond que projette le demandeur auxdites mesures peut être fondée sur le droit des pratiques anticoncurrentielles.

141. Cet arrêt a donc un mérite évident : il contribue à l'alignement du droit judiciaire des pratiques anticoncurrentielles sur le droit judiciaire des pratiques restrictives. La rédaction de ses motifs est d'ailleurs soignée et l'on y sent le souci de la cour d'appel de Versailles de ne pas commettre la confusion fréquente entre incompétence et défaut de pouvoir juridictionnel. La pratique sait désormais à quoi s'en tenir : il faut saisir le juge spécialisé, y compris lorsque la procédure n'est qu'un « référé ou une requête 145 ».

142. L'arrêt de la cour d'appel de Paris confirme d'ailleurs cette solution à propos, là encore, d'un « référé 145 ». Dans cette suite du cartel des camions, l'instance avait été introduite devant le président du tribunal de commerce de Lyon par une société de construction et de concession (X Y) ayant acheté plus de « *54 millions d'euros de camions* ». Celle-ci est alors déboutée en raison de l'existence d'une « *contestation sérieuse* » au sens de l'article 873, alinéa 1er, du code de

153 CA Versailles, 14e ch., 17 mai 2018, *SARL Beauty Store 92 c/ SA L'Oréal*, RG 17/06387 : la cour avait décidé d'appliquer le droit des pratiques restrictives précisément dans une affaire où des mesures *in futurum* lui avaient été demandées sur requête.

154 Cass. com., 17 janv. 2018, n° 17-10.360, *Bull. civ.* IV, n° 87, ECLI:FR:CCASS:2018:CO00087 ; *D.* 2018, p. 116 ; *ibid.*, p. 1336, chron. S. Tréard.

155 Énoncé en ouverture de son second attendu : « *Seules les juridictions du premier degré spécialement désignées par les articles D. 442-3 et R. 420-3 du code de commerce sont investies du pouvoir de statuer sur les litiges relatifs à l'application de l'article L. 442-6 ou dans lesquels les dispositions de l'article L. 420-1 du même code sont invoquées.* »

procédure civile. Les raisons pour lesquelles cette disposition a servi de fondement à l'ordonnance du premier juge, alors qu'il était saisi d'une demande de mesures d'instruction fondée sur l'article 145 du même code, restent mystérieuses. L'objet de ces mesures étant précisément de préparer un procès au fond à l'issue incertaine (sinon les mesures *in futurum* seraient inutiles), l'absence de contestation sérieuse n'est évidemment pas une condition de leur prononcé[156].

Mais là n'est pas l'essentiel puisque la cour d'appel de Paris rectifie l'erreur et saisit l'occasion que lui donne cette affaire pour juger que la procédure de référé est bien couverte par la spécialisation prévue aux articles L. 420-7 et R. 420-5 du code de commerce. C'est donc à bon droit que la cour d'appel de Paris a été saisie à la place de son homologue lyonnaise, ordinairement compétente pour connaître des jugements du tribunal de commerce de Lyon. Seule difficulté : la cour d'appel de Paris énonce qu'elle est « compétente » au lieu de dire qu'elle dispose du « pouvoir juridictionnel » pour connaître de l'affaire ; erreur de plume sans doute dans la mesure où la cour d'appel de Paris cite précisément l'arrêt du 17 janvier 2018 cité ci-dessus et dont la solution était claire.

---

156 D'ailleurs, ce n'est pas non plus une condition à remplir pour que le juge prononce des mesures provisoires lorsqu'il est saisi sur le fondement du texte visé à tort… L'absence de contestation sérieuse n'est exigée que par le texte qui le précède (l'art. 872 du code de procédure civile).

Chapitre 3
Preuve

A. État de la question

143. Le contentieux de la réparation des préjudices de concurrence – comme d'autres matières réputées complexes – pose d'épineuses difficultés de preuve. Il y a, à cet état de fait, au moins trois explications.

144. Premièrement, l'établissement de chaque condition de mise en œuvre de la responsabilité civile suppose la production d'éléments de fait difficiles à collecter puis à analyser. Que ce soit pour qualifier la faute, évaluer le préjudice ou établir l'existence d'un lien de causalité entre une faute avérée et un préjudice allégué, les demandeurs devront d'abord collecter des données comptables, commerciales et financières sur les entreprises et le marché en cause, parfois difficiles d'accès et souvent incomplètes. Ils devront procéder ensuite à leur analyse intellectuelle, laquelle peut être longue, coûteuse et sujette à des interprétations contradictoires. Il n'est qu'à constater les conclusions parfois radicalement opposées auxquelles parviennent les experts des parties pour s'en convaincre. C'est là sans doute une des spécificités de ce que la doctrine appelle parfois – sans véritable nécessité – le « préjudice économique pur »[157].

145. Ces difficultés « matérielles » expliquent qu'une partie significative des dispositions de la directive 2014/104/UE soient consacrées à la preuve. Il en ressort un enchevêtrement de règles subtiles qui parfois renversent la charge de la preuve, à l'instar de la présomption de préjudice de l'article 17, et parfois en allège l'objet, à l'instar de l'article 14 § 2 sur les conditions d'établissement de la répercussion des surcoûts par l'acheteur indirect. Certaines dispositions rappellent aussi que la charge de la preuve de certains faits incombe toujours à celui qui en allègue l'existence. On peut évoquer en ce sens l'article 14 § 1, qui met à la charge du demandeur la preuve de l'existence et de l'ampleur de son préjudice, lorsque ce préjudice est un surcoût. Toutefois, ces règles n'ont pas encore été appliquées par le juge français pour une raison simple : leur application *ratione temporis* obéit au régime des règles de fond[158]. Les nouvelles règles de preuve issues de la transposition de la directive s'appliquent donc à la date du droit que l'on veut prouver (donc, en principe, à la date de la survenance du dommage) et non à

---

157 Sur cette notion empruntée (sans véritable nécessité) au droit anglais qui singularise le régime applicable au « *pure economic loss* », v. p. ex. G. Viney, P. Jourdain, S. Carval, *Les effets de la responsabilité*, 4e éd., LGDJ, 2017, p. 445, n° 312 et s. ; R. Mulheron, *Principles of Tort Law*, Cambridge University Press, 2016, p. 116, § 4.1 et s. ; J. Traullé, « La réparation du préjudice économique "pur" en question », *RTD civ.* 2018, p. 285 et s.

158 Cass. com., 7 nov. 1989, n° 88-15.282, *Bull. civ.* IV, n° 281 : « *[L]es règles relatives à la charge de la preuve ne constituent pas des règles de procédure, applicables aux instances en cours, mais touchent le fond du droit* » ; Cass. soc., 13 déc. 2007, n° 06-44.080 ; *D.* 2007, p. 162.

la date à laquelle la preuve est rapportée (donc à la date du procès)[159]. Or, les règles de fond de l'ordonnance du 9 mars 2017 n'étant applicables qu'à compter du 11 mars 2017, il faudra attendre que des faits postérieurs à cette date soient soumis au juge pour que les nouvelles règles de preuve issues de la directive soient appliquées.

146. Pour autant, le système de présomptions mis en place par la directive exerce une influence plus ou moins assumée sur certaines juridictions du fond. Sur le fondement des dispositions régissant le droit antérieur à la directive, certaines semblent admettre des présomptions qui dérogent au droit commun. On évoquera notamment en ce sens la présomption de préjudice dégagée par certaines juridictions[160]. Plus généralement, il n'est pas rare que se pose la question de la force probante des constats des autorités de concurrence dans l'établissement des trois conditions de responsabilité civile que sont la faute, le lien de causalité et le préjudice. La tendance naturelle de nombreuses juridictions étant de « suivre » les autorités de concurrence, les écritures des parties tournent souvent autour de l'interprétation des décisions des autorités de concurrence et des conséquences que l'on peut en tirer devant le juge de la réparation.

147. Une deuxième explication aux difficultés de preuve, propres au contentieux des pratiques anticoncurrentielles, tient à l'articulation entre le contentieux devant les autorités de concurrence et celui devant le juge de la réparation. Lors d'actions complémentaires, il a déjà été procédé à la collecte de données pertinentes et à leur analyse intellectuelle par les autorités de concurrence. La question de la preuve se pose alors en des termes différents : ce n'est plus la collecte et l'analyse des données qui soulèvent des difficultés mais l'accès par les parties à l'instance en réparation au dossier des autorités de concurrence. Or, si les demandeurs ont la tentation bien compréhensible de solliciter un accès le plus large possible aux dossiers des autorités de concurrence, ces dernières sont souvent réticentes à le leur accorder pour une raison connue. L'efficacité des procédures répressives supposant de plus en plus la coopération des entreprises mises en cause, les autorités craignent qu'un accès facilité à leurs dossiers, constitués en partie grâce à la transmission volontaire de données par les entreprises, n'incite ces dernières à ne plus coopérer si ces données peuvent ultérieurement être utilisées contre elles par les demandeurs aux actions en réparation. L'accès aux preuves suppose alors de trouver un délicat équilibre entre l'efficacité des procédures répressives des autorités de concurrence, d'une part, et le droit à la preuve des demandeurs, d'autre part.

148. C'était d'ailleurs tout l'enjeu des arrêts *Pfleiderer*[161] et *Donau Chemie*[162] de la Cour de justice de l'Union et de certaines dispositions centrales de la directive 2014/104/UE.

---

159 L. Bach, v° « Conflits de lois dans le temps », *Rép. civ. Dalloz*, n° 383 à 390 et les références citées.

160 V. *infra* n° 191 et s.

161 CJUE, gde ch., 14 juin 2011, *Pfleiderer*, aff. C-360/09, ECLI:EU:C:2011:389 ; *Contrats, conc., consom.* 2011/8, comm. 198, note G. Decocq ; *Concurrences* n° 3-2011, p. 177, note A. Lacresse ; *Europe*, 2011/8, comm. 308, obs. L. Idot ; *adde* M. Roseau, F. Masmi-Dazi, « L'arrêt Pfleiderer ou la mise en balance des intérêts protégés par la clémence avec le droit des victimes à réparation », *RLC*, 2012/30, p. 146 et s.

162 CJUE, 1re ch., 6 juin 2013, *Donau Chemie*, aff. C-536/11, ECLI:EU:C:2013:366 ; *JCP G* 2013, n° 25, 717, obs. F. Picod.

Au fur et à mesure des discussions qui ont conduit à l'élaboration de ce texte, les articles 5 à 8 sur l'accès au dossier des autorités de concurrence ont gagné en densité au point de devenir les dispositions les plus longues dans la version définitive de la directive. On s'en rendra compte à la lecture de ces articles, reproduits ci-dessous. Or, cette longueur n'est pas le signe d'un accès facilité aux dossiers des autorités de concurrence. Bien au contraire, elle traduit l'importance des restrictions posées par le législateur européen à l'accès à certains documents des dossiers des autorités. La directive pose ainsi de nombreuses limites au droit à la preuve des parties à une instance en réparation. La conformité de certaines de ces limites aux principes du droit au procès équitable est même incertaine. Le droit fondamental à la preuve, déclinaison de l'article 6 § 1 de la Convention EDH, s'accommode mal de prescriptions légales rigides interdisant toute mise en balance *in concreto* entre ledit droit et les intérêts qui peuvent lui être opposés. Par exemple, il est douteux que l'interdiction absolue de communiquer certaines pièces des dossiers de clémence de l'article 6 § 6 de la directive soit conforme à la jurisprudence de la CEDH. Il n'est pas exclu d'ailleurs que la Cour de cassation en ait conscience comme l'illustre un arrêt du 8 juillet 2020 qui impose une telle mise en balance au visa de l'article L. 483-1 du code de commerce (disposition générale dont la rédaction est indiquée ci-dessous), *« tel qu'interprété à la lumière des articles 5 et 6 de la directive 2014/104/UE »*[163]. L'arrêt, quoiqu'inédit, n'en ait pas moins assorti d'un chapeau qui ne trompe pas sur les intentions de la Cour de cassation.

149. Troisième et dernier trait caractéristique du contentieux des pratiques anticoncurrentielles : les données utiles à la solution du litige contiennent souvent des secrets d'affaires dont la divulgation peut, plus ou moins légitimement, inquiéter les litigants – défendeurs comme demandeurs. Cette réalité suppose qu'en cours d'instance il soit procédé à une mise en balance entre secret d'affaires et droit à la preuve. Les textes de transposition de la directive 2014/104/UE avaient d'ailleurs réglé la difficulté en transposant par anticipation la directive 2016/943/UE, dite « secret d'affaires », aux articles R. 483-1 et suivants du code de commerce. Ces articles mettaient en place des modalités d'accès aux preuves destinées à préserver la confidentialité de certaines informations. Ils ont été abrogés à la faveur de la transposition de la directive « secret d'affaires » par la loi du 30 juillet 2018[164]. Cette loi a inséré les textes de transposition dans un nouveau titre V du livre I du code de commerce qui fait figure de droit commun des secrets d'affaires. Ces nouvelles dispositions s'appliquent donc aux procédures de concurrence, sauf règles spéciales contraires prévues au livre IV du même code.

150. Après avoir présenté les décisions qui traitent principalement de difficultés d'administration de la preuve (Section 1), on présentera celles qui ont trait à la force probante des constats établis par les autorités de concurrence (Section 2).

---

163 V. *infra* n° 164 et s.

164 Loi n° 2018-670 du 30 juill. 2018 relative à la protection du secret des affaires, *JORF* n° 0174 du 31 juill. 2018 ; v. not. sur ce texte : S. Schiller *et al.*, « Le secret des affaires », *Actes pratiques et ingénierie sociétaire*, n° 169, 2020, p. 7 et s. ; T. d'Alès, O. Sicsic, « Secret des affaires : un nouvel arsenal législatif pour une protection renforcée », *JCl Commercial* : fasc. 24, 13 sept. 2018, spéc. n° 34 et s.

Section 1
Administration de la preuve

A. Textes applicables

Directive 2014/104/UE Chapitre II – Production des preuves

Article 5 – Production de preuves

1. Les États membres veillent à ce que, dans les procédures relatives aux actions en dommages et intérêts intentées dans l'Union à la requête d'un demandeur qui a présenté une justification motivée contenant des données factuelles et des preuves raisonnablement disponibles suffisantes pour étayer la plausibilité de sa demande de dommages et intérêts, les juridictions nationales soient en mesure d'enjoindre au défendeur ou à un tiers de produire des preuves pertinentes qui se trouvent en leur possession, sous réserve des conditions énoncées au présent chapitre. Les États membres veillent à ce que les juridictions nationales puissent, à la demande du défendeur, enjoindre au demandeur ou à un tiers de produire des preuves pertinentes. Le présent paragraphe ne porte nullement atteinte aux droits et obligations des juridictions nationales découlant du règlement (CE) n° 1206/2001.
2. Les États membres veillent à ce que les juridictions nationales puissent ordonner la production de certains éléments de preuves ou de catégories pertinentes de preuves, circonscrites de manière aussi précise et étroite que possible, sur la base de données factuelles raisonnablement disponibles dans la justification motivée.
3. Les États membres veillent à ce que les juridictions nationales limitent la production des preuves à ce qui est proportionné. Lorsqu'elles déterminent si une demande de production de preuves soumise par une partie est proportionnée, les juridictions nationales tiennent compte des intérêts légitimes de l'ensemble des parties et tiers concernés. En particulier, elles prennent en considération :
   a) la mesure dans laquelle la demande ou la défense sont étayées par des données factuelles et des preuves disponibles justifiant la demande de production de preuves ;
   b) l'étendue et le coût de la production de preuves, en particulier pour les éventuels tiers concernés, y compris afin d'éviter toute recherche non spécifique d'informations dont il est peu probable qu'elles soient pertinentes pour les parties à la procédure ;
   c) la possibilité que les preuves dont on demande la production contiennent des informations confidentielles, en particulier concernant d'éventuels tiers, et les modalités existantes de protection de ces informations confidentielles.
4. Les États membres veillent à ce que les juridictions nationales soient habilitées à ordonner la production de preuves contenant des informations

confidentielles lorsqu'elles le jugent utile dans le cadre de l'action en dommages et intérêts. Lorsque la production de telles informations est ordonnée, les États membres veillent à ce que les juridictions nationales disposent de mesures efficaces de protection de ces informations.

5. L'intérêt qu'ont les entreprises à éviter des actions en dommages et intérêts à la suite d'infractions au droit de la concurrence n'est pas de nature à justifier une protection.
6. Les États membres veillent à ce que, lorsqu'elles ordonnent la production de preuves, les juridictions nationales donnent plein effet au secret professionnel applicable en vertu du droit de l'Union ou du droit national.
7. Les États membres veillent à ce que les personnes à qui une demande de production de preuves est adressée aient la possibilité d'être entendues avant qu'une juridiction nationale n'ordonne la production d'informations en application du présent article.
8. Sans préjudice des paragraphes 4 et 7 et de l'article 6, le présent article ne fait pas obstacle au maintien ni à l'introduction, par les États membres, de règles qui conduiraient à une production plus large de preuves.

Article 6 – Production de preuves figurant dans le dossier d'une autorité de concurrence

1. Les États membres veillent à ce que, pour les besoins d'une action en dommages et intérêts, lorsque les juridictions nationales ordonnent la production de preuves figurant dans le dossier d'une autorité de concurrence, le présent article s'applique en sus de l'article 5.
2. Le présent article s'entend sans préjudice des règles et pratiques régissant l'accès du public aux documents prévues par le règlement (CE) n° 1049/2001.
3. Le présent article s'entend sans préjudice des règles et pratiques prévues par le droit de l'Union ou le droit national en ce qui concerne la protection des documents internes des autorités de concurrence et de la correspondance entre ces autorités.
4. Lorsqu'elles évaluent, conformément à l'article 5, paragraphe 3, la proportionnalité d'une injonction de production d'informations, les juridictions nationales tiennent, en outre, compte des éléments suivants :
   a) la question de savoir si la demande a été formulée de façon spécifique quant à la nature, à l'objet ou au contenu des documents soumis à une autorité de concurrence ou détenus dans le dossier de celle-ci, ou s'il s'agit d'une demande non spécifique concernant des documents soumis à une autorité de concurrence ;
   b) la question de savoir si la partie qui demande la production d'informations le fait dans le cadre d'une action en dommages et intérêts introduite devant une juridiction nationale ; et
   c) pour ce qui concerne les paragraphes 5 et 10, ou à la demande d'une autorité de concurrence en application du paragraphe 11, la nécessité de préserver l'efficacité de la mise en œuvre du droit de la concurrence par la sphère publique.

5. Les juridictions nationales ne peuvent ordonner la production de preuves relevant des catégories suivantes qu'une fois qu'une autorité de concurrence a, en adoptant une décision ou d'une autre manière, clos sa procédure :
   a) les informations préparées par une personne physique ou morale expressément aux fins d'une procédure engagée par une autorité de concurrence ;
   b) les informations établies par l'autorité de concurrence et envoyées aux parties au cours de sa procédure ; et
   c) les propositions de transaction qui ont été retirées.
6. Les États membres veillent à ce que, pour les besoins d'une action en dommages et intérêts, les juridictions nationales ne puissent à aucun moment enjoindre à une partie ou à un tiers de produire les preuves relevant des catégories suivantes :
   a) les déclarations effectuées en vue d'obtenir la clémence ; et
   b) les propositions de transaction.
7. Un demandeur peut présenter une demande motivée visant à ce qu'une juridiction nationale accède aux éléments de preuve visés au paragraphe 6, point a) ou b), aux seules fins de s'assurer que leur contenu correspond aux définitions données à l'article 2, points 16) et 18). Lors de cette évaluation, les juridictions nationales ne peuvent demander l'aide que de l'autorité de concurrence compétente. Les auteurs des éléments de preuve en question peuvent également être entendus. La juridiction nationale ne peut en aucun cas autoriser l'accès à ces éléments de preuve à d'autres parties ou à des tiers.
8. Si seules des parties de preuves demandées sont couvertes par le paragraphe 6, les autres parties de celles-ci sont, en fonction de la catégorie dont elles relèvent, produites conformément aux paragraphes pertinents du présent article.
9. La production de preuves provenant du dossier d'une autorité de concurrence, qui ne relèvent d'aucune des catégories énumérées au présent article, peut être ordonnée à tout moment dans le cadre d'une action en dommages et intérêts, sans préjudice du présent article.
10. Les États membres veillent à ce que les juridictions nationales demandent la production, par l'autorité de concurrence, de preuves contenues dans son dossier uniquement lorsqu'aucune des parties ou aucun tiers ne peut raisonnablement fournir lesdites preuves.
11. Dans la mesure où une autorité de concurrence souhaite donner son avis sur la proportionnalité de demandes de production de preuves, elle peut, de sa propre initiative, présenter ses observations à la juridiction nationale devant laquelle la production de preuves est demandée.

Article 7 – Limites à l'utilisation des preuves obtenues uniquement grâce à l'accès au dossier d'une autorité de concurrence

1. Les États membres veillent à ce que les preuves relevant des catégories visées à l'article 6, paragraphe 6, obtenues par une personne physique ou morale uniquement grâce à l'accès au dossier d'une autorité de concurrence, soient réputées irrecevables dans le cadre d'actions en dommages

et intérêts ou soient protégées d'une autre manière par la réglementation nationale applicable, afin d'assurer le plein effet des restrictions à la production de preuves prévue à l'article 6.

2. Les États membres veillent, jusqu'à ce qu'une autorité de concurrence ait clos sa procédure en adoptant une décision ou d'une autre manière, à ce que les preuves relevant des catégories énumérées à l'article 6, paragraphe 5, obtenues par une personne physique ou morale uniquement grâce à l'accès au dossier d'une autorité de concurrence, soient réputées irrecevables dans le cadre d'actions en dommages et intérêts ou soient protégées d'une autre manière par la réglementation nationale applicable, afin d'assurer le plein effet des restrictions à la production de preuves prévue à l'article 6.
3. Les États membres veillent à ce que les preuves obtenues par une personne physique ou morale uniquement grâce à l'accès au dossier d'une autorité de concurrence et qui ne relèvent pas du paragraphe 1 ou 2 ne puissent être utilisées dans le cadre d'une action en dommages et intérêts que par cette personne ou par une personne physique ou morale qui a succédé dans les droits de cette personne, ce qui inclut la personne qui a racheté sa demande.

Article 8 – Sanctions

1. Les États membres veillent à ce que les juridictions nationales soient effectivement en mesure d'infliger des sanctions aux parties, à des tiers et à leurs représentants légaux dans l'un quelconque des cas suivants :
   a) le non-respect d'une injonction de production de preuves émanant d'une juridiction nationale ou le refus de s'y conformer ;
   b) la destruction de preuves pertinentes ;
   c) le non-respect des obligations imposées par une injonction d'une juridiction nationale protégeant des informations confidentielles, ou le refus de s'y conformer ;
   d) la violation des restrictions prévues dans le présent chapitre pour l'utilisation des preuves.
2. Les États membres veillent à ce que les sanctions qui peuvent être infligées par les juridictions nationales soient effectives, proportionnées et dissuasives. Les sanctions à la disposition des juridictions nationales comprennent, dès lors qu'elles concernent le comportement d'une partie à une procédure relative à une action en dommages et intérêts, la faculté de tirer des conclusions défavorables, par exemple en présumant que le fait litigieux en question est avéré ou en rejetant, en tout ou en partie, les demandes et moyens de défense, ainsi que la faculté de prononcer une condamnation aux dépens.

Article L. 483-1 du code de commerce

Les demandes de communication ou de production de pièces ou de catégorie de pièces formées en vue ou dans le cadre d'une action en dommages et intérêts par un demandeur qui allègue de manière plausible un préjudice causé par une pratique anticoncurrentielle mentionnée à l'article L. 481-1 sont régies par les dispositions du code de procédure civile ou celles du code de justice administrative sous réserve des dispositions du présent chapitre.

Lorsqu'il statue sur une demande présentée en application du premier alinéa, le juge en apprécie la justification en tenant compte des intérêts légitimes des parties et des tiers. Il veille en particulier à concilier la mise en œuvre effective du droit à réparation, en considération de l'utilité des éléments de preuve dont la communication ou la production est demandée, et la protection du caractère confidentiel de ces éléments de preuve ainsi que la préservation de l'efficacité de l'application du droit de la concurrence par les autorités compétentes.

Article L. 463-6 du code de commerce

Est punie des peines prévues à l'article 226-13 du code pénal, la divulgation par l'une des parties des informations concernant une autre partie ou un tiers et dont elle n'a pu avoir connaissance qu'à la suite des communications ou consultations auxquelles il a été procédé.

L'alinéa précédent n'est pas applicable lorsque la divulgation intervient conformément aux dispositions prévues au chapitre III du titre VIII.

B. Décisions commentées

1. Conditions de recevabilité d'une pièce tirée du dossier de l'Autorité de la concurrence – Mise en balance entre droit à la preuve et secret de l'instruction

Cass. com., 19 janv. 2010, n° 08-19.761, *Bull. civ.* IV, n° 8[165]

Attendu que la société Semavem et les revendeurs font grief à l'arrêt d'avoir prononcé le rejet des pièces n° 104, 148 et 150 de la société Semavem et d'avoir confirmé le jugement entrepris et déclaré irrecevable la demande de la société Semavem portant sur la nullité des conditions générales de vente, alors, selon le moyen :

1°/ que ne commet pas de violation du secret professionnel la personne qui fait usage, pour l'exercice de sa défense lors d'une instance judiciaire, de pièces couvertes par le secret de l'instruction devant le Conseil de la concurrence ; que par suite, la production de ces pièces ne saurait être rejetée sur le fondement des articles L. 463-6 du code de commerce et 9 du code de procédure civile ; qu'en rejetant les pièces n° 104, 148 et 150, la cour d'appel a violé les textes susvisés et l'article 6 § 1 de la Convention européenne des droits de l'homme ;

2°/ que les juges ne peuvent écarter des débats des pièces couvertes par le secret de l'instruction devant le Conseil de la concurrence sans s'assurer que la production de ces pièces n'était pas nécessaire à l'exercice des droits de la défense ; qu'en l'espèce, en rejetant, sans même en avoir analysé le contenu,

---

165 *Contrats, conc., consom.* 2010, comm. 105, note G. Decocq ; *Rev. jurid. écon. publique*, 2010, n° 677, comm. 36, note A. Friboulet ; *Concurrences* n° 2-2010, p. 136, obs. C. Lemaire, S. Naudin.

les pièces n° 104, 148 et 150 présentées par la société Semavem, la cour d'appel, qui n'a pas recherché si ces éléments de preuve étaient nécessaires pour l'exercice des droits de la défense, a privé sa décision de base légale au regard des textes susvisés ;

Mais attendu que le principe du respect des droits de la défense ne justifie la divulgation, dans un procès civil, d'informations couvertes par le secret de l'instruction devant le Conseil de la concurrence devenu l'Autorité de la concurrence, que si cette divulgation, incriminée par l'article L. 463-6 du code de commerce, est nécessaire à l'exercice de ces droits ; que la société Semavem et les revendeurs, qui n'ont pas discuté l'existence d'une divulgation, n'ont ni justifié, ni même allégué, de cette éventuelle nécessité pour s'opposer à la demande de la société JVC de retrait de certaines pièces des débats ; que la cour d'appel, qui n'avait pas à se livrer à une recherche qui ne lui était pas demandée, a légalement justifié sa décision ; que le moyen n'est pas fondé ;

[...]

Par ces motifs :

Rejette le pourvoi.

151. Les parties à une instance en réparation peuvent avoir eu accès au dossier d'une autorité de concurrence en qualité de plaignant ou de mis en cause lors de la procédure répressive. Dans ce cas de figure, la difficulté n'est plus tant pour elles de savoir comment accéder audit dossier mais à quelles conditions communiquer les pièces. Or, l'article L. 463-6 du code de commerce applicable aux pièces du dossier de l'Autorité de la concurrence pose une importante limite à la communication spontanée des éléments de preuve obtenus par les parties : le secret de l'instruction. Cet article dispose que : « *Est punie des peines prévues à l'article 226-13 du code pénal, la divulgation par l'une des parties des informations concernant une autre partie ou un tiers et dont elle n'a pu avoir connaissance qu'à la suite des communications ou consultations auxquelles il a été procédé.* »

152. Ainsi formulé, le principe manque de nuance. Pris à la lettre, il peut laisser penser que la communication spontanée d'éléments tirés du dossier de l'Autorité est tout simplement proscrite par la sauvegarde du secret de l'instruction. Or, une telle compréhension serait peu conforme aux principes du droit de la preuve qui requièrent une mise en balance circonstanciée entre le droit à la preuve et les intérêts contraires. La jurisprudence s'est donc attachée à assouplir la rigueur apparente du principe posé à l'article L. 463-6 du code.

153. Elle l'a d'abord fait par le premier arrêt commenté : l'arrêt *Semavem* de la Cour de cassation. Dans cette espèce, c'était la partie défenderesse à l'action en réparation qui cherchait à communiquer des documents tirés du dossier de l'ancien Conseil de la concurrence et le demandeur lui opposait précisément les dispositions de l'article L. 463-6 du code de commerce. La Cour de cassation n'en rejette pas moins le pourvoi contre l'arrêt qui avait admis la communication spontanée de documents litigieux au motif que « *le principe du respect des droits de la défense ne justifie la divulgation, dans un procès civil, d'informations couvertes par le secret de l'instruction devant le Conseil de la concurrence devenu l'Autorité de*

la concurrence, que si cette divulgation, incriminée par l'article L. 463-6 du code de commerce, est nécessaire à l'exercice de ces droits ».

154. De cet attendu, deux enseignements méritent d'être retenus. D'abord, les pièces du dossier de l'Autorité de la concurrence protégées par le secret de l'instruction ne peuvent être communiquées spontanément que si elles sont nécessaires – et pas seulement « utiles » – à l'exercice des droits de la défense de la partie qui les communique. Il en résulte que le juge doit mettre en balance secret de l'instruction et droit à la preuve, nonobstant la lettre en apparence rigide de l'article L. 463-6 du code de commerce. Cette mise en œuvre circonstanciée rappelle, sans que la chose soit dite explicitement, le contrôle *in concreto* auquel procède la CEDH quand elle articule le secret de l'instruction avec les principes du procès équitable.

155. Deuxième enseignement : c'est à la partie qui communique ces preuves de prouver la nécessité de leur communication.

156. L'apport de cet arrêt est donc décisif mais demeure incomplet. La question posée à la Cour de cassation l'invitait à répondre seulement dans une hypothèse où c'est le défendeur qui invoquait les « droits de la défense ». Or, il est possible de retenir une acception stricte de l'expression qui en fait un synonyme de « droits du défendeur » et une acception large qui l'assimile au droit au procès équitable. *Quid* du demandeur ? C'est à la cour d'appel de Paris qu'il est revenu de répondre à la question dans les décisions ci-dessous commentées.

CA Paris, ch. 5-4, 24 sept. 2014, *SARL DKT International c/ SA Eco-Emballages et Valorplast*, RG 12/06864[166]

Considérant qu'il appartient à chacune des parties au procès civil de prouver les faits nécessaires au succès de ses prétentions par la production des pièces qu'elle estime de nature à les établir et que, à cette fin, la divulgation de pièces soumises au secret de l'instruction n'est pas incriminée si celle-ci est nécessaire à l'exercice, par une des parties au procès civil, de ses droits ;

Considérant qu'il incombe à DKT International de verser aux débats les pièces qu'elle détient et qui sont, selon elle, nécessaires à l'établissement des faits qu'elle impute aux société[s] Valorplast et Eco-Emballages et que le recours aux dispositions des articles 138 et suivants du code de procédure civile étant subsidiaire, elle ne peut solliciter d'un tiers la production de pièces qu'il lui incombe de produire dans le but non avoué de se prémunir contre le risque de sanction pénale auquel elle pourrait s'exposer en les produisant à mauvais escient ; qu'il appartiendra ensuite au juge statuant sur le fond d'apprécier la pertinence des pièces produites au soutien des demandes ;

Considérant que la demande de production de pièces par un tiers formée par la société DKT International n'est nullement justifiée ; que le jugement doit être infirmé [...]

---

166 *Concurrences* no 3-2015, pp. 154-156, note C. Lemaire Lemaire ; *Concurrences* no 3-2015, pp. 79-81, note A. Wachsmann, N. Zacharie ; *Concurrences* no 3-2015, www.concurrences.com, obs. A. Ronzano.

CA Paris, ch. 5-4, 20 déc. 2017, *SA SREP (anciennement SA Eco-Emballages) et SA Valorplast c/ SARL DKT International*, RG 15/07583

La société Valorplast sollicite de la cour qu'elle écarte les pièces produites par la société DKT International prélevées en photocopies dans le dossier de l'Autorité de la concurrence et provenant de l'enquête initiale, leur usage étant prohibé par l'article L. 463-6 du code de commerce.

[...]

La société DKT fait valoir son droit de verser les pièces du dossier d'instruction de l'Autorité de la concurrence qu'elle estime nécessaires à l'exercice de son droit à réparation. Elle relève que l'Autorité de la concurrence a elle-même considéré qu'il lui était tout à fait loisible de produire les pièces dont elle était en possession sans enfreindre l'article L. 463-6 du code de commerce dès lors qu'elle était en mesure de justifier de leur nécessité, tout comme la cour d'appel dans son arrêt du 24 septembre 2014 qui a énoncé qu'il lui incombait de verser aux débats les pièces qu'elle estimait nécessaires à l'établissement des faits qu'elle impute aux sociétés Valorplast et Eco-Emballages.

En application de l'article 9 du code de procédure civile, il appartient à chaque partie de prouver les faits nécessaires au succès de sa prétention par la production des pièces qu'elle estime nécessaires à l'établir. Si l'article L. 463-6 du code de commerce incrimine la divulgation d'informations couvertes par le secret de l'instruction devant l'Autorité de la concurrence, le principe du respect des droits de la défense en justifie toutefois la divulgation, dans un procès civil, si elle est nécessaire à l'exercice de ces droits.

En l'espèce, la société DKT entend démontrer, par la production de pièces issues du dossier d'instruction de l'Autorité de la concurrence qu'elle détient de manière licite, les pratiques illicites qu'elle impute aux sociétés Eco-Emballages et Valorplast. Par suite, elle justifie qu'elles sont nécessaires au succès de sa prétention. La demande tendant à les voir écarter des débats sera donc rejetée.

157. Ces deux arrêts de la cour d'appel de Paris, rendus dans la même affaire, étendent la solution dégagée par l'arrêt *Semavem* présenté ci-dessus[167] à l'hypothèse où c'est le demandeur qui cherche à communiquer des pièces potentiellement couvertes par le secret de l'instruction.

158. Dans l'arrêt du 24 septembre 2014, la cour infirme le jugement du tribunal de commerce de Paris qui avait enjoint à l'Autorité de la concurrence de produire des pièces de son dossier sur le fondement de l'article 138 du code de procédure civile alors que ces pièces étaient en possession de la demanderesse, plaignante devant l'Autorité. Elle juge que la société demanderesse peut produire spontanément lesdites pièces sans risquer de condamnation pour violation du secret de l'instruction sur le fondement de l'article L. 463-6

[167] V. *supra* n ° 151 et s.

du code de commerce à condition que cette divulgation soit « *nécessaire à l'exercice [...] de ses droits* »[168].

159. Dans l'arrêt du 20 décembre 2017, elle juge que la demanderesse – qui cette fois prend le risque de violer l'article L. 463-6 en tirant les conséquences de l'arrêt du 24 septembre 2014 – « *entend démontrer, par la production de pièces issues du dossier d'instruction de l'Autorité de la concurrence qu'elle détient de manière licite, les pratiques illicites qu'elle impute aux sociétés Eco-Emballages et Valorplast* ». La cour en conclut que ladite demanderesse « *justifie qu'elles sont nécessaires au succès de sa prétention* ». Le standard est donc plutôt favorable aux demandeurs. Quand on sait la rigueur des nouveaux textes dans la production de pièces recueillies à l'occasion de programmes de clémence ou de transaction, la solution adoptée par la cour contraste par sa souplesse.

CA Paris, ch. 5-4, 10 mai 2017, *SA Orange Caraïbe et SA Orange c/ SAS Outremer Télécom*, RG 15/05918[169]

[Le] principe du respect des droits de la défense justifie la divulgation, dans un procès civil, d'informations couvertes par le secret de l'instruction devant l'Autorité de la concurrence, si cette divulgation, incriminée par l'article L. 463-6 du code de commerce, est nécessaire à l'exercice de ces droits, sans qu'il y ait lieu de réserver cette exception à la production en justice de pièces d'une instance civile opposant les mêmes parties que celles mises en cause devant l'Autorité de la concurrence.

Dès lors, cette pièce, qui décrit l'appréciation portée par la société Outremer Télécom sur ses conditions d'entrée sur le même marché pertinent que celui où ont eu lieu les pratiques d'Orange Caraïbe et d'Orange, est utile à la société Orange pour faire valoir en défense l'absence d'effets des pratiques dont elle est l'auteur et dont la société Outremer Télécom lui demande réparation. Le fait que cette pièce soit issue d'une procédure devant l'Autorité de la concurrence, visant à sanctionner les pratiques de différenciation tarifaire mises en œuvre par SRR à la Réunion, pratiques dont Orange Réunion et Outremer Telecom avaient saisi cette Autorité et qui sont sans lien avec les pratiques poursuivies dans la présente procédure relative à des pratiques commises par Orange Caraïbe et Orange, ne saurait s'opposer à l'usage de cette pièce en défense.

La société Orange Caraïbe ne peut en revanche faire valoir les mêmes arguments, car elle n'a aucunement eu accès en tant que personne morale distincte de la société Orange, à la pièce en cause, n'ayant pas été partie mise en cause ou plaignante devant l'Autorité pour cette procédure. Le fait qu'elle constitue pour l'Autorité une entreprise unique au sens du droit de la concurrence dans la présente procédure de sanction contre les deux sociétés ne peut suffire à modifier cette appréciation.

---

168 Réitérant une solution déjà adoptée par un arrêt antérieur : CA Paris, ch. 5-4, 20 nov. 2013, *Président de l'Autorité de la concurrence c/ SAS Ma liste de courses et al.*, RG 12/05813 ; *Concurrences* n° 1-2014, pp. 187-189, note C. Lemaire ; *Concurrences* n° 1-2014, www.concurrences.com, obs. A. Ronzano ; *e-Competitions Bulletin* November 2013, obs. L. Berthol-Balladur, S. Pele.

169 Concurrences no 3-2017, pp. 75-77, note A.-L. Sibony ; Concurrences no 3-2017, www.concurrences.com, obs. M. Chagny

En revanche, la pièce étant licitement versée dans les débats par la société Orange, et aucune disjonction d'instance n'ayant été sollicitée, la société Orange Caraïbe y a librement accès, comme les autres parties à la procédure, et peut donc l'utiliser.

Il convient donc de rejeter l'exception d'irrecevabilité soulevée par la société Outremer Télécom.

160. Par un arrêt du 10 mai 2017, la cour d'appel de Paris confirme partiellement le jugement de première instance du tribunal de commerce de Paris dans l'affaire qui opposait Outremer Télécom à Orange. Cet arrêt est presque inédit par sa longueur (32 pages) et par la variété de ses apports.

161. L'espèce est connue : Outremer Télécom cherchait à obtenir réparation de divers préjudices causés par des abus de position dominante commis par Orange et condamnés par l'Autorité de la concurrence en 2009[170] après une première décision de mesures conservatoires de 2004 de l'ancien Conseil[171]. Un jugement de première instance du 16 mars 2015 lui avait partiellement donné gain de cause[172].

162. La première question posée à la cour – la seule traitée dans la présente section – concerne la recevabilité d'une pièce tirée du dossier de l'Autorité de la concurrence. À cet égard, la situation est doublement originale. D'une part, la pièce est versée non pas par la demanderesse à l'action, comme c'est souvent le cas, mais par les défenderesses (les sociétés Orange Caraïbe et Orange). D'autre part, elle est extraite d'une autre affaire, qui concernait le même marché pertinent mais pour des pratiques commises par SRR (filiale de SFR) et dans laquelle Outremer Télécom et Orange[173] avaient toutes deux la qualité de plaignantes. On comprend que la pièce litigieuse puisse intéresser Orange, car elle contenait le procès-verbal d'une audition d'Outremer Télécom réalisée dans le cadre de l'instruction de l'Autorité ou était décrite l'appréciation portée par cette société sur ses conditions d'entrée sur le marché en cause.

Outremer Télécom soutient que la production de cette pièce viole le secret de l'instruction protégé par l'article L. 463-6 du code de commerce, dont l'interprétation avait déjà été précisée dans les arrêts évoqués aux deux commentaires précédents.

163. En réponse, la cour d'appel de Paris soumet la recevabilité de la pièce à deux conditions. Première condition : la pièce doit avoir été obtenue licitement. C'est bien le cas en l'espèce, puisque les sociétés du groupe Orange ont eu accès au dossier de l'Autorité en tant que plaignantes. Deuxième condition : la pièce doit être nécessaire à l'exercice des droits de la défense de celui qui souhaite la produire. La cour applique ainsi la solution de la jurisprudence *Semavem* et considère ce second critère rempli.

---

170 Aut. conc., déc. n° 09-D-36 du 9 déc. 2009 relative à des pratiques mises en œuvre par Orange Caraïbe et France Télécom sur différents marchés de services de communications électroniques dans les départements de la Martinique, de la Guadeloupe et de la Guyane.

171 Cons. conc., déc. n° 04-MC-02 du 9 déc. 2004 relative à une demande de mesures conservatoires présentées par la société Bouygues Télécom Caraïbe à l'encontre de pratiques mises en œuvre par les sociétés Orange Caraïbe et France Télécom.

172 *Concurrences* n° 1-2016, note R. Amaro.

173 Ou plus précisément Orange Réunion, aux droits de laquelle est venue Orange.

2. Conditions du prononcé de mesures d'instruction *in futurum* demandées en référé – Caractère proportionné de la production forcée de pièces

CA Paris, ch. 1-8, 25 oct. 2019, *Société X Y c/ Société Renault Trucks*, RG 19/05356

Sur la communication des griefs que la [C]ommission européenne a adressés à la société Renault Trucks :

La communication des griefs adressés par la Commission à la société Renault Trucks, qui a vocation à être personnalisée à l'égard de chacun des participants à l'infraction et partant, à la société Renault Trucks elle-même, est de nature à fournir à la société X Y une description détaillée des infractions, avec les éléments de preuve retenus par la Commission. Elle est ainsi susceptible de procurer à la société X Y des éléments autres que la seule décision de la Commission et cette communication revêt dès lors un caractère utile afin d'étayer le dossier que la société X Y est légitimement en droit de vouloir constituer, compte-tenu de l'importance du nombre de camions achetés susceptibles d'avoir fait l'objet d'une entente sur les prix à son détriment. Si la société Renault Trucks indique que ces éléments ne se rapportent qu'à ce qu'elle a commis indépendamment de l'effet des ententes sur le marché, il demeure que la société X Y est légitimement en droit de connaître plus avant ce que la société Renault Trucks désigne être son comportement infractionnel car ces éléments participent de ceux dont la société X Y peut déduire des circonstances de fait et de temps quant aux majorations qu'elle s'est vue possiblement pratiquer de manière indue.

Susceptibles de permettre à la société X Y de bâtir de manière effective son dossier pour obtenir réparation, ces pièces, concernent une procédure désormais close.

En considération de ces éléments, il convient, en infirmant l'ordonnance entreprise, d'ordonner la communication sous astreinte de cette pièce.

Sur la liste des pièces venant au soutien de la communication de griefs de la [C]ommission européenne :

À l'instar de la communication des griefs, la liste des pièces sur lesquelles la Commission s'est basée pour établir ladite communication est de nature à permettre à la société X Y de recueillir des informations susceptibles de lui donner la possibilité de mieux constituer sa demande de réparation à venir, dont il convient d'assurer la mise en œuvre effective, ainsi que l'indique l'article L. 483-1 du code de commerce.

La société Renault Trucks, qui connaissant ces pièces est la mieux à même d'indiquer en quoi la confidentialité de ces pièces devrait être préservée, se borne à critiquer de manière générale l'utilité de celles-ci pour son adversaire, sans faire état de manière circonstanciée de quelque problème que ce soit qui serait généré par cette communication.

Aussi convient-il d'accueillir également cette demande de communication.

Sur les listes de prix bruts de Renault Trucks pratiqués en France entre janvier 1997 et 2013 :

La société X Y indique que cette liste lui permettra d'évaluer ce qu'elle désigne être le surcoût concurrentiel.

Cependant, cette demande se heurte à l'exigence de l'article R.483-1 du code de commerce qui dispose que la catégorie de pièces demandées doit être est identifiée, de manière aussi précise et étroite que possible. Or, la présente demande de la société X Y n'est ni étroite ni précise.

Cet article précise encore que la catégorie en question est définie par référence à des caractéristiques communes et pertinentes de ses éléments constitutifs, tels que la nature, l'objet, le moment de l'établissement ou le contenu des documents dont la communication ou la production est demandée. Or, les listes de prix bruts, puisque tel est l'objet de la demande de la société X Y, peuvent potentiellement se rapporter à un très grand nombre de produits dont la société Renault Trucks indique, sans être contredite à cet égard, qu'il peut s'agir de milliers de références, relatives aux différents composants et options des camions et à leurs combinaisons.

Ainsi, cette demande doit être rejetée en raison de son imprécision.

Sur les coûts et les marges réalisés en France par Renault Trucks entre 1997 et 2013 :

À l'instar de la précédente, cette demande formulée par la société X Y doit être rejetée en raison d'une part de son imprécision et d'autre part de l'indétermination du support des pièces demandées : imprécision parce que l'information concernant les coûts et les marges, sans autre indication, sur une période de seize années n'est pas circonscrite dès lors que ne sont pas indiqués quels coûts et quelles marges, et pour quels produits ou sous-catégories de produits sont concernés ; indétermination parce que cette demande concerne une information et non pas des documents déterminés. Or, la cour ne peut s'abstraire, en analysant une demande de communication, de la nécessité de rendre une décision dont la compréhension et l'exécution soient dépourvues d'équivoque et qui fasse en conséquence l'objet d'une interprétation commune et incontestable de la part des parties.

Au surplus, cette demande n'est pas proportionnée à l'atteinte qu'elle porterait à la société Renault Trucks, dans ses négociations à venir avec la société X Y et au secret de ses affaires pour la définition de ses prix à venir. A cet égard, de telles informations, qui seraient susceptibles de ne pas seulement servir à étayer la demande indemnitaire que compte former la société X Y pour ses achats passés, n'ont pas lieu d'être recueillies dans le cadre de la présente procédure, alors même que la société Renault Trucks expose, sans être contestée sur ce point, que les deux parties continuent d'être en relation d'affaires pour l'achat de nouveaux camions.

Aussi convient-il de rejeter cette demande formulée par la société X Y.

Sur les pièces communiquées par Renault Trucks à la [C]ommission européenne dans le cadre de la procédure de clémence et qui sont relatives aux prix bruts des camions, aux augmentations de prix bruts, aux remises définies entre les participants des cartels, aux coûts liés aux normes d'émission Euro 3, 4 et 5 qui ont été répercutés sur les clients et plus généralement tout élément relatif à la politique de prix pratiquée en France :

À l'instar des demandes précédentes, cette prétention de la société X Y se heurte à l'exigence de précision mentionnée à l'article R. 483-1 du code de commerce. En effet, faire droit à une telle demande en l'assortissant d'une mesure d'astreinte, ainsi que le souhaite la société X Y, ne pourrait que mener à des divergences quant à la portée d'une telle obligation, qui seraient fondées sur le caractère flou de la catégorie des pièces demandées. Ainsi, s'il est bien établi qu'il convient de s'attacher à permettre à la société X Y de constituer un dossier susceptible de lui assurer de manière effective un droit à réparation, ainsi qu'il résulte de l'article L. 483-1, alinéa 2e, du code de commerce, il demeure que la demande telle que formulée méconnaîtrait, s'il y était fait droit, la sécurité juridique à laquelle la société Renault Trucks peut prétendre. Du reste, la demande portant sur tout élément relatif à la politique des prix pratiquée en France illustre, par l'indétermination même de son énoncé, que les pièces en cause ne se rapportent pas à une catégorie circonscrite et pouvant faire l'objet d'une appréhension indiscutable.

Au surplus, une telle demande doit être considérée comme disproportionnée au regard de la préservation de l'efficacité du droit de la concurrence, qui est un critère à prendre en compte au regard de l'article L. 483-1 du code de commerce. Il convient à cet égard d'éviter que les entreprises ayant sollicité une clémence de la Commission et ayant collaboré se trouvent défavorisées par rapport à l'hypothèse où elles n'auraient pas coopéré ou par rapport à d'autres opérateurs n'ayant pas coopéré. En divulguant des éléments remis par la société Renault Trucks, celle-ci se retrouverait désavantagée du fait de son attitude coopérative.

Aussi ce chef de demande sera-t-il également rejeté.

[...]

Cass. com., 8 juill. 2020, n° 19-25.065, ECLI:FR:CCASS:2020:CO00440, inédit

Vu l'article L. 483-1 du code de commerce, tel qu'interprété à la lumière des articles 5 et 6 de la directive 2014/104/UE du 26 novembre 2014 :

5. Il résulte du texte susvisé que la juridiction, saisie d'une demande de communication de pièces ayant pour objet de permettre d'établir les preuves nécessaires à l'indemnisation d'une victime du fait d'une pratique anticoncurrentielle, doit, en apportant toute précision dans sa décision à cet égard, tenir compte des intérêts légitimes des parties et des tiers, quand bien même ceux-ci ne seraient pas représentés, et veiller à concilier la mise en œuvre effective du droit à réparation, en considération, d'un côté, de l'utilité des éléments de preuve dont la communication ou la production est demandée, de l'autre, de la protection du caractère confidentiel de ces éléments de preuve, ainsi que de la préservation de l'efficacité de l'application du droit de la concurrence par les autorités compétentes.

6. Pour ordonner à la société Renault Trucks de communiquer à la société Eiffage infrastructures la communication des griefs adressée par la Commission européenne, la liste des pièces venant au soutien de cette communication des griefs et la version non confidentielle des pièces mentionnées aux notes de bas de page 10 et 11, 18 à 22, et 24 à 45 de la décision, l'arrêt retient que l'ensemble de ces pièces est utile à la société Eiffage infrastructures afin que celle-ci puisse constituer le dossier lui permettant d'agir en dommages-intérêts, ce à quoi elle prétend légitimement, compte tenu du nombre de camions qu'elle a acquis pendant la durée de l'entente sanctionnée par la Commission européenne. L'arrêt ajoute que la société Renault Trucks, qui connaît les pièces, est la mieux à même d'indiquer en quoi leur confidentialité devrait être préservée, ce qu'elle ne fait pas.

7. En se déterminant ainsi, par la seule référence à l'utilité des pièces et à leur caractère confidentiel à l'égard de la seule société Renault Trucks, sans rechercher, ainsi qu'il lui incombait, si leur communication était proportionnée au regard, d'une part, de la protection du caractère confidentiel des éléments de preuve retenus concernant les tiers à la procédure envisagée par la société Eiffage infrastructures, d'autre part, de la préservation de l'efficacité du droit de la concurrence mis en œuvre dans la sphère publique, la cour d'appel a privé sa décision de base légale.

164. L'arrêt *Renault Trucks* de la cour d'appel de Paris déjà évoqué au chapitre précédent[174] est surtout instructif pour ses apports à la question de la production forcée de pièces contenant des secrets d'affaires et de celles tirées des dossiers des autorités de concurrence. Il est à noter qu'il a été partiellement cassé par un arrêt du 8 juillet 2020 de la chambre commerciale de la Cour de cassation pour défaut de base légale. La motivation de la Cour, reproduite ci-dessus, sera évoquée après la présentation de l'arrêt d'appel.

165. En l'espèce, la demanderesse aux mesures d'instruction (demandées *in futurum*) sollicite la production des cinq pièces ou catégories de pièces suivantes :

- la communication des griefs que la Commission européenne a adressée à Renault Trucks ;
- la liste des pièces soutenant cette communication ;
- les listes de prix bruts, les coûts et les marges de Renault Trucks en France entre 1997 et 2013 ;
- les pièces communiquées par cette dernière à la Commission européenne dans le cadre de la procédure de clémence, relatives aux prix, aux coûts (notamment ceux liés aux normes d'émission), à leur répercussion sur les clients « *et plus généralement tout élément relatif à la politique de prix pratiquée en France* » ;
- les versions confidentielles des pièces visées par la Commission européenne dans une trentaine de notes de bas de page de sa décision de condamnation.

174 V. *supra* n° 131 et s.

166. Tout l'enjeu de cette instance est donc de savoir si la production forcée de ces pièces peut être ordonnée lors d'un « référé 145 ». Or, comme souvent dans ce type de procédure, la discussion tourne autour du caractère « proportionné » et « suffisamment déterminé » des mesures demandées, le juge des référés s'interdisant de prêter son concours à des mesures dites « d'investigation générale ». De façon là aussi habituelle, l'atteinte au secret d'affaires est invoquée par la défenderesse. En revanche, et le débat est ici plus spécifique aux contentieux consécutifs à des cartels, l'attractivité des procédures de clémence est aussi discutée.

167. L'arrêt d'appel aborde ces différents sujets en se fondant logiquement sur l'article 145 du code de procédure civile mais aussi sur les nouveaux articles L. 483-1 et R. 483-1 du code de commerce. Le premier de ces deux articles ouvre la partie législative du chapitre III du nouveau titre VIII du livre IV du code consacré à l'administration de la preuve dans le contentieux de la réparation. C'est donc un texte de portée générale qui a vocation à régir les instances en référé (comme celle en cause), sur requête et au principal. Son alinéa 1er opère un renvoi au code de procédure civile pour régir « *les demandes de communication et de production* » tandis que son alinéa 2 impose au juge de procéder à un contrôle de proportionnalité lorsqu'il statue sur ce type de demandes[175]. Quant à l'article R. 483-1 du code de commerce, il a été introduit par le décret de transposition pour éviter les *fishing expeditions* et veiller à ce que le droit français n'admette pas de façon subreptice un procédé de divulgation massive des pièces comparable à la *pre-trial discovery* du droit états-unien. Il est rédigé en ces termes : « *La catégorie de pièces mentionnée à l'article L. 483-1 est identifiée, de manière aussi précise et étroite que possible, par référence à des caractéristiques communes et pertinentes de ses éléments constitutifs, tels que la nature, l'objet, le moment de l'établissement ou le contenu des documents dont la communication ou la production est demandée.* »

Après ce rappel des textes, cités *in extenso* par la cour, celle-ci statue sur le sort de chaque pièce ou catégorie de pièces dont la production est demandée.

168. Quant à la communication des griefs de la Commission européenne, d'abord, sa production forcée est ordonnée au motif qu'elle permettrait à la demanderesse d'accéder à « *une description détaillée des infractions, avec les éléments de preuve retenus par la Commission* » et à « *des éléments autres que la seule décision de la Commission* ». D'où la cour conclut que cette production « *revêt dès lors un caractère utile [...] compte-tenu de l'importance du nombre de camions achetés susceptibles d'avoir fait l'objet d'une entente sur les prix* » au détriment de la demanderesse. Dans la même veine, la cour poursuit que celle-ci est « *légitimement en droit de connaître plus avant ce que la société Renault Trucks désigne être son comportement infractionnel car ces éléments participent de ceux dont [elle] peut déduire des circonstances de fait et de temps quant aux majorations qu'elle s'est vue possiblement pratiquer de manière indue* ». Pour finir, elle ajoute que la procédure est close et accepte donc d'ordonner la production de la communication.

---

175 En ces termes : « *[Le juge] veille en particulier à concilier la mise en œuvre effective du droit à réparation, en considération de l'utilité des éléments de preuve dont la communication ou la production est demandée, et la protection du caractère confidentiel de ces éléments de preuve ainsi que la préservation de l'efficacité de l'application du droit de la concurrence par les autorités compétentes.* »

169. Elle adopte sensiblement la même motivation pour la liste des pièces qui accompagnent la communication des griefs et relève tout de même que la défenderesse ne faisait pas état « *de manière circonstanciée de quelque problème que ce soit qui serait généré par cette communication* ». Notons d'ores et déjà ici que la Cour de cassation cassera précisément l'arrêt d'appel sur ces deux points pour les raisons évoquées ci-après.

170. Viennent ensuite des pièces dont la production est plus délicate.

171. C'est le cas des listes de prix bruts de la défenderesse. La demanderesse invoque l'importance de ces listes pour évaluer son surcoût, mais sa demande est rejetée sur le fondement de l'article R. 483-1 du code de commerce. On comprend de la motivation de la cour que la demande n'était pas assez précise, la liste en question étant susceptible de comporter « *des milliers de références, relatives aux différents composants et options des camions et à leurs combinaisons.* »

172. *Idem* pour les coûts et les marges, et la cour de reprocher à la demanderesse de ne pas indiquer « *quels coûts et quelles marges, et pour quels produits ou sous-catégories de produits* » et de viser une « *information* » et non pas des « *documents déterminés* ». La cour fait observer aussi qu'elle se doit de rendre une décision « *dont la compréhension et l'exécution soient dépourvues d'équivoque et qui fasse en conséquence l'objet d'une interprétation commune et incontestable de la part des parties* ».

173. Procédant ensuite au contrôle de proportionnalité que laissait deviner la citation de l'article R. 481-3 du code de commerce, elle ajoute que ces demandes ne sont pas proportionnées à l'atteinte qu'elles porteraient à la défenderesse dans ses futures négociations avec la demanderesse, au secret de ses affaires « *pour la définition de ses prix à venir* », mais aussi à « *l'efficacité du droit de la concurrence* ». Sur ce dernier point, elle précise vouloir « *éviter que les entreprises ayant sollicité une clémence de la Commission et ayant collaboré se trouvent défavorisées par rapport à l'hypothèse où elles n'auraient pas coopéré ou par rapport à d'autres opérateurs n'ayant pas coopéré* ».

174. Enfin, la cour règle le sort des versions confidentielles des pièces visées dans les notes de bas de page de la décision de la Commission. Elle commence par écarter toutes les pièces pour lesquelles la demanderesse n'a pas prétendu qu'elle ne les avait pas en sa possession. Puis elle ordonne la production d'une variété de pièces concernant les prix bruts, les augmentations de prix décidées par les membres du cartel et les échanges d'informations variés auxquels ils ont procédé.

175. Dans l'attente d'une éventuelle décision au fond, on peut déjà dire que cet arrêt a une indéniable valeur illustrative pour la pratique. Il existe donc un contentieux de la réparation des préjudices causés par le cartel des camions devant les juridictions françaises, même s'il n'en est qu'à ses premiers développements.

176. Comme nous l'annoncions, cet arrêt – instructif à bien des égards – a été partiellement cassé au visa du seul article L. 483-1 du code de commerce, *« tel qu'interprété à la lumière des articles 5 et 6 de la directive 2014/104/UE du 26 novembre 2014 »*, prend soin de préciser la Cour de cassation. Dans la motivation reproduite ci-dessus, il est reproché à la cour d'appel de Paris de s'en être tenue à apprécier la proportionnalité des mesures à l'aune de leur seule utilité pour

les demandeurs, sans prendre en considération les deux objectifs qui peuvent lui être opposés à savoir : la « confidentialité » de ces pièces et l'efficacité de l'action des autorités de concurrence. En d'autres termes, la motivation de la cour d'appel de Paris était insuffisante pour justifier la production forcée de la communication des griefs et des pièces l'accompagnant. La solution est peut-être sévère pour les pièces accompagnant la communication car, quand on relit la motivation de l'arrêt d'appel, le caractère confidentiel des pièces est bien discuté par les juges du fond mais, faute d'une argumentation des défenderesses aux mesures suffisamment étayée sur ce point, la cour d'appel juge qu'il n'était pas de nature à faire obstacle à la production forcée. Pour la communication des griefs, en revanche, il est vrai que la motivation de l'arrêt d'appel ne s'attachait qu'au caractère utile de la pièce sans procéder à une véritable balance des intérêts et la cassation en devient moins discutable. Quoi qu'il en soit, l'enseignement de cet arrêt est clair, nonobstant son caractère inédit. Les intérêts qui s'opposent au droit à la preuve des demandeurs aux mesures d'instruction, protégés par les articles 5 et 6 de la directive, doivent faire l'objet d'une mise en balance *in concreto* par le juge. Le visa du seul article L. 483-1 du code de commerce et le chapeau qui le suit permettent même de généraliser la solution à tout le contentieux de la réparation et pas seulement au référé. Ceci ne veut pas dire, pour autant, que la communication des griefs et les pièces qui l'accompagnent ne sont pas communicables. Au cas d'espèce, il appartient à la cour de renvoi de le décider. Simplement, il faudra qu'elle le fasse au terme d'une motivation plus aboutie, ce qu'indique sans doute possible cette cassation pour défaut de base légale.

Sur le terrain des principes du droit de la preuve, la solution mérite d'être approuvée comme nous le relevions dans le propos introductif de ce chapitre[176].

3. Approche stricte de la notion de « catégorie » de pièces dont la production forcée peut être demandée au juge de la réparation – Mise en balance entre droit à la preuve et secret des affaires

T. com. Paris, 15e ch., 25 sept. 2017, *SAS Carrefour France et al. c/ SAS Procter & Gamble Holding France*, RG 2016036862

Sur la communication des pièces demandée par SAS Procter & Gamble Holding France [nota : la défenderesse] à SAS Carrefour France, Carrefour Hypermarchés et SAS CSF [nota : les demanderesses] ;

[...]

Attendu que, pour chiffrer à 27,29 millions d'euros le préjudice qu'elles invoquent [...] [les demanderesses] se réfèrent expressément [...] aux conclusions de l'étude Olivier Wyman ; Attendu qu'il apparaît donc que la connaissance du contenu de cette étude, venant au soutien d'une partie des prétentions des demanderesses, est nécessaire à la solution du litige tant pour le défendeur que pour le tribunal ;

[...]

176 V. *supra* n° 148.

> Attendu que, dès lors que les accès à l'étude Oliver Wyman sont réservés à des avocats et experts économiques désignés par [la défenderesse] avec production d'un engagement de confidentialité pour les experts économiques, il est légitime et respectueux du caractère équitable du procès, de les autoriser à prendre connaissance de la version intégrale de l'étude [...]
>
> [...]
>
> Sur la communication des pièces demandée reconventionnellement par [les demanderesses à la défenderesse] ;
>
> Attendu que [les demanderesses] demande[nt] [à la défenderesse] : La version confidentialisée « de toutes les études économiques produites par elle dans le cadre des procédures ayant conduit aux décisions de l'Autorité n° 11-D-17 et 14-D-19 ; Attendu que si la demande de pièces peut porter sur des pièces ou sur des catégories de pièces, l'article R. 483-1 du décret du 9 mars 2017 dispose que la « catégorie de pièces [...] est identifiée, de manière aussi précise que possible » ; attendu qu'il apparaît en l'espèce, que cette condition ne peut être considérée comme remplie par le tribunal ; Attendu en outre que doivent être écartées des débats et ne peuvent faire l'objet d'une injonction de communiquer ou de produire les pièces qui comportent un certain nombre d'informations communiquées dans le cadre des programmes de clémence et des procédures de transaction devant l'Autorité de la concurrence ; Attendu qu'il n'est pas justifié, à ce stade de la procédure, que la non[-]production aux débats de la catégorie de pièces demandées soit un obstacle à la recherche d'une solution au présent litige, en conséquence, le tribunal déboutera [les demanderesses] de [leur] demande de communication.

177. Dans ce jugement du 25 septembre 2017, le tribunal de commerce de Paris procède à l'une des premières applications des dispositions issues de l'ordonnance de transposition sur la production de preuves contenant des secrets d'affaires : les articles L. 483-1 et suivants et R. 483-1 et suivants du code de commerce déjà évoqués au commentaire précédent. On notera qu'en tant que règles de droit judiciaire, ces articles s'appliquent aux procédures en cours sous réserve de l'exception que pose l'article 12, I de l'ordonnance de transposition, inapplicable à la cause[177]. Depuis, les articles L. 483-2 et L. 483-3 et R. 483-2 à R. 483-10 ont été abrogés par l'entrée en vigueur du texte de transposition de l'ordonnance de 2016 pour être remplacés par les nouvelles dispositions du titre V du livre I du code de commerce.

178. À l'origine du contentieux, des sociétés du groupe Carrefour cherchent à obtenir réparation du préjudice qui leur aurait été causé par le cartel des produits d'hygiène et d'entretien condamné par l'Autorité[178] et par une concertation sur

---

[177] Cet article contient une règle de droit transitoire qui cantonne le domaine *ratione temporis* des textes de droit judiciaire de l'ordonnance et du décret de transposition aux procédures engagées après la date de la directive, soit le 26 novembre 2014.

[178] Aut. conc., déc. n° 14-D-19 du 18 déc. 2014 relative à des pratiques mises en œuvre dans le secteur des produits d'entretien et des insecticides et dans le secteur des produits d'hygiène et de soins pour le corps.

les marges arrière. Elles agissent ici contre une seule des entreprises condamnées, la société Procter & Gamble, pour un préjudice qu'elles évaluent à 196,97 millions d'euros.

179. La discussion porte uniquement sur la production de pièces couvertes par le secret des affaires. Sur le fond, on n'en saura pas plus, les demanderesses s'étant désistées. La difficulté tenait au fait que chaque partie demandait la production de pièces contenant des informations confidentielles, potentiellement couvertes par le secret des affaires. Plus précisément, la défenderesse souhaitait que soient communiquées par les demanderesses deux études dont celles-ci faisaient état dans leurs écritures sans les communiquer spontanément. Les demanderesses, quant à elles, souhaitaient que soit ordonnée la production forcée de « *toutes les études économiques* » produites par la défenderesse dans les deux procédures de sanction de l'Autorité de la concurrence. On comprend donc des motifs du jugement, qui n'évoquent que la « communication », que la défenderesse demandait, en réalité, la « communication forcée » au sens de l'article 133 du code de procédure civile tandis que les demanderesses demandaient la « production forcée » au sens de l'article 142 du même code.

180. L'important, en l'espèce, est que le juge applique les mêmes principes à la communication et à la production de pièces, comme l'y invite la lettre même de l'article L. 483-1, alinéa 1er, du code de commerce. Pour la communication forcée, demandée par la défenderesse, l'avantage de passer par une injonction du juge est de donner à ce dernier le pouvoir d'organiser un mode de communication protecteur du secret des affaires. En l'occurrence, les pièces seront consultables par les conseils de la défenderesse dans le cadre d'une « *data room* », lesdits conseils s'obligeant à ne pas divulguer les informations couvertes par le secret des affaires à leurs clients. Bien qu'aucun fondement textuel ne soit visé, ces modalités d'accès aux pièces pourraient très bien être celles des articles L. 153-1 et L. 153-2 du code de commerce. Dorénavant, les parties qui souhaitent communiquer des pièces sans trahir des secrets d'affaires y trouveront donc le fondement idoine pour discuter avec le juge d'un mode de communication suffisamment confidentiel.

181. Quant aux demanderesses, leur demande de production forcée est rejetée. Le tribunal estime que la « catégorie » de pièces dont la production est demandée est trop large et qu'elle ne satisfait pas la condition posée par l'article R. 483-1 du code de commerce, qui exige de la partie qui demande la production d'une « catégorie » de pièces l'identification de cette catégorie « *de manière aussi précise et étroite que possible* ». Le tribunal ajoute qu'en outre « *doivent être écartées des débats et ne peuvent faire l'objet d'une injonction de communiquer ou de produire les pièces qui comportent un certain nombre d'informations communiquées dans le cadre des programmes de clémence et des procédures de transaction* ». C'est là une autre raison de débouter les demanderesses. Le tribunal en conclut qu'à ce « *stade de la procédure [...] la non[-]production aux débats de la catégorie de pièces demandées [est] un obstacle à la recherche d'une solution au présent litige* ».

182. Cette motivation appelle trois observations.

Première observation : le tribunal procède à une application restrictive de la notion de « catégorie » de pièces de l'article R. 483-1 du code de commerce. Il semblait pourtant que les demanderesses avaient identifié une catégorie relativement circonscrite : « *toutes les études économiques* » produites par la défenderesse dans les deux procédures de sanction de l'Autorité de la concurrence. Or il ne s'agit tout au plus que de quelques pièces dont l'identification ne paraît pas poser de difficulté particulière. Avec une interprétation aussi rigoureuse du texte, on voit mal dans quel cas de figure une partie pourra demander la production d'une « catégorie » de pièces. On savait déjà que l'article R. 483-1 du code de commerce ne pourrait servir de fondement à une éventuelle *discovery* à la française. Revenant sur une première version de ce texte de transposition plutôt libérale, la Chancellerie avait ajouté l'obligation d'identification sur laquelle se fonde, en l'espèce, le tribunal. Ce tour de vis destiné, semble-t-il, à éviter les excès réels ou supposés de la *discovery* états-unienne aura donc porté ses fruits. Le juge y ajoute une interprétation stricte qui écarte toute possibilité de divulgation massive « à l'américaine ».

Deuxième observation : le tribunal semble aussi procéder à une application extensive d'un autre article (qu'il ne vise pas) : l'article L. 483-5 du code de commerce. Cet article transpose une disposition importante de la directive 2014/104/UE : l'article 6 § 6, qui interdit de communiquer ou de produire certaines pièces recueillies à l'occasion des procédures négociées devant les autorités de concurrence. Toutefois, les seules pièces protégées par cet article sont l'« *exposé écrit ou la transcription de déclarations orales présenté volontairement à une autorité de concurrence* » qui établit la pratique anticoncurrentielle dans le cas de la clémence (art. L. 483-5, al. 1er 1°) ou qui témoigne de la volonté de l'entreprise de renoncer à contester les griefs dans le cas de la transaction (art. L. 483-5, al. 1er 2°). En refusant la production forcée au nom de l'efficacité des programmes de clémence et de transaction, c'est bien le principe de cet article L. 483-5 que le tribunal semble appliquer. Toutefois, en l'espèce, les pièces dont la production était demandée n'étaient que des études économiques qui, de prime abord, semblent exclues du domaine de l'interdiction posée à l'article L. 483-5. Il est donc étonnant que le tribunal refuse leur production. D'autant que l'article L. 483-9 précise que l'article L. 483-5 ne s'applique pas « *à une pièce qui existe indépendamment de la procédure engagée devant une autorité de concurrence, qu'elle figure ou non dans le dossier de ladite autorité* ». N'est-ce pas le cas d'études économiques qui n'ont pas besoin d'une procédure devant l'Autorité pour être réalisées ?

Troisième et dernière observation : le présent jugement permet d'entrevoir un risque nouveau : celui d'un manque de coordination entre juridictions du fond dans l'application des nouvelles dispositions de procédure du titre VIII du livre IV du code de commerce. Ces dispositions techniques sont plutôt complexes et contiennent un certain nombre de notions fuyantes, potentiellement source d'insécurité juridique. On le voit en l'espèce avec la notion de « catégorie » de pièces de l'article R. 483-1 du code de commerce. Il est donc à craindre qu'il faille du temps et d'autres décisions pour que ces difficultés soient dissipées.

4. Appréciation du caractère proportionné de la production d'éléments du dossier de l'Autorité de la concurrence – Charge de la preuve de l'absence de répercussion des surcoûts – Application dans le temps des règles issues de la transposition

T. com. Paris, 15ᵉ ch., 26 mars 2018, *SAS Provera France et al. c/ SA Groupe Lactalis et al.*, RG 2017021571

Sur l'incident soulevé par les demanderesses :

[...]

Attendu que les deux rapports RBB utilisent des dizaines de milliers de données de prix (portant sur plusieurs milliers de références) et ont été qualifiés par Provera elle-même de

« robuste » ;

Attendu que Provera a déclaré à l'audience du juge chargé d'instruire l'affaire qu'elle souhaitait obtenir des éléments supplémentaires pour :

« Peaufiner le chiffrage » de son préjudice ;

« Avoir des « éléments de contexte » ;

« Éviter les reproches » ultérieurs d'une sur-quantification de son préjudice ;

Comprendre les « mécanismes de sanction » des producteurs qui ne respectaient pes les décisions du cartel ;

Attendu que la version non-confidentielle de la décision de l'Autorité de la Concurrence, ci-après « ADLC », est déjà très complète pour permettre à Provera d'apprécier son préjudice ;

Attendu que les dommages causés à l'économie, préoccupation principale de l'ADLC, sont distincts de ceux qui auraient pu avoir été causés aux demanderesses et qui font objet de cette instance ;

Attendu que de nombreuses pièces demandées ont été fournies à l'ADLC dans le cadre de son enquête au, pour certaines demanderesses comme Eurial, ont été fournies à l'ADLC dans le cadre de la procédure de clémence ou sont couvertes par le secret de l'instruction devant l'ADLC ;

Attendu que le premier rapport de RBB (1er mars 2017) écarte la pertinence d'un chiffrage obtenu à partir des données de l'ADLC ;

Attendu que de nombreuses données demandées par Provera, même relatives à des marchés passés il y a plus de 4 ans, peuvent être considérées comme confidentielles et relever des secrets d'affaires car une politique de prix entre producteurs et distributeurs (dans toutes ses composantes) s'apprécie sur le long terme et sa communication pourrait donner des indications de stratégie commerciale pour chacune des défenderesses et pourrait leur causer un préjudice ;

Attendu que les carnets de notes de Yoplait et la note de Novandie concernent de nombreux autres distributeurs que les seules demanderesses et que même anciens, ces éléments ont un caractère éminemment stratégique ;

Attendu que l'analyse du mécanisme de sanction mis en place par les producteurs, décrit dans les carnets, n'a aucune utilité pour quantifier le préjudice que les demanderesses auraient subi ;

Attendu que Lactalis a déclaré à l'audience qu'elle n'entendait pas se prévaloir, au moment des débats sur le fond, de certaines des pièces demandées par Provera et que le Tribunal a en pris acte ;

Attendu que les demanderesses n'apportent au tribunal aucun élément probant justifiant la communication de chacune des 12 pièces demandées, une par une, ni la preuve que la production de chacune de ces 12 pièces augmenterait le pertinence du rapport RBB ;

Attendu que dans ces conditions Provera ne démontre pas en quoi les pièces demandées sont utiles à la solution du litige et que leur communication serait disproportionnée, à ce stade de ja procédure, le tribunal déboutera Provera de toutes ses demandes relatives à son incident de communication de pièces.

Sur l'incident soulevé par les défenderesses :

Attendu que la preuve du préjudice incombe aux demanderesses ;

Attendu que les faits d'entente ont été commis avant le 11 mars 2017 et qu'en conséquence, la preuve de l'absence de répercussion de la hausse des prix d'achat, du fait de l'entente, sur le prix pratiqué aux consommateurs, également appelé effet « pass-on », incombe au demandeur en réparation ;

Attendu que la quantification du pass-on (positive, nulle ou négative) est un élément déterminant pour apprécier demanderesses ont subir un quelconque préjudice économique résultant de l'entente ;

Attendu que l'audience du 25 janvier 2018 a été l'occasion pour les parties d'échanger largement sur les données dont les défenderesses disent avoir besoin pour apprécier le pass-on ;

Attendu que RBB a déclaré, à l'audience, que toutes les données brutes avaient été communiquées aux défenderesses et qu'il s'agissait simplement de les traiter pour obtenir les réponses aux questions qu'elles se posaient ;

[...]

Attendu que dans sa note en délibéré du 7 février 2018, Provera dit apporter tous les éléments dont les défenderesses ont besoin pour répondre aux questions qu'elles se posent et en particulier sur la question de l'existence ou non d'un « pass-on » et fournit aux parties une nouvelle clé USB accompagnée de son mode d'emploi décrit par RBB ;

Attendu, de surcroît, que Provera propose que les économistes des défenderesses puissent échanger avec RBB (directement ou via les conseils respectifs) afin de déterminer les bases de calcul, les hypothèses sous-jacentes, les données utilisées (ou non) par RBB pour quantifier le préjudice que Provera dit avoir subi du fait des pratiques anticoncurrentielles :

Attendu en conséquence, que Provera s'est engagée à permettre aux défenderesses de comprendre en détail la méthodologie de quantification faite par RBB pour évaluer le préjudice et que les débats puissent désormais s'engager sur le fond ;

Attendu enfin en ce qui concerne la fourniture du détail des appels d'offres (incluant le nom du vainqueur, les prix et les volumes sur les périodes concernées) qu'il serait paradoxal que cette instance soit l'occasion pour certaines défenderesses d'obtenir des éléments sensibles, même anciens, sur la stratégie de certains de leurs concurrents qu'elles n'auraient pas pu obtenir par des sources publiques ;

Le tribunal dira que les défenderesses disposent désormais de toutes les données nécessaires, ou peuvent les obtenir grâce à des échanges directs ou indirects avec RBB, et en conséquence déboutera les défenderesses de toutes leurs demandes relatives à leur incident de communication de pièces.

[...]

183. Ce jugement du 26 mars 2018 du tribunal de commerce de Paris est rendu dans une des suites du cartel dit « des yaourts » condamné par l'Autorité dans une décision du 11 mars 2015[179]. S'il ne tranche qu'un incident de pièces, il n'en est pas moins instructif à plusieurs égards.

184. En l'espèce, trois sociétés du groupe de grande distribution Cora demandent réparation aux entreprises du secteur laitier condamnées par l'Autorité de la concurrence dans sa décision précitée. Premier élément qui attire l'attention : les demandes de communication et de production de pièces émanent des demanderesses mais aussi des défenderesses à l'instar de ce que nous observions au commentaire précédent. Cette affaire et celle ici commentée témoignent donc d'une tendance relativement imprévue : communication et production des pièces n'intéressent pas que les demandeurs. Les défendeurs aussi peuvent éprouver la nécessité de demander à accéder à certaines pièces détenues par les demandeurs.

En l'espèce, les pièces demandées par les défenderesses visent essentiellement à démontrer l'existence d'une répercussion des surcoûts sur le consommateur final par les sociétés du groupe Cora. Il s'agit donc de documents qui pourraient renseigner les défenderesses sur les prix d'achat et de revente par les demanderesses des produits affectés par les surcoûts.

De leur côté, les demanderesses souhaitent avoir accès à des pièces du dossier de l'Autorité de la concurrence. Elles demandent notamment que soient produits l'étude économique de l'Autorité mais aussi des notes des entreprises en cause et le fameux carnet de l'un des employés de Yoplait fourni à l'Autorité dans le cadre de la demande de clémence et où il est fait état des hausses illicites de prix décidées par les membres du cartel.

185. Le tribunal refuse aux demanderesses l'accès aux pièces demandées pour un ensemble de raisons que l'on peut synthétiser de la façon suivante :

- l'évaluation produite par les demanderesses s'appuie déjà sur une somme conséquente de données ;
- les données recherchées ne semblent pas absolument indispensables aux demanderesses, le tribunal relevant dans leurs écritures des tournures de

---

[179] Aut. conc., déc. n° 15-D-03 du 11 mars 2015 relative à des pratiques mises en œuvre dans le secteur des produits laitiers frais.

phrases laissant à penser qu'elles peuvent faire sans (« *peaufiner le chiffrage* », « *éviter les reproches* »...) ;

- la version non confidentielle de la décision de l'Autorité est déjà « *très complète* » ;
- il n'est pas démontré que les données exploitées par l'Autorité sont pertinentes, car elles ont servi à apprécier « *les dommages* » causés à l'économie, lesquels seraient distincts du préjudice des demanderesses ;
- l'expert dont l'évaluation est produite par les demanderesses a lui-même écarté « *la pertinence d'un chiffrage obtenu à partir des données* » de l'Autorité ;
- de nombreuses pièces demandées seraient couvertes par le secret de l'instruction ;
- de nombreuses données pourraient être couvertes par le secret des affaires et auraient un « *caractère éminemment stratégique* ».

Le tribunal estime donc que les demanderesses ne démontrent pas « *en quoi les pièces demandées sont utiles à la solution du litige* » et en conclut que « *leur communication serait disproportionnée, à ce stade de la procédure* ».

186. On pourrait discuter de la pertinence de certains des indices retenus par le tribunal pour procéder à la mise en balance entre les intérêts contraires qui s'opposaient ici. Toutefois, la méthode semble devoir être approuvée. Ce n'est qu'au terme d'une appréciation *in concreto* de la pertinence de chaque élément de preuve pour établir les faits dont se prévaut la partie qui demande la pièce par rapport aux inconvénients que comporte la production de cette pièce que le juge pourra se faire son opinion.

187. Certains fustigeront peut-être l'insécurité juridique attachée à une telle méthode. Toutefois, on ne voit pas quelle autre méthode pourrait lui être substituée. Le droit fondamental à la preuve ne peut guère s'accommoder de solutions toutes faites. À cet égard, il faut redire que le caractère rigide des interdictions générales issues de l'article 6 de la directive et transposées aux articles L. 483-5[180] et L. 483-8 du code de commerce ne devrait pas interdire cette mise en balance au cas par cas.

188. Quant aux défendeurs qui eux mêmes sollicitaient l'accès à certains documents, le tribunal le leur refuse. Il fonde également sa décision sur quelques indices qui établissent le caractère inutile des éléments auxquels l'accès est demandé.

189. Enfin, on retiendra aussi de ce jugement que les questions de droit transitoire commencent à nourrir la discussion. Ici, le tribunal affirme, de façon sans doute trop générale, que la directive 2014/104/UE n'était pas applicable à la cause[181]. L'affirmation est discutable, car presque toutes les règles de procédure semblaient bien être applicables. Ceci n'aurait pas fondamentalement changé la donne, si ce n'est que le tribunal aurait pu fonder sa décision sur les interdictions générales de l'article L. 483-5 du code de commerce mentionnées ci-dessus.

En revanche, les règles de fond, notamment les règles de droit civil de la preuve, à l'instar des présomptions n'étaient pas applicables. La solution découle de l'article 12

---

180 Qui fait interdiction au juge d'enjoindre la production de pièces comportant un « *exposé écrit ou la transcription de déclarations orales présenté volontairement à une autorité de concurrence* » dans les procédures de clémence ou de transaction.

181 « *[L]es textes de transposition de cette directive ne sont pas applicables à la présente instance.* »

de l'ordonnance de transposition qui, sans être cité par le tribunal au soutien de sa motivation, semble bien fonder sa position. De là, le tribunal tire la conclusion suivante : les faits étant antérieurs au 11 mars 2017, « *la preuve de l'absence de répercussion de la hausse des prix d'achat, du fait de l'entente, sur le prix pratiqué aux consommateurs, également appelé effet "pass-on", incombe au demandeur* ». Là encore, l'affirmation est peut-être un peu rapide et il ne serait pas inutile de savoir quel est son fondement. Si la présomption d'absence de répercussion de l'article L. 481-4 du code de commerce[182] est certes inapplicable à la cause, la règle antérieure mériterait d'être explicitée. On a pour habitude de citer l'arrêt *Le Gouessant*[183] – commenté ci-après[184] –, arrêt par lequel la Cour de cassation a jugé que « *la preuve du préjudice incombe à la partie qui l'invoque ; que l'arrêt après avoir relevé que la répercussion des coûts est la pratique commerciale habituelle et normale, retient que les sociétés Coopérative Le Gouessant et Sofral ne démontrent pas qu'elles n'avaient pas pu répercuter les effets de la hausse des prix de la lysine sur leurs clients* ». Or le périmètre exact de cette solution peut être débattu. *Quid* des affaires où la répercussion n'est pas la pratique « habituelle et normale » ? Une interprétation *a contrario* est-elle envisageable ? La question peut avoir des incidences pratiques importantes et semble être, à ce jour, restée sans réponse.

Section 2
Charge et objet de la preuve des conditions de la responsabilité – Force probante des constats établis par les autorités de concurrence

A. Textes applicables

Article 1353 du code civil (anc. art. 1315)

Celui qui réclame l'exécution d'une obligation doit la prouver.

Réciproquement, celui qui se prétend libéré doit justifier le paiement ou le fait qui a produit l'extinction de son obligation.

Directive 2014/104/UE – Article 9 – Effet des décisions nationales

1. Les États membres veillent à ce qu'une infraction au droit de la concurrence constatée par une décision définitive d'une autorité nationale de concurrence ou par une instance de recours soit considérée comme établie de

182 « *L'acheteur direct ou indirect, qu'il s'agisse de biens ou de services, est réputé n'avoir pas répercuté le surcoût sur ses contractants directs, sauf la preuve contraire d'une telle répercussion totale ou partielle apportée par le défendeur, auteur de la pratique anticoncurrentielle.* »

183 Cass. com., 15 mai 2012, n° 11-18.495, non publié.

184 V. *infra* n° 202 et s.

manière irréfragable aux fins d'une action en dommages et intérêts introduite devant leurs juridictions nationales au titre de l'article 101 ou 102 du traité sur le fonctionnement de l'Union européenne ou du droit national de la concurrence.

2. Les États membres veillent à ce que, lorsqu'une décision définitive visée au paragraphe 1 est prise dans un autre État membre, cette décision finale puisse, conformément au droit national, être présentée devant leurs juridictions nationales au moins en tant que preuve prima facie du fait qu'une infraction au droit de la concurrence a été commise et, comme il convient, puisse être examinée avec les autres éléments de preuve apportés par les parties.
3. Le présent article s'entend sans préjudice des droits et obligations des juridictions nationales découlant de l'article 267 du traité sur le fonctionnement de l'Union européenne.

Directive 2014/104/UE – Article 17 – Quantification du préjudice

1. Les États membres veillent à ce que ni la charge ni le niveau de la preuve requis pour la quantification du préjudice ne rendent l'exercice du droit à des dommages et intérêts pratiquement impossible ou excessivement difficile. Les États membres veillent à ce que les juridictions nationales soient habilitées, conformément aux procédures nationales, à estimer le montant du préjudice, s'il est établi qu'un demandeur a subi un préjudice, mais qu'il est pratiquement impossible ou excessivement difficile de quantifier avec précision le préjudice subi sur la base des éléments de preuve disponibles.
2. Il est présumé que les infractions commises dans le cadre d'une entente causent un préjudice. L'auteur de l'infraction a le droit de renverser cette présomption.
3. Les États membres veillent à ce que, dans le cadre d'une procédure relative à une action en dommages et intérêts, une autorité nationale de concurrence puisse, à la demande d'une juridiction nationale, aider ladite juridiction nationale en ce qui concerne la quantification du montant des dommages et intérêts lorsque cette autorité nationale de concurrence estime qu'une telle aide est appropriée.

Article L. 481-2 du code de commerce

Une pratique anticoncurrentielle mentionnée à l'article L. 481-1 est présumée établie de manière irréfragable à l'égard de la personne physique ou morale désignée au même article dès lors que son existence et son imputation à cette personne ont été constatées par une décision qui ne peut plus faire l'objet d'une voie de recours ordinaire pour la partie relative à ce constat, prononcée par l'Autorité de la concurrence ou par la juridiction de recours.

Une décision qui ne peut plus faire l'objet d'une voie de recours ordinaire pour la partie relative au constat de l'existence et de l'imputation d'une pratique anticoncurrentielle, prononcée par une autorité de concurrence ou par une juridiction de recours d'un autre État membre de l'Union européenne à l'égard d'une personne physique ou morale, constitue un moyen de preuve de la commission de cette pratique.

Lorsqu'une décision définitive de la Commission, statuant sur les accords, décisions ou pratiques relevant de l'article 101 ou 102 du traité sur le fonctionnement de l'Union européenne, a constaté une pratique anticoncurrentielle prévue à ces articles et imputé cette pratique à une personne physique ou morale mentionnée à l'article L. 481-1, la juridiction nationale saisie d'une action en dommages et intérêts du fait de cette pratique ne peut, conformément au paragraphe 1 de l'article 16 du règlement (CE) n° 1/2003 du Conseil du 16 décembre 2002 relatif à la mise en œuvre des règles de concurrence prévues aux articles 81 et 82 du traité instituant la Communauté économique européenne, devenus articles 101 et 102 du traité sur le fonctionnement de l'Union européenne, prendre une décision qui irait à l'encontre de la décision adoptée par la Commission.

Article L. 481-4 du code de commerce

L'acheteur direct ou indirect, qu'il s'agisse de biens ou de services, est réputé n'avoir pas répercuté le surcoût sur ses contractants directs, sauf la preuve contraire d'une telle répercussion totale ou partielle apportée par le défendeur, auteur de la pratique anticoncurrentielle.

Article L. 481-5 du code de commerce

L'acheteur direct ou indirect, qu'il s'agisse de biens ou de services, qui prétend avoir subi l'application ou la répercussion d'un surcoût doit en prouver l'existence et l'ampleur.

Toutefois, l'acheteur indirect, qu'il s'agisse de biens ou de services, est réputé avoir apporté la preuve de cette répercussion lorsqu'il justifie que :

1° Le défendeur a commis une pratique anticoncurrentielle mentionnée à l'article L. 481-1 ;

2° Cette pratique a entraîné un surcoût pour le contractant direct du défendeur ;

3° Il a acheté des biens ou utilisé des services concernés par la pratique anticoncurrentielle, ou acheté des biens ou utilisé des services dérivés de ces derniers ou les contenant.

Le défendeur peut cependant démontrer que le surcoût n'a pas été répercuté sur l'acheteur indirect ou qu'il ne l'a été que partiellement par son contractant antérieur.

Article L. 481-6 du code de commerce

Les règles de preuve prévues aux articles L. 481-4 et L. 481-5 sont applicables aux fournisseurs directs ou indirects de l'auteur de la pratique anticoncurrentielle qui invoquent un préjudice résultant d'une baisse du prix des biens ou services concernés par cette pratique.

Article L. 481-7 du code de commerce

Il est présumé jusqu'à preuve contraire qu'une entente entre concurrents cause un préjudice.

B. Décisions commentées

1. Absence de présomption de préjudice – Étendue du contrôle de la Cour de cassation sur la qualification du préjudice

Cass. com., 6 oct. 2015, n° 13-24.854, ECLI:FR:CCASS:2015:CO00871, *Bull.* n° 871[185]

Sur le troisième moyen :

Attendu que les sociétés JCB Service, JCB Sales et JC Bramford Excavators font grief à l'arrêt de retenir leur responsabilité et d'ordonner avant dire droit une expertise sur l'étendue de la société Central Parts alors, selon le moyen :

1°/ qu'il incombe aux juges saisis d'une action en responsabilité à l'encontre des sociétés d'un même groupe, après avoir identifié les manquements susceptibles d'être reprochés à chacune de ces entités, de déterminer les préjudices spécifiques correspondant aux fautes respectives ainsi établies ; qu'en se bornant en l'espèce à relever l'existence d'un préjudice globalement supporté par la société Central Parts sans rechercher, pour chacune des trois sociétés, quelle était la part de ce préjudice qui pouvait être imputée à leurs manquements respectifs, les juges du fond ont privé leur décision de base légale au regard de l'article 1382 du code civil ;

2°/ que faute d'avoir conservé à l'esprit la distinction entre le plaignant qui peut provoquer le déclenchement d'une action devant l'autorité communautaire sans avoir à se soucier du lien de cause à effet et la qualité de victime, laquelle postule, dans le cadre d'une action en réparation, la preuve d'un lien de cause à effet, les juges du fond ont cru pouvoir retenir qu'un trouble commercial s'inférait nécessairement de ce que la société Central Parts avait été plaignante, quand cette qualité ne dispensait en aucune façon les juges du fond, saisis d'une action en réparation, de s'interroger sur le lien de cause à effet entre le dommage invoqué et les faits imputés à chacune des entités ; que de ce point de vue, l'arrêt doit être censuré pour violation de l'article 1382 du code civil ;

Mais attendu qu'après avoir identifié les fautes respectives des sociétés JCB Service, JCB Sales et JC Bramford Excavators, l'arrêt relève, par motifs propres et adoptés, qu'il n'est pas contesté que la société Central Parts, revendeur non agréé établi en France, s'est vu refuser tout approvisionnement en machines et pièces détachées par les distributeurs agréés anglais et irlandais en produits JCB ; qu'il retient que les pratiques anticoncurrentielles dénoncées par la société Central Parts ont eu pour effet d'empêcher le jeu de la concurrence et ont nécessairement causé un trouble commercial à celle-ci qui, en raison des difficultés qu'elle rencontrait, a dû engager des frais pour se fournir en produits JCB et a souffert d'un manque à gagner ; qu'avant dire droit sur la réparation du préjudice, il ordonne une expertise aux fins de préciser le surcoût occasionné par la mise en place de circuits d'approvisionnement parallèles et par la création de sociétés ad hoc sur le territoire du Royaume-Uni, le surcoût engendré par

185 *AJCA*, 2015, p. 526, note R. Saint-Esteben ; *Concurrences* n° 1-2016, p. 259, note R. Amaro.

le besoin en main[-]d'œuvre pour gérer les difficultés d'approvisionnement de la société Central parts en produits JCB tout en recherchant si ce surcoût a pu ou non être répercuté sur les clients, ainsi que la perte du chiffre d'affaires et de marge sur les produits dont la fourniture a été interdite ; qu'ainsi la cour d'appel, qui a fait ressortir le lien de causalité entre le dommage invoqué et les fautes commises par les sociétés JCB Service, JCB Sales et JC Bramford Excavators ayant concouru à sa réalisation, et qui n'était pas tenue de rechercher, à ce stade de son raisonnement, quelle était la part de ce préjudice pouvant être imputée à leurs manquements respectifs, a légalement justifié sa décision ; que le moyen n'est pas fondé [...]

Cass. com., 13 sept. 2017, n° 15-22.837 et 15-23.070, ECLI:FR:CCASS:2017:CO01073, inédit[186]

Sur les seconds moyens des mêmes pourvois, rédigés en termes identiques, réunis :

Attendu que les sociétés EDF et ERDF font le même grief à l'arrêt alors, selon le moyen :

1°/ qu'en matière anticoncurrentielle, l'existence d'un préjudice s'infère au moins partiellement de l'infraction elle-même ; qu'ainsi la victime d'une entente subit nécessairement un préjudice ; qu'en décidant au contraire, pour débouter les sociétés EDF et ERDF de leurs demandes d'indemnisation que la société EDF « n'apporte pas les éléments permettant d'établir avec certitude le préjudice qu'elle dit avoir subi si bien qu'en l'absence de préjudice il n'y a pas lieu de déterminer si en se livrant aux pratiques sanctionnées par le Conseil de la concurrence, les sociétés Nexans et Prysmian avaient commis une faute civile à l'égard de la société EDF », la cour d'appel a violé l'article 1382 du code civil, ensemble les articles 101 du TFUE et L. 420-1 du code de commerce ;

2°/ qu'en reprochant aux sociétés EDF et ERDF de ne pas démontrer l'existence d'un préjudice certain par la production d'une analyse contrefactuelle tout en reconnaissant que ce mode de preuve doit être admis en son principe, la cour d'appel qui n'a pas tiré les conséquences légales de ses propres constatations a violé l'article 1382 du code civil, ensemble les articles 101 du TFUE et L. 420-1 du code de commerce ;

3°/ que le fait que l'acheteur ait exprimé sa satisfaction sur les prix auprès des participants à l'entente ne l'empêche pas d'obtenir réparation de son préjudice après la condamnation de ces derniers pour entente ; qu'en retenant, pour débouter les sociétés EDF et ERDF de leurs demandes de dommages et intérêts, que « EDF a elle-même fait part de sa satisfaction quant au niveau des prix qu'elle avait obtenus de ses fournisseurs », la cour d'appel a violé l'article 1382 du code civil, ensemble les articles 101 du TFUE et L. 420-1 du code de commerce ;

4°/ que le juge ne peut pas refuser d'évaluer un préjudice anticoncurrentiel dont il constate l'existence au prétexte que les éléments fournis sont insuffisants ;

---

186 *Concurrences* no 1-2018, p. 81, note E. Thomas Thomas.

qu'en refusant en réalité, sous couvert d'absence de préjudice certain, d'évaluer le préjudice après avoir considéré que la méthode de calcul proposée ne lui semblait pas pleinement satisfactoire, la cour d'appel a violé l'article 1382 civil, ensemble les articles 101 du TFUE et L. 420-1 du code de commerce ;

Mais attendu qu'après avoir relevé que le calcul de l'évolution contrefactuelle des prix pouvait se fonder sur les prix remis en réponse au second appel d'offres par la société NKT, qui n'avait pas participé aux pratiques sanctionnées, de sorte que ses prix pouvaient être considérés comme les prix du marché, l'arrêt constate que dans chaque lot pour lequel cette dernière a remis une offre, figurait au moins un prix remis par un autre participant, inférieur à son propre prix, ce qui fragilise l'un des postulats fondamentaux du calcul des sociétés EDF et ERDF, et en déduit que si la pertinence de la méthode d'évaluation du préjudice suivie par les sociétés EDF et ERDF n'est pas remise en cause dans son principe, son application est discutable ; qu'il retient que les éléments sur lesquels ces sociétés fondent leur préjudice sont incertains, qu'il s'agisse, pour le premier marché, d'une augmentation des prix du marché transitoire, d'un effet sur les prix qui résulterait des surcapacités, du système d'enchères inversées ou de l'augmentation de la productivité et, pour le second, d'une pression à la baisse par le passage de quatre à six fournisseurs, dès lors que ce changement ne concerne qu'une partie du marché ; qu'en l'état de ces constatations et appréciations souveraines, faisant ressortir que la preuve de l'existence du préjudice n'était pas rapportée, la cour d'appel, sans méconnaître les conséquences légales de ses constatations, a légalement justifié sa décision ; qu'inopérant en sa troisième branche qui critique des motifs surabondants, le moyen n'est pas fondé pour le surplus [...]

Cass. com., 13 sept. 2017, n° 15-22.320 et 16-10.327, ECLI:FR:CCASS:2017:CO01085, inédit

Sur le premier moyen du pourvoi n° W 15-22.320 :

Attendu que la société Orange fait grief à l'arrêt de dire qu'elle s'est rendue responsable d'un abus de position dominante prohibé par les articles L. 420-2 du code de commerce et 102 du Traité sur le fonctionnement de l'Union européenne (TFUE) et d'un non-respect d'injonction et de dire que ces pratiques constituent des fautes civiles de sa part alors, selon le moyen :

1°/ que l'agissement anticoncurrentiel sanctionné par les autorités de la concurrence au titre de l'atteinte au marché n'est pas nécessairement constitutif d'une faute civile génératrice d'un droit à réparation au bénéfice d'un concurrent ; qu'en l'espèce, pour juger que la société Orange aurait commis une faute au préjudice de la société Lectiel, la cour d'appel a déduit du seul agissement anticoncurrentiel qu'aurait commis cette société l'existence d'une faute civile envers la société Lectiel : « la faute qui fonde l'action indemnitaire de Lectiel [consiste] dans les pratiques anticoncurrentielles relevées et sanctionnées par l'autorité de concurrence » ; qu'en statuant ainsi au prétexte que « la violation de la loi constitue nécessairement une faute civile », quand un agissement anticoncurrentiel à l'égard du marché, appréhendé globalement, n'est pas nécessairement constitutif d'une faute civile envers un concurrent déterminé, la cour d'appel a violé l'article 1382 du code civil ;

2°/ que si, sur le terrain des agissements anticoncurrentiels, le comportement des opérateurs économiques ne peut justifier une infraction aux règles de la concurrence, sur le terrain civil, les fautes commises par un opérateur identifié peut, à son égard, dépouiller de tout caractère fautif le comportement anticoncurrentiel litigieux ; qu'en l'espèce, pour retenir que les fautes commises par la société Lectiel, laquelle avait téléchargé sans aucune autorisation la base de données de la société France Télécom pourtant objet de droits de propriété intellectuelle, ne justifiaient pas le refus de la société Orange de laisser cette société accéder à sa base de données, la cour d'appel a considéré « qu'il n'appartient pas à une entreprise de se faire justice à elle-même et ses pratiques anticoncurrentielles ne sauraient être exonérées par des moyens de « légitime défense » ; qu'en statuant ainsi, quand la faute commise par la société Lectiel était de nature à priver de tout caractère fautif, envers cette prétendue victime, le comportement de la société Orange, la cour d'appel a violé l'article 1382 du code civil ;

3°/ que la société Orange faisait valoir dans ses conclusions que son refus de livrer la base annuaire à la société Lectiel était justifié « suite aux interventions de la CNIL et de l'illégalité manifeste des pratiques de Lectiel quant à l'utilisation des données annuaires dont elle disposait » ; qu'elle soutenait ainsi que la société Lectiel, à la suite du téléchargement illicite de la base, en méconnaissance de ses droits de propriété intellectuelle, avait exploité les données annuaires dans des conditions méconnaissant les dispositions impératives de la loi n° 78-17 du 6 janvier 1978, ce qu'avaient constaté tant la Commission nationale informatique et liberté que les juridictions pénales ; que la société Orange en déduisait qu'elle n'avait commis aucune faute en refusant de livrer sa base annuaire à la société Lectiel, dès lors que si elle l'avait fait, elle se serait rendue complice des pratiques illégales de celle-ci ; qu'en retenant que la société Orange aurait commis une faute à l'égard de la société Lectiel en refusant de livrer sa base annuaire, sans répondre à ce moyen déterminant des conclusions, la cour d'appel a violé l'article 455 du code de procédure civile ;

Mais attendu, en premier lieu, qu'ayant constaté que la société Lectiel demandait réparation du préjudice que lui avaient causé les pratiques anticoncurrentielles de la société Orange, l'arrêt retient à bon droit que ces pratiques constituent des fautes civiles et qu'il incombe à la société Lectiel, qui souhaite obtenir une indemnisation, de démontrer le préjudice en résultant pour elle et le lien de causalité entre ces fautes et le préjudice ;

Attendu, en second lieu, qu'ayant constaté qu'un arrêt, devenu irrévocable, statuant sur le recours contre la décision du Conseil de la concurrence du 29 septembre 1998, avait dit établi que la société France Télécom, devenue Orange, avait enfreint les dispositions des articles L. 420-2 du code de commerce et 102 TFUE en commercialisant son service Marketis à des prix prohibitifs, la cour d'appel, qui n'était pas tenue de répondre aux conclusions inopérantes invoquées à la troisième branche, en a exactement déduit que la société Orange ne pouvait s'exonérer de sa responsabilité en invoquant la faute de téléchargement illicite commise par la société Lectiel ;

D'où il suit que le moyen n'est fondé en aucune de ses branches ;

[...]

190. Ces arrêts de la chambre commerciale de la Cour de cassation envoient des signaux confus quant à une question importante : existe-t-il une présomption de préjudice en faveur du demandeur dès lors que l'existence d'une pratique anticoncurrentielle est rapportée ?

191. Le premier arrêt est rendu dans l'affaire *JCB*, déjà évoquée à plusieurs reprises dans les développements précédents[187]. En substance, la Cour de cassation approuve les juges du fond d'avoir constaté qu'étaient réunies les conditions de la responsabilité civile des entreprises défenderesses dans un contentieux faisant suite à la condamnation d'une entente verticale par la Commission européenne.

192. Toutefois, le message que la Cour de cassation délivre quant à la présomption de préjudice n'est pas des plus clairs. Dans l'extrait cité ci-dessus, on peut constater que la Cour de cassation relève méthodiquement les constatations de l'arrêt attaqué pour finalement souscrire à son analyse et en conclure que la cour d'appel « *a légalement justifié sa décision* ». La formule évoque un contrôle lourd sur la qualification du préjudice et laisse ainsi entendre que les juges du fond doivent fonder leur constat de l'existence du préjudice sur des éléments factuels bien tangibles. Il n'en reste pas moins que l'interprétation de cet arrêt est quelque peu brouillée par une formule de la cour d'appel de Paris attaquée par le pourvoi et non censurée par la Cour de cassation : « *[l'arrêt d'appel] retient que les pratiques anticoncurrentielles dénoncées [par la victime] ont eu pour effet d'empêcher le jeu de la concurrence et ont nécessairement causé un trouble commercial à celle-ci* ». On peut convenir que l'usage de l'adverbe « nécessairement » oriente sur la thèse d'une présomption de préjudice et c'est d'ailleurs l'interprétation qu'en a fait la cour d'appel de Paris dans ses fiches pratiques[188]. Pour autant, en raison des constatations des juges du fond relevées juste après par la Cour de cassation, on peut douter que l'arrêt *JCB* ait voulu poser une véritable présomption de préjudice contrairement à l'interprétation bien plus « officielle » que la nôtre qui en est proposée par la cour parisienne. D'autant que la référence à la notion de « *trouble commercial* », sans doute inspirée du droit de la concurrence déloyale, ne clarifie guère les choses. Observons qu'en droit de la concurrence déloyale, même la doctrine la plus familière de la matière hésite quant au contenu exact de cette notion « *fourre-tout* »[189]. Elle y voit tantôt une condition de qualification du fait générateur, tantôt une présomption de dommage. La différence est évidemment lourde de conséquences et, à notre connaissance, l'hésitation n'est pas clairement tranchée. Si l'interprétation que nous proposons de cet arrêt *JCB* est évidemment sujette à discussion, on peut au moins s'accorder sur le fait que les intentions de la chambre commerciale de la Cour de cassation ne sont pas des plus limpides.

---

187 V. *supra* n° 31 et s. et pour un exposé plus précis des faits, on renverra au bref commentaire de l'arrêt d'appel de 2013 présenté à ce numéro.

188 V. la Fiche n° 11-a, « Comment agir en réparation des préjudices causés par une pratique anticoncurrentielle ? », dispo. sur le site de la cour : https://www.cours-appel.justice.fr/paris/la-reparation-du-prejudice-economique-octobre-2017.

189 Y. Picod *et al.*, v° « Concurrence déloyale », *Rép. commercial Dalloz*, n° 126, qui cite notamment P. Letourneau et Y. Serra.

193. C'est pour cette raison que l'arrêt *JCB* mérite d'être rapproché de deux autres arrêts du 13 septembre 2017, passés relativement inaperçus en doctrine, et pourtant rendus chacun dans des affaires à rebondissements. Le premier de ces arrêts vient mettre un terme à l'affaire dite « des câbliers »[190]. EDF et ERDF cherchaient à tirer les conséquences civiles de la condamnation de deux de leurs fournisseurs de câbles pour des ententes commises à l'occasion d'appels d'offres[191]. Outre son apport quant à l'interprétation de l'article L. 420-3 du code de commerce et à l'étendue de la nullité qu'il prévoit[192], cet arrêt statue aussi sur un intéressant moyen de droit de la responsabilité. En appel et à titre subsidiaire, les demanderesses avaient demandé sans succès la réparation de leur préjudice. Dans leur pourvoi, elles soutiennent « *qu'en matière anticoncurrentielle, l'existence d'un préjudice s'infère au moins partiellement de l'infraction elle-même* ». La cour d'appel de Paris ayant rejeté la demande en réparation, faute de certitude du préjudice, les requérants en déduisent qu'elle a violé l'ancien article 1382 du code civil et les articles 101 du TFUE et L. 420-1 du code de commerce. La Cour de cassation ne souscrit pas à cette analyse et se range à l'appréciation souveraine de la cour d'appel en citant les éléments factuels relevés par les juges du fond pour juger que le préjudice n'était pas établi.

194. Deux éléments de cette solution méritent d'être retenus. Premièrement, en refusant de souscrire à l'affirmation du pourvoi qui l'invitait à tirer de l'existence de la faute une présomption de préjudice, la Cour de cassation semble clarifier sa jurisprudence par rapport à l'arrêt *JCB* et confirmer l'interprétation que nous suggérions au paragraphe précédent : le demandeur doit prouver l'existence de son préjudice sans pouvoir bénéficier d'une présomption réfragable. Les deux arrêts de la cour d'appel de Paris présentés au commentaire suivant confortent d'ailleurs ce point de vue, tout comme le deuxième arrêt de la Cour de cassation rendu le 13 septembre 2017 dans l'affaire *Lectiel*. Cette affaire d'abus de position dominante impliquant Orange sera présentée plus en détail par la suite[193], mais on en retiendra déjà ici que la Cour de cassation approuve l'arrêt d'appel qui admettait la responsabilité civile d'Orange en jugeant que l'arrêt *attaqué « retient à bon droit que ces pratiques constituent des fautes civiles et qu'il incombe à la société Lectiel, qui souhaite obtenir une indemnisation, de démontrer le préjudice en résultant pour elle et le lien de causalité entre ces fautes et le préjudice* ». Il semble difficile de ne pas en conclure que la Cour – exerçant un contrôle lourd (« *retient à bon droit* ») – exige des juges du fond qu'ils vérifient l'établissement par le demandeur de l'existence d'un préjudice.

---

190 V. *infra* n° 280 et s. ; 308 et s.

191 Cons. conc., déc. n° 07-D-26 du 26 juill. 2007 relative à des pratiques mises en œuvre dans le cadre de marchés de fourniture de câbles à haute tension.

192 V. pour un aperçu critique : *Concurrences* n° 1-2018, p. 81, note E. Thomas.

193 V. *infra* n° 275 et s.

2. Objet et charge de la preuve des demandeurs à l'action en réparation – Absence de présomption dans le droit antérieur à la directive

CA Paris, ch. 5-4, 6 mars 2019, *SARL Arkeos et al. c/ SA EDF, SASU EDF Énergies Nouvelles Réparties et SASU EDF ENR Solaire*, RG 17/21261

[I]l appartient aux victimes d'établir un lien de causalité. Or, ce lien de causalité entre les pratiques anticoncurrentielles et les prétendus dommages subis par les concurrents après la cessation des pratiques relève d'un niveau d'évidence plus complexe à établir que les dommages contemporains des pratiques.

CA Paris, ch. 5-4, 6 févr. 2019, *SARL Doux Aliments c/ SA Cie Financière et de Participations Roullier et SAS Timab Industries*, RG 17/04101

[L]a victime d'une pratique anticoncurrentielle qui veut obtenir réparation doit établir une faute, et un préjudice, en lien de causalité avec cette faute.

La faute civile découlant de la pratique anticoncurrentielle n'étant pas contestée, il y [a] lieu d'examiner si la société F démontre un préjudice en lien de causalité avec cette faute.

La circonstance qu'elle ne parvient pas à calculer son préjudice ne saurait entraîner le rejet pur et simple de sa demande.

La société F verse aux débats des pièces du dossier de la Commission, obtenues durant la procédure de mise en état, qui établissent qu'au moins :

— au début de l'année 1/01, au cours d'une réunion du cartel, il a été décidé que Timab appliquerait à F une hausse de 150 francs (pièce 26.c cote 001800 de F) ;

— au mois de novembre 2000, il est prévu que le prix consenti à F passerait de 1 620 à 1 800 francs (pièce 26.cote 001802 et 001808 de F).

La société Timab prétend avoir joué un rôle de franc[-]tireur qui ne ressort cependant pas de la décision de la Commission.

La société F démontre donc que les parties ont à plusieurs reprises convenu d'augmenter les prix à son égard.

En outre, cet indice est conforté par la circonstance que les cartels entraînent généralement une hausse des prix ou empêchent une baisse des prix qui se serait produite si l'entente n'avait pas existé.

Dès lors, même si le surprix n'est pas établi par la victime au titre de chacune des années du cartel, son existence résulte de la pratique elle-même et des indices versés aux débats par la société F, démontrant à tout le moins la décision des membres du cartel d'augmenter les prix à son égard de 10 % certaines années. Il y a lieu d'en déduire que le lien de causalité est suffisamment établi en l'espèce.

Les factures produites par la société F, qui montrent une stabilisation des prix durant l'entente, n'apportent à l'évidence pas la preuve des prétendues surfacturations, en l'absence de scénario contrefactuel reflétant le niveau de prix qui aurait prévalu en l'absence d'entente.

Les éléments dont dispose la cour sont donc insuffisants pour statuer sur la demande de la société F et chiffrer les éléments composant son préjudice.

Il y a donc lieu d'ordonner une expertise [...]

195. Ces deux arrêts de la cour d'appel de Paris – dont un a déjà été commenté plus haut : l'arrêt *Arkeos*[194] – apportent d'utiles précisions quant à l'objet et quant à la charge de la preuve des demandeurs à l'action en réparation dans le régime antérieur à la transposition de la directive 2014/104/UE.

196. L'arrêt *Arkeos* mérite d'être de nouveau mentionné ici en raison de son apport quant à la preuve de l'existence du lien de causalité.

La spécificité de l'espèce tenait au fait que les victimes demandaient réparation pour une période postérieure à la commission des pratiques (2009 à 2014 pour des pratiques commises entre 2007 et 2009). Sans le dire, elles se prévalaient de l'effet rémanent de la pratique causé par le verrouillage de la clientèle – déjà admis dans son principe par des juridictions du fond[195], comme on le verra par la suite[196]. Les demanderesses soutenaient leur argumentation en invoquant l'existence d'une présomption réfragable de causalité entre des infractions sanctionnées par l'Autorité et leur préjudice. Elles ajoutaient que si la crise ayant affecté le secteur avait pu ralentir leur croissance, ce fait causal concurrent ne suffisait pas à détruire « *le lien nécessaire et direct de causalité entre les fautes d'éviction de la société EDF et les difficultés de développement des appelantes* ». EDF répondait que le lien de causalité n'était pas établi avec la certitude nécessaire en raison de l'entrée tardive des demanderesses sur le marché affecté et de la mauvaise conjoncture économique.

La cour donne gain de cause à EDF. Elle concède d'abord « *qu'il ne saurait être exclu* » que les pratiques condamnées par l'Autorité aient pu avoir « *des effets structurants à moyen terme sur les opérateurs plaignants, même après leur cessation et que, par conséquent, ils puissent en demander réparation, en raison des bénéfices dont ils auraient été privés après la cessation des pratiques, en raison d'effets toujours sensibles de l'infraction à laquelle il a été mis fin* ».

Elle en conclut toutefois qu'il « *appartient aux victimes d'établir un lien de causalité* ». Elle ajoute que « *ce lien de causalité entre les pratiques anticoncurrentielles et les prétendus dommages subis par les concurrents après la cessation des pratiques relève d'un niveau d'évidence plus complexe à établir que les dommages contemporains des pratiques* ».

D'où sa décision : les demanderesses ne versent aucun élément sérieux et doivent être déboutées de leur demande en réparation et de leur demande d'expertise.

197. La solution pourra sembler sévère pour deux raisons.

Premièrement, on croit comprendre des motifs qui viennent d'être cités que la cour n'exclut pas que les préjudices rémanents allégués puissent être partiellement

---

194 V. *supra* n° 35 et s

195 CA Paris, ch. 5-4, 14 déc. 2016, *SNCF c/ Maître Pellegrini (liquidateur judiciaire de Switch)*, RG 13/08975 ; *Concurrences* n° 2-2017, p. 218, note R. Amaro ; T. com. Paris, 15e ch., 20 juin 2016, *SA Orange Réunion c/ SRR et al.*, RG 2014058853 ; *Concurrences* n° 4-2016, p. 232, note R. Amaro.

196 V. *infra* n° 333 et s.

causés par les abus d'EDF. Or, en cas de pluralité de faits causaux, la rigueur des principes voudrait que la cour parvienne au moins à une responsabilité partielle de l'auteur de la faute. Et encore : en dehors des cas de force majeure, si les faits causaux concurrents de la faute du défendeur à l'action sont des cas fortuits[197] ou des faits non fautifs de la victime[198], ils n'ont pas de caractère partiellement exonératoire, contrairement aux faits fautifs de la victime[199] et aux faits du tiers. En l'espèce, il aurait donc été pertinent de se demander à quelle qualification du droit de la responsabilité civile correspond la mauvaise conjoncture économique : cas fortuit ? Fait de la victime ? Voire, fait du tiers ?

Ce qui conduit à une seconde observation : si la cour admet comme possible l'existence d'un lien causal, n'est-il pas un peu sévère de refuser de nommer un expert judiciaire pour qu'il fasse la lumière sur la contribution au dommage de faits causaux concurrents ? Certes, l'expertise est toujours coûteuse et chronophage, mais la bonne justice n'est-elle pas à ce prix ?

198. Par contraste, l'arrêt *Doux c/ Timab* du 6 février 2019 de la même chambre de la cour d'appel de Paris[200] semble plus favorable au demandeur. Dans cette affaire, la victime demandait réparation du préjudice causé par un cartel condamné par la Commission.

199. Dans sa motivation, la cour commence par rappeler que « *la victime d'une pratique anticoncurrentielle qui veut obtenir réparation doit établir une faute, et un préjudice, en lien de causalité avec cette faute* ». De là, on peut de nouveau en conclure que la jurisprudence la plus récente de la cour d'appel de Paris semble avoir abandonné l'idée de poser une présomption de préjudice (mais aussi de faute ou de lien de causalité).

Quant à l'objet de la preuve, ensuite, la cour juge que la faute civile est bien établie (elle n'est contestée par aucune partie). Puis elle ajoute que « *[l]a circonstance qu'elle [la demanderesse] ne parvient pas à calculer son préjudice ne saurait entraîner le rejet pur et simple de sa demande* ». En l'occurrence, celle-ci est bien en mesure d'établir l'existence de son préjudice et du lien de causalité. Pour ce faire, elle s'appuie sur un élément du dossier de la Commission qui démontre qu'au cours de plusieurs réunions entre membres du cartel, il a été décidé que le défendeur appliquerait à la demanderesse une augmentation du prix. Ce à quoi la Cour ajoute qu'« *[e]n outre, cet indice est conforté par la circonstance que les cartels entraînent généralement une hausse des prix ou empêchent une baisse des prix qui se serait produite si l'entente n'avait pas existé* ». Elle en déduit que le lien de causalité est bien établi. Par la suite, la cour ne se montre pas convaincue par l'évaluation du préjudice et reproche à la demanderesse de ne pas avoir produit « *de scénario*

---

197 Cass. 2e civ., 30 juin 1971, *Bull. civ.* 1971, II, n° 240.

198 P. Jourdain, v° « Droit à réparation. Lien de causalité. Pluralité des causes du dommage », fasc. 162, *JCL Civil Code*, n° 79.

199 Cass. ch. mixte, 28 nov. 2008, *Bull. ch. mixte*, n° 3 ; *JCP G* 2009, II, 10011 ; *D.* 2009, p. 461, note G. Viney ; *RDC* 2009, p. 487, obs. T. Genicon ; *Gaz. Pal.* 16-17 janv. 2009, avis M. Domingo ; *Resp. civ. et assur.* 2009, comm. 4 ; *RTD civ.* 2009, p. 129, obs. P. Jourdain ; Cass. 2e civ., 19 nov. 2009 ; *Resp. civ. et assur.* 2010, comm. 38.

200 CA Paris, ch. 5-4, 6 févr. 2019, *SARL Doux Aliments c/ SA Cie Financière et de Participations Roullier et SAS Timab Industries*, RG 17/04101.

contrefactuel reflétant le niveau de prix qui aurait prévalu en l'absence d'entente ». Elle en conclut qu'elle ne dispose pas des éléments suffisants pour statuer sur la réparation du préjudice et nomme un expert judiciaire pour ce faire.

200. De la lecture comparée de ces deux arrêts, deux leçons peuvent être tirées.

201. Concernant la charge de la preuve, chaque arrêt dit à sa façon qu'il n'existe pas de présomption de préjudice ou de lien de causalité dans le droit antérieur à la directive. Concernant le lien de causalité, l'affirmation n'a rien d'étonnant. En revanche, pour ce qui est du préjudice, ces deux arrêts clarifient la position de la cour d'appel de Paris tout en confortant l'interprétation proposée au commentaire précédent des arrêts du 6 octobre 2015 et du 17 septembre 2017 de la Cour de cassation. Ils semblent aussi mettre un terme au développement d'une jurisprudence contraire des juridictions spécialisées, notamment celles de l'ancien tribunal de grande instance de Paris[201], du tribunal de commerce de Paris[202] et même de la cour d'appel de Paris[203].

Concernant l'objet de la preuve, ils renseignent aussi l'observateur sur la pratique décisionnelle de la cour d'appel de Paris. Bien sûr, en la matière, tout est affaire d'espèce et sans doute ne pourra-t-on jamais attendre une prévisibilité absolue des exigences du juge. Mais il semble que l'on puisse tirer de ces deux arrêts la conclusion suivante : une fois la faute établie, le demandeur devra convaincre le juge de l'existence de son préjudice et du lien de causalité avec la faute. S'il n'y parvient pas, il sera débouté. En revanche, s'il y parvient, peu importe s'il échoue à établir le montant exact de ce préjudice, il pourra compter sur la commission d'un expert judiciaire. La solution est d'ailleurs affirmée en dehors du contentieux des pratiques anticoncurrentielles et découle d'une interprétation exigeante pour le juge de l'article 4 du code civil[204].

En somme, ces deux arrêts, auxquels s'ajoutent ceux du 13 septembre 2017 de la Cour de cassation présentés au commentaire précédent, semblent suffisants pour faire naître une quasi-certitude : dans le droit antérieur à la directive, l'objet de la preuve du préjudice subi par le demandeur peut être allégé, sans qu'il en résulte pour autant un renversement de charge de la preuve.

---

201 Dans sa décision *Betclic c/ PMU* du 22 janv. 2018 commenté ci-dessous (v. *infra* n° 222 et s.), le tribunal clôt sa motivation sur le préjudice par une affirmation très nette : « *[U]n préjudice pour les concurrents s'infère nécessairement de ces pratiques, le PMU en ayant retiré un avantage concurrentiel illicite, au détriment des autres opérateurs.* »

202 T. com. Paris, 15ᵉ ch., 30 mars 2015, *SARL DKT International c/ SA Eco-Emballages et Valorplast*, RG 2012000109 ; *RLDA*, 2015/107, p. 29, note R. Amaro et H. Vey-Morit ; *Concurrences* n° 3-2015, pp. 154-156, note C. Lemaire ; *Concurrences* n° 3-2015, pp. 79-81, note A. Wachsmann, N. Zacharie ; *Concurrences* n° 3-2015, www.concurrences.com, obs. A. Ronzano.

203 CA Paris, ch. 5-4, 26 juin 2013, *Sté JCB Sales Ltd, Sté JC Bamford Excavators Ltd et Sté JCB Service c/ SA Central Parts*, RG 12/04441 ; *Concurrences* n° 3-2013, www.concurrences.com, obs. A. Ronzano, qui pose que : « *Considérant que les pratiques anticoncurrentielles dénoncées par Central Parts et reconnues par les décisions communautaires et qui ont eu pour effet d'empêcher le jeu de la concurrence ont nécessairement causé un trouble commercial à celle-ci, que Central Parts a pu devoir engager des frais pour se fournir en produits JCB en raison des difficultés qu'elle rencontrait et souffrir d'un manque à gagner [...]* »

204 V. p. ex. Cass. 3ᵉ civ., 8 déc. 2009, n° 08-11.911 ; *Procédures* févr. 2010, comm. R. Perrot, n° 30 : est cassé au visa de l'article 4 du code civil et de l'attendu suivant : « *Attendu que le juge ne peut refuser de statuer, en se fondant sur l'insuffisance des preuves qui lui sont fournies par les parties* », la décision par laquelle le juge du fond refuse de réparer le préjudice dont l'existence est certaine en son principe mais son montant indéterminé par la victime ; v. aussi, dans le même sens, Cass. 3ᵉ civ., 17 juin 2014, n° 13-14.759.

3. Charge de la preuve de la répercussion des surcoûts

Cass. com., 15 mai 2012, n° 11-18.495, non publié

Attendu, selon l'arrêt attaqué (Paris, 16 février 2011), qu'après que la Commission européenne eut, par décision du 7 juin 2000 (2001/418/CE), retenu que plusieurs entreprises, dont la société Ajinomoto Eurolysine (la société Ajinomoto), ont, de juillet 1990 à juin 1995, enfreint les dispositions de l'article 81 § 1 CE (devenu 101 du TFUE) en participant à des accords sur les prix, les volumes de vente et l'échange d'informations individuelles sur les volumes de ventes de lysine synthétique, couvrant l'ensemble de l'espace économique européen, les sociétés Coopérative Le Gouessant et Sofral, qui avaient, durant cette période, acquis de la lysine, auprès de la société Ceva santé animale (la société Ceva) qui l'achetait elle-même à la société Ajinomoto, ont fait assigner ces deux sociétés en invoquant le fait que l'entente sanctionnée avait eu pour effet d'augmenter le prix de la lysine et ont demandé la condamnation de la société Ajinomoto à réparer le préjudice résultant pour elles de sa participation à l'entente sur les prix ;

Sur le premier moyen :

Attendu que les sociétés Coopérative Le Gouessant et Sofral font grief à l'arrêt d'avoir rejeté leurs demandes tendant à être indemnisées de leur préjudice causé par la faute de la société Ajinomoto, alors, selon le moyen :

1°/ qu'en édictant une présomption que les demanderesses avaient répercuté sur leurs clients le surcoût causé par l'entente qu'elles avaient subi, et en leur imputant ainsi la charge de la détruire, quand il lui incombait de rechercher si les demanderesses avaient ou non, en tout ou partie, répercuté le surcoût sur leurs clients, la cour d'appel a violé les articles 1315 et 1382 du code civil ;

2°/ que la charge de la preuve d'un moyen de défense pèse sur le défendeur à l'action qui l'invoque ; qu'en faisant peser la charge de la preuve de l'absence de répercussion en aval du surcoût qu'elles avaient supporté sur les demanderesses, quand il incombait à la défenderesse d'établir cette répercussion aval qu'elle invoquait comme moyen de défense, la cour d'appel a inversé la charge de la preuve en violation des articles 1315 et 1382 du code civil ;

3°/ qu'il incombe au défendeur se prévalant de l'enrichissement sans cause du demandeur de l'établir en apportant la preuve que ce dernier a, en partie ou en totalité, répercuté en aval le surcoût qu'il a subi, faute de quoi le demandeur justifie de son préjudice et doit en être indemnisé ; qu'en faisant peser la charge de la preuve de l'absence de répercussion en aval du surcoût qu'elles avaient supporté sur les demanderesses, quand il incombait à la défenderesse se prévalant de l'enrichissement sans cause des demanderesses d'établir cette répercussion aval, la cour d'appel a inversé la charge de la preuve en violation des articles 1315 et 1382 du code civil ;

Mais attendu que la preuve du préjudice incombe à la partie qui l'invoque ; que l'arrêt après avoir relevé que la répercussion des coûts est la pratique commerciale habituelle et normale, retient que les sociétés Coopérative Le Gouessant et Sofral ne démontrent pas qu'elles n'avaient pas pu répercuter les effets de la hausse des prix de la lysine sur leurs clients ; qu'en l'état de ces constatations et appréciations dont elle déduit que les sociétés Coopérative Le Gouessant et Sofral n'établissent pas avoir subi de préjudice résultant des surcoûts de la lysine provoqués par l'entente, la cour d'appel qui n'a pas inversé la charge de la preuve, a pu statuer comme elle a fait ; que le moyen n'est pas fondé [...]

202. Cet arrêt – mentionné brièvement plus haut[205] – traite des situations complexes mais habituelles où il existe une possibilité de répercussion des surcoûts par des acheteurs directs sur des acheteurs indirects. Aujourd'hui la question est bien connue des spécialistes de la matière en raison des longs articles qui lui sont consacrés dans la directive 2014/104/UE (cités en introduction du chapitre suivant). Pour le droit antérieur à la directive, c'est cet arrêt qui fait figure de décision de principe quant à la preuve dudit surcoût. On observa toutefois qu'il n'est pas publié et qu'à notre connaissance il n'a jamais été commenté en doctrine. La portée de la solution qu'y pose la Cour de cassation est donc loin d'être maximale.

203. En l'espèce, une victime du « cartel de la lysine » cherche à obtenir réparation du préjudice qu'elle a subi du fait du surcoût occasionné par le cartel. Le pourvoi contre l'arrêt de la cour d'appel de Paris[206] qui n'avait pas accueilli son action est rejeté. Ce faisant, la Cour de cassation approuve les juges du fond d'avoir relevé « *que la répercussion des coûts est la pratique commerciale habituelle et normale, [que les demanderesses] ne démontrent pas qu'elles n'avaient pas pu répercuter les effets de la hausse des prix de la lysine sur leurs clients ; qu'en l'état de ces constatations et appréciations dont elle déduit que [les demanderesses] n'établissent pas avoir subi de préjudice résultant des surcoûts de la lysine provoqués par l'entente, la cour d'appel qui n'a pas inversé la charge de la preuve, a pu statuer comme elle a fait* ».

204. Outre que la Cour de cassation confirme, par cet attendu, que la défense dite « de répercussion des surcoûts » peut être opposée au demandeur[207], elle apporte une précision utile à la pratique quant à la preuve du préjudice qui explique la présence de cet arrêt dans les présents développements. En l'état du droit français, l'acheteur direct doit donc procéder à une démonstration en deux temps : il doit d'abord démontrer qu'il a subi le dommage lorsqu'il a passé affaire avec l'auteur de l'infraction, puis qu'il ne l'a pas répercuté sur l'acheteur indirect. Ce n'est là qu'une conséquence du principe *Actori incumbit probatio* par lequel la Cour commence son attendu.

205. Il n'en demeure pas moins quelques incertitudes quant à la portée exacte du principe ainsi dégagé. L'attendu semble poser une solution au périmètre limité en reprenant en ouverture de son principe l'énonciation de la cour d'appel selon laquelle « *la répercussion des coûts est la pratique commerciale habituelle et normale* ». Comment l'interpréter ? La charge de prouver l'absence de répercussion ne vaut-elle que dans les cas où la répercussion est habituelle et normale ? *Quid* lorsque la répercussion n'est pas habituelle et normale ? Une lecture *a contrario*

205 V. *supra* n° 189.

206 CA Paris, ch. 5-4, 16 févr. 2011, *SCA Le Gouessant c/ SA Ceva Santé et SAS Ajinomoto Eurolysine*, RG 08/08727.

207 Pour plus de précision, v. *infra* n° 305 et s. le commentaire de l'arrêt du 15 juin 2010 de la chambre commerciale de la Cour de cassation et le propos introductif du chapitre suivant.

peut-elle permettre de soutenir que, dans ce cas, le demandeur pourrait s'en tenir à une démonstration plus sommaire, limitée au premier temps de la démonstration (relations avec l'auteur de l'infraction) ? L'arrêt n'apporte pas de réponse.

4. Force probante au civil des constats établis par des autorités de concurrence – Étendue du contrôle de la Cour de cassation sur la qualification des conditions de la responsabilité civile

Cass. com., 26 avr. 2017, n° 15-28.197, non publié, ECLI:FR:CCASS:2017:CO00611

Sur le premier moyen, pris en ses cinq dernières branches :

Attendu que la société Orange fait grief à l'arrêt de la condamner à payer des dommages-intérêts à la société Cowes alors, selon le moyen :

1°) qu'en ne déterminant pas et en ne distinguant pas, comme elle y était pourtant invitée, les faits, prétendument fautifs et imputables à la société Orange, liés à la réglementation relative à l'option 1, d'une part, et les faits susceptibles de caractériser une faute sur le fondement de la violation des règles qui gouvernent l'option 3, d'autre part, la cour d'appel a statué par des motifs généraux, sans caractériser les faits précis dont elle a déduit l'existence des fautes litigieuses, privant ainsi sa décision de base légale au regard de l'article 1382 du code civil ;

2°) qu'en considérant que des fautes seraient imputables à la société Orange, sans relever les faits précis dont elle a déduit l'existence de fautes, la cour d'appel n'a pas mis la Cour de cassation en mesure d'exercer son contrôle de la qualification de la faute et a privé sa décision de base légale au regard de l'article 1382 du code civil ;

3°) qu'en se prononçant par voie de référence à des décisions étrangères au présent litige, la cour d'appel a privé sa décision de base légale au regard de l'article 1382 du code civil ;

4°) qu'en se fondant sur des décisions relatives à des mesures conservatoires dépourvues de toute autorité pour établir l'existence de fautes prétendument imputables à la société Orange, la cour d'appel s'est fondée sur des motifs inopérants privant sa décision de base légale au regard de l'article 1382 du code civil ;

5°) qu'en justifiant l'existence d'une faute prétendue, imputable à la société Orange au sens de l'article 1382 du code civil, par des avis de l'ART ne prononçant aucune sanction à l'encontre de la société Orange et ne caractérisant aucune faute au sens de l'article 1382 du code civil, la cour d'appel s'est prononcée par des motifs inopérants, privant sa décision de base légale au regard de l'article 1382 du code civil ;

Mais attendu, en premier lieu, que, si le juge ne peut statuer par voie de référence à des décisions étrangères au litige, il ne lui est pas interdit d'apprécier, au regard des pièces qui lui sont soumises, notamment des décisions et avis rendus par une autorité de régulation, les éléments du comportement de la partie poursuivie constitutifs d'une faute ;

Attendu, en second lieu, qu'après avoir constaté que la société Cowes avait souscrit un contrat d'expérimentation du dégroupage auprès de la société Orange le 9 novembre 2000 correspondant à l'option 1, l'arrêt relève la succession de décisions et mises en demeure adressées par l'ART à la société Orange jusqu'en avril 2002 pour qu'elle procède à la publication d'une offre de référence, conforme aux attentes du régulateur, relative à l'accès à la boucle locale correspondant à cette option et en déduit que la société Orange n'a pas répondu à la demande de la société Cowes en publiant une offre de référence viable dans un délai compatible avec les impératifs économiques, comme l'exigeaient les règles relatives à la libre concurrence et les termes du décret du 12 septembre 2000 ; qu'il relève encore qu'à l'issue de plusieurs décisions du Conseil de la concurrence ayant conduit au prononcé de deux sanctions pécuniaires successivement infligées à la société France Télécom par des décisions devenues irrévocables en date des 13 mai 2004 et 7 novembre 2005, il a été constaté que le dégroupage de la boucle locale n'avait débuté effectivement qu'en 2003 et que le non-respect de l'injonction qui avait été adressée à la société Orange le 18 février 2000 concernant l'option 3, lui avait permis de fermer à ses concurrents le seul canal technique qui leur restait ouvert, le tarif proposé aux opérateurs à la fin de l'année 2000 pour cette option ne leur permettant pas, du fait de sa structure et de son niveau, de concurrencer de manière effective les offres de la société Orange ; qu'en cet état, la cour d'appel a distingué et caractérisé les différentes fautes reprochées à la société Orange ; que le moyen n'est pas fondé [...]

206. Cet arrêt du 26 avril 2017 de la chambre commerciale clôt l'affaire *Cowes* tout en apportant d'utiles précisions quant au rôle de la Cour de cassation dans le contrôle des conditions de mise en œuvre de la responsabilité civile pour abus de position dominante. Dans un contentieux « typique » du marché de la fourniture d'accès à Internet des années 2000, la société Cowes (anciennement Subiteo) demandait réparation des conséquences préjudiciables d'un abus de position dominante dont elle accusait France Télécom (devenue Orange). Étaient en cause les conditions tarifaires sur le marché de gros offertes par France Télécom à Cowes, fournisseur d'accès à Internet actif sur le marché du détail, pour accéder aux infrastructures essentielles dont seule France Télécom était gestionnaire en tant qu'ancien opérateur historique (la « boucle locale »). Un arrêt de la cour d'appel de Paris du 2 octobre 2015[208] avait donné gain de cause à la demanderesse (Cowes) dans une décision qui nous avait semblé mériter l'attention pour plusieurs raisons. D'abord, cette décision faisait suite à une action autonome (en *stand alone*) pour des faits relativement complexes. Elle prouvait ainsi qu'il est porté devant les juges du fond un contentieux autonome autre que celui, plus habituel, qui touche aux relations de distribution. Ensuite, il était intéressant d'observer dans cet arrêt l'influence de fait de la décision de l'ancien Conseil de la concurrence, qui avait statué sur ces mêmes pratiques mais pour d'autres victimes. La décision antérieure du Conseil avait ainsi servi de jalon au juge judiciaire, un peu à la manière des

208 CA Paris, ch. 5-11, 2 oct. 2015, *SAS Cowes (anciennement Subiteo) c/ SA Orange (anciennement France Télécom)*, RG 14/15779 ; *AJCA*, 2016, p. 152 et s., note R. Amaro.

décisions « pilotes » que certaines cours suprêmes pratiquent. Enfin, il avait été accordé 7 millions d'euros à Cowes en réparation de sa perte éprouvée du fait d'investissements réalisés en vain et de sa perte de chance de gagner des parts de marché. Rapportée aux 117 millions d'euros que Cowes demandait, la somme pourrait paraître dérisoire, mais dans l'historique des sommes accordées par les juridictions judiciaires françaises en réparation de pratiques anticoncurrentielles, elle figurait au rang des condamnations relativement lourdes.

207. L'arrêt de cassation ici commenté confirme cette décision en rejetant le pourvoi d'Orange. Le premier moyen s'articule en cinq branches qui toutes reprochent en substance à la cour d'appel de ne pas avoir relevé les éléments factuels suffisants pour caractériser l'existence d'une faute au sens de l'ancien article 1382 du code civil (un défaut de base légale, donc). Les trois dernières branches du moyen font notamment grief au juge du fond de s'être fondé sur des décisions étrangères au litige en cause, en l'occurrence des décisions de mesures conservatoires et un avis de l'ART (autorité sectorielle de régulation). Était invoqué un argument convenu : l'absence d'autorité de droit de ces décisions sur le juge judiciaire. La réponse de la Cour de cassation est didactique et, à notre sens, convaincante. Dans un premier attendu, elle écarte l'argument tiré de l'absence d'autorité de droit des décisions étrangères au litige par une formule de bon sens : « *[S]i le juge ne peut statuer par voie de référence à des décisions étrangères au litige, il ne lui est pas interdit d'apprécier, au regard des pièces qui lui sont soumises, notamment des décisions et avis rendus par une autorité de régulation, les éléments du comportement de la partie poursuivie constitutifs d'une faute [...]* »

208. Ainsi, il est évident que le juge ne peut trancher un cas d'espèce en appliquant mécaniquement la solution rendue dans un autre litige. Cela étant, rien ne l'empêche d'apprécier le caractère anticoncurrentiel d'une pratique en suivant l'analyse qu'une autorité de concurrence a pu faire au préalable d'une pratique identique. Somme toute, la Cour de cassation ne fait rien d'autre que de valider le raisonnement par analogie auquel a procédé la cour d'appel de Paris. Or, que le juge de la réparation raisonne par analogie avec une solution rendue par une autorité de concurrence ne veut pas dire qu'il abandonne son *jurisdictio*. Si l'analogie est solide en raison des grandes similarités factuelles avec une espèce jugée par une autorité, il y a des chances qu'il adopte une solution identique. Il est même plutôt de bonne justice que juges de la réparation et autorités de concurrence posent le même diagnostic sur une même pratique. À l'inverse, si l'analogie est fragile, faute pour les espèces d'être suffisamment similaires, le juge pourra plus facilement se détacher de la solution de l'autorité de concurrence. L'appréciation du juge n'en restera pas moins sous le contrôle de la Cour de cassation. C'est ce que l'on peut déduire du second attendu de la Cour en réponse à ce premier moyen. La Cour de cassation prend soin de caractériser avec minutie les éléments de fait sur lesquels la cour d'appel s'est appuyée pour qualifier la faute, qualification qu'elle approuve.

209. Le deuxième moyen fait en substance le même grief à l'arrêt d'appel à propos de la qualification du lien de causalité. La critique d'Orange est axée sur l'existence plausible d'autres éléments causaux qui expliqueraient les difficultés de Cowes, éléments qui n'ont pas été pris en compte par la cour d'appel. La Cour de cassation apporte une réponse comparable à celle sur la faute en reprenant à

son compte les éléments de fait relevés par l'arrêt d'appel. Elle envoie donc le même signal que pour la qualification de faute : elle se réserve le contrôle de la qualification du lien de causalité.

210. Le troisième moyen reproche à la cour d'appel, non plus un défaut de base légale, mais une violation de l'ancien article 1382 du code civil, du fait de la qualification de perte de chance retenue par la cour d'appel. Le moyen n'est pas plus étayé (outre une seconde branche sur une question peu intéressante ici). Sans surprise, il est rejeté par la Cour de cassation. Cette dernière approuve ainsi la qualification de perte de chance mais aussi celle de perte éprouvée. Elle affirme, là encore, sa volonté d'exercer un contrôle sur les types de préjudices réparés par les juges du fond. En revanche, elle s'en remet – comme en droit commun de la responsabilité civile – à leur appréciation souveraine pour le quantum de ces préjudices.

5. Force probante au civil de la non-contestation des griefs

CA Paris, ch. 5-4, 14 déc. 2016, *SNCF c/ Maître Pellegrini (liquidateur judiciaire de Switch)*, RG 13/08975

Il est constant que comme le rappelle justement la SNCF, l'acceptation de la procédure de non-contestation des griefs devant l'Autorité de la concurrence ne constitue ni un aveu ni une reconnaissance de culpabilité et que par ailleurs, une condamnation par l'Autorité de la concurrence, qui constitue une décision administrative et ne lie pas le juge, n'établit pas nécessairement l'existence d'une faute civile, laquelle est caractérisée par tout comportement qui portant atteinte à la libre concurrence, constitue une violation d'un texte de droit interne ou européen.

En l'espèce, il a été définitivement jugé par arrêt de la cour d'appel du 23 février 2010 qui a rejeté les recours contre la décision du Conseil de la concurrence rendue le 5 février 2009, et est devenu définitif, que le partenariat conclu entre la SNCF et la société Expedia, créant l'Agence VSC, constituait une entente prohibée par les dispositions des articles L 420-1 du code de commerce et 81 du traité CE devenu 101 du TFUE « comme ayant eu pour objet et pour effet » de favoriser leur filiale commune, l'Agence VSC, sur le marché des services d'agence de voyages « prestés » (fournis) pour les voyages de loisir au détriment des concurrents, en considérant qu'elle lui a permis et, à travers elle, à la société Expédia Inc, de bénéficier d'avantages qui leur ont été réservés, liés au partage du site marchand de la SNCF et, notamment, du trafic généré par l'achat de billets de train, de l'envoi de new[s]letters communes, du partage inégalitaire des revenus publicitaires et du bénéfice de la marque contenant la mention « SNCF » et ce, en violation des règles de concurrence, les autres agences de voyages ne pouvant pas accéder à ce canal, ni aux avantages qui en découlent, pour vendre leurs propres produits.

Il a donc définitivement été jugé que la SNCF a commis une pratique anticoncurrentielle illicite ayant eu des effets restrictifs de concurrence sur le marché des services d'agences de voyage[s] prestés pour les voyages de loisir, laquelle constitue nécessairement une faute de nature à engager sa responsabilité civile sur le fondement de l'article 1382 du code civil.

211. Cet arrêt fait suite à l'entente entre la SNCF et Expedia sanctionnée par l'ancien Conseil de la concurrence en 2009[209]. Les deux sociétés avaient créé une filiale commune (l'Agence VSC), dont l'objet était d'offrir des services d'agence de voyages avec les synergies que l'on imagine entre les activités historiques de ces deux entreprises. Quatre concurrents directs d'Expedia (Karavel, Promovacances.com, Lastminute et Switch) avaient saisi l'ancien Conseil pour dénoncer la création de cette filiale commune. La pratique fut qualifiée d'entente entre la SNCF et Expedia « *ayant pour objet et pour effet de favoriser leur filiale commune sur le marché des services d'agence de voyage[s] prestés pour les voyages de loisirs au détriment de ses concurrents* ». La décision sera confirmée[210]. La présente affaire est introduite par le liquidateur de Switch, l'une des quatre plaignantes (Maître Pellegrini). En première instance, un jugement du tribunal de commerce de Paris[211] assorti de l'exécution provisoire lui a donné gain de cause et lui a accordé 8,9 millions d'euros en réparation du préjudice causé par cette entente ainsi que 30 000 euros sur le fondement de l'article 700 du code de procédure civile.

212. L'arrêt ici commenté confirme ce jugement de première instance sur la plupart des points. Sa motivation est structurée en plusieurs parties qui suivent *grosso modo* les conditions de la responsabilité civile. Concernant la faute civile et puisqu'il s'agit d'une action complémentaire, la juridiction s'appuie logiquement sur la décision préalable de l'ancien Conseil de la concurrence. La cour d'appel de Paris apporte, ce faisant, deux précisions qui, sans être nouvelles, sont utiles. La première concerne la valeur au civil de la non-contestation des griefs. La réponse de la cour mérite d'être citée *in extenso* : « *Il est constant que comme le rappelle justement la SNCF, l'acceptation de la procédure de non-contestation des griefs devant l'Autorité de la concurrence ne constitue ni un aveu ni une reconnaissance de culpabilité et que par ailleurs, une condamnation par l'Autorité de la concurrence, qui constitue une décision administrative et ne lie pas le juge, n'établit pas nécessairement l'existence d'une faute civile, laquelle est caractérisée par tout comportement qui portant atteinte à la libre concurrence, constitue une violation d'un texte de droit interne ou européen.* »

213. Ainsi, il est désormais bien établi en jurisprudence que la condamnation à la suite d'une procédure de non-contestation des griefs ne permet pas d'en déduire « *nécessairement* » l'existence d'une faute civile. C'est, semble-t-il, le sens qu'il faut donner à la seconde portion du considérant à partir de « *par ailleurs* ».

214. Une autre interprétation serait possible, qui consisterait à y voir une reconnaissance de la conception dualiste des fautes : la faute « concurrentielle » ne serait pas « nécessairement » une faute civile. Mais cette interprétation est mise à mal par le considérant suivant, dans lequel la cour affirme qu'il « *a donc définitivement été jugé que la SNCF a commis une pratique anticoncurrentielle illicite ayant*

---

209 Cons. conc., déc. n° 09-D-06 du 5 févr. 2009 relative à des pratiques mises en œuvre par la SNCF et Expedia Inc. dans le secteur de la vente de voyages en ligne.

210 Cass. com., 16 avr. 2013, n° 10-14.881, *Bull. civ.* IV, n° 64 ; *D.* 2013, p. 1061 ; *ibid.* 2014, p. 893, obs. D. Ferrier ; *RTD com.* 2013, p. 518, obs. E. Claudel ; *RTD eur.* 2014, p. 474, obs. F. Zampini.

211 T. com. Paris, 15e ch., 26 avr. 2013, *Maître G. Pellegrini (ès qualités de liquidateur judiciaire de la société Switch) c/ SNCF*, RG 2012002045.

eu des effets restrictifs de concurrence sur le marché des services d'agences de voyage[s] prestés pour les voyages de loisir, laquelle constitue nécessairement une faute de nature à engager sa responsabilité civile sur le fondement de l'article 1382 du code civil ».

215. Autrement dit, il semble qu'il faille comprendre la position de la cour d'appel de Paris de cette façon :

- la décision de condamnation prise en application d'une procédure de non-contestation des griefs ne vaut « pas nécessairement » constat de faute civile devant les juridictions judiciaires ;
- en revanche, lorsque la décision de condamnation établit de façon indiscutable l'existence de la pratique alléguée, même s'il a été fait recours à la non-contestation des griefs, il découle « nécessairement » de ce constat d'infraction l'existence d'une faute civile.

6. Caractère non contraignant d'une décision d'engagements et/ou d'un avis d'une autorité de concurrence – Force probante au civil de l'évaluation préliminaire d'une pratique suspecte

CJUE, 3e ch., 23 nov. 2017, *Gasorba*, aff. C-547/16, ECLI:EU:C:2017:891[212]

26. En effet, dès lors que, aux termes de l'article 9, paragraphe 1, du règlement n° 1/2003, lu à la lumière du considérant 13 de ce règlement, la Commission peut se livrer à une simple « évaluation préliminaire » de la situation concurrentielle, sans que, par la suite, la décision relative aux engagements prise sur le fondement de cet article établisse s'il y a eu ou s'il y a toujours une infraction, il ne saurait être exclu qu'une juridiction nationale conclue que la pratique faisant l'objet de la décision sur les engagements méconnaît l'article 101 TFUE et que, ce faisant, elle entende, à la différence de la Commission, établir une infraction à cet article.

27. Par ailleurs, les considérants 13 et 22 du règlement n° 1/2003, lus conjointement, précisent explicitement que les décisions relatives aux engagements, sont sans préjudice de la faculté qu'ont les autorités de la concurrence et les juridictions des États membres de statuer sur l'affaire, et n'affectent pas le pouvoir qu'ont les juridictions et les autorités de concurrence des États membres d'appliquer les articles 101 et 102 TFUE.

28. Il s'ensuit qu'une décision prise sur le fondement de l'article 9, paragraphe 1, du règlement n° 1/2003 ne saurait créer une confiance légitime à l'égard des entreprises concernées quant au fait que leur comportement serait conforme à l'article 101 TFUE. En effet, ainsi que Mme l'avocat général l'a relevé au point 39 de ses conclusions, la décision sur les engagements ne saurait « légaliser » le comportement de l'entreprise concernée sur le marché, et encore moins rétroactivement.

---

212 *Europe*, 2018/1, comm. 18, note L. Idot ; *RDC* 2018, p. 92, note L. Idot ; *Contrats, conc., consom.* 2018/1, comm. 16, note D. Bosco ; *ibid.*, 2018/2, comm. 34, note G. Decocq ; *Concurrences* n° 1-2018, www.concurrences.com, obs. A. Ronzano ; *e-Competitions Bulletin* November 2017, obs. F. Depoortere et al.

29. Pour autant, les juridictions nationales ne sauraient ignorer ce type de décisions. En effet, de tels actes présentent, en tout état de cause, un caractère décisoire. En outre, tant le principe de coopération loyale, énoncé à l'article 4, paragraphe 3, TUE, que l'objectif d'une application efficace et uniforme du droit de la concurrence de l'Union imposent au juge national de tenir compte de l'évaluation préliminaire de la Commission et de la considérer comme un indice, voire comme un commencement de preuve, du caractère anticoncurrentiel de l'accord en cause au regard de l'article 101, paragraphe 1, TFUE.

30. Dans ces conditions, il convient de répondre à la première question que l'article 16, paragraphe 1, du règlement n° 1/2003 doit être interprété en ce sens qu'une décision sur les engagements adoptée par la Commission concernant certains accords entre entreprises, au titre de l'article 9, paragraphe 1, de ce règlement, ne s'oppose pas à ce que les juridictions nationales examinent la conformité desdits accords aux règles de concurrence et constatent, le cas échéant, la nullité de ces derniers en application de l'article 101, paragraphe 2, TFUE.

216. L'arrêt *Gasorba* rendu le 23 novembre 2017 par la Cour de justice répond à une intéressante question relative à l'articulation entre les procédures d'engagement devant la Commission européenne et le contentieux privé devant le juge national. Il est à noter qu'il a rapidement été suivi par un jugement de l'ancien tribunal de grande instance de Paris du 22 février 2018[213] qui en reprend l'un des principaux apports et que sa solution a été appliquée quelques semaines plus tard par la cour d'appel de Paris dans un arrêt du 20 décembre 2017[214] sans qu'il n'y soit fait de référence explicite. Ces deux décisions sont présentées aux commentaires suivants. Depuis la première édition de ce recueil, on notera que la Cour de cassation a aussi validé cette position[215].

217. En l'espèce, l'affaire fait suite à la décision d'engagements de la Commission quant aux pratiques de la société pétrolière Repsol. Suspectée de violer l'article 101 § 1 du TFUE par les contrats d'exclusivité à long terme passés avec les exploitants de stations-service, Repsol avait proposé une série d'engagements destinés à atténuer l'effet de verrouillage desdits contrats. Une décision de 2006 avait rendu ces engagements obligatoires[216]. Deux ans plus tard, en avril 2008, la société Gasorba, contractante de Repsol, engage devant le Juzgado de lo Mercantil de Madrid (tribunal de commerce madrilène) une action en nullité du contrat et en réparation de son préjudice. Déboutée en première instance et en appel, elle forme un pourvoi en cassation devant le Tribunal Supremo (la Cour suprême espagnole) pour soutenir que rien n'empêche un juge national d'annuler un contrat visé par une décision d'engagements. Le Tribunal Supremo décide alors de poser une question préjudicielle à la Cour de justice de l'Union en raison des doutes qui sont les siens quant à l'étendue de la compétence des juridictions nationales au regard des

---

213 V. *infra* n° 222 et s.
214 V. *infra* n° 226 et s.
215 Cass. com., 14 oct. 2020, n° 18-24.221, inédit.
216 Aff. COMP/B-1/38.348 – *Repsol CPP*.

articles 9 et 16 du règlement (CE) nº 1/2003. Pour mémoire, ces articles régissent respectivement les décisions d'engagements et l'effet des décisions de la Commission européenne sur les juridictions nationales. Intitulé « Application uniforme du droit communautaire de la concurrence », l'article 16 impose ainsi aux juridictions nationales de ne pas prendre de décisions contraires à celles de la Commission européenne. La Cour de justice est donc saisie de deux questions préjudicielles. Il lui est demandé si le juge national peut prononcer la nullité nonobstant une décision d'engagements (première question) et, dans l'affirmative, si les accords en cause peuvent bénéficier d'une exemption individuelle (deuxième question).

218. Dans sa réponse, la Cour commence par rappeler la portée d'une décision d'engagements. Elle énonce qu'une telle décision « *ne certifie pas la conformité de la pratique, qui faisait l'objet de préoccupations, à l'article 101 TFUE* »[217] et ne contient qu'une « *évaluation préliminaire* » qui n'empêche pas un juge national de considérer qu'elle viole l'article 101 du TFUE et d'en tirer les conséquences civiles, en l'occurrence la nullité[218]. Puis la Cour conclut par une précision importante : « *Pour autant, les juridictions nationales ne sauraient ignorer ce type de décisions. En effet, de tels actes présentent, en tout état de cause, un caractère décisoire. En outre, tant le principe de coopération loyale, énoncé à l'article 4, paragraphe 3, TUE, que l'objectif d'une application efficace et uniforme du droit de la concurrence de l'Union imposent au juge national de tenir compte de l'évaluation préliminaire de la Commission et de la considérer comme un indice, voire comme un commencement de preuve, du caractère anticoncurrentiel de l'accord en cause au regard de l'article 101, paragraphe 1, TFUE*[219]. » La solution était prévisible mais a désormais l'avantage d'être claire.

219. La Cour de justice précise, en outre, la force probante de cette évaluation préliminaire devant le juge national : c'est un « *un indice, voire [...] un commencement de preuve* ». Cette précision est fondée sur le principe de coopération loyale qui lie Commission et juge national. Mais il n'est guère besoin d'un tel principe pour fonder une identité de solution dans les rapports entre le juge et les autorités nationales de concurrence. Le simple bon sens l'exige et si elle n'exerce pas d'autorité de droit au sens de l'article 9 de la directive 2014/104/UE et du nouvel article L. 481-1 du code de commerce, la décision d'engagements exerce bien une autorité de fait sur le juge.

220. Il n'en faudra pas moins traduire en droit français de la preuve ces notions « d'indice » et de « commencement de preuve » que cite la Cour. On peut être à peu près sûr que ces deux notions ne renvoient pas à une présomption légale de faute. Outre qu'il n'existe pas de présomption de faute dans le droit antérieur à la directive, applicable à l'espèce dont avait à connaître la Cour, cette présomption ne vaut, dans le droit réformé, que pour les décisions de condamnation, comme le prévoient les deux dispositions citées au paragraphe précédent. L'expression de « commencement de preuve » ne paraît pas plus devoir être assimilée au commencement de

---

217 *Gasorba*, pt 25.

218 *Ibid.*, pt 26.

219 *Ibid.*, pt 29.

preuve par écrit de l'actuel article 1362 du code civil (anc. art. 1347) puisqu'il s'agit d'une notion qui régit la preuve des actes juridiques et non pas celle des faits juridiques comme le sont les conditions de mise en œuvre de la responsabilité civile. La seule notion connue du droit français de la preuve à laquelle pourraient renvoyer ces notions « d'indice » et de « commencement de preuve » nous semble être l'indice « *précis, grave et concordant* » de l'article 1382 du code civil (anc. art. 1353) nécessaire au déclenchement d'une présomption judiciaire. Autant dire que la précision n'est guère utile, car tout dépendra de l'espèce et du contenu de l'évaluation préliminaire de l'autorité. Plus cette évaluation sera accablante pour l'entreprise en cause, plus le juge civil sera porté à y trouver les éléments pour qualifier l'existence d'une faute civile et inversement.

221. En conclusion et comme on s'en doutait déjà, l'acceptation d'engagements ne protège pas l'entreprise qui s'engage d'éventuelles actions complémentaires en nullité ou en réparation. Bien au contraire même ! Si l'on en juge à la force probante que la Cour de justice attribue à la décision d'engagements, l'acceptation d'engagements pourrait inciter les victimes à l'action. Ce serait finalement l'un des effets pervers et mal anticipés de l'intensification du contentieux de la réparation, alors qu'au moment des négociations de la directive 2014/104/UE, les discussions se sont surtout cristallisées sur la préservation de l'efficacité des programmes de clémence.

TGI Paris, 5e ch. 2e sect., 22 févr. 2018, *Sté Betclic Enterprises Limited c/ G.I.E. Pari Mutuel Urbain*, RG 15/09129[220]

Il convient de préciser que dans le cadre de l'évaluation préliminaire, l'autorité de la concurrence se cantonne à décrire les pratiques reprochées à l'entreprise et à exposer en quoi elles pourraient être anticoncurrentielles.

L'évaluation préliminaire doit permettre le contrôle du caractère approprié des engagements. Elle se distingue ainsi de la notification de griefs en ce qu'elle ne constitue pas un acte d'accusation au sens de l'article 6 § 1 de la Convention de sauvegarde des droits de l'homme et des libertés fondamentales car elle n'a pas pour objet de prouver la réalité et l'imputabilité des infractions au droit de la concurrence en vue de les sanctionner.

Ainsi, dans le cadre d'une procédure d'engagement le dossier est clos avant toute appréciation définitive des pratiques suscitant des préoccupations de concurrence, sans constat d'infraction ou d'absence d'infraction à la concurrence.

Toutefois, une décision d'engagements ne met pas l'entreprise à l'abri de poursuites judiciaires devant les juridictions de droit commun. En effet, l'entreprise ayant souscrit des engagements demeure responsable devant les juridictions de droit commun du préjudice subi par les victimes des pratiques ayant donné lieu aux engagements s'il est avéré que ces pratiques étaient anticoncurrentielles. Il appartient néanmoins dans ce cas au demandeur d'apporter la preuve des éléments constitutifs, de faits de concurrence prohibée lui causant préjudice.

---

220 *Concurrences* n° 3-2018, pp. 102-104, note F. Marty ; *Concurrences* n° 2-2018, www.concurrences.com, obs. M. Chagny ; *Concurrences* n° 2-2018, www.concurrences.com, obs. S. Destours.

Cependant, le juge de droit commun peut tenir compte des éléments contenus dans cette décision et les considérer comme un indice ou un commencement de preuve, afin d'apprécier le caractère anticoncurrentiel des pratiques en cause au regard des articles L. 420-2 du code de commerce et 102 TFUE.

CA Paris, ch. 5-4, 12 sept. 2018, *G.I.E. Pari Mutuel Urbain c/ Sté Betclic Enterprises Limited*, RG 18/04914

L'adoption d'une décision d'acceptation d'engagements ni ne certifie la conformité au droit de la concurrence des pratiques faisant l'objet de préoccupations, ni n'atteste de leur caractère infractionnel au dit droit, l'Autorité de la concurrence ne s'étant livrée qu'à une simple évaluation préliminaire de la situation concurrentielle qui n'a pas pour objet de prouver la réalité et l'imputabilité d'infractions au droit de la concurrence mais d'identifier des 'préoccupations de concurrence' susceptibles de constituer une pratique prohibée.

Des préoccupations de concurrence n'établissant pas l'existence de pratiques anticoncurrentielles, il appartient à la société X, qui se prétend victime de telles pratiques et entend obtenir réparation du préjudice qu'elle estime avoir subi, de démontrer que les trois conditions de la responsabilité civile de droit commun sont remplies, à savoir une faute qui serait constituée, selon elle, par une infraction aux règles du droit de la concurrence et un préjudice en lien direct de causalité.

La cour rappelle que si la décision d'engagements ne peut en général servir de seul fondement à la caractérisation d'un abus de position dominante, cette décision constituant dans la plupart des cas un simple commencement de preuve, il ne peut être exclu qu'elle y trouve des éléments suffisants en soi à fonder la responsabilité de l'opérateur.

222. Le jugement du 22 février 2018 de l'ancien tribunal de grande instance de Paris tire les conséquences de l'arrêt *Gasorba* et étend sa solution aux décisions d'engagements de l'Autorité de la concurrence rendues en matière d'abus de position dominante. Depuis la première édition de ce recueil, il a été confirmé par la cour d'appel de Paris dans un arrêt du 12 septembre 2018, dont la motivation pertinente est également citée ci-dessus, arrêt lui-même confirmé par la Cour de cassation dans un arrêt du 14 octobre 2020 à la diffusion restreinte[221].

223. Le contentieux oppose le PMU, opérateur historique bien connu dans le secteur des paris hippiques, et la société Betclic, l'un de ses concurrents sur le seul marché des paris hippiques en ligne. Après avoir rendu un premier avis en 2011[222] sur les paris en ligne, l'Autorité de la concurrence a statué plus précisément sur la situation du PMU dans une décision d'engagements de 2014[223]. Elle y rend obligatoire, à compter de décembre 2015, la séparation des masses d'enjeux du PMU entre ses activités en dur – encore sous

221 Cass. com., 14 oct. 2020, n° 18-24.221, inédit.

222 Aut. conc., avis n° 11-A-02 du 20 janv. 2011 relatif au secteur des jeux d'argent et de hasard en ligne.

223 Aut. conc., déc. n° 14-D-04 du 25 févr. 2014 relative à des pratiques mises en œuvre dans le secteur des paris hippiques en ligne.

monopole – et ses activités en ligne – ouvertes à la concurrence. L'objectif de ces engagements est d'éviter que le PMU n'use des importantes masses d'enjeux de son activité sous monopole pour gagner en compétitivité sur le marché en ligne en proposant, par exemple, des gains plus intéressants que ses concurrents qui ne disposent pas du même avantage concurrentiel. La demanderesse – Betclic – assigne le PMU en réparation du préjudice causé par cette mutualisation qu'elle estime être un abus de position dominante au sens des articles 102 du TFUE et L. 420-2 du code de commerce. Elle demande 149,5 millions d'euros pour la période courant de son entrée sur le marché à l'application des engagements visant à la séparation des masses d'enjeux (2010-2015). L'ancien tribunal de grande instance lui donne gain de cause quant au principe de la responsabilité du PMU mais commet un expert judiciaire pour évaluer le montant du préjudice.

224. Quant à la faute, le premier apport du jugement est, comme nous l'indiquions, d'étendre la solution de l'arrêt *Gasorba* aux décisions de l'Autorité de la concurrence. Dans une motivation très didactique, le tribunal juge qu'une « *décision d'engagements ne met pas l'entreprise à l'abri de poursuites judiciaires devant les juridictions de droit commun. [...] Il appartient néanmoins dans ce cas au demandeur d'apporter la preuve des éléments constitutifs, de faits de concurrence prohibée lui causant préjudice. Cependant, le juge de droit commun peut tenir compte des éléments contenus dans cette décision et les considérer comme un indice ou un commencement de preuve, afin d'apprécier le caractère anticoncurrentiel des pratiques en cause au regard des articles L. 420-2 du code de commerce et 102 TFUE* ».

225. La motivation du tribunal est très proche de celle de la Cour de justice. On y retrouve même la mention de la valeur « d'indice » ou de « commencement de preuve » de l'évaluation préliminaire de l'Autorité, termes employés par la Cour. Le tribunal étend cette solution aux avis de l'Autorité. Le contraire eût été surprenant. L'avis n'ayant pas même une dimension contentieuse, il serait fort discutable qu'il s'imposât au juge. Le tribunal se fonde même sur l'article 64 de la Constitution, qui consacre l'indépendance du juge pour en conclure que, « *en tant qu'autorité administrative indépendante, l'Autorité ne peut pas lier une autorité juridictionnelle* ».

L'affirmation n'a rien de choquant pour un avis ou pour une décision d'engagements, mais sa formulation générale n'est guère heureuse. Elle laisse penser que le juge ne peut jamais être tenu par une décision d'une autorité. Or, c'est précisément le contraire que prévoit l'article L. 481-2, alinéa 1er, du code de commerce pour les décisions de condamnations de l'Autorité, qui transpose l'article 9 de la directive 2014/104/UE. La motivation un peu trop générale du tribunal est donc contestable au regard du droit de l'Union. Elle n'en ouvre pas moins des perspectives aux parties qui voudraient discuter de la constitutionnalité de la nouvelle présomption de faute du code de commerce... Cela étant, on peut observer que la « déclaration d'indépendance » du tribunal de grande instance ne l'empêche pas de reprendre à son compte une série de constatations de l'Autorité, dont il cite en détail la décision de 2014, pour qualifier l'abus de position dominante du PMU.

CA Paris, ch. 5-4, 20 déc. 2017, *SA SREP (anciennement SA Eco-Emballages) et SA Valorplast c/ SARL DKT International*, RG 15/07583

Les parties s'accordent à reconnaître que l'adoption d'une décision d'acceptation d'engagements ni ne certifie la conformité au droit de la concurrence des pratiques faisant l'objet de préoccupations, ni n'atteste de leur caractère infractionnel au dit droit, l'Autorité de la concurrence ne s'étant livrée qu'à une simple évaluation préliminaire de la situation concurrentielle qui n'a pas pour objet de prouver la réalité et l'imputabilité d'infractions au droit de la concurrence mais d'identifier des « préoccupations de concurrence » susceptibles de constituer une pratique prohibée.

Des préoccupations de concurrence n'établissant pas l'existence de pratiques anticoncurrentielles, il appartient à la société DKT, qui se prétend victime de telles pratiques et entend obtenir réparation du préjudice qu'elle estime avoir subi, de démontrer que les trois conditions de la responsabilité civile de droit commun sont remplies, à savoir une faute qui serait constituée, selon elle, par une infraction aux règles du droit de la concurrence (entente prohibée par l'article L. 420-1 du code de commerce et/ou abus de position dominante visé à l'article L. 420-2 du code de commerce) et un préjudice en lien direct de causalité.

226. Dans le droit fil des décisions précédentes, on peut encore faire état de l'arrêt du 20 décembre 2017 de la cour d'appel de Paris rendu dans l'affaire *DKT* déjà évoqué ci-dessus pour son apport à la question de la recevabilité des éléments de preuve tirés du dossier des autorités de concurrence[224]. Cet arrêt conforte la force probante des décisions d'engagements devant le juge de la réparation tout en réitérant une solution désormais bien établie quant à la production des pièces du dossier de l'Autorité de la concurrence.

227. Cette affaire d'abus de position dominante dans le secteur du recyclage de déchets a déjà donné lieu à une première suite de décisions sur le terrain de la preuve[225]. En 2015, un jugement du tribunal de commerce de Paris statuant au fond a finalement donné gain de cause à la société demanderesse – DKT – en lui accordant 350 000 euros en réparation des divers préjudices qu'elle alléguait[226]. C'est sur ce jugement que la cour d'appel de Paris statue ici. Après l'avoir annulé pour violation de l'article 447 du code de procédure civile sur la composition de la juridiction, la cour d'appel déboute la société demanderesse. Elle le fait au terme d'une motivation détaillée qui la conduit à considérer qu'aucun abus n'a été commis.

---

224 V. *supra* n° 159.

225 CA Paris, ch. 5-4, 24 sept. 2014, *SARL DKT International c/ SA Eco-Emballages et Valorplast*, RG 12/06864 ; *Concurrences* n° 4-2014, www.concurrences.com, obs. A. Ronzano ; *Concurrences* n° 1-2015, pp. 178-180, obs. C. Lemaire, S. Naudin, infirmant T. com. Paris, 15e ch., 16 mars 2012, *SARL DKT International c/ SA Eco-Emballages et Valorplast*, RG 2011023307 ; *Concurrences* n° 2-2012, pp. 142-145, note C. Lemaire, S. Naudin ; *Concurrences* n° 2-2012, www.concurrences.com, obs. L.-F. Martin ; *Concurrences* n° 2-2012, www.concurrences.com, obs. A. Ronzano.

226 T. com. Paris, 15e ch., 30 mars 2015, *SARL DKT International c/ SA Eco-Emballages et Valorplast*, RG 2012000109 ; *RLDA*, 2015/107, p. 29, note R. Amaro et H. Vey-Morit ; *Concurrences* n° 3-2015, pp. 154-156, note C. Lemaire ; *Concurrences* n° 3-2015, pp. 79-81, note A. Wachsmann, N. Zacharie ; *Concurrences* n° 3-2015, www.concurrences.com, obs. A. Ronzano.

228. Sans discuter du bien-fondé de cette appréciation qui touche au fond du droit de la concurrence, on s'en tiendra à relever ici deux enseignements.

229. Alors qu'en première instance, la demanderesse à l'action en réparation s'était appuyée de façon décisive sur la décision d'engagements de l'Autorité de la concurrence, ici la cour d'appel de Paris s'en détache et porte une nouvelle appréciation sur les pratiques en cause. Elle confirme, ce faisant, que le juge n'est pas tenu par la décision d'engagements et qu'il appartient au demandeur d'établir les conditions de la responsabilité civile du défendeur. Au vu de la chronologie de l'affaire, il est vraisemblable que les juges parisiens n'aient pas eu connaissance de l'arrêt *Gasorba* quand ils ont rédigé leur décision. Outre qu'aucune référence n'y est faite – contrairement au tribunal de grande instance de Paris dans le jugement *Betclic* –, les termes employés diffèrent. La solution n'en est pas moins la même, ce qui est plutôt rassurant.

230. Deuxième apport de cet arrêt : il fait la preuve que tout n'est pas joué en cas de décision d'engagements. Si dans de nombreuses affaires, la décision d'engagements fera lourdement pencher la décision du juge civil en faveur du demandeur à l'action en réparation, la preuve est là que ce ne sera pas toujours le cas. Juridiquement, une décision d'engagements n'a donc aucune autorité de droit, il faut le redire, c'est un simple indice parmi d'autres de l'existence d'une pratique anticoncurrentielle.

231. Reste qu'en pratique, cet effet probatoire limité de la décision d'engagements pourra se muer en « autorité de fait » sur le juge de la réparation. Il y a même fort à parier que l'indépendance du juge par rapport à l'appréciation préalable de l'autorité de concurrence soit proportionnelle à sa maîtrise du droit de la concurrence... Dans cette affaire, et sans même porter d'appréciation au fond, le contraste entre le jugement de première instance et l'arrêt d'appel est saisissant.

7. Influence de fait de l'avis de l'Autorité de la concurrence sur les juridictions judiciaires

CA Paris, ch. 5-4, 25 nov. 2015, *SARL Google France, société Google Inc. c/ Société Evermaps*, RG 12/02931

Considérant que l'ADLC a constaté que l'existence d'une stratégie d'éviction de la part de Google n'était pas établie ; qu'elle n'a trouvé aucune preuve d'une intention d'éviction ; qu'elle constate que les prix pratiqués par Google sont identiques [quel que] soit le pays considéré, ce qui tend à relativiser la pertinence d'une stratégie de prédation mise en œuvre au niveau national ;

[...]

Considérant que la pratique de l'article L 420-2 dénoncée par la société Bottin Cartographe[s] n'est pas établie [...]

232. Cet arrêt de la cour d'appel de Paris infirme le jugement du tribunal de commerce de Paris rendu dans l'affaire *Google Maps*. Saisie par la société de droit français Bottin Cartographes, devenue depuis Evermaps, la juridiction consulaire avait considéré que l'offre gratuite de service cartographique Google Maps de la société

Google constituait un abus de position dominante. Donnant gain de cause à la demanderesse, elle-même éditrice de cartes en ligne et concurrente de Google Maps, elle lui avait accordé 500000 euros de dommages et intérêts[227]. Saisie par Google, la cour d'appel de Paris avait usé de la faculté de l'article L. 462-3 du code de commerce, pour solliciter l'avis de l'Autorité de la concurrence avant de statuer[228]. Rendu un an plus tard, l'avis était largement favorable à Google[229]. La cour d'appel de Paris dans cet arrêt suit la position de l'Autorité et déboute la demanderesse à l'action en réparation.

233. Quant au fond de l'affaire, on renverra à d'autres commentaires[230] et l'on se cantonnera ici à observer l'intérêt de la procédure d'avis. À l'avenir, il semble que cette procédure, assez peu usitée, puisse connaître un certain succès. S'il ne saurait être question d'en généraliser l'usage à tous les procès, pour les contentieux autonomes les plus complexes, l'avis permet aux juridictions judiciaires de bénéficier de l'expertise de l'Autorité, tout en évitant les délais et les coûts inhérents aux contentieux complémentaires. Au cas d'espèce, il est vrai que le jugement de première instance avait pu paraître lapidaire, et sans doute n'eût-il pas été inutile que la juridiction consulaire consultât elle-même l'Autorité... Le développement d'un contentieux autonome crédible devant les juridictions judiciaires est peut-être à ce prix.

8. Influence de fait des décisions de l'Autorité de la concurrence sur les juridictions administratives

CAA Nantes, 4e ch., 10 mai 2017, *Département du Morbihan c/ Sté Signalisation France*, n° 16NT01778[231]

6. Considérant, enfin, qu'il résulte de la décision de l'autorité de la concurrence du 22 décembre 2010 et de l'arrêt de la cour d'appel de Paris du 29 mars 2012 que la société Signature SA est à l'origine de la mise en place en 1997 du « cartel de la signalisation verticale » en France, qui sera démantelé en 2006 et qui a permis à huit sociétés, dont Signature SA, de se répartir les marchés de panneaux de signalisation par application d'un plan anticoncurrentiel ; que, dans ces conditions, la société Signalisation France n'est pas fondée à soutenir que le département du Morbihan, qui a conclu le 26 février 1999 avec la société Signature SA un marché de fourniture et de pose de panneaux de signalisation, n'établirait pas, par la seule référence à ces décisions, l'existence d'un préjudice résultant des agissements dolosifs de cette société dans la conclusion de ce marché [...]

---

227 T. com. Paris, 15e ch., 31 janv. 2012, *SAS Bottin Cartographes c/ SARL Google France et Google Inc.*, RG 2009061231 ; *Contrats, conc., consom.* 2012/5, comm. 129, note G. Decocq ; *Comm. com. électr.* 2012/5, comm. 51, obs. M. Chagny.

228 CA Paris, ch. 5-4, 20 nov. 2013, *SARL Google France, société Google Inc. c/ Société Evermaps*, RG 12/02931 ; *Comm. com. électr.* 2014/1, comm. 6, obs. M. Chagny.

229 Aut. conc., avis n° 14-A-18 du 16 déc. 2014 rendu à la cour d'appel de Paris concernant un litige opposant la société Bottin Cartographes SAS aux sociétés Google Inc. et Google France.

230 *Concurrences* n° 1-2016, pp. 101-103, note A.-L. Sibony ; *Concurrences* n° 1-2016, www.concurrences.com, obs. A. Ronzano ; *e-Competitions Bulletin* November 2015, obs. G. Accardo.

231 TA Paris, 3e sect. 3e ch., 31 mai 2016, *SNCF Mobilités*, n° 1104965.

CAA Nancy, 4e ch., 21 mars 2017, *Département de la Meuse c/ Signaux Girod*, n° 15NC02367

6. Considérant, en premier lieu, que le département de la Meuse dirige son action en responsabilité à l'encontre de la société Signaux Girod pour le préjudice qu'il estime avoir subi en raison des surprix pratiqués lors de la passation entre 1997 et 2006 de trois marchés publics de fourniture et de pose d'équipements de signalisation routière verticale conclus en 1997, 1999 et 2003 ;

7. Considérant qu'il résulte de l'instruction que le marché attribué le 17 avril 1997 à la société Signal Est, dont la société Signaux Girod détenait alors une partie du capital social, ainsi que le marché conclu le 14 décembre 1999 avec la société Signal Est, qui a été transféré en cours d'exécution à la société Est Girod, filiale de la société Signaux Girod, n'ont pas été conclus par le département de la Meuse avec la société Signaux Girod ; qu'il suit de là que l'action en responsabilité intentée par le département de la Meuse à l'encontre de la société Signaux Girod au titre des deux marchés précités ne peut qu'être rejetée comme mal dirigée ;

[...]

12. Considérant qu'il résulte de l'instruction que la cour d'appel de Paris a confirmé, par un arrêt du 29 mars 2012 devenu définitif, la décision de l'Autorité de la concurrence du 22 décembre 2010, condamnant la société Signaux Girod à une amende de 6,94 millions d'euros, pour violation de l'article L. 420-1 du code du commerce prohibant les ententes anticoncurrentielles ; [...] qu'ainsi qu'il a été dit au point 8, la société Signaux Girod a conclu le 4 février 2003 avec le département de la Meuse un marché triennal à bons de commande n° 2003-003 pour les années 2003 à 2005, de fourniture, de transport et livraison de dispositifs de signalisation verticale, lors de la période au cours de laquelle le juge de la concurrence a caractérisé une pratique d'entente ; que compte tenu de l'ensemble de ces éléments, et alors que la société Signaux Girod n'a pas contesté que le marché triennal à bons de command[e] n° 2003-003 susmentionné avait fait partie de l'entente, le département de la Meuse, qui apporte la preuve qui lui incombe, est fondé à soutenir que la responsabilité quasi[ ]délictuelle de la société Signaux Girod est susceptible d'être engagée en raison de ses agissements dolosifs susceptibles d'avoir conduit le département à contracter avec elle à des conditions de prix désavantageuses ;

[...]

13. Considérant qu'il résulte de l'instruction et notamment des faits relevés par le juge de la concurrence que l'entente a entraîné sur le marché de la fabrication de panneaux de signalisation routière un surprix, d'un ordre de grandeur, a minima, de 5 à 10 % ainsi que le corrobore plus particulièrement la baisse des prix à la suite de l'éclatement du « cartel de la signalisation verticale » ; qu'il suit de là que, contrairement à ce que soutient la société Signaux Girod, le lien de causalité entre l'agissement dolosif de la société et l'existence d'un prix conclu à des conditions désavantageuses pour le marché n° 2003-003 doit être regardé comme établi [...]

234. Ces deux affaires – choisies parmi bien d'autres – apportent d'utiles enseignements sur l'influence de la décision des autorités de concurrence dans le contentieux de la réparation des préjudices subis par les personnes publiques. Elles font toutes les deux suite au cartel dit « de la signalisation verticale », déjà évoqué à plusieurs reprises, et condamné par l'Autorité de la concurrence dans une décision de 2010[232].

235. Le premier arrêt a été rendu par la cour administrative d'appel de Nantes le 10 mai 2017. Il statue sur l'action en réparation du département des Côtes-d'Armor contre une des entreprises condamnées par l'Autorité dans cette affaire. Le département demande 2,4 millions d'euros pour le surprix causé par trois appels d'offres faussés entre 1998 et 2006. Point notable ici : la cour déduit de la décision de condamnation de l'Autorité l'existence d'une faute mais aussi celle d'un lien de causalité avec le préjudice allégué, et même le principe dudit préjudice, ne laissant au département que la tâche d'en établir le quantum. Comme le dit la cour, ces éléments sont établis « *par la seule référence à ces décisions* » (celles de l'Autorité et de la cour d'appel de Paris saisie sur recours). Le jugement de première instance est confirmé et la requête de la société en cause est rejetée.

236. Le deuxième arrêt a été rendu par la cour administrative d'appel de Nancy. Il donne partiellement gain de cause au département de la Meuse contre une autre société condamnée par l'Autorité en 2010.

237. Sur l'existence du lien de causalité et du préjudice, la motivation de la cour de Nancy est plus étoffée que celle de la cour de Nantes. Si elle vise aussi la décision de condamnation de l'Autorité et le constat qui y a été établi de l'existence d'un surprix au détriment des personnes publiques, elle en tire toutefois plus de conséquences que son homologue nantaise. En citant le surprix de 7 % constaté par l'Autorité et l'étude sur laquelle elle se fonde, elle décide d'appliquer ce taux au montant du marché affecté par l'entente pour en déduire le quantum du préjudice subi par le département (83 271,89 euros sur les 730 615,80 euros demandés). Pour toute discussion sur son évaluation, elle précise simplement que « *les résultats de cette étude ne sont pas sérieusement remis en cause par la société Signaux Girod* ».

238. Quant à l'effet de la décision de l'Autorité de la concurrence sur la procédure administrative, on peut déduire de ces deux arrêts qu'à la différence de son homologue judiciaire, le juge administratif donne à cette décision un effet maximal. La cour administrative de Nancy comme celle de Nantes déduisent, des constats de l'Autorité, l'existence des trois conditions de la responsabilité, là où le juge judiciaire ne déduit, en général, que l'existence d'une faute laissant aux demandeurs la charge d'établir le lien causal et le préjudice. La solution paraît toutefois plutôt adaptée à la spécificité des ententes commises entre soumissionnaires à des appels d'offres. Dans ce cas de figure, il ne fait guère de doute que la coordination anticoncurrentielle a engendré une augmentation du prix payé par la personne publique adjudicatrice. En revanche, pour les cartels ou les abus de

---

232 Aut. conc., déc. n° 10-D-39 du 22 déc. 2010 relative à des pratiques mises en œuvre dans le secteur de la signalisation routière verticale.

position dominante affectant des acheteurs intermédiaires, une pluralité de causes peut expliquer un surcoût, d'où la nécessité d'une discussion plus approfondie sur l'existence du lien de causalité et du préjudice.

239. Comme on l'a relevé, mais il faut y insister, la cour de Nancy va plus loin que la cour de Nantes puisqu'elle déduit du surprix constaté par l'Autorité le taux auquel réparer le préjudice du département. La solution a l'avantage d'être simple – d'aucuns diront simpliste. Observons que, dans la même circonstance, la cour de Nantes a préféré s'en remettre à un expert. La cour de Nancy semble donc renverser la charge de la preuve de l'évaluation du préjudice en tirant du constat de l'Autorité une présomption du montant du préjudice que n'a pas su renverser l'entreprise en cause.

Chapitre 4
Conditions
de la responsabilité civile

240. Jusqu'à l'entrée en vigueur de l'ordonnance de transposition du 9 mars 2017, les conditions de mise en œuvre de la responsabilité civile des auteurs de pratiques anticoncurrentielles étaient essentiellement régies par le droit commun de la responsabilité. Or, comme chacun sait, ce droit commun repose uniquement sur quelques articles très généraux du code civil, quasiment inchangés depuis 1804. C'est donc essentiellement à la jurisprudence de la Cour de cassation et aux quelques arrêts de la Cour de justice de l'Union européenne qui traitent de la question qu'il faut s'en remettre pour savoir à quels principes obéit le régime antérieur à l'ordonnance de transposition.

241. Ce régime, il faut le redire, reste applicable à la grande majorité des affaires actuellement soumises au juge français et il faudra sans doute plus d'une décennie avant que le texte issu de la transposition ne soit le seul applicable. Dans les affaires commentées ci-après, ce texte n'est d'ailleurs jamais appliqué. Sans entrer ici dans une présentation détaillée du droit issu de la transposition, on se contentera de dire qu'il met surtout en place un jeu subtil de règles de preuve. Ces règles modifient parfois la charge et l'objet de la preuve de la faute et du préjudice sans contenir, à notre avis, d'innovation véritablement significative par rapport au droit français antérieur.

242. Concernant le cadre minimal posé par les arrêts de principe de la Cour de justice de l'Union européenne, il nous semble qu'une distinction commence à s'affermir entre les règles de responsabilité civile directement tirées des articles 101 et 102 du TFUE en vertu de l'effet utile et de l'effet direct du droit de l'Union et celles pour lesquelles le juge européen renvoie au droit interne en application du principe d'autonomie procédurale. Dans certaines de leurs conclusions, les avocats généraux Wahl et Kokott fondent cette différence de sources sur une distinction subtile mais essentielle entre, d'une part, les « conditions constitutives » du droit à réparation, régies directement par le Traité et, d'autre part, les « modalités de mise en œuvre » de ce droit régies par le droit interne. La distinction entre ces deux qualifications ne semble pas encore bien assise dans la jurisprudence même de la Cour de justice, quoique la notion de modalités d'exercice soit parfois reprise, comme dans l'arrêt *Manfredi* par exemple. Toutefois, une relecture des arrêts rendus par la Cour de justice depuis l'arrêt *Courage* à la lumière de la distinction entre ces deux qualifications permet de distribuer – parfois de façon assez fiable, mais pas toujours – les questions que la Cour entend soumettre au droit de l'Union et celles qu'elle renvoie aux droits internes.

243. Ainsi, dans son arrêt *Courage*[233], elle consacre – sans grande surprise – l'existence du droit à demander réparation du dommage causé par une entente au nom de l'effet utile[234] et de l'effet direct[235] de l'actuel article 101 § 1 du TFUE. Dans ce même arrêt, elle juge que la qualité de partie à un contrat anticoncurrentiel ne saurait faire obstacle à la réparation du préjudice[236] tout en admettant que, dans l'ordre juridique interne, il puisse être fait application de l'adage *Nemo auditur…* afin de refuser réparation « *à une partie, dont il est constaté qu'elle porte une responsabilité significative dans la distorsion de la concurrence* »[237]. C'est aussi dans cet arrêt qu'elle affirme pour la première fois de façon aussi explicite qu'il appartient aux États membres de désigner les juridictions compétentes et de régler les modalités procédurales des recours en réparation sous réserve des habituels principes d'équivalence et d'effectivité[238]. Enfin, notons qu'elle laisse aux États membres toute latitude pour autoriser ou au contraire interdire les dommages et intérêts extracompensatoires[239]. On comprend donc que la question de la compétence et plus généralement celles qui touchent aux règles procédurales applicables aux actions en réparation ainsi que la détermination des dommages et intérêts sont des questions qui relèvent de la qualification de « modalités de mise en œuvre » du droit à réparation régies par le droit interne.

244. L'arrêt *Manfredi*[240] confirme certains de ces principes et ne pose qu'une exigence minimale quant aux types de préjudices réparables. Doivent être réparés la perte éprouvée (*damnum emergens*), le manque à gagner (*lucrum cessans*) et les intérêts[241]. L'indemnisation d'autres types de préjudices est donc laissée à l'appréciation des États membres. Enfin, par son arrêt *Kone*[242], la Cour de justice invite les États membres à juger qu'il existe un lien causal entre un cartel et une variété particulière de préjudice pour les victimes : les « effets d'ombrelle »[243]. À la lecture de la motivation de cet arrêt, il est fort malaisé, à notre sens, de savoir si la Cour considère que ces questions relèvent de la qualification de « conditions constitutives du droit à réparation » ou « des modalités de mise en œuvre » dudit droit. La discussion sera approfondie dans notre commentaire de l'arrêt

---

233 CJCE, 20 sept. 2001, *Courage*, aff. C-453/99, ECLI:EU:C:2001:465.

234 *Ibid.*, pt 26.

235 *Ibid.*, pt 29.

236 *Ibid.*, pt 28.

237 *Ibid.*, pt 31. La Cour de justice précise aussi que parmi les éléments d'appréciation que peuvent prendre en compte les juridictions internes pour décider de l'application de l'adage *Nemo auditur…* figure notamment la « *position d'infériorité caractérisée par rapport à l'autre partie* ». Cette position serait caractérisée lorsqu'elle rendrait « *sérieusement compromises, voire nulles sa liberté de négocier les clauses dudit contrat ainsi que sa capacité d'éviter le préjudice ou d'en limiter la portée, notamment en utilisant en temps utile toutes les voies de droit qui étaient à sa disposition* » (*ibid.*, pt 33).

238 *Ibid.*, pt 29.

239 La Cour se réfère à la prohibition de « *l'enrichissement sans cause des ayants droit* » (*ibid.*, pt 30).

240 CJCE, 3e ch. 13 juill. 2006, *Manfredi*, aff. C-295/04 à C-298/04, ECLI:EU:C:2006:461.

241 *Ibid.*, pt 95.

242 CJUE, 5e ch., 5 juin 2014, *Kone*, aff. C-557/12, ECLI:EU:C:2014:1317 ; *JCP E* 2014, n° 1401, obs. C. Maréchal ; *Contrats, conc., consom.* 2014, comm. 200, obs. G. Decocq ; *adde* S. Carval, « La responsabilité civile des membres d'une entente peut être engagée du fait du dommage causé par un effet d'ombrelle sur les prix », *D.* 2014, p. 1525 et s.

243 V. *infra* n° 452 et s.

Skanska[244], qui a trait à la question de l'imputabilité à une société absorbante de la responsabilité civile découlant d'une faute commise par une société absorbée, et surtout dans notre commentaire de l'arrêt *Otis II* sur le lien de causalité. Ces arrêts affermissent la distinction entre « conditions constitutives » et « modalités de mise en œuvre » du droit à réparation sans l'évoquer de façon explicite. Cela étant, dans l'affaire *Skanska*, par exemple, la lecture des conclusions de l'avocat général Wahl ne laisse que peu de doute : l'imputabilité est une condition d'existence du droit à réparation et relève donc directement du droit de l'Union.

245. À cette jurisprudence de la Cour de justice qui guide la pratique des juridictions nationales, on pourrait ajouter des textes sans valeur contraignante qui n'en sont pas moins utiles. Tous concernent le préjudice et seront commentés plus en détail dans le chapitre sur l'évaluation du préjudice[245]. On peut citer notamment le « Guide pratique concernant la quantification du préjudice dans les actions en dommages et intérêts fondées sur des infractions à l'article 101 ou 102 du TFUE »[246] publié par la Commission européenne en complément d'une communication qui fixe quelques orientations générales en la matière[247].

On peut citer aussi deux documents plus récents sur la question spécifique de la répercussion des surcoûts : un document de travail de la Commission publié en juillet 2018 et intitulé « Orientations à l'intention des juridictions nationales sur la façon d'estimer la part du surcoût qui a été répercutée sur les acheteurs indirects »[248] ainsi qu'une étude spécifique sur le sujet réalisée pour le compte de la Commission : « Study on the Passing-on of Overcharges » en 2016[249]. Ces deux derniers documents sont d'une importance considérable, car la question de l'éventuelle répercussion des surcoûts par l'acheteur intermédiaire sur un acheteur aval se pose de façon récurrente. Cette récurrence s'explique par le fait qu'en théorie, lorsqu'elle est invoquée comme défense au fond par le défendeur à l'action en réparation, la répercussion des surcoûts peut être d'une efficacité redoutable. Si le juge se convainc de l'existence de cette répercussion par l'acheteur intermédiaire – demandeur à l'action en réparation –, il dira que le surcoût allégué n'a pas été supporté par ce dernier, donc qu'il n'a tout simplement pas subi de préjudice. Puisqu'en l'état des textes et du principe de réparation intégrale, l'acheteur intermédiaire qui a répercuté le surcoût ne peut obtenir réparation d'un préjudice subi par un acheteur aval, il sera logiquement débouté au fond.

246. Outre la jurisprudence de la Cour de justice, le droit commun de la responsabilité a évidemment vocation à régir la plupart des questions de droit pour les affaires

---

244 V. *infra* n° 262 et s.

245 V. *infra* n° 361 et s.

246 http://ec.europa.eu/competition/antitrust/actionsdamages/quantification_en.html.

247 Communication de la Commission relative à la quantification du préjudice dans les actions en dommages et intérêts fondées sur des infractions à l'article 101 ou 102 du traité sur le fonctionnement de l'Union européenne (Texte présentant de l'intérêt pour l'EEE) 2013/C 167/07.

248 Communication de la Commission, « Orientations à l'intention des juridictions nationales sur la façon d'estimer la part du surcoût qui a été répercutée sur les acheteurs indirects » (draft), disponible à http://ec.europa.eu/competition/consultations/2018_cartel_overcharges/20181807_fr.pdf.

249 « Study on the Passing-on of Overcharges », Final report, written by RBB Economics and Cuatrecasas, Conçalves Pereira, 2016 ; une synthèse d'une dizaine de pages en français est également disponible sur le site de la Commission.

soumises au droit antérieur à l'ordonnance de transposition. Par principe, le demandeur à l'action en réparation doit donc établir les trois conditions habituelles du droit commun de la responsabilité : un fait générateur, un préjudice réparable et un lien de causalité.

247. Dans les présents développements, seront d'abord évoquées les décisions relatives au fait générateur et au lien de causalité qui, souvent, statuent dans des développements uniques sur ces deux questions (Section 1). Seront présentées, ensuite, les décisions relatives au dommage dans leurs seuls aspects « juridiques », c'est-à-dire ceux qui concernent les conditions du dommage réparable et les types de préjudices qui peuvent être réparés par les juridictions françaises (Section 2). L'évaluation du préjudice, dans sa dimension « économique », fera l'objet du chapitre rédigé par Jean-François Laborde, comme annoncé en introduction.

Section 1
Fait générateur et lien de causalité

A. État de la question

248. Concernant l'établissement du fait générateur, la difficulté varie selon qu'il s'agit d'un contentieux complémentaire (*follow-on*) – qui fait donc suite à une décision d'une autorité de concurrence – ou d'un contentieux autonome (*stand alone*) porté devant les juridictions civiles sans procédure préalable devant une autorité.

249. S'il s'agit d'un contentieux complémentaire, la tâche du demandeur consiste essentiellement à rechercher dans la décision de l'autorité des constats permettant d'établir un manquement aux règles de concurrence. Comme il a été vu précédemment dans les développements sur la preuve, l'établissement de la faute est alors plus ou moins aisé selon que la décision de l'autorité de concurrence est plus ou moins accablante pour l'entreprise en cause. Une décision de condamnation pour cartel, par exemple, réduit la discussion sur la faute à quelques lignes puisqu'il ne fait alors guère de doute que la participation du défendeur à un cartel constitue une faute civile. En revanche, une décision de transaction ou d'engagements pour abus de position dominante est moins décisive, car les constats de l'autorité sur la culpabilité de l'entreprise en cause y sont moins nets. Le demandeur doit alors établir par des éléments supplémentaires que le comportement suspecté est anticoncurrentiel. En définitive, la qualification de la faute dépend, dans le droit antérieur à la directive, de la force probante que l'on veut bien accorder à la décision de l'autorité de concurrence. Comme on l'a vu, les décisions de condamnation ont une influence « de fait » maximale qui, en pratique, produit un résultat très comparable aux décisions de condamnation qui, à l'avenir, seront dotées d'une autorité de droit (conformément au nouvel article L. 481-2 du code de commerce, qui transpose l'article 9 de la directive). On ne reviendra pas, dans les présents développements, sur ces éléments déjà abordés au chapitre précédent.

250. Lorsqu'il s'agit d'un contentieux autonome, la discussion sur la faute est en général plus étoffée puisque le demandeur doit établir le caractère anticoncurrentiel du

comportement litigieux qu'il estime être à l'origine de son dommage. L'opération de qualification est, en théorie du moins, proche de celle à laquelle procèdent les autorités de concurrence. Elle est essentiellement « économique » et tient ni plus ni moins à l'application des règles substantielles du droit des pratiques anticoncurrentielles. La discussion est donc bien plus une discussion de « concurrentialiste » que de civiliste. L'affaire dite « des résidences secondaires », qui ne sera qu'évoquée ici, en donne une bonne illustration[250]. Pour cette raison, on s'en tiendra, dans le présent ouvrage, à mettre en évidence quelques décisions qui apportent des indications générales sur ce qui est attendu des parties et du juge dans la qualification de la faute.

251. On peut faire une observation similaire quant au lien de causalité : la discussion est là encore essentiellement économique, qu'il s'agisse d'un contentieux complémentaire ou autonome. Elle vise à établir l'effet dommageable de la pratique sur l'activité de la victime et à faire le départ avec les autres faits causaux qui peuvent expliquer les évolutions négatives de cette activité. Lorsque le juge s'appuie sur une expertise, l'établissement du lien de causalité peut tenir à des conjectures complexes reposant sur l'analyse de données abondantes. À l'inverse, dans certaines décisions, une affirmation parfois laconique du demandeur ou du défendeur peut suffire à convaincre le juge de l'existence ou de l'inexistence d'un lien de causalité si l'adversaire n'a pas d'arguments à opposer.

B. Textes applicables

Directive 2014/104/UE – Article 9 – Effet des décisions nationales

1. Les États membres veillent à ce qu'une infraction au droit de la concurrence constatée par une décision définitive d'une autorité nationale de concurrence ou par une instance de recours soit considérée comme établie de manière irréfragable aux fins d'une action en dommages et intérêts introduite devant leurs juridictions nationales au titre de l'article 101 ou 102 du traité sur le fonctionnement de l'Union européenne ou du droit national de la concurrence.
2. Les États membres veillent à ce que, lorsqu'une décision définitive visée au paragraphe 1 est prise dans un autre État membre, cette décision finale puisse, conformément au droit national, être présentée devant leurs juridictions nationales au moins en tant que preuve prima facie du fait qu'une infraction au droit de la concurrence a été commise et, comme il convient, puisse être examinée avec les autres éléments de preuve apportés par les parties.
3. Le présent article s'entend sans préjudice des droits et obligations des juridictions nationales découlant de l'article 267 du traité sur le fonctionnement de l'Union européenne.

---

250 Qui, précisément, sur cette question de qualification de la faute a donné lieu à de multiples rebondissements : après une première cassation : Cass. com., 12 avr. 2016, n° 14-26.815, ECLI:FR:CCASS:2016:CO00374, inédit ; *AJCA*, 2016, p. 291, note R. Amaro ; *Contrats, conc., consom.* 2016/6, p. 55, obs. G. Decocq ; l'arrêt de renvoi est de nouveau cassé : Cass. com., 16 sept. 2020, n° 18-21.615, ECLI:FR:CCASS:2020:CO00441, inédit.

Article L. 481-1 du code de commerce

Toute personne physique ou morale formant une entreprise ou un organisme mentionné à l'article L. 464-2 est responsable du dommage qu'elle a causé du fait de la commission d'une pratique anticoncurrentielle définie aux articles L. 420-1, L. 420-2, L. 420-2-1, L. 420-2-2 et L. 420-5 ainsi qu'aux articles 101 et 102 du traité sur le fonctionnement de l'Union européenne.

Article L. 481-2 du code de commerce

Une pratique anticoncurrentielle mentionnée à l'article L. 481-1 est présumée établie de manière irréfragable à l'égard de la personne physique ou morale désignée au même article dès lors que son existence et son imputation à cette personne ont été constatées par une décision qui ne peut plus faire l'objet d'une voie de recours ordinaire pour la partie relative à ce constat, prononcée par l'Autorité de la concurrence ou par la juridiction de recours.

Une décision qui ne peut plus faire l'objet d'une voie de recours ordinaire pour la partie relative au constat de l'existence et de l'imputation d'une pratique anticoncurrentielle, prononcée par une autorité de concurrence ou par une juridiction de recours d'un autre État membre de l'Union européenne à l'égard d'une personne physique ou morale, constitue un moyen de preuve de la commission de cette pratique.

Lorsqu'une décision définitive de la Commission, statuant sur les accords, décisions ou pratiques relevant de l'article 101 ou 102 du traité sur le fonctionnement de l'Union européenne, a constaté une pratique anticoncurrentielle prévue à ces articles et imputé cette pratique à une personne physique ou morale mentionnée à l'article L. 481-1, la juridiction nationale saisie d'une action en dommages et intérêts du fait de cette pratique ne peut, conformément au paragraphe 1 de l'article 16 du règlement (CE) n° 1/2003 du Conseil du 16 décembre 2002 relatif à la mise en œuvre des règles de concurrence prévues aux articles 81 et 82 du traité instituant la Communauté économique européenne, devenus articles 101 et 102 du traité sur le fonctionnement de l'Union européenne, prendre une décision qui irait à l'encontre de la décision adoptée par la Commission.

C. Décisions commentées

1. Imputation de la responsabilité à la société absorbante – Effet utile et effet direct de l'article 101 TFUE

CJUE, 2e ch., 14 mars 2019, *Skanska*, aff. C-724/17, ECLI:EU:C:2019:204[251]

27. Certes, en l'absence de réglementation de l'Union en la matière, il appartient à l'ordre juridique interne de chaque État membre de régler les modalités d'exercice du droit de demander réparation du préjudice résultant d'une entente ou d'une pratique interdite par l'article 101 TFUE, pour autant que les principes

251 *Contrats, conc., consom.* 2019/5, comm. 88, note D. Bosco ; *Concurrences* n° 3-2019, p. 239, note R. Amaro.

d'équivalence et d'effectivité sont respectés (voir, en ce sens, arrêt du 5 juin 2014, Kone e.a., C-557/12, EU:C:2014:1317, point 24 ainsi que jurisprudence citée).

28. Toutefois, ainsi que l'a relevé, en substance, M. l'avocat général aux points 60 à 62 de ses conclusions, la question de la détermination de l'entité tenue de réparer le préjudice causé par une infraction à l'article 101 TFUE est directement régie par le droit de l'Union.

29. En effet, il ressort du libellé de l'article 101, paragraphe 1, TFUE que les auteurs des traités ont choisi d'utiliser la notion d'« entreprise » pour désigner l'auteur d'une infraction à l'interdiction énoncée à cette disposition (voir, en ce sens, arrêt du 27 avril 2017, Akzo Nobel e.a./Commission, C-516/15 P, EU:C:2017:314, point 46).

30. En outre, il est de jurisprudence constante que le droit de la concurrence de l'Union vise les activités des entreprises (voir, en ce sens, arrêts du 11 décembre 2007, ETI e.a., C-280/06, EU:C:2007:775, point 38 et jurisprudence citée, ainsi que du 18 décembre 2014, Commission/Parker Hannifin Manufacturing et Parker-Hannifin, C-434/13 P, EU:C:2014:2456, point 39 et jurisprudence citée).

31. Or, la responsabilité du préjudice résultant des infractions aux règles de concurrence de l'Union ayant un caractère personnel, il incombe à l'entreprise qui enfreint ces règles de répondre du préjudice causé par l'infraction.

32. Il résulte des considérations qui précèdent que les entités tenues de réparer le préjudice causé par une entente ou par une pratique interdite par l'article 101 TFUE sont les entreprises, au sens de cette disposition, qui ont participé à cette entente ou à cette pratique.

252. En réponse à une question préjudicielle d'une juridiction finlandaise, la Cour de justice de l'Union apporte d'importantes précisions relatives à l'imputation de la responsabilité civile à une société absorbante pour les faits commis par une société absorbée.

253. En l'espèce, la victime d'un cartel commis sur le marché finlandais de l'asphalte et sanctionné par l'autorité finlandaise de concurrence en 2004 cherche à obtenir réparation de son préjudice. L'autorité finlandaise avait condamné sept sociétés, dont trois au titre des agissements de sociétés dont elles avaient acquis – après la commission du cartel – l'intégralité des parts sociales. Elle le fera au nom du « critère » (terme utilisé dans l'arrêt) de continuité économique. Il est à noter que dans l'intervalle chacune des sociétés acquises sera dissoute. En 2009, quelques mois après la confirmation de la décision de l'autorité nationale par la Cour suprême administrative de Finlande, la ville de Vantaa engage une action en réparation contre ces trois sociétés. Le tribunal de première instance (le Käräjäoikeus) lui donne gain de cause en appliquant lui aussi le « critère » de continuité économique pour retenir la responsabilité solidaire des trois défenderesses pour les faits commis par les sociétés qu'elles avaient rachetées. La décision sera infirmée en appel par la cour nationale (le Hovioikeus). Point particulièrement intéressant : on apprend de la lecture de l'arrêt de la Cour de justice qu'une sorte de controverse doctrinale s'était élevée entre le Käräjäoikeus et le Hovioikeus. Le premier avait soutenu sa décision favorable au demandeur en affirmant qu'il convenait « *afin d'assurer l'effectivité*

de l'article 101 TFUE, d'appliquer le critère de la continuité économique à l'imputation de la responsabilité de l'indemnisation de ce préjudice de la même manière qu'en ce qui concerne l'infliction d'amendes »[252]. Ce à quoi le second avait opposé, dans son arrêt d'appel infirmatif, que « *le principe d'effectivité ne pouvait remettre en cause les caractéristiques fondamentales du régime finlandais de responsabilité civile et que le critère de la continuité économique, appliqué en matière d'infliction d'amendes, ne pouvait, en l'absence de modalités ou de dispositions plus précises, être transposé aux actions en dommages et intérêts* ».

254. C'est finalement la ville de Vantaa, par son pourvoi auprès de la Cour suprême finlandaise (le Korkein oikeus), qui donnera l'occasion à cette dernière de poser les questions préjudicielles à l'origine du présent arrêt.

255. En formulant ces questions, la Cour suprême finlandaise relève elle-même l'absence de règle d'imputation en droit finlandais permettant d'engager la responsabilité de personnes morales étrangères aux fautes commises par des sociétés tierces qu'elles ont par la suite absorbées[253]. Elle ajoute, avec finesse, que la Cour de justice de l'Union n'a pas encore eu à se prononcer précisément sur le régime d'imputation de la responsabilité civile pour entente. Dans ces conditions, elle pose à la Cour de justice plusieurs questions que l'on peut reformuler en ces termes. Faut-il procéder à une application directe de l'article 101 du TFUE et tenir pour responsables les personnes morales qui composent « l'entreprise » au sens du droit de la concurrence, ce qui permettrait d'appliquer des règles d'imputabilité identiques devant les autorités de concurrence et devant le juge de la réparation[254] ? Ou faut-il plutôt appliquer les règles de droit civil interne ? La juridiction finlandaise y ajoute une question devenue habituelle : à supposer que le droit interne finlandais régisse bien les conditions d'imputation de la responsabilité civile et aboutisse à dégager la responsabilité de la société absorbante pour les faits de la société absorbée, est-il conforme au principe d'effectivité ?

256. La Cour de justice apporte à ces questions une seule réponse. Après avoir fait abondamment référence à son arrêt *Kone*, elle énonce que « *la question de la détermination de l'entité tenue de réparer le préjudice causé par une infraction à l'article 101 TFUE est directement régie par le droit de l'Union* »[255]. Pour mieux saisir son raisonnement, il faut parcourir les conclusions de l'avocat général Wahl auxquelles la Cour fait explicitement référence. L'avocat général estime que les règles d'imputation de la responsabilité ne sont pas des « modalités » de mise en œuvre du droit à réparation, modalités régies par le droit interne, mais plutôt une « *condition constitutive de la responsabilité* » directement régie par l'article 101 du TFUE. Il s'oppose ainsi à la position contraire, soutenue par la Commission européenne dans des observations formulées auprès de la Cour[256].

Les conséquences de cette conception sont spectaculaires : si les règles d'imputation sont régies directement par l'article 101 du TFUE, il n'y a plus de place

---

252 *Ibid.*, pt 12.
253 *Ibid.*, pt 15.
254 *Ibid.*, pts 17 à 19.
255 *Ibid.*, pt 28.
256 *Ibid.*, pts 58 à 63 des conclusions.

pour le droit interne. Logiquement, le principe d'effectivité ne trouve pas même à s'appliquer. C'est donc de loin la façon la plus efficace pour unifier totalement les règles de responsabilité civile : puiser leur interprétation dans le Traité !

257. On voit aussi où mène ce raisonnement ; si les conditions de la responsabilité civile sont définies par le Traité, elles seront logiquement subordonnées aux qualifications de l'article 101 et notamment à l'incontournable notion « d'entreprise » qui y figure *expressis verbis*. Cette notion – dont on sait l'importance dans le contentieux répressif devant les autorités – aura une conséquence majeure : seront tenues pour civilement responsables les personnes qui composent l'entreprise en droit de la concurrence. Or ces personnes sont déterminées selon le critère de continuité économique.

D'où la réponse qu'apporte la Cour de justice, souscrivant toujours aux conclusions de l'avocat général. Les sociétés absorbantes sont responsables des conséquences préjudiciables des pratiques anticoncurrentielles commises par les sociétés absorbées[257].

La Cour livre aussi une précieuse indication sur la place de la notion « d'entreprise » dans le contentieux de la réparation. Faisant pièce à l'argument d'une défenderesse qui prétendait qu'il s'agissait d'une notion qui ne devait être appliquée que dans le contentieux répressif devant les autorités de concurrence, elle énonce que la « *notion d'"entreprise", au sens de l'article 101 TFUE, qui constitue une notion autonome du droit de l'Union, ne saurait avoir une portée différente dans le contexte de l'infliction, par la Commission, d'amendes [...] et dans celui des actions en dommages et intérêts* »[258].

258. Cette solution peut être rattachée à ce que nous avions suggéré de dénommer la « *conception moniste* » à propos des faits générateurs de responsabilité[259]. Pour toutes les raisons développées ailleurs[260], cette conception semble avoir des atouts. Outre qu'elle a l'avantage de la simplicité, elle permet aussi de lutter efficacement contre des disparités guère justifiables entre États membres et d'éviter ainsi le *forum shopping*. C'est d'ailleurs ce que soutenait précisément l'avocat général Wahl[261].

Enfin, cette solution a, il est vrai, quelque chose « d'explosif », pour reprendre un qualificatif employé par un commentateur[262]. Et parmi les questions qu'elle pose aujourd'hui, figure indéniablement celle de l'émergence d'un nouveau cas de responsabilité civile du fait d'autrui pour infraction au droit de la concurrence qui viendrait s'ajouter à une liste dont la première ligne avait été écrite par l'arrêt *Blieck*[263]...

---

257 *Ibid.*, pts 37 et 38.
258 *Ibid.*, pt 47.
259 R. Amaro, *Le contentieux privé des pratiques anticoncurrentielles*, Bruylant, 2014, n° 375 et s.
260 *Ibid.*
261 *Skanska*, pt 67 des conclusions.
262 D. Bosco, note préc. ; on lira avec profit cette note pour d'autres éléments d'analyse de cet arrêt.
263 Ass. plén., 29 mars 1991, n° 89-15.231 P ; *D.* 1991. 324, note C. Larroumet ; *ibid.* 157, chron. G. Viney, obs. J.-L. Aubert ; *RTD civ.* 1991. 312, obs. J. Hauser ; *ibid.* 541, obs. P. Jourdain ; *RTD com.* 1991. 258, obs. E. Alfandari et M. Jeantin.

2. Détermination du lien de causalité – Effet utile et effet direct de l'article 101 TFUE

CJUE, 5e ch., 12 déc. 2019, *Otis II*, aff. C-435/18, ECLI:EU:C:2019:1069

27. Il importe encore de souligner que, comme l'a également relevé, en substance, Mme l'avocate générale au point 78 de ses conclusions, tant la garantie de la pleine efficacité et de l'effet utile de l'article 101 TFUE que la protection efficace contre les conséquences préjudiciables d'une violation du droit de la concurrence seraient gravement compromises si la possibilité de demander réparation du préjudice causé par une entente était limitée aux fournisseurs et aux acheteurs du marché concerné par l'entente. En effet, cela priverait d'emblée et de manière systématique des victimes potentielles de la possibilité de demander réparation.

28. Dans l'affaire au principal, le Land de Haute-Autriche prétend avoir subi un dommage non pas en tant qu'acheteur des produits concernés par l'entente en cause, mais en sa qualité d'organisme public accordant des subventions. En effet, il octroie à des tiers des prêts incitatifs avec un taux d'intérêt moins élevé que le taux d'intérêt du marché. Étant donné que le montant des prêts est lié aux coûts de la construction, le Land de Haute-Autriche estime qu'il a subi un préjudice, dès lors que le montant des prêts – et, par voie de conséquence, le montant de l'aide financière qu'il a octroyée à un taux d'intérêt privilégié – a été plus élevé que celui qui aurait été accordé à défaut d'entente.

29. Toutefois, les requérantes au principal contestent, en substance, le droit du Land de Haute-Autriche de demander l'indemnisation du préjudice qu'il estime avoir subi, au motif que ce dernier ne présente pas de lien suffisant avec l'objectif de protection poursuivi par l'article 101 TFUE et n'est donc pas susceptible de donner lieu à réparation.

30. Cependant, ainsi qu'il ressort des points 22 à 25, 26 et 27 du présent arrêt, tout préjudice ayant un lien de causalité avec une infraction à l'article 101 TFUE doit être susceptible de donner lieu à réparation afin d'assurer l'application effective de l'article 101 TFUE et de préserver l'effet utile de cette disposition.

31. Sous peine que les participants à une entente ne soient pas tenus de réparer l'ensemble des dommages qu'ils auraient pu avoir causés, il n'est pas nécessaire, à cet égard, ainsi que Mme l'avocate générale l'a fait observer, en substance, au point 84 de ses conclusions, que le préjudice subi par la personne concernée présente, en outre, un lien spécifique avec l'« objectif de protection » poursuivi par l'article 101 TFUE.

32. Par conséquent, des personnes qui n'opèrent pas comme fournisseur ni comme acheteur sur le marché concerné par l'entente doivent pouvoir demander la réparation du dommage résultant du fait que, en raison de cette entente, elles ont dû accorder des subventions plus importantes que si ladite entente n'avait pas existé et n'ont, par suite, pas pu placer ce différentiel dans des investissements plus lucratifs.

33. Il appartient cependant à la juridiction de renvoi de déterminer si, en l'occurrence, le Land de Haute-Autriche a subi concrètement un tel préjudice, en vérifiant, notamment, si cette autorité disposait ou non de la possibilité d'effectuer des placements plus lucratifs, et, dans l'affirmative, si cette autorité apporte les preuves nécessaires de l'existence d'un lien de causalité entre ce préjudice et l'entente en cause.

259. Dans l'affaire qui a donné lieu à cet important arrêt *Otis II*[264], le land de Haute-Autriche cherche à obtenir réparation auprès des participants au volet autrichien du « cartel des ascenseurs » (Otis, Schindler, Kone et ThyssenKrupp). En tant qu'organisme octroyant des subventions sous la forme de prêts incitatifs pour la construction de logements, il prétend que les surcoûts occasionnés par le cartel sur l'installation d'ascenseurs ont renchéri les coûts globaux de construction supportés par les bénéficiaires des prêts incitatifs. Or, dans la mesure où les prêts en question sont calculés à partir de ces coûts globaux, le land soutient avoir dû mobiliser pour ces prêts des sommes supplémentaires couvrant les surcoûts causés par le cartel, sommes qu'il aurait pu affecter à des placements plus avantageux. Le préjudice dont se prévaut le land tient donc, comme l'énonce la Cour de justice, à « *cette perte d'intérêts* ». L'affaire arrive jusqu'à la Cour suprême autrichienne (Oberster Gerichtshof) qui pose à la Cour de justice une question préjudicielle visant, en substance, à savoir si la pleine effectivité de l'article 101 TFUE serait menacée par une règle de droit interne interdisant l'action en réparation du land dans la situation de l'espèce[265].

260. En quelques paragraphes succincts, la Cour estime que le land devrait pouvoir valablement agir en réparation, à charge pour lui d'établir son préjudice. Sa solution est énoncée au point 30 de son arrêt en ces termes : « *[T]tout préjudice ayant un lien de causalité avec une infraction à l'article 101 TFUE doit être susceptible de donner lieu à réparation afin d'assurer l'application effective de l'article 101 TFUE et de préserver l'effet utile de cette disposition.* »

261. La solution n'aura rien d'étonnant pour le juriste français, habitué à la *clausula generalis* de l'article 1240 du code civil[266]. La conception extensive et flexible du lien de causalité dégagée par la Cour de cassation et l'absence d'une théorie comparable à celle des intérêts protégés du droit autrichien (ou du droit allemand) conduisent fort logiquement à ce qu'une victime, comme celle en cause, puisse obtenir réparation en droit français. On constate donc, et c'est le premier enseignement de cet arrêt, que la Cour de justice poursuit l'œuvre jurisprudentielle engagée depuis l'arrêt *Courage* visant à faciliter le succès au fond des actions en réparation.

262. En revanche, on peut avoir le sentiment que le principal enjeu théorique de l'arrêt est escamoté. Pour s'en rendre compte, il faut relire avec attention les éléments portés au débat par la juridiction autrichienne et surtout par l'avocate générale Kokott, dans ses très riches conclusions. La Cour suprême commence par rappeler qu'en droit autrichien, il n'y a pas de lien suffisant entre la finalité de l'interdiction des ententes et l'intérêt du land. Elle précise que « *l'engagement de la responsabilité requiert la survenance d'un dommage que la norme transgressée voulait précisément empêcher* » tout en émettant des doutes sur la conformité au

---

264 CJUE, 12 déc. 2019, *Otis II*, aff. C-435/18, ECLI:EU:C:2019:1069 ; *e-Competitions Bulletin* December 2019, note D. M. Mosleh ; *Concurrences* n° 2-2020, p. 157, obs. P. Cardonnel ; *LEDICO* févr. 2020, n° 112u8, p. 5, obs. M. Celaya ; *RDC* 2020/2, p. 91, obs. C. Prieto ; *Contrats, conc., consom.* 2020/2, comm. 28, note D. Bosco ; *Europe*, 2020/2, comm. 65, note L. Idot.

265 *Otis II*, pt 19.

266 V. déjà en ce sens la note de L. Idot, préc.

principe d'effectivité de cette règle de droit autrichien. C'est ici qu'elle affirme que le lien de causalité est une notion qui relève des « *modalités d'application* » (ou « *modalités d'exercice* ») du droit à réparation du préjudice.

L'affirmation mérite que l'on s'y arrête.

Comme nous le relevions dans le propos introductif de ce chapitre, c'est depuis l'arrêt *Manfredi* que la Cour de justice soumet ces « modalités d'application » aux droits internes. Plus tard, sous la plume des avocats généraux Wahl et Kokott, cette qualification de « modalités d'application » sera opposée à celle de « conditions constitutives » du droit à réparation directement régies par le TFUE[267].

L'arrêt *Skanska* présenté au commentaire précédent – sans faire référence de façon explicite à cette distinction – a permis de prendre la mesure de cette différence de source sur laquelle nous insistions encore dans le propos introductif du présent chapitre. À l'invitation de l'avocat général Wahl[268], la Cour juge que l'imputation de la responsabilité civile à une société absorbante des faits commis par une société absorbée est régie par le TFUE et non pas par le droit interne en vertu de l'effet utile et de l'effet direct de l'article 101 du TFUE. Même si la Cour ne mentionne pas expressément la notion de « condition constitutive » dans son arrêt, il est manifeste qu'elle s'est laissé convaincre par l'avocat général Wahl qui, lui, fondait sa solution sur le fait que la question de l'imputabilité de la responsabilité est bien une telle condition et non pas une simple modalité d'application du droit à réparation.

263. La distinction « conditions constitutives » du droit à réparation/« modalités d'application » dudit droit est donc cruciale et, dans la présente espèce, l'affirmation de la juridiction autrichienne qui qualifie le lien de causalité de « modalités d'application » du droit à réparation n'a donc rien de trivial.

264. D'ailleurs, l'avocate générale Kokott soutient précisément la solution contraire. Pour elle, l'exigence d'un lien de causalité est une condition constitutive du droit d'agir directement régie par l'article 101 du TFUE[269] et donc soustraite aux droits internes. En ce sens, elle s'appuie essentiellement sur les arrêts *Manfredi* et *Skanska* et écarte d'un paragraphe[270] – fort discutable, au demeurant[271] – l'argumentation de la société Kone, qui faisait valoir que l'arrêt du même nom de 2014[272] soumettait la question du lien de causalité au droit interne et non à l'article 101 du TFUE.

---

267 V. en ce sens les explications éclairantes que livre J. Kokott dans ses conclusions présentées le 29 juill. 2019 dans la présente affaire, pts 40 à 62, spéc. pt 44 : « *[L]a question de l'existence de droits à réparation (c'est-à-dire la question de savoir si une indemnisation doit être accordée) doit être tranchée par le droit de l'Union. En revanche, les conditions d'application et les modalités de mise en œuvre concrète de tels droits (c'est-à-dire la question de savoir comment une indemnisation doit être accordée), à savoir, plus particulièrement, la compétence, la procédure, les délais et l'administration de la preuve, sont régis par le droit national.* »

268 Conclusions de l'avocat général M. Nils Wahl présentées le 6 févr. 2019, pts 35 à 45, spéc. pts 40 et 41.

269 Point de vue qu'elle défend en ces termes : « *Il ne serait en effet pas opportun de laisser aux ordres juridiques des États membres le soin de répondre à cette question portant sur l'interprétation d'une disposition du droit de l'Union, […] afin de mesurer ensuite leurs réponses au regard du principe d'effectivité* » (pt 53).

270 *Ibid.*, pt 61.

271 V. *supra* n° 267.

272 CJUE, 5e ch., 5 juin 2014, préc.

265. C'est au point 60 de ses conclusions qu'elle livre sa conviction en faisant explicitement le lien avec l'arrêt *Skanska* : « *[À propos de la causalité] il s'agit ici des questions de savoir qui a la faculté, sur le fondement de l'article 101 TFUE, de demander réparation de quels préjudices ; il s'agit donc des conditions de réparation, en droit de l'Union, du préjudice causé par une entente. Ce sont des questions de droit de l'Union, de même que la question, qui faisait l'objet du litige dans l'affaire Skanska Industrial Solutions e.a., de savoir qui est tenu, sur le fondement de l'article 101 TFUE, de réparer les préjudices causés par une entente.* »

266. Il ne reste quasiment rien de cette importante discussion dans l'arrêt de la Cour. C'est regrettable, car, on l'a dit, la distinction « conditions constitutives »/« modalités d'application » semble dorénavant structurer la matière en traçant la ligne de partage entre les questions directement régies par l'article 101 du TFUE et les questions soumises aux droits internes par application du principe d'autonomie procédurale. L'arrêt *Cogeco*[273], commenté dans le premier chapitre de cet ouvrage[274], avait fait fond sur cette distinction, qualifiant les règles relatives à la prescription de l'action en réparation de modalités d'application du droit à réparation. L'arrêt *Skanska*, en revanche, était moins clair sur la place de cette distinction dans la solution de la Cour, en dépit des conclusions, limpides là encore, de l'avocat général Wahl[275]. L'arrêt *Otis II* ne le sera pas plus. Seule certitude ici : la notion de causalité est désormais régie par l'article 101 du TFUE. Elle échappe donc aux droits internes. C'est ce que l'on comprend à la lecture du point 30 cité plus haut. La Cour y fait référence à l'effet utile sans plus mentionner le principe d'effectivité qu'évoquait la juridiction autrichienne dans sa question préjudicielle. Les précédents cités par la Cour ne sont pas anodins non plus. L'arrêt *Skanska* est mentionné à plusieurs reprises alors que les arrêts sur le principe d'effectivité, notamment l'arrêt *Cogeco*, sont passés sous silence.

267. Est-ce un revirement de jurisprudence ?

Par rapport à l'arrêt *Kone*, la chose peut se discuter. Contrairement à ce que soutient l'avocate générale, il nous semble que cet arrêt soumettait la question du lien de causalité au droit interne. Mais on reconnaîtra que sa rédaction manquait peut-être de clarté[276]. En revanche, par rapport à l'arrêt *Manfredi*, c'est un revirement indiscutable. La Cour avait énoncé de façon très nette qu'« *en l'absence de réglementation communautaire en la matière, il appartient à l'ordre juridique interne de chaque État membre de fixer les modalités d'exercice de ce droit, y compris celles de l'application de la notion de "lien de causalité", pour autant que les principes de l'équivalence et d'effectivité soient respectés* »[277].

---

[273] CJUE, 2e ch., 28 mars 2019, *Cogeco*, aff. C-637/17, ECLI:EU:C:2019:263.

[274] V. *supra* n° 9 et s.

[275] Conclusions de l'avocat général M. Nils Wahl préc., pts 35 à 45.

[276] Au pt 37 de son arrêt *Kone*, la Cour dit pour droit que « *l'article 101 TFUE doit être interprété en ce sens qu'il s'oppose à une interprétation et à une application du droit interne d'un État membre qui consiste à exclure de manière catégorique, pour des motifs juridiques, que des entreprises participant à une entente répondent sur le plan civil de dommages résultant de prix qu'une entreprise ne participant pas à cette entente a fixés* ». Elle vise donc bien le droit interne en répondant à une question qui l'interrogeait précisément sur le principe d'effectivité.

[277] *Manfredi*, pt 64.

268. Quelle que soit l'exacte portée de cet arrêt par rapport à la jurisprudence antérieure de la Cour, le signal est clair : l'heure est indéniablement à une jurisprudence « *claimant-friendly* ». On attendra maintenant avec impatience que la Cour clarifie sa jurisprudence sur cette importante distinction conceptuelle entre « conditions constitutives » du droit à réparation et « modalités d'application ».

3. Responsabilité d'une filiale non condamnée par une autorité de concurrence

Cass. com., 6 oct. 2015, n° 13-24.854, FS-P+B, ECLI:FR:CCASS:2015:CO00871[278]

Sur le premier moyen :

Attendu que les sociétés JCB Sales et JC Bramford Excavators font grief à l'arrêt de retenir leur responsabilité et d'ordonner avant dire droit une expertise sur l'étendue du préjudice de la société Central Parts alors, selon le moyen :

1°/ que dès lors que les entités qui composent un groupe de sociétés disposent de la personnalité morale, les condamnations prononcées à l'égard de l'une d'elles n'emportent aucune condamnation à l'encontre des sociétés qui n'ont pas été présentes à la procédure ; qu'en l'espèce, seule la société JCB Service a été sanctionnée par la Commission européenne pour violation d'une disposition du droit communautaire de la concurrence (article 81 CE) et elle seule a été partie au recours formé ensuite devant les juridictions de l'Union européenne ; qu'en se fondant sur les motifs ayant conduit à la condamnation par les juges communautaires de la société JCB Service pour retenir la responsabilité des sociétés JCB Sales et JC Bramford Excavators, quand ces dernières avaient été étrangères à la procédure suivie devant les juridictions communautaires, les juges du fond ont méconnu l'effet relatif qui s'attache à l'autorité de la chose jugée par les juridictions de l'Union européenne, ensemble les articles 1351 du code civil et 480 du code de procédure civile ;

2°/ que les décisions prises par la Commission européenne dans le cadre des articles 81 ou 82 du traité de l'Union s'imposent aux juridictions nationales ; qu'en condamnant les sociétés JCB Sales et JC Bramford Excavators au terme d'une procédure que la Commission européenne et les juridictions de l'Union avai[ent] circonscrite à la seule société JCB Service, les juges du fond ont modifié le périmètre de la procédure d'infraction au droit de la concurrence ; qu'en procédant de la sorte, les juges du fond ont violé l'article 16 du règlement CE n° 1/2003 du 16 décembre 2002, ensemble le principe de primauté du droit de l'Union européenne ;

3°/ que le droit au procès équitable commande qu'une partie qui n'a pas été appelée à une précédente procédure soit recevable à en discuter les présupposés devant ses propres juges ; qu'en décidant en l'espèce que ce qui avait été décidé par les juridictions de l'Union européenne à l'égard de la société JCB Service pouvait être opposé aux sociétés JCB Sales et JC Bramford Excavators,

---

278 *AJCA*, 2015, p. 526, note R. Saint-Esteben.

les juges du fond ont violé le droit au procès équitable tel qu'il est consacré par l'article 6 de la Convention de sauvegarde des droits de l'homme, ensemble les articles 1er, 12 et 30 du code de procédure civile ;

Mais attendu qu'ayant relevé que les juridictions communautaires avaient confirmé la décision de la Commission du 21 décembre 2000 dont le dispositif énonçait, dans son article 1, que la société JCB Service et ses filiales avaient enfreint les dispositions de l'article 81 du traité CE, et retenu que les sociétés JCB Sales et JC Bramford Excavators étaient les sociétés d'exploitation principales visées en tant que filiales de JCB Service par les décisions communautaires, c'est sans méconnaître le droit au procès équitable, le principe de la primauté du droit communautaire et l'effet relatif qui s'attache à l'autorité de la chose jugée par les juridictions communautaires que la cour d'appel a retenu que le fait qu'elles ne soient pas condamnées par les décisions communautaires n'interdit pas à la juridiction nationale d'apprécier, au regard des éléments qui lui sont soumis, notamment des décisions communautaires, les éléments de leur comportement constitutifs d'une faute ; que le moyen n'est pas fondé [...]

269. L'affaire *JCB* a déjà été présentée à plusieurs reprises dans les développements précédents[279]. Sans revenir ici en détail sur les faits de l'espèce, on rappellera, pour la bonne compréhension de l'apport de cette affaire à la question de la faute, que la demanderesse à l'action en réparation agissait non seulement contre la société mère, seule personne morale condamnée dans le dispositif de la décision de la Commission européenne, mais aussi contre certaines de ses filiales qui n'avaient pas été sanctionnées par la Commission. C'est autour de la responsabilité civile de ces filiales que l'essentiel du litige s'est noué. Après une première passe d'armes devant la cour d'appel de Paris et la Cour de cassation[280], la chambre 5-4, saisie sur renvoi, déclara les filiales responsables au motif qu'elles appliquaient la politique commerciale de la société mère. Dans son arrêt du 26 juin 2013, elle jugeait qu'elles aussi avaient commis une faute, peu importe qu'elles n'eussent pas été condamnées par la Commission[281]. C'est sur cet arrêt de renvoi que se prononce la Cour de cassation dans le présent arrêt du 6 octobre 2015. Le pourvoi articule quatre moyens ; tous sont rejetés. On ne présentera que les trois premiers.

270. En substance, le premier moyen soutient que tenir pour responsables les filiales alors même que celles-ci n'ont pas été condamnées par la Commission est attentatoire au principe de l'autorité de chose jugée (1re branche), à la primauté des décisions de la Commission européenne consacrée à l'article 16 du règlement (CE) n° 1/2003 (2e branche) et au droit à un procès équitable (3e branche). La Cour de cassation ne souscrit pas à cet argument. Reprenant la formule de la cour d'appel de Paris, elle affirme que ces principes n'interdisent pas « *à la juridiction nationale d'apprécier, au regard des éléments qui lui sont soumis, notamment des décisions communautaires, les éléments de leur comportement constitutifs d'une*

---

279 V. *supra* n° 31 et s. ; n° 190 et s.

280 Cass. com., 15 nov. 2011, n° 10-21.701, inédit ; *Contrats, conc., consom.* 2012/3, comm. 66, obs. M. Malaurie-Vignal ; *Bull. Joly Sociétés*, 2012, p. 395, note C. Prieto ; *Rev. Sociétés*, 2012, p. 37, note S. Prévost.

281 CA Paris, ch. 5-4, 26 juin 2013, préc. ; v. *supra* n° 31 et s.

faute ». Les juges du fond peuvent donc retenir l'existence d'une faute civile indépendante des filiales en s'appuyant, si nécessaire, sur les constatations de la décision antérieure de l'autorité.

271. Le deuxième moyen conteste l'existence d'une faute civile imputable aux filiales en soutenant que les juges du fond n'ont fait que relever la participation desdites filiales à la politique commerciale de la société mère « *sans identifier aucun acte précis qui leur [fût] personnellement imputable* » (1re branche) et qu'il ne saurait être question de retenir la responsabilité « collective » des personnes morales constituant le groupe dans la mesure où une telle responsabilité « *ne peut être retenue que pour autant que les juges constatent l'impossibilité d'identifier, du fait du fonctionnement de ce groupe, les auteurs des manquements à l'origine du dommage* » (2e branche). La Cour de cassation rejette aussi ce moyen. Elle approuve la cour d'appel d'avoir considéré que le fait de relayer la politique commerciale de la société mère en notifiant les accords de distribution « frauduleux » suffit à établir l'existence d'une faute personnellement imputable aux filiales.

272. Si l'on résume :

- l'autorité de chose jugée, la primauté du droit de l'Union et le droit au procès équitable ne s'opposent pas à ce qu'une juridiction du fond juge responsable une filiale dont seule la société mère a été condamnée par la Commission européenne, à condition que la faute personnelle de cette filiale soit établie ;
- cette faute peut consister à participer à la politique commerciale de la société mère ayant un objet anticoncurrentiel ;
- l'existence du préjudice doit être établie par les juges du fond et ne peut, semble-t-il, être présumée, mais l'estimation de ce préjudice et la part imputable à chaque responsable peuvent être déterminées ultérieurement.

273. Les solutions dégagées par cet arrêt ne manqueront pas d'alimenter les débats. On s'en tiendra à dire ici que la Cour de cassation semble vouloir faciliter l'établissement de la faute et du lien causal lorsque l'action privée est une action complémentaire en réparation du préjudice causé par une pratique condamnée antérieurement par une autorité. Cette approche pourrait avoir pour première conséquence de faciliter la tâche des victimes dans des contentieux complémentaires où il fait peu de doute que les pratiques condamnées ont causé un préjudice à certains opérateurs. Elle aura aussi pour effet possible de recentrer les débats sur l'estimation du préjudice, ce que l'on observe déjà devant les juridictions du fond.

4. Conception moniste des fautes « concurrentielle » et civile

CA Paris, ch. 5-4, 27 mai 2015, *Sté Lectiel (en liquidation) c/ SA Orange (anciennement SA France Télécom)*, RG 14/14758

Considérant que cette pratique est contraire aux articles L. 420-2 du code de commerce et à l'article 82 du traité (devenu 102 du TFUE) ; que si la décision de l'Autorité de la concurrence n'a pas en soi valeur de chose décidée qui s'imposerait aux juridictions, d'une part, cette décision a été définitivement confirmée par les juridictions judiciaires, et d'autre part, il résulte des faits exposés plus haut et il n'est d'ailleurs pas sérieusement contesté que la société France Télécom a commis un abus de position dominante ; que cette pratique constitue un refus d'accès à une infrastructure essentielle et une pratique de ciseau tarifaire, dont les éléments sont bien caractérisés ;

[...]

Considérant que la violation de la loi constitue nécessairement une faute civile ; qu'il incombe cependant à la société Lectiel, qui souhaite obtenir une indemnisation, de démontrer le préjudice en résultant pour elle, ainsi que le lien de causalité entre cette faute et son préjudice ;

Considérant que les arguments présentés par Orange pour écarter la faute civile, ne résistent pas à l'examen ; que si la pratique était exemptée par la loi ou avait fait l'objet d'une décision d'exemption individuelle, elle ne serait pas anticoncurrentielle, et par voie de conséquence, ne constituerait pas une faute civile ; que si elle n'était qualifiée qu'à raison de sa potentialité d'effets, sans aucune démonstration d'effet réel, elle serait néanmoins anticoncurrentielle, et constitutive de faute civile, mais n'aurait pas généré de préjudice indemnisable ; que si la partie à laquelle est imputée la pratique anticoncurrentielle avait commis elle-même une faute, il n'en résulterait pas, contrairement aux allégations d'Orange, la licéité de la pratique au regard des règles du droit civil ; qu'il pourrait en résulter un partage de responsabilité dû au concours de fautes, si celles-ci avaient toutes concouru au dommage, mais non une absence de faute civile résultant de la pratique anticoncurrentielle [...]

Cass. com., 13 sept. 2017, n° 15-22.320 et 16-10.327, ECLI:FR:CCASS:2017:CO01085, inédit

[...]

Mais attendu, en premier lieu, qu'ayant constaté que la société Lectiel demandait réparation du préjudice que lui avaient causé les pratiques anticoncurrentielles de la société Orange, l'arrêt retient à bon droit que ces pratiques constituent des fautes civiles et qu'il incombe à la société Lectiel, qui souhaite obtenir une indemnisation, de démontrer le préjudice en résultant pour elle et le lien de causalité entre ces fautes et le préjudice ;

Attendu, en second lieu, qu'ayant constaté qu'un arrêt, devenu irrévocable, statuant sur le recours contre la décision du Conseil de la concurrence du 29 septembre 1998, avait dit établi que la société France Télécom, devenue Orange, avait enfreint les dispositions des articles L. 420-2 du code de commerce et 102 TFUE en commercialisant son service Marketis à des prix prohibitifs, la cour d'appel, qui n'était pas tenue de répondre aux conclusions inopérantes invoquées à la troisième branche, en a exactement déduit que la société Orange ne pouvait s'exonérer de sa responsabilité en invoquant la faute de téléchargement illicite commise par la société Lectiel ;

D'où il suit que le moyen n'est fondé en aucune de ses branches ;

[...]

274. Ces deux arrêts ont été rendus dans la très longue affaire *Lectiel*. L'arrêt d'appel, déjà commenté dans la première édition de ce recueil, mérite de nouveau d'être évoqué ici en raison de la qualité de sa motivation. Dans cette deuxième édition,

nous y ajoutons l'arrêt de rejet de la Cour de cassation du 13 septembre 2017 dont il a déjà été fait état plus tôt[282].

275. Pour mémoire, France Télécom, devenue Orange, était poursuivie pour un abus de position dominante ayant consisté à entraver l'accès d'un concurrent à une infrastructure essentielle. En l'occurrence, ledit concurrent, initialement la société Filetech, puis la société Lectiel (liquidée depuis), était spécialisé dans la commercialisation de fichiers en vue d'opérations de publipostage et de télémarketing. Il s'était vu proposer l'accès à la liste orange des abonnés détenue par France Télécom à un prix excessif et avait donc saisi concomitamment l'ancien Conseil de la concurrence et le tribunal de commerce de Paris. Alors que le Conseil avait condamné France Télécom[283], le juge consulaire, par un jugement de 1994, avait refusé d'indemniser le préjudice de ce concurrent[284]. Quatre arrêts plus tard[285] (!), la chambre 5-4 de la cour d'appel de Paris lui donne finalement gain de cause dans sa décision du 27 mai 2015 sous commentaire. Au terme d'une motivation détaillée, elle reconnaît l'existence de la faute et du préjudice mais renvoie à une expertise ultérieure l'estimation du dommage. Comme nous le disions, cette décision sera confirmée par un arrêt de rejet du 13 septembre 2017 de la Cour de cassation.

276. Dans une motivation au ton affirmé, la cour d'appel commence par rappeler que « *si la décision de l'Autorité de la concurrence n'a pas en soi valeur de chose décidée qui s'imposerait aux juridictions, d'une part, cette décision a été définitivement confirmée par les juridictions judiciaires, et d'autre part, il résulte des faits exposés plus haut et il n'est d'ailleurs pas sérieusement contesté que la société France Télécom a commis un abus de position dominante* ». D'où l'on déduit que l'absence d'autorité de chose « décidée » n'empêche pas la cour de considérer que la pratique anticoncurrentielle constatée par une décision définitive d'une autorité est un fait constant.

277. Puis la cour tranche une question d'importance, celle de savoir si une faute « concurrentielle » constitue automatiquement une faute civile. La réponse de la cour est nette : « *la violation de la loi constitue nécessairement une faute civile* ». Il semble que l'on puisse discerner dans cette approche des fautes « concurrentielle » et civile la reconnaissance d'une conception que nous avons proposé de qualifier de « moniste ». Cette conception consiste à déduire « *nécessairement* » (l'adverbe est employé par la chambre 5-4) de la commission d'une pratique anticoncurrentielle l'existence d'une faute civile. Elle a pu être discutée en doctrine[286] mais commence à être bien assise dans la jurisprudence.

---

282 V. *supra* n° 197.

283 Cons. conc., déc. no 98-D-60 du 29 sept. 1998 relative à des pratiques mises en œuvre par la société France Télécom dans le secteur de la commercialisation des listes d'abonnés au téléphone

284 T. com. Paris, 1re ch. A, 5 janv. 1994, RG 92/082099.

285 Un premier arrêt d'appel de 2008 qui confirme le jugement de 1994 (CA Paris, 1re ch. A, 30 sept. 2008, *SA Lectiel c/ SA France Télécom*, RG 06/21874) est cassé en 2010 (Cass. com., 23 mars 2010, n° 08-20.427, inédit ; *CCE*, 2010/12, comm. 122, note M. Chagny ; *Contrats, conc., consom.* 2010/5, comm. 131, G. Decocq ; *RTD com.* 2010, p. 317, note F. Pollaud-Dulian) avant que la formation de renvoi ne déboute de nouveau la victime de l'abus par un arrêt de 2012 (CA Paris, ch. 5-10, 27 juin 2012, *Me Michel Bes c/ SA France Télécom*, RG 10/18278 ; *CCE*, 2013/1, comm. 6, obs. M. Chagny), cassé une fois encore en 2014 (Cass. com., 3 juin 2014, n° 12-29.482, inédit).

286 V. sur ce débat et sur cette conception : R. Amaro, *Le contentieux privé des pratiques anticoncurrentielles*, Bruylant, 2014, n° 375 et s.

278. La cour d'appel de Paris livre également une explication didactique qui, à l'avenir, pourrait fixer le sens de la jurisprudence quant à l'articulation entre faute « concurrentielle » et faute civile. Rejetant les arguments d'Orange, elle juge que « *si la pratique était exemptée par la loi ou avait fait l'objet d'une décision d'exemption individuelle, elle ne serait pas anticoncurrentielle, et par voie de conséquence, ne constituerait pas une faute civile ; que si elle n'était qualifiée qu'à raison de sa potentialité d'effets, sans aucune démonstration d'effet réel, elle serait néanmoins anticoncurrentielle, et constitutive de faute civile, mais n'aurait pas généré de préjudice indemnisable ; que si la partie à laquelle est imputée la pratique anticoncurrentielle avait commis elle-même une faute, il n'en résulterait pas, contrairement aux allégations d'Orange, la licéité de la pratique au regard des règles du droit civil ; qu'il pourrait en résulter un partage de responsabilité dû au concours de fautes, si celles-ci avaient toutes concouru au dommage, mais non une absence de faute civile résultant de la pratique anticoncurrentielle* ».

279. Ces différents éléments de la motivation de la cour d'appel de Paris ont donné matière au pourvoi d'Orange. Il y était notamment soutenu une conception « dualiste » des fautes civiles et « concurrentielles » en ces termes : « *un agissement anticoncurrentiel à l'égard du marché, appréhendé globalement, n'est pas nécessairement constitutif d'une faute civile envers un concurrent déterminé* ». La Cour de cassation rejette ce moyen en relevant que « *la société Lectiel demandait réparation du préjudice que lui avaient causé les pratiques anticoncurrentielles de la société Orange, l'arrêt retient à bon droit que ces pratiques constituent des fautes civiles* ». Elle va même plus loin et ajoute, dans un deuxième attendu en réponse à un autre argument du pourvoi qui faisait valoir la commission d'une faute de la victime qui aurait pu légitimer le comportement qualifié d'abus de position dominante, que, « *ayant constaté qu'un arrêt, devenu irrévocable, statuant sur le recours contre la décision du Conseil de la concurrence du 29 septembre 1998, avait dit établi que la société France Télécom, devenue Orange, avait enfreint les dispositions des articles L. 420-2 du code de commerce et 102 TFUE en commercialisant son service Marketis à des prix prohibitifs, la cour d'appel, qui n'était pas tenue de répondre aux conclusions inopérantes invoquées à la troisième branche, en a exactement déduit que la société Orange ne pouvait s'exonérer de sa responsabilité en invoquant la faute de téléchargement illicite commise par la société Lectiel* ».

280. Ces deux arrêts méritent d'être rapprochés de la décision rendue par une autre chambre de la cour d'appel de Paris dans l'affaire dite « des câbliers » commentée plus en détail ci-dessous[287]. Dans cette affaire, la cour conclut que l'une des conditions de la responsabilité civile des entreprises en cause n'était pas vérifiée, en l'occurrence l'existence d'un préjudice certain. Elle en déduit qu'il n'y a pas lieu « *de déterminer si en se livrant aux pratiques sanctionnées par le Conseil de la concurrence, les sociétés Nexans et Prysmian avaient commis une faute civile à l'égard de EDF* ». Cette phrase mérite que l'on s'y arrête. Certes, l'inexistence du préjudice rend inutile l'examen des autres conditions de la responsabilité.

[287] V. *infra* n° 308 et s.

Toutefois, la formulation prudente de la cour suggère qu'il n'était pas certain en l'espèce que les entreprises en cause aient bien commis une faute civile. Or, ce doute que semble exprimer la cour peut étonner. Les entreprises en cause avaient été condamnées par une décision définitive de l'ancien Conseil de la concurrence à une amende assez significative. Il est vrai que le Conseil avait eu recours à une procédure de non-contestation des griefs dont l'effet au civil reste incertain et que l'on peut hésiter à voir comme une reconnaissance de culpabilité des entreprises mises en cause.

281. Mais la lecture de la décision de condamnation révèle que l'existence des ententes condamnées ne faisait pas de doute. Le doute exprimé par la chambre 5-5 sur l'existence d'une faute laisse donc à penser qu'une entente condamnée par une autorité ne constitue pas nécessairement une faute civile. Or, si cette interprétation est la bonne, cela signifie qu'il faut encore aux demanderesses à l'action en réparation établir l'existence de cette faute. Une telle conception des fautes, que l'on peut qualifier de dualiste, contraste avec la conception moniste de la chambre 5-4 mise en évidence dans le présent commentaire. Bien sûr, on dispose de trop peu d'éléments pour parvenir à une conclusion aussi tranchée, mais à l'avenir on observera avec attention la jurisprudence de la chambre 5-5 pour savoir à quelle conception des fautes elle se rangera.

5. Faute de la victime et rupture du lien de causalité

CA Paris, ch. 5-4, 10 mai 2017, *SA Orange Caraïbe et SA Orange c/ SAS Outremer Télécom*, RG 15/05918[288]

[S]i la faute résultant de l'abus de position dominante n'est pas contestée, le lien de causalité entre celle-ci et le préjudice de la société Outremer Télécom l'est.

La faute a consisté à « avoir abusé de sa position dominante sur le marché des services de téléphonie mobile dans la zone Antilles-Guyane en imposant à ses distributeurs des obligations d'exclusivité et de non[-]concurrence les interdisant de commercialiser des services concurrents. [...]

Dans sa décision 04-MC-02, le Conseil de la concurrence a « enjoint à Orange Caraïbe, à titre conservatoire et dans l'attente d'une décision au fond, jusqu'à la décision de fond, de supprimer dans tous les contrats, en cours ou à venir, conclus avec ses distributeurs indépendants les obligations d'exclusivité liant ces derniers, et notamment le quatrième alinéa du premier article du « Contrat d'agent commercial » et les dispositions de l'article 14 du même contrat intitulé "Non concurrence". Orange Caraïbe devra en informer l'ensemble de ses distributeurs indépendants par lettre recommandée avec avis de réception dans un délai maximum de deux mois à compter de la notification de la présente décision. Cette lettre devra comprendre, en annexe, une copie de l'intégralité de la présente décision ».

Cette injonction a été exécutée de sorte que, dès le 24 janvier 2005, la société Outremer Télécom pouvait demander aux distributeurs indépendants de distribuer

[288] *Concurrences* no 3-2017, pp. 75-77, note A.-L. Sibony ; *Concurrences* no 3-2017, www.concurrences.com, obs. M. Chagny.

ses propres offres, quand elle est entrée sur le marché en Guyane en décembre 2004 et dans les Antilles en décembre 2005, les clauses d'exclusivité ayant été supprimées en janvier 2005. Or, Outremer Télécom n'a contacté aucun de ces distributeurs indépendants.

Tout au plus, aurait-elle pu être freinée dans la distribution de ses offres en Guyane, compte tenu du nécessaire décalage entre la préparation d'une entrée sur le marché, nécessitant de prévoir à l'avance des canaux de distribution et la vente effective des offres de téléphonie mobile.

Or, il ressort des pièces du dossier que la société Outremer Télécom avait d'ores et déjà fait le choix de se doter de son propre réseau de distribution.

Interrogée par le rapporteur sur son réseau de distribution, la société Outremer Télécom a en effet précisé, dans un courrier du 6 mars 2008, que son choix s'était porté vers l'acquisition de distributeurs spécialisés, compte tenu de la dissymétrie de traitement naturelle des fournisseurs par les distributeurs multimarques en fonction de leur importance et de leur ordre d'entrée sur le marché, qui détermine leur volume d'affaires : « En théorie, Outremer Telecom aurait pu confier la distribution de ses services mobiles à un réseau commercial de distribution multimarque présent dans la zone Antilles Guyane. Outremer Telecom a néanmoins préféré mettre en place son propre réseau de 17 distributeurs. D'après notre expérience, les distributeurs multimarques sont en effet assez peu enclins à traiter sur un plan d'égalité les services et produits d'un troisième entrant sur le marché par rapport à ses concurrents arrivés antérieurement lesquels drainent pour le distributeur, un volume d'affaires beaucoup plus important, en rapport avec les parts de marché détenues par les différents acteurs ».

En mars 2006, c'est-à-dire plus d'un an après la mise en œuvre des mesures conservatoires, la société Outremer Telecom déclarait aux enquêteurs de la DGCCRF, selon leur procès-verbal d'audition du 24 mars 2006 : « Nous avons choisi de créer nos propres points de vente et non pas de passer par des distributeurs "indépendants" ».

Si la société Outremer Télécom prétend qu'elle aurait fait ce choix à cause de la pratique de distribution monomarque d'Orange Caraïbe qui aurait irréversiblement structuré le marché pour l'avenir par ses pratiques fautives d'exclusivité, il convient de souligner qu'elle n'a pas avancé cette explication devant le rapporteur de l'Autorité, de sorte que cette explication n'a été conçue que pour les besoins de la cause.

De plus, à supposer même qu'elle ait été influencée par la structuration du marché résultant elle-même de ces pratiques, le lien de causalité entre les clauses d'exclusivité, supprimées en janvier 2005 et le dommage qu'elle allègue, résultant du coût de confection de son réseau, n'est pas suffisamment direct et certain.

Le jugement entrepris sera donc confirmé en ce qu'il a rejeté la demande d'indemnisation de la société Outremer Télécom au titre de cette pratique d'exclusivité.

282. Cet arrêt, déjà mentionné dans les développements relatifs à la preuve[289], est aussi instructif sur le plan du préjudice. Pour trois des chefs de préjudice allégués, Outremer Télécom est déboutée de ses demandes – comme en première instance – faute de lien causal entre les fautes d'Orange et ces préjudices. En dépit de l'existence bien réelle de ces fautes, découlant des abus d'éviction condamnés par l'Autorité (deux pratiques d'exclusivité et une pratique de différenciation tarifaire), Outremer Télécom n'en serait pas victime, car elle n'aurait pas adopté une stratégie commerciale lui permettant d'entrer sur le marché une fois que ces abus ont cessé. Sans le dire, la cour semble donc considérer que c'est le fait de la victime qui est à l'origine du préjudice allégué et point la faute des défenderesses, d'où l'absence de lien causal.

283. Ce raisonnement – à supposer que ce soit bien celui de la cour – pourrait être discuté, car il fait produire à la faute de la victime un effet radical : la rupture totale du lien causal avec des fautes pourtant bien établies. Or, lorsqu'elle n'a pas les caractères de la force majeure, la faute de la victime est, en principe, partiellement exonératoire. Par exemple, il aurait pu se concevoir, comme le soutenait d'ailleurs Outremer Télécom, qu'en l'absence des abus d'éviction, la victime aurait adopté une autre stratégie qui lui aurait permis d'entrer sur le marché dont elle a été évincée. S'il est vrai qu'elle ne l'a pas fait, même lorsque les abus ont cessé, elle aurait pu le faire. Il existe donc bien une probabilité – certes minime – que les pratiques illicites l'aient temporairement évincée du marché ou aient ralenti sa croissance. Les fautes d'Orange pourraient donc être un des faits causaux à l'origine du préjudice, comme le soutient Outremer Télécom, aux côtés de la faute de la victime.

284. Or, à cette argumentation, la cour apporte une réponse discutable. Elle répond, pour ces trois chefs de préjudice, que le lien causal allégué par Outremer Télécom « *n'est pas suffisamment direct et certain* » ou qu'il est « *trop indirect* ». D'où sa conclusion : il n'y a pas du tout de lien causal. Mais en matière de responsabilité du fait personnel, où la théorie de l'équivalence des conditions domine, les juges du fond peuvent admettre un lien causal plus indirect que lorsqu'ils appliquent la théorie plus stricte de la causalité adéquate (plus répandue pour les responsabilités sans faute du fait des choses et du fait d'autrui).

285. À notre sens, la réponse la plus conforme au droit commun de la responsabilité civile à la question posée aurait été de reconnaître l'existence de deux faits générateurs : la faute des défenderesses (les abus) et la faute de la victime (la stratégie commerciale défaillante d'Outremer Télécom). Ce raisonnement aurait permis de parvenir à un partage de responsabilité victime/auteur. Simplement, le caractère peu plausible du lien causal entre l'abus en question et le préjudice aurait conduit à ce que la cour ne répare qu'un pourcentage très faible du préjudice allégué par Outremer Télécom.

286. Finalement, au vu des faits de l'espèce, c'est plus peut-être la preuve d'un préjudice certain qui semblait faire défaut. Or, si la cour s'était limitée à constater l'absence de préjudice certain, peut-être que son raisonnement aurait été plus conforme aux principes du droit commun de la responsabilité civile pour un résultat identique.

---

[289] V. *supra* n° 160 et s.

287. Outremer Télécom est aussi déboutée sur un autre chef de préjudice qui, à ses dires, découlerait d'une pratique fidélisante. Ce qui est intéressant ici c'est que l'Autorité n'avait pas statué sur cette pratique. Une partie de l'action en réparation d'Outremer est donc autonome (en *stand alone*). Ceci n'empêche pas la cour d'appel de procéder à une analyse fouillée de la licéité de cette pratique fidélisante. Elle conclut que la pratique n'est pas anticoncurrentielle et refuse de réparer le préjudice allégué, à l'inverse de ce qu'avait jugé le tribunal.

288. Le dernier chef de préjudice dont Outremer Télécom demande réparation découle d'un avantage tarifaire accordé aux clients d'Orange pour certains appels *on-net* qualifié d'abus par l'Autorité pour sa période de mise en œuvre comprise entre 2000 et 2005. La cour juge qu'Outremer Télécom n'a pas subi de préjudice, car son offre n'était pas en concurrence avec celles proposées sur le marché affecté par l'abus.

Section 2
Caractères du dommage réparable et types de préjudices réparables

A. État de la question

289. Pour établir cette troisième condition de la responsabilité civile qu'est le dommage, le demandeur doit d'abord identifier les préjudices patrimoniaux et extrapatrimoniaux découlant du dommage matériel qu'il pense avoir subi du fait de la pratique anticoncurrentielle. En pratique, ces préjudices dépendent étroitement de l'activité de la victime et du marché sur lequel elle opère. Passé ce stade, le demandeur doit alors procéder à l'évaluation du ou des préjudices dont il établit l'existence. Cette seconde opération est essentiellement économique, au sens le plus général du terme. Elle suppose de bâtir un scénario contrefactuel dans lequel la faute n'aurait pas été commise et de le comparer à la situation réelle pour apprécier l'effet de ladite faute sur la situation du demandeur.

290. Cette opération requiert, en général, la collecte et l'interprétation de nombreuses données commerciales, financières et comptables. C'est ce qui explique que, dans la plupart des affaires où les enjeux le justifient, l'évaluation du préjudice repose sur des expertises judiciaires ou sur des expertises de parties réalisées par des cabinets spécialisés. La principale difficulté tient alors aux méthodes d'évaluation choisies par l'expert et à leur force probante aux yeux du juge. Par le passé, l'apparente contradiction entre le caractère nécessairement hypothétique des conclusions des experts et la condition de certitude du dommage réparable a pu faire naître une sorte de résistance psychologique de la part de certains juges. Des demandeurs, dont tout portait à croire qu'ils avaient été les victimes directes de pratiques anticoncurrentielles, étaient déboutés par des juges du fond qui concluaient au caractère incertain du préjudice allégué. Ce type de décisions tend toutefois à se raréfier en raison de la banalisation progressive des méthodes

économiques d'évaluation et de la sensibilisation des juges aux spécificités des préjudices de concurrence.

291. Quant aux règles qui régissent l'établissement du préjudice, rappelons qu'il s'agit essentiellement des règles de droit français, sous réserve des quelques précisions apportées par la Cour de justice dans ses arrêts *Courage*, *Manfredi* et *Kone* mentionnés plus haut[290]. Les caractères du dommage réparable en droit français varient d'un ouvrage à un autre : caractères certain, direct, légitime, actuel, personnel... Cette variation tient pour beaucoup à la jurisprudence, qui énonce régulièrement ces différents caractères dans des formules « de style ». La réalité du droit positif est plus subtile. Depuis le début du XXe siècle, la Cour de cassation s'est attachée à dégager de nouveaux dommages « réparables » auxquels une ou plusieurs de ces conditions font défaut. C'est pour cette raison que l'on dit parfois que les caractères « actuel » et « direct » sont très approximatifs. Le premier dénierait la possibilité de réparer le préjudice futur – pourtant admise de longue date – quand le second ignorerait la réparation du préjudice réfléchi – elle aussi banale. La réparation des préjudices subis par le sous-acquéreur, victime d'un surcoût répercuté par un acquéreur direct d'un bien ou d'un service cartellisé en est la meilleure illustration dans notre matière. En somme, les caractères certain et légitime du dommage seraient les seuls caractères exigés avec constance par la jurisprudence[291]. Si l'on ne retient que ces deux derniers caractères, il semble que seul celui de certitude fasse l'objet de discussion devant les juridictions dans le contexte du contentieux des pratiques anticoncurrentielles. On en verra des illustrations.

292. Par ailleurs et quant à la nature des préjudices réparables, observons que les pratiques anticoncurrentielles sont essentiellement à l'origine de dommages matériels (par opposition aux dommages corporels). En s'appuyant sur la distinction entre dommage et préjudice, on peut dire que de ces dommages matériels découlent des préjudices patrimoniaux et, plus rarement, des préjudices extrapatrimoniaux. Cette dualité n'est pas toujours aussi nette dans la pratique, ce qui s'explique sans doute par le fait que la distinction entre dommage et préjudice est encore mal assise. Quoi qu'il en soit, parmi les préjudices patrimoniaux, on distingue, en droit commun de la responsabilité civile, les trois types de préjudices suivants :

- le *damnum emergens* ou perte éprouvée (ou réelle), tel le surcoût payé par les victimes ou l'absence d'amortissement des investissements consentis du fait de l'éviction d'un marché[292] ;
- le *lucrum cessans*, que la Cour de justice traduit par « manque à gagner ». La traduction n'est pas fausse mais incomplète car, en droit français, le *lucrum cessans* désigne plutôt le manque à gagner « certain », par opposition à la perte de chance, qui traduit plutôt le manque à gagner « probable ». Si la distinction n'est pas toujours nette entre ces deux types de manques

---

290 V. *supra* n° 243 et s.

291 V. p. ex. P. Brun, *La responsabilité civile extracontractuelle*, 5e éd., Lexisnexis, 2018, n° 179 et s.

292 A. Bénabent, « La mise en jeu de la responsabilité civile », in « Les sanctions judiciaires des pratiques anticoncurrentielles », colloque tenu à l'Université Paris I le 29 avr. 2004, *LPA*, 20 janv. 2005, n° 14, p. 31 et s., spéc. pp. 34 et 35.

à gagner[293], leur régime diverge sensiblement. Le manque à gagner certain ouvre droit à réparation de l'intégralité du gain manqué quand la perte de chance n'ouvre droit à réparation que d'une fraction du gain manqué, corrélée à la probabilité que l'événement favorable se produise ;

- la perte de chance, troisième chef de préjudice patrimonial indemnisable qui, sans être énoncé dans l'arrêt *Manfredi*, peut sans hésitation être réparé en droit français. Il est d'ailleurs visé expressément à l'article L. 481-3, 3° du code de commerce issu de l'ordonnance de transposition de 2017.

On peut y ajouter le préjudice moral, parfois réparé de façon plus ou moins forfaitaire[294] et visé au 4° de ce même article L. 481-3.

293. Observons aussi qu'il existe souvent un certain flottement dans les décisions de justice quant au type de préjudice qui est réparé. Il y a pourtant des différences sensibles entre gain manqué et perte de chance par exemple. Comme il vient d'être dit, la perte de chance étant calculée en tenant compte de la probabilité que l'événement favorable se réalise, son quantum en est logiquement affecté à la baisse, à la différence du gain manqué qui, lui, ne fait pas l'objet d'une telle réduction. Il n'est pas impossible que ces incertitudes s'expliquent par la place que prend l'expertise dans ce type de procès qui bien souvent relègue au second plan les aspects juridiques de la discussion sur le préjudice, au profit de l'évaluation.

294. Enfin, il importe de relever l'existence d'une question encore mal réglée par le droit français, mais dont les enjeux sont de première importance : c'est celle dite de « l'actualisation » du préjudice. Cette dénomination, que l'on retrouve dans les décisions de juges du fond, est sans doute discutable, tout comme l'est celle « d'intérêts » qu'utilise plus volontiers la Cour de justice de l'Union[295]. Peut-être serait-il plus juste d'user d'une périphrase moins polysémique telle que « la réparation des effets préjudiciables de l'indisponibilité des sommes accordées au titre de la réparation ». Quoi qu'il en soit, cette question consiste à savoir comment réparer le préjudice causé par l'indisponibilité des sommes dont la victime prétend avoir été privée du fait de la pratique anticoncurrentielle. En général, ladite victime alléguera l'existence de projets d'investissements rentables auxquels elle aura dû renoncer, faute de disposer des fonds suffisants à leur mise en œuvre. Pourra-t-elle alors demander à l'auteur de la pratique anticoncurrentielle la réparation du préjudice causé par l'absence de marge réalisée sur ces investissements ? C'est tout l'enjeu de cette question. Pour l'heure, le tribunal de commerce de Paris et la cour d'appel de Paris y apportent des solutions embryonnaires et quelque peu contradictoires. Il en sera fait état ci-après.

---

293 P. Le Tourneau (dir.), *Droit de la responsabilité et des contrats. Régimes d'indemnisation 2021/2022*, 12e éd., Dalloz, coll. « Dalloz Action », 2020, p. 568 et s., n° 2123/71 et s. et la jurisprudence citée.

294 V. p. ex. T. com. Paris, 15e ch., 30 mars 2015, *SARL DKT International c/ SA Eco-Emballages et Valorplast*, RG 2012000109 ; *Concurrences* n° 3-2015, pp. 154-156, note C. Lemaire ; *Concurrences* n° 3-2015, pp. 79-81, note A. Wachsmann, N. Zacharie ; *Concurrences* n° 3-2015, www.concurrences.com, obs. A. Ronzano.

295 Outre que la réparation des effets préjudiciables du temps ne passe pas toujours par l'application d'un taux d'intérêt – une somme forfaitaire réparant la perte de chance, par exemple, peut aussi être accordée –, les intérêts ne réparent pas exclusivement l'écoulement préjudiciable du temps.

B. Textes applicables

Directive 2014/104/UE

Chapitre IV – Répercussion du surcoût

Article 12 – Répercussion du surcoût et droit à réparation intégrale

1. Afin de garantir la pleine efficacité du droit à réparation intégrale prévu à l'article 3, les États membres veillent à ce que, conformément aux règles prévues dans le présent chapitre, il soit possible à toute personne de demander réparation du préjudice subi, que celle-ci soit ou non un acheteur direct ou indirect d'un auteur de l'infraction, et à ce que soient évitées toute réparation d'un préjudice qui serait supérieure au préjudice causé au demandeur par l'infraction au droit de la concurrence, ainsi que l'absence de responsabilité de l'auteur de l'infraction.
2. Afin d'éviter toute réparation excessive, les États membres élaborent des règles procédurales appropriées pour garantir que la réparation du dommage réel à tout niveau de la chaîne de distribution n'excède pas le préjudice du surcoût subi à ce niveau.
3. Le présent chapitre s'entend sans préjudice du droit d'une partie lésée à demander et à obtenir réparation pour manque à gagner en raison de la répercussion partielle ou totale du surcoût.
4. Les États membres veillent à ce que les règles établies au présent chapitre s'appliquent en conséquence lorsque l'infraction au droit de la concurrence porte sur la fourniture de biens ou de services à l'auteur de l'infraction.
5. Les États membres veillent à ce que les juridictions nationales soient habilitées à estimer, conformément aux procédures nationales, la part de tout surcoût qui a été répercutée.

Article 13 – Moyen de défense invoquant la répercussion du surcoût

Les États membres veillent à ce que le défendeur dans une action en dommages et intérêts puisse invoquer, comme moyen de défense contre une demande de dommages et intérêts, le fait que le demandeur a répercuté, en tout ou en partie, le surcoût résultant de l'infraction au droit de la concurrence. La charge de la preuve de la répercussion du surcoût incombe au défendeur, qui peut raisonnablement exiger la production d'informations par le demandeur ou par des tiers.

Article 14 – Acheteurs indirects

1. Les États membres veillent à ce que, lorsque, dans le cadre d'une action en dommages et intérêts, l'existence d'une demande de dommages et intérêts ou le montant de la réparation à accorder sont fonction de la répercussion ou non du surcoût sur le demandeur ou de l'ampleur de cette répercussion, compte tenu de la pratique commerciale selon laquelle les augmentations de prix sont répercutées en aval de la chaîne de distribution, la charge de la preuve concernant l'existence et l'ampleur de cette répercussion incombe au demandeur, qui peut raisonnablement exiger la production d'informations par le défendeur ou par des tiers.

2. Dans la situation visée au paragraphe 1, l'acheteur indirect est réputé avoir apporté la preuve d'une répercussion à son encontre lorsque cet acheteur indirect a démontré que :
   a) le défendeur a commis une infraction au droit de la concurrence ;
   b) l'infraction au droit de la concurrence a entraîné un surcoût pour l'acheteur direct du défendeur ; et
   c) l'acheteur indirect a acheté les biens ou services concernés par l'infraction au droit de la concurrence, ou acheté des biens ou services dérivés de ces derniers ou les contenant.

Le présent paragraphe ne s'applique pas lorsque le défendeur peut démontrer de façon crédible, à la satisfaction de la juridiction, que le surcoût n'a pas été répercuté sur l'acheteur indirect, ou qu'il ne l'a pas été entièrement.

Article 15 – Actions en dommages et intérêts intentées par des demandeurs situés à différents niveaux de la chaîne de distribution

1. Pour éviter que des actions en dommages et intérêts intentées par des demandeurs situés à différents niveaux de la chaîne de distribution ne donnent lieu à une responsabilité multiple ou à une absence de responsabilité de l'auteur de l'infraction, les États membres veillent à ce que, lorsqu'elles évaluent s'il a été satisfait à la charge de la preuve résultant de l'application des articles 13 et 14, les juridictions nationales saisies d'une action en dommages et intérêts puissent, en recourant aux moyens disponibles en droit de l'Union ou en droit national, tenir dûment compte de l'un quelconque des éléments suivants :
   a) les actions en dommages et intérêts portant sur la même infraction au droit de la concurrence, mais intentées par des demandeurs situés à d'autres niveaux de la chaîne de distribution ;
   b) les décisions de justice prises à la suite d'actions en dommages et intérêts visées au point a) ;
   c) les informations pertinentes relevant du domaine public qui découlent de la mise en œuvre du droit de la concurrence par la sphère publique.
2. Le présent article ne porte pas atteinte aux droits et obligations des juridictions nationales découlant de l'article 30 du règlement (UE) n° 1215/2012.

Article 16 – Orientations à l'intention des juridictions nationales

La Commission délivre à l'intention des juridictions nationales des orientations sur la façon d'estimer la part du surcoût qui a été répercutée sur les acheteurs indirects.

Chapitre V – Quantification du préjudice

Article 17 – Quantification du préjudice

1. Les États membres veillent à ce que ni la charge ni le niveau de la preuve requis pour la quantification du préjudice ne rendent l'exercice du droit à des dommages et intérêts pratiquement impossible ou excessivement difficile. Les États membres veillent à ce que les juridictions nationales soient

habilitées, conformément aux procédures nationales, à estimer le montant du préjudice, s'il est établi qu'un demandeur a subi un préjudice, mais qu'il est pratiquement impossible ou excessivement difficile de quantifier avec précision le préjudice subi sur la base des éléments de preuve disponibles.

2. Il est présumé que les infractions commises dans le cadre d'une entente causent un préjudice. L'auteur de l'infraction a le droit de renverser cette présomption.
3. Les États membres veillent à ce que, dans le cadre d'une procédure relative à une action en dommages et intérêts, une autorité nationale de concurrence puisse, à la demande d'une juridiction nationale, aider ladite juridiction nationale en ce qui concerne la quantification du montant des dommages et intérêts lorsque cette autorité nationale de concurrence estime qu'une telle aide est appropriée.

Article 1231-7 du code civil (anc. art. 1153-1)

En toute matière, la condamnation à une indemnité emporte intérêts au taux légal même en l'absence de demande ou de disposition spéciale du jugement. Sauf disposition contraire de la loi, ces intérêts courent à compter du prononcé du jugement à moins que le juge n'en décide autrement.

En cas de confirmation pure et simple par le juge d'appel d'une décision allouant une indemnité en réparation d'un dommage, celle-ci porte de plein droit intérêt au taux légal à compter du jugement de première instance. Dans les autres cas, l'indemnité allouée en appel porte intérêt à compter de la décision d'appel. Le juge d'appel peut toujours déroger aux dispositions du présent alinéa.

Article 1240 du code civil

Tout fait quelconque de l'homme, qui cause à autrui un dommage, oblige celui par la faute duquel il est arrivé à le réparer.

Article L. 481-3 du code de commerce

Le préjudice subi par le demandeur du fait de la pratique anticoncurrentielle mentionnée à l'article L. 481-1 comprend notamment :

1° La perte faite, résultant :

- a) Du surcoût correspondant à la différence entre le prix du bien ou du service qu'il a effectivement payé et celui qui l'aurait été en l'absence de commission de l'infraction, sous réserve de la répercussion totale ou partielle de ce surcoût qu'il a éventuellement opérée sur son contractant direct ultérieur ;
- b) De la minoration résultant d'un prix plus bas que lui a payé l'auteur de l'infraction ;

2° Le gain manqué résultant notamment de la diminution du volume des ventes liée à la répercussion partielle ou totale du surcoût qu'il a été amené à opérer sur ses contractants directs ou de la prolongation certaine et directe des effets de la minoration des prix qu'il a dû pratiquer ;

3° La perte de chance ;

4° Le préjudice moral.

Article L. 481-4 du code de commerce

L'acheteur direct ou indirect, qu'il s'agisse de biens ou de services, est réputé n'avoir pas répercuté le surcoût sur ses contractants directs, sauf la preuve contraire d'une telle répercussion totale ou partielle apportée par le défendeur, auteur de la pratique anticoncurrentielle.

Article L. 481-5 du code de commerce

L'acheteur direct ou indirect, qu'il s'agisse de biens ou de services, qui prétend avoir subi l'application ou la répercussion d'un surcoût doit en prouver l'existence et l'ampleur.

Toutefois, l'acheteur indirect, qu'il s'agisse de biens ou de services, est réputé avoir apporté la preuve de cette répercussion lorsqu'il justifie que :

1° Le défendeur a commis une pratique anticoncurrentielle mentionnée à l'article L. 481-1 ;

2° Cette pratique a entraîné un surcoût pour le contractant direct du défendeur ;

3° Il a acheté des biens ou utilisé des services concernés par la pratique anticoncurrentielle, ou acheté des biens ou utilisé des services dérivés de ces derniers ou les contenant.

Le défendeur peut cependant démontrer que le surcoût n'a pas été répercuté sur l'acheteur indirect ou qu'il ne l'a été que partiellement par son contractant antérieur.

Article L. 481-6 du code de commerce

Les règles de preuve prévues aux articles L. 481-4 et L. 481-5 sont applicables aux fournisseurs directs ou indirects de l'auteur de la pratique anticoncurrentielle qui invoquent un préjudice résultant d'une baisse du prix des biens ou services concernés par cette pratique.

Article L. 481-7 du code de commerce

Il est présumé jusqu'à preuve contraire qu'une entente entre concurrents cause un préjudice.

Article L. 481-8 du code de commerce

Les dommages et intérêts sont évalués au jour du jugement, en tenant compte de toutes les circonstances qui ont pu affecter la consistance et la valeur du préjudice depuis le jour de la manifestation du dommage, ainsi que de son évolution raisonnablement prévisible.

C. Décisions commentées

1. Articulation entre nullité, restitutions et réparation devant le juge administratif

CE, 19 déc. 2007, *Sté Campenon-Bernard et al.*, req. n° 268918, 269280, 269293 ECLI:FR:CESSR:2007:268918.20071219[296]

Considérant que les actions en nullité devant le juge du contrat et en responsabilité quasi-délictuelle auxquelles peut donner lieu un dol viciant le consentement d'une partie à entrer dans des liens contractuels sont indépendantes l'une de l'autre et qu'il appartient à la partie qui en a subi les effets de choisir de s'engager dans l'une ou l'autre des deux actions, ou dans les deux ; que, la S.N.C.F. ayant opté pour une action visant non à la constatation de la nullité du contrat mais à l'octroi d'une indemnité réparant son préjudice, a placé le litige, ainsi qu'elle en avait la possibilité, sur le terrain de la responsabilité quasi-délictuelle des entreprises mises en cause ; que les fautes des entreprises, au regard des règles du droit de la concurrence, ont été effectivement examinées par la cour sur ce terrain ; que, si la cour a relevé à tort que le dol, bien qu'affectant le consentement sur le prix offert, ne devait pas entacher de nullité l'ensemble du contrat, cette circonstance a été sans incidence sur les motifs sur lesquels elle s'est fondée pour retenir la responsabilité des entreprises dès lors qu'elle ne s'est pas prononcée en qualité de juge du contrat sur la validité de celui-ci, mais a statué, ainsi qu'il a été dit, sur la responsabilité quasi-délictuelle des entreprises à raison de leurs agissements dolosifs [...]

CE, 7e et 2e ch. réunies, 10 juill. 2020, *Lacroix Signalisation*, req. n° 420045, ECLI:FR:CECHR:2020:420045.20200710[297]

2. Lorsqu'une personne publique est victime, de la part de son cocontractant, de pratiques anticoncurrentielles constitutives d'un dol ayant vicié son consentement, elle peut saisir le juge administratif, alternativement ou cumulativement, d'une part, de conclusions tendant à ce que celui-ci prononce l'annulation du marché litigieux et tire les conséquences financières de sa disparition rétroactive, et, d'autre part, de conclusions tendant à la condamnation du cocontractant, au titre de sa responsabilité quasi-délictuelle, à réparer les préjudices subis en raison de son comportement fautif.

3. En cas d'annulation du contrat en raison d'une pratique anticoncurrentielle imputable au cocontractant, ce dernier doit restituer les sommes que lui a versées la personne publique mais peut prétendre en contrepartie, sur un terrain quasi-contractuel, au remboursement des dépenses qu'il a engagées et qui ont été utiles à celle-ci, à l'exclusion, par suite, de toute marge bénéficiaire. Si, en cas d'annulation du contrat, la personne publique ne saurait obtenir, sur le terrain quasi-délictuel, la réparation du préjudice lié au surcoût qu'ont impliqué les

---

296 *RD publ.* 2008. 1174, concl. Boulouis, p. 639, chron. Guettier, et p. 1159, note Braconnier ; *BJCP* 2008. 51, note Maugüé ; *AJDA* 2008. 814, note Dreyfus ; *RJEP* n° 653, 2008. 16, note Gourdou et Terneyre.

297 *AJDA* 2020, p. 1446, obs. J.-M. Pastor ; *ibid.*, p. 1894, note E. Glaser.

pratiques anticoncurrentielles dont elle a été victime, dès lors que cette annulation entraîne par elle-même l'obligation pour le cocontractant de restituer à la personne publique toutes les dépenses qui ne lui ont pas été utiles, elle peut, en revanche, demander la réparation des autres préjudices que lui aurait causés le comportement du cocontractant.

4. Il ressort des termes mêmes de l'arrêt attaqué que la cour, après avoir confirmé l'annulation des marchés litigieux par le tribunal administratif, compte tenu du vice affectant le consentement du département de la Seine-Maritime et résultant des pratiques anticoncurrentielles de la société Lacroix Signalisation, a jugé, pour rejeter les conclusions principales du département tendant à la restitution des sommes versées, que cette annulation impliquait seulement que soient réparés, sur le terrain quasi-délictuel, les préjudices subis par le département du fait des agissements dolosifs de la société. Il résulte de ce qui a été dit au point 3 qu'elle a ainsi entaché son arrêt d'erreur de droit.

5. Il résulte de ce qui précède, et sans qu'il besoin d'examiner les autres moyens des pourvois, que le département de la Seine-Maritime est fondé à demander, dans le cadre de son pourvoi incident, l'annulation de l'arrêt attaqué en tant qu'il rejette ses conclusions principales tendant à la restitution des sommes versées à la société Lacroix Signalisation. Il n'y a pas lieu, par voie de conséquence, de statuer sur les conclusions du pourvoi de la société Lacroix Signalisation, désormais dénommée Lacroix City Saint Herblain, tendant à l'annulation de l'arrêt en tant qu'il fait droit aux conclusions subsidiaires du département et la condamne à l'indemniser de ses préjudices.

295. Ces deux arrêts du Conseil d'État – dont le premier fait figure d'arrêt de principe en matière d'actions devant le juge administratif – clarifient l'articulation entre la réparation du préjudice subi par la personne publique et la nullité des contrats publics passés en exécution des marchés viciés par une entente illicite.

296. L'arrêt *Campenon-Bernard* apporte deux précisions qui méritent d'être relevées dans la présente section. D'abord, il précise dans le passage mis en exergue que la commission d'une entente horizontale entre soumissionnaires à un appel d'offres peut être qualifiée de dol et entraîner ainsi la nullité du contrat public conclu à la suite des marchés publics viciés par l'entente. Il ajoute ensuite, à propos de l'articulation entre l'action en nullité pour dol et l'action en responsabilité quasi délictuelle découlant dudit dol, que de telles actions sont indépendantes et qu'il appartient à la personne publique – ici la SNCF – de s'engager « *dans l'une ou l'autre des deux actions, ou dans les deux* ».

Si la formule était suffisante pour répondre au pourvoi de l'affaire *Campenon-Bernard*, elle a pu laisser planer quelques doutes dans des espèces qui n'étaient pas tout à fait identiques. Ce fut notamment le cas dans l'affaire *Lacroix Signalisation* qui fait suite à l'entente de la « signalisation verticale »[298] et qui donne au Conseil d'État l'occasion d'affiner sa jurisprudence.

---

[298] Aut. conc., déc. n° 10-D-39 du 22 déc. 2010 relative à des pratiques mises en œuvre dans le secteur de la signalisation routière verticale, préc.

297. À l'instar de l'affaire *Campenon-Bernard*, l'entente en question avait aussi faussé des marchés publics si ce n'est que les principales victimes en furent les départements et non la SNCF. En l'espèce, c'est le département de la Seine-Maritime qui avait agi pour demander, à titre principal, l'annulation des marchés publics affectés par la concertation illicite et 4,45 millions d'euros de restitutions (auxquels s'ajoutaient 584 000 euros pour réparer l'indisponibilité du capital). Il demandait à titre subsidiaire 3,13 millions en réparation du surcoût causé par le cartel.

298. En première instance, le tribunal administratif de Rouen avait fait droit à sa demande principale. Par trois jugements du même jour, il avait ordonné les restitutions sans en déduire les dépenses utiles au département, comme l'y autorisait la jurisprudence dite « *Tête-Decaux* »[299]. Les restitutions étaient donc unilatérales et point réciproques, ce qui conduisait les cocontractants de la personne publique à s'appauvrir dans la mesure où la restitution de l'intégralité des sommes versées pour l'exécution du marché aboutissait à ce que le département récupérât le prix payé, tout en conservant la propriété des panneaux de signalisation. Corrélativement, celui-ci s'était donc enrichi. Ce résultat vaudra aux trois jugements du tribunal administratif d'être censurés par la cour administrative d'appel de Douai dans trois arrêts du 22 février 2018[300]. Celle-ci énoncera alors que « *l'action en restitution n'a pas conduit à ce que les parties puissent être remises dans la situation prévalant antérieurement à l'exécution des contrats* » (aff. *Franche Comté C.*). Elle fondera sa solution sur l'arrêt *Courage* et sur la directive 2014/104/UE, rappelant, en substance, que le principe de réparation intégrale devait être étendu aux restitutions. En outre, précisera-t-elle, « *il est constant que la prestation réalisée répondait à un véritable besoin de l'administration, a été entièrement exécutée par la société cocontractante et que le contrat n'était pas dépourvu de cause* »[301]. Elle en conclura que la demande de restitution est « *assimilable à une réparation* » et exclura les restitutions à sens unique en raison de leur « *caractère excessif* ». Elle acceptera *in fine* de

---

299 Du nom des arrêts *Tête* : CE, 22 févr. 2008, *Tête*, n° 266755, *Lebon T.* 812 ; concl. D. Casas ; *AJDA* 2008, p. 438, obs. M.-C. de Montecler ; *ibid.*, p. 992, note J.-D. Dreyfus et *Decaux* : CE, sect., 10 avr. 2008, n° 244950, *Sté Decaux, Lebon* 151 ; *RJEP*, juin 2008, comm. 26, concl. B. Dacosta ; *AJDA* 2008, p. 1092, chron. J. Boucher et B. Bourgeois-Machureau ; *Contrats, conc., consom.* 2008, comm. 159, C. Prébissy-Schnall ; *Contrats Marchés publ.* 2008, comm. 128, obs. J.-P. Piétri ; *Dr. adm.* 2008, comm. 78, obs. F. Melleray ; confirmé depuis not. par CE, 18 nov. 2011, *Communauté de communes de Verdun*, n° 342642, *Lebon T.* 1014 ; *Dr. adm.* 2012, comm. 4, obs. F. Brenet ; *Contrats Marchés publ.* 2012, comm. 27, obs. J.-P. Piétri ; *AJDA* 2012, p. 598, note S. Aubert ; *AJCT* 2012, p. 210, obs. S. Hul. Il a été jugé par le Conseil d'État dans ces arrêts qu'en cas d'annulation d'un contrat public, « *les fautes éventuellement commises par l'intéressé antérieurement à la signature du contrat sont sans incidence sur son droit à indemnisation au titre de l'enrichissement sans cause de la collectivité, sauf si le contrat a été obtenu dans des conditions de nature à vicier le consentement de l'administration, ce qui fait obstacle à l'exercice d'une telle action* ».

300 Trois arrêts auxquels s'ajoute un quatrième qui concerne le département de l'Eure : CAA Douai, 1re ch., 22 févr. 2018, (4 arrêts) *Département de l'Eure c/ sociétés Signalisation France et Signature Industrie*, n° 17DA00537, RG 15/07583 ; *Département de la Seine-Maritime c/ société Signalisation France*, n° 17DA0 0507-17DA00509-17DA00511 ; *Département de la Seine-Maritime c/ société Lacroix Signalisation*, n° 17DA00 561-17DA00562-17DA00563 ; *Département de la Seine-Maritime c/ société Franche Comté C.*, n° 17DA00595 ; *Concurrences* n° 2-2018, p. 232, note R. Amaro.

301 Même énoncé dans les deux affaires.

réparer le préjudice en se plaçant sur le terrain de la responsabilité et point sur celui de la nullité[302].

Un seul de ces trois arrêts douaisiens est attaqué devant le Conseil d'État (l'arrêt *Lacroix Signalisation*) par le pourvoi qui donne lieu à cet intéressant arrêt du 10 juillet 2020. Le Conseil casse l'arrêt critiqué pour les raisons mises en exergue dans la citation ci-dessus. De cet arrêt, on peut retenir les cinq enseignements suivants.

299. Premièrement, la solution de l'arrêt *Campenon-Bernard* est confirmée. La personne publique victime de l'entente a donc la possibilité de demander « *alternativement ou cumulativement* » l'annulation du marché litigieux ou la réparation du préjudice.

300. Deuxième enseignement : si la personne publique obtient l'annulation, son cocontractant est tenu de procéder aux restitutions. Autrement dit, la réparation du surcoût ne saurait être tenue pour une conséquence de la nullité. C'est là la première raison de casser l'arrêt de la cour administrative de Douai qui avait tenu pour équivalent restitutions et réparation.

301. Les troisième et quatrième enseignements sortent du champ du présent ouvrage mais méritent d'être cités ici pour comprendre l'apport de cet arrêt sur le terrain de la responsabilité. Troisième enseignement : l'annulation n'empêche pas le cocontractant de la personne publique de conserver les sommes qui couvrent des dépenses utiles à sa victime, à l'exclusion – quatrième enseignement – « *de toute marge bénéficiaire* ». Par cette solution, le Conseil d'État rétablit, d'une part, le principe des restitutions réciproques en supprimant l'exception « *Tête-Decaux* » sur laquelle s'était appuyé le tribunal administratif de Rouen pour ordonner les restitutions unilatérales au profit de la personne publique. D'autre part, il empêche son cocontractant de réaliser du profit en interdisant la restitution des sommes qui pourraient lui permettre de réaliser une marge bénéficiaire. Or c'est précisément ce à quoi aboutissait la solution de la cour de Douai dans la mesure où celle-ci, en ordonnant le versement de sommes réparant le seul surcoût illicite, avait permis aux cocontractantes du département de réaliser une marge « licite » correspondant à la différence entre le coût de revient et le prix concurrentiel du marché. Cela signifie que, par principe, si la personne publique obtient l'annulation du contrat, elle peut récupérer les sommes versées pour l'exécution à l'exception de celles qui couvrent le coût de revient des équipements conservés (en l'espèce, le prix des panneaux de signalisation), mais sans que ces restitutions aillent jusqu'à permettre à son contractant de réaliser du profit.

En somme, si le Conseil d'État abandonne l'exception de la jurisprudence « *Tête-Decaux* » en supprimant l'exception aux restitutions réciproques introduites dans le considérant cité ci-dessus, il tempère cet abandon en empêchant que la réparation des surcoûts illicites ne permette aux cocontractantes de la personne publique de s'enrichir injustement.

---

302 V., pour une analyse critique de cette solution : F. Brunet et C. Verney, « L'évaluation par le juge administratif du préjudice résultant de pratiques anticoncurrentielles », *Concurrences* n° 2-2020, www.concurrences.com, spéc. n° 9 et 10.

302. Cinquième et dernier enseignement : le Conseil d'État juge que d'autres chefs de préjudice peuvent éventuellement être réparés mais pas les surcoûts pour les raisons évoquées ci-dessus. En théorie, il ne serait donc pas impossible que la personne publique obtienne cumulativement l'annulation assortie de restitutions et la réparation d'autres chefs de préjudices.

303. En revanche, du deuxième considérant de cet arrêt cité ci-dessus et de l'arrêt *Campenon-Bernard,* on peut déduire que la personne publique peut toujours obtenir la réparation des seuls surcoûts à condition de ne pas demander l'annulation et les restitutions réciproques.

304. Par cet arrêt, le Conseil d'État témoigne d'une volonté de parvenir à une solution équilibrée qui évite à la fois l'enrichissement sans cause de la personne publique et le profit illicite de son cocontractant. Observons que la solution jure singulièrement avec celle de la cour d'appel de Paris, validée par la Cour de cassation, dans l'affaire dite « des câbliers », commentée en plusieurs endroits du présent ouvrage[303]. À rebours du juge administratif, le juge judiciaire refuse de prononcer la nullité dans des circonstances quasiment identiques à celles de la présente espèce, ce qui, indéniablement, laisse songeur.

2. Admission de la défense dite de « répercussion des surcoûts »

Cass. com., 15 juin 2010, n° 09-15.816, inédit[304]

Vu l'article 1382 du code civil ;

Attendu que, pour condamner la société AE à payer des dommages-intérêts aux sociétés Doux, l'arrêt, après avoir constaté que la réalité d'une faute commise par la société AE résulte de la décision du 7 juin 2000 de la Commission européenne et relevé que cette faute a engendré, pour les sociétés Doux, un surcoût des achats de lysine, retient que la circonstance que les sociétés Doux auraient été en mesure de répercuter ce surcoût sur les hausses de prix du produit est sans incidence sur l'étendue de leur droit à réparation ; qu'il ajoute que les charges accrues supportées par ces sociétés par suite des majorations de prix ont été la cause d'un préjudice constitué par une perte de la compétitivité de leurs produits et constituent la cause d'une perte de chance devant être indemnisée ; Attendu qu'en se déterminant ainsi, sans rechercher si les sociétés Doux avaient, en tout ou partie, répercuté sur leurs clients les surcoûts résultant de l'infraction commise par la société AE, de sorte que l'allocation de dommages-intérêts aurait pu entraîner leur enrichissement sans cause, la cour d'appel a privé sa décision de base légale [...]

305. Bien qu'elle ne soit pas publiée, cette décision n'en fait pas moins figure d'arrêt de principe sur la question de la défense dite de « répercussion des surcoûts ». À la suite de la condamnation par la Commission européenne de l'entente entre

---

303 V. *supra* n° 193 et 280.

304 *D.* 2010, p. 2781, note Y. Utzschneider, H. Parmentier ; *Contrats, conc., consom.* 2010, n° 232, obs. M. Malaurie-Vignal ; *Gaz. Pal.*, 12 févr. 2011, n° 43, p. 43, obs. J. Philippe, M. Trabucci ; *RJDA* 2011, n° 349 ; *Concurrences* n° 4-2010, p. 205, obs. C. Lemaire, M. Cousin.

fabricants de lysine, plusieurs sociétés du groupe Doux, acheteur direct de lysine, engagent une action en réparation devant le juge français. Un premier arrêt de la cour d'appel de Paris leur accorde 380 000 euros de dommages et intérêts en réparation du surcoût et de la perte de chance découlant des « *charges accrues supportées [...] par suite des majorations de prix* ». La cour juge, par ailleurs, que « *la circonstance que les sociétés Doux auraient été en mesure de répercuter ce surcoût sur les hausses de prix du produit* » est « *sans incidence sur l'étendue de leur droit à réparation* ». Autrement dit, elle écarte l'argument tiré de la répercussion des surcoûts sur un éventuel acheteur indirect, en l'occurrence la grande distribution, cliente du groupe Doux.

306. Un pourvoi est formé par l'entreprise condamnée, dans lequel il est fait grief à l'arrêt attaqué de ne pas avoir examiné plus précisément le bien-fondé de la défense de répercussion. La Cour de cassation accueille le moyen et casse l'arrêt d'appel en reprochant aux juges du fond de ne pas avoir recherché si les demanderesses avaient, « *en tout ou partie, répercuté sur leurs clients les surcoûts résultant de l'infraction* ».

La Cour de cassation confirme ainsi que la défense de répercussion est bien admissible en droit français. Ce choix n'a d'ailleurs rien d'étonnant au regard du principe de réparation intégrale et de la prohibition de l'enrichissement sans cause. Interdire l'invocation de cette défense aurait permis à l'acheteur direct d'obtenir réparation d'un préjudice qu'il n'avait pas subi si l'intégralité du surcoût avait été répercutée. La responsabilité civile s'en serait trouvée investie d'une fonction confiscatoire, voire punitive, que d'aucuns jugent peu conforme à la tradition « continentale ». Mieux vaut donc permettre, semble-t-il, à un défendeur de dégager sa responsabilité, quitte à ce que ce dernier conserve le profit qu'il a illicitement obtenu grâce à la commission de pratiques anticoncurrentielles, que d'autoriser un demandeur à obtenir réparation d'un préjudice qu'il n'a pas subi. C'est d'ailleurs la solution reprise par la directive 2014/104/UE à son article 13 cité ci-dessus. Dans la présente affaire, la cour de renvoi, par un arrêt du 27 février 2014[305], accueillera finalement la demande en réparation de l'acheteur direct et se montrera convaincue par sa démonstration de l'absence de répercussion.

307. Observons pour conclure que, de longue date, la jurisprudence de la Cour suprême des États-Unis a posé la solution exactement contraire. Par ses arrêts *Hanover Shoe*[306] et *Illinois Brick*[307], elle juge que seul l'acheteur direct, demandeur à l'action en réparation, a qualité à agir indépendamment de l'éventuelle répercussion des surcoûts sur ses contractants (acheteurs indirects). L'acheteur direct peut donc obtenir réparation d'un préjudice qu'il n'a pas même subi tandis que cette

---

305 CA Paris, ch. 5-5, 27 févr. 2014, *SNC Doux Aliments Bretagne et al. c/ Sté Ajinomoto Eurolysine et al.*, RG 10/18285 ; *Contrats, conc., consom.* 2014/6, comm. 139, note G. Decocq ; rendu sur renvoi après : Cass. com., 15 juin 2010, n° 09-15.816, non publié ; *D.* 2010, p. 2781, note Y. Utzschneider, H. Parmentier ; *Contrats, conc., consom.* 2010, n° 232, obs. M. Malaurie-Vignal ; *Gaz. Pal.*, 12 févr. 2011, n° 43, p. 43, obs. J. Philippe, M. Trabucci ; *RJDA* 2011, n° 349 ; *Concurrences*, n° 4-2010, p. 205, obs. C. Lemaire, M. Cousin.

306 *Hanover Shoe, Inc. v. United Shoe Machinery Corp.*, 392 U.S. 481 (1968).

307 *Illinois Brick Co. v. Illinois*, 431 U.S. 720 (1977).

possibilité serait refusée aux sous-acquéreurs faute de qualité à agir[308]. De son côté, le défendeur ne pourra invoquer la défense de répercussion (*passing on defence*), explicitement paralysée par la jurisprudence. Cette jurisprudence, bien connue des spécialistes, a été au cœur des discussions préalables à l'adoption de la directive 2014/104/UE et explique d'ailleurs l'insertion de son article 13 évoqué au paragraphe précédent.

3. Exigence de certitude du dommage

CA Paris, ch. 5-5, 2 juill. 2015, *SA EDF et SA ERDF c/ SAS Nexans France et SAS Prysmian Câbles et Systèmes France*, RG 13/22609[309]

Considérant que si la pertinence de la méthode d'évaluation du préjudice appliquée par les appelants, dont le cabinet M. rappelle qu'elle a les faveurs de la Commission européenne, ne peut être discutée dans son principe, force est de constater que les éléments fournis par les intimés conduisent à la remettre en cause dans son application au cas d'espèce ;

Considérant qu'ainsi que l'observe la société Nexans, le calcul de l'évolution contrefactuelle des prix pouvait se fonder non, comme le cabinet M. l'a fait, sur des hypothèses, mais sur les prix remis, en réponse au deuxième appel d'offres, par la société NKT, puisque celle-ci n'a pas participé aux pratiques sanctionnées par le Conseil de la concurrence ; que les prix remis par cette société pouvaient, pour cette dernière raison, être considérés comme des prix du marché ; que, comme l'observe le rapport du cabinet C., dans chaque lot pour lequel la société NKT a remis une offre, il y avait au moins un prix remis par un autre participant inférieur au prix remis par celle-ci ; que sans doute cette analyse est-elle contestée par les appelants, qui soutiennent que même s'il était avéré que EDF n'a pas toujours choisi le fournisseur le moins disant, elle a supporté le surprix que chaque membre de l'entente a été en mesure d'imposer ; qu'elle n'en vient pas moins fragiliser l'un des postulats fondamentaux sur lesquels les appelants ont basé le calcul de leur préjudice ;

Considérant que le niveau des prix observés sur le marché transitoire, par rapport au marché qui avait été précédemment passé, est discuté par les parties, alors qu'il constitue pour les appelants un facteur important du chiffrage du préjudice qu'ils allèguent ; qu'ainsi, selon le cabinet M., les prix du premier marché auraient augmenté de 0,3 % et 1,7 %, alors que selon le cabinet C., ces mêmes prix auraient diminué de 1,96 % et 0,72 % ; que, par ailleurs, en ce qui concerne les surcapacités de production qui, selon les appelants devaient théoriquement conduire à une baisse des prix, les intimés soulignent que cet effet n'est nullement démontré, dans la mesure où ces surcapacités existaient sur les

---

308 V. encore une décision en ce sens dans une affaire des commissions interbancaires. Il fut jugé que les clients des banques n'étaient que des acheteurs indirects dans la mesure où les commissions interbancaires étaient payées par les banques elles-mêmes, qui répercutaient ensuite les surcoûts sur leurs clients. *In re ATM Fee Antitrust Litigation*, n° 10-17354 (2012) ; *Concurrences* n° 4-2012, p. 189, obs. J.-C. Roda.

309 *Concurrences* n° 4-2015, pp. 186-188, note C. Lemaire, S. Naudin ; *Concurrences* n° 4-2015, www.concurrences.com, obs. A. Ronzano.

marchés antérieurs à ceux en cause ; que de même, l'effet attendu de la mise en place d'un système d'enchères inversées pour le premier marché, consistant dans une baisse des prix, s'il est théoriquement justifié, ne peut être considéré comme certain, au point de servir de base au calcul de l'indemnité sollicitée ; que l'assertion des appelants, selon laquelle la productivité augmenterait de 2,5 % par an, est contestée par les intimés qui soutiennent que ce chiffre correspond en réalité à une baisse annuelle des prix imposée par EDF, dont il n'est pas démontré qu'elle est corrélée à une augmentation de la productivité ; qu'enfin, s'agissant du deuxième marché, il n'est pas contesté que le passage de quatre à six fournisseurs, entraînant normalement, selon les appelants, une pression sur les prix à la baisse, n'a concerné qu'une partie de ce marché, de sorte qu'on ne saurait en faire un facteur déterminant du montant du préjudice allégué ;

Considérant, en outre, que, comme la Cour l'a relevé plus haut, EDF a elle-même fait part de sa satisfaction quant au niveau des prix qu'elle avait obtenus de ses fournisseurs ; que dans le courrier du 24 juillet 2006 déjà cité, le président d'EDF, après avoir rappelé les circonstances l'ayant amené à saisir le Conseil de la concurrence, a confirmé à la société Nexans « que les évolutions des niveaux de prix dans le temps que nos services ont été en mesure d'obtenir de la part des fournisseurs de câbles moyenne tension, sur chaque marché de ces dix dernières années, ont été globalement jugées en cohérence avec les niveaux de prix attendus par EDF au travers de ses propres estimations » (pièce Nexans n° 2) ; que la société Nexans produit, par ailleurs, des tableaux de prix établis par les services d'EDF, d'où il ressort que les prix obtenus à l'issue des appels d'offres se situaient en[ ]deçà du seuil d'acceptabilité préalablement défini (pièces n° 30, 72 et 73) ;

Considérant qu'il résulte de ces constatations que l'appelante n'apporte pas les éléments permettant d'établir avec certitude le préjudice qu'elle dit avoir subi ; que dès lors, sans qu'il y ait lieu de déterminer si en se livrant aux pratiques sanctionnées par le Conseil de la concurrence, les sociétés Nexans et Prysmian avaient commis une faute civile à l'égard de EDF, les appelants seront déboutés de leur[s] demandes d'indemnisation ; que le jugement sera donc confirmé [...]

308. Dans cette affaire dite « des câbliers », EDF et ERDF (les appelantes) cherchaient à titre subsidiaire[310] à obtenir réparation du surcoût causé par des ententes commises par des opérateurs câbliers à l'occasion d'appels d'offres, ententes condamnées par l'ancien Conseil de la concurrence[311]. L'arrêt du 2 juillet 2015 de la chambre 5-5 de la cour d'appel de Paris ici commenté les déboute au motif que n'est pas rapportée la preuve d'un préjudice certain.

309. En l'espèce, la cour ne discute pas de la pertinence de la méthode d'évaluation choisie par les appelantes mais n'est pas convaincue par les données chiffrées retenues pour élaborer le contrefactuel. D'abord, elle estime, comme l'y invitent

310 Leur demande principale consistait à invoquer la nullité des contrats conclus à la suite de l'appel d'offres pour obtenir les restitutions des sommes versées dans l'exécution de ces contrats. Cette demande est rejetée.

311 Cons. conc., déc. n° 07-D-26 du 26 juill. 2007 relative à des pratiques mises en œuvre dans le cadre de marchés de fourniture de câbles à haute tension.

les intimées, qu'il aurait fallu retenir non pas des prix hypothétiques, mais les prix effectivement remis en réponse à un autre appel d'offres remporté par une entreprise n'ayant pas participé à l'entente. Ensuite, elle souligne l'incertitude persistante quant aux effets sur les prix de certains facteurs mis en avant par l'expert des demanderesses pour chiffrer la baisse du niveau des prix (augmentation de la productivité, surcapacités, nouveaux entrants, etc.). Enfin, elle relève qu'EDF se serait montrée satisfaite des prix obtenus au terme de l'appel d'offres.

310. L'attitude de la chambre 5-5 semble se démarquer de celle de la chambre 5-4. Dans l'arrêt *Lectiel* commenté ci-dessus[312], celle-ci reconnaît le principe du préjudice mais, peu convaincue par l'estimation qu'en propose la demanderesse à l'action, elle ordonne une expertise afin d'estimer ledit préjudice. Dans l'arrêt des câbliers, à l'inverse, la chambre 5-5 s'arrête aux doutes persistants quant à l'estimation du préjudice pour en conclure que son existence est elle-même incertaine. Elle rejette donc totalement la demande en réparation, là où il est possible que la chambre 5-4 eût suspendu sa décision à une expertise ultérieure. Si l'on pourra objecter que les espèces étaient différentes, il demeure que l'existence du préjudice d'EDF et d'ERDF dans l'affaire des câbliers était très plausible. Dans la mesure où les entreprises poursuivies s'étaient entendues pour fausser des appels d'offres, la perte de chance des adjudicatrices de voir soumises des offres mieux ou moins-disantes ne faisait, à notre sens, qu'assez peu de doute. Ceci n'aura pas suffi à convaincre la chambre 5-5.

TGI Lille, 1re ch., 6 juin 2017, *Mme V. c/ Sté Colgate Palmolive et al.*, RG 15/10938

Mme V., pour établir qu'elle a effectivement acheté les produits d'entretien et d'hygiène des sociétés productrices en cause ne verse pas d'autre élément que l'attestation de chacun de ses fils selon lesquels ils l'ont accompagnée lorsqu'elle est allée faire des achats chez Carrefour ou Leclerc au cours des « années écoulées » ou « dix années écoulées » [...]

Ces attestations sont génériques. Dès lors, elles sont peu probantes. Elles n'établissent aucunement la quantité de produits achetés ni leur prix de vente.

311. Ce jugement a été déjà mentionné dans les développements relatifs à la prescription[313]. Pour mémoire, il statue sur l'action d'une consommatrice qui cherche à obtenir réparation d'un préjudice causé par les ententes sur les produits d'hygiène et d'entretien. Il met surtout en évidence certaines difficultés quasiment insurmontables pour les consommateurs sur le terrain de la preuve du préjudice.

312. La demanderesse est déboutée faute pour elle de chiffrer précisément son préjudice et de prouver qu'elle avait bien acheté les produits affectés d'un surcoût. Pour toute preuve de ses achats, elle ne produira que deux attestations de ses fils témoignant l'avoir accompagnée faire ses courses au long des années écoulées et l'avoir vue acheter les produits en question... C'est évidemment insuffisant pour le

---

312 V. *supra* n° 193 et s.

313 V. *supra* n° 58 et s.

tribunal, qui la déboute en raison du caractère incertain de son préjudice. Passée la première réaction de surprise face à la naïveté de ces éléments de preuve, une interrogation persiste : en pratique, comment peut-on espérer qu'un consommateur puisse produire la moindre facture remontant à plusieurs années pour ses achats en grande surface ? Pour la plupart des produits de consommation du quotidien, ce sera évidemment impossible tant que l'achat en ligne ne sera pas devenu la norme. Si bien que l'on peut se demander si l'on verra un jour un consommateur obtenir réparation du préjudice causé par un cartel…

313. « *I want my money back* », aurait déclaré la demanderesse au *Journal du dimanche*[314]. Cette incantation thatchérienne semble vouée à rester lettre morte sans modifications substantielles des règles de fond et de procédure applicables à l'action des consommateurs.

4. Perte de chance

CA Paris, ch. 5-11, 8 févr. 2019, *SASU Fibre Excellence Tarascon et SAS Bioenerg c/ SA ERDF (devenue Enedis)*, RG 16/06164

La société Bioenerg a subi une perte de chance de contracter à la date du 1er juin 2009 et de vendre à compter de cette date sa production d'électricité soit pendant une période de six mois. Elle justifie de la disparition actuelle et certaine d'une éventualité favorable de sorte que la perte de chance est réparable.

Bioenerg demande que le préjudice qu'elle a subi soit calculé par référence aux chiffres d'affaires réalisé[s] les années 2010 et 2011 et par application d'une marge brute résulte qu'elle évalue au montant résultant de la soustraction du coût d'achat de la vapeur au montant du chiffre d'affaires réalisé, en indiquant qu'il n'existe pas de coûts variables de production de la vapeur.

Or la conséquence de la perte de chance étant aléatoire, la victime ne peut récupérer l'intégralité de la conséquence favorable.

Il convient, pour le calcul de l'indemnité, de déterminer la valeur des gains manqués du fait de l'absence de survenance de l'événement favorable avant la survenance du fait générateur, de déterminer la probabilité de l'événement favorable avant la survenance du fait générateur puis de multiplier ensuite la valeur du gain manqué par la probabilité de son occurrence.

314. Cet arrêt, comme d'autres avant lui[315], admet la réparation de la perte de chance au titre du préjudice causé par un abus de position dominante dans une affaire à la croisée du droit de la concurrence et du droit de l'énergie.

---

[314] http://www.lejdd.fr/Economie/Un-avocat-vient-au-secours-du-consommateur-de-produits-d-entretien-730692.

[315] P. ex. CA Paris, ch. 5-4, 27 avr. 2011, *M. B. M. c/ SNC Sté Presse Paris Services*, RG 08/21750 : JurisData n° 2011-00739 ; dans cette affaire, l'exploitant d'un kiosque à journaux refusait d'adhérer au contrat type imposé par une société de presse en situation de monopole de fait sur le secteur territorial où la victime souhaitait s'implanter. Il est indemnisé de la perte d'une chance d'obtenir des gains grâce à l'exploitation du point de vente litigieux dont l'ouverture a été empêchée. La cour d'appel de Paris relève que cette chance est importante en raison de l'accord de cession du fonds de commerce intervenu entre la victime et le précédent propriétaire du fonds et de la renonciation à l'exploitation du point de vente dont la seule explication ne peut

315. Une société productrice d'électricité et l'une de ses cocontractantes reprochaient à ERDF (devenue Enedis depuis) de ne pas avoir accepté de contracter avec elles pour procéder au raccordement de leur unité de production d'électricité au réseau public de distribution d'électricité dont ERDF est gestionnaire. Il est à noter que le code de l'énergie fait obligation à cette dernière de procéder au raccordement comme celui qui était en cause. Par une décision du 2 octobre 2009, le Comité de règlement des différends et des sanctions de la Commission de régulation de l'énergie donne partiellement gain de cause à ces deux sociétés. Cette décision sera finalement confirmée par un arrêt du 12 décembre 2013 de la cour d'appel de Paris qui rejette le recours d'ERDF.

316. Le 27 mars 2014, les deux sociétés en question assignent Enedis devant le tribunal de commerce de Paris en réparation du préjudice causé par ce refus. Elles lui demandent une somme totale de près de 7 millions d'euros, somme augmentée des intérêts au taux légal. Déboutées en première instance, au motif qu'Enedis n'avait pas commis de faute, elles font appel et c'est sur cet appel que la cour se prononce dans le présent arrêt.

317. En substance, la cour juge qu'Enedis a commis un abus de position dominante et un abus de dépendance économique à l'endroit des demanderesses. Ces abus sont constitués par le refus d'Enedis de procéder au raccordement de la production. Selon la cour, ce refus ne présente pas « *un caractère raisonnable et légitime, et n'est pas justifié par des raisons objectives tenant au bon accomplissement des missions de service public, à des motifs techniques tenant à la sécurité et la sûreté des réseaux, dont il n'est ni soutenu ni démontré un tel risque et à la qualité de leur fonctionnement* ». La cour en conclut que « *ce refus n'apparaît pas proportionné et vise au contraire à renforcer la position dominante de Enedis* ». Partant, cet abus est une faute civile.

318. La cour statue ensuite sur l'existence d'éventuelles fautes des victimes pour en déduire qu'elles ne sont pas constituées en l'espèce. Puis, elle aborde le lien de causalité, qu'elle juge direct et certain, et conclut par l'analyse du préjudice.

319. Sur ce point, on relèvera que la cour qualifie de perte de chance le préjudice subi par les deux victimes, dans des termes très pédagogiques qui rappellent la différence conceptuelle avec le gain manqué[316]. Cette qualification paraît s'imposer pour la cour en raison du caractère aléatoire de la conclusion du contrat avec Enedis. Elle estime à 8 chances sur 10 la conclusion dudit contrat et affecte donc une probabilité de 4/5 à la marge brute qu'auraient dégagée les victimes des abus si le contrat avait été effectivement conclu. En définitive, elle accorde environ 480 000 euros à l'une des victimes et 1,2 million à l'autre.

---

résider que dans l'abus de position dominante de la société de presse. Ici, l'existence du gain manqué est quasiment certaine mais tout de même affectée d'une part d'incertitude.

[316] « *[L]a conséquence de la perte de chance étant aléatoire, la victime ne peut récupérer l'intégralité de la conséquence favorable. Il convient, pour le calcul de l'indemnité, de déterminer la valeur des gains manqués du fait de l'absence de survenance de l'événement favorable avant la survenance du fait générateur, de déterminer la probabilité de l'événement favorable avant la survenance du fait générateur puis de multiplier ensuite la valeur du gain manqué par la probabilité de son occurrence.* »

320. Cet arrêt appelle ici deux observations.

321. D'abord, on notera que seule la « marge brute » est mentionnée comme référence pour évaluer le préjudice. Or si la question de la « marge » à retenir n'a pas encore fait couler beaucoup d'encre dans le contentieux des pratiques anticoncurrentielles, on sait qu'elle a donné lieu à des développements jurisprudentiels récents dans le contentieux de la rupture brutale des relations commerciales établies du nouvel article L. 442-1, II du code de commerce (anc. art. L. 442-6, I, 5°). La cour d'appel de Paris dans ses fiches méthodologiques[317] précise dorénavant que c'est la marge sur coûts variables qu'il faut retenir et non pas la marge brute. Sa jurisprudence demeure toutefois incertaine[318] et malheureusement, l'arrêt sous commentaire ne dissipera pas ces incertitudes.

322. Autre remarque : en l'espèce, c'est bien la perte de chance de réaliser les gains attendus du contrat qui est réparée. La solution étonnera sans doute les lecteurs les plus « civilistes » qui auraient à l'esprit la lettre du nouvel article 1112, alinéa 2, du code civil dans sa rédaction issue de la loi de ratification de 2018. Cet alinéa, qui codifie la fameuse jurisprudence *Manoukian* de 2003[319], prévoit que la perte de chance de réaliser les gains espérés du contrat ne peut être réparée[320]. Même si la question n'a manifestement pas été posée à la cour dans la présente affaire, il serait intéressant à l'avenir de savoir si les dispositions de l'article 1112 du code civil s'appliquent aux pratiques anticoncurrentielles susceptibles d'être qualifiées de rupture abusive des pourparlers au sens de ce texte. Dans la positive, les types de préjudices réparables seraient limités ; pas dans la négative.

CA Paris, ch. 5-4, 7 déc. 2016, *SA La Montagne et al. c/ Sté Aviscom*, RG 14/01036[321]

Considérant [...] que la société Aviscom a poursuivi son activité pendant la période en cause et qu'elle la poursuit toujours de sorte que ses efforts d'investissement n'ont pas été vains et qu'elle continue d'en profiter ; qu'il en ressort que sa demande d'indemnisation au titre de la perte de l'intégralité de ses investissements n'est pas justifiée et sera rejetée ;

---

317 CA Paris, Fiche n° 6 « Quel concept de marge ? », dispo. sur le site de la cour : https://www.cours-appel.justice.fr/paris/la-reparation-du-prejudice-economique-octobre-2017 ; CA Paris, ch. 5-4, 17 janv. 2018, (2 arrêts) *SARL Grau Levage Chieusse c/ Sté Marbrerie Azuréenne*, RG 15/17101 et *SARL Prevote c/ SASU Priplak*, RG 15/17249 ; *Contrats, conc., consom.* 2018/3, comm. 47, note N. Mathey ; CA Paris, ch. 5-4, 27 sept. 2017, *SA Iveco France c/ SA Sotira*, RG 15/02824 ; *Contrats, conc., consom.* 2017/12, comm. 251, note N. Mathey.

318 V. ainsi en faveur de la marge brute : CA Paris, ch. 5-11, 12 janv. 2018, *SASU Société de Distribution des automobiles du Limousin c/ SARL Auto Clean 87, SAS Commerciale Automobile*, RG 15/20452 ; notion que la Cour de cassation ne semble pas contrôler : Cass. com., 23 janv. 2019, n° 17-26.870, ECLI:FR:C-CASS:2019:CO00047.

319 Cass. com., 26 nov. 2003, n° 00-10.243, *Bull. civ.* IV, n° 186 ; *RTD civ.* 2004, p. 85, obs. J. Mestre et B. Fages ; *JCP* 2004. I. 163, p. 1632 s., obs. G. Viney ; *D.* 2004, p. 869, note A.-S. Dupré-Dallemagne ; *RDC* 2004, p. 257, obs. D. Mazeaud.

320 Il dispose que : « *En cas de faute commise dans les négociations, la réparation du préjudice qui en résulte ne peut avoir pour objet de compenser ni la perte des avantages attendus du contrat non conclu, ni la perte de chance d'obtenir ces avantages.* »

321 *Concurrences* n° 2-2017, pp. 94-95, note A.-L Sibony ; *Concurrences* n° 1-2017, www.concurrences.com, obs. A. Ronzano.

Considérant que le préjudice subi par la société Aviscom en lien direct avec la pratique déloyale et prohibée en cause est constitué par la seule perte de chance de conquérir des parts supplémentaires du marché des annonces nécrologiques ; que cette perte de chance ne peut être évaluée à la chance perdue ; que compte tenu des éléments du dossier et étant observé que la société Aviscom sur qui pèse la charge de la preuve de l'étendue du préjudice qu'elle a subi, s'abstient de produire aux débats tout élément établissant ses parts de marché sur la zone en cause depuis la cessation de la pratique commerciale déloyale de la vente couplée illicite en cause (31 janvier 2014), cette perte de chance sera réparée par l'allocation d'une somme de 5.000 euros au titre des actes de concurrence déloyale et celle de 5.000 euros au titre de l'abus de position dominante [...]

323. Dans cette affaire, est en cause la société Aviscom, exploitante d'un site Internet d'annonces nécrologiques et de condoléances en ligne (www.avis-de-deces.net). Pour offrir ses services, cette société démarche les familles des défunts et les invite à insérer la mention « *condoléances et témoignages sur www.avis-de-deces.net* » dans les avis de décès publiés par la presse papier régionale. Chaque proche qui lit l'annonce de la rubrique nécrologique « papier » est ainsi informé de la possibilité de témoigner sa compassion en ligne et peut se rendre sur www.avis-de-deces.net pour ce faire (moyennant finance). Le modèle économique d'Aviscom suppose donc que les journaux papier acceptent l'insertion de la mention en question. Dans le cas contraire, les proches ne peuvent pas être informés de l'existence du service en ligne. Or, certains journaux du centre de la France, dont La Montagne (la principale appelante), ont développé un site concurrent (www.dansnoscoeurs.fr) qui publie en ligne les avis de décès papier. Les relations entre ces journaux et Aviscom ne sont donc pas au beau fixe, ce qui a donné lieu à plusieurs actions en justice d'Aviscom.

324. Dans la présente affaire, Aviscom reproche à La Montagne d'avoir inséré, au bas de chaque avis paru dans son journal, la ligne « avis et condoléances sur www.dansnoscoeurs.fr » et d'avoir proposé aux entreprises de pompes funèbres une diffusion couplée de l'avis de décès sur la presse papier et sur Internet. Pour Aviscom, ce comportement serait constitutif de quatre violations du droit de la concurrence : deux comportements réprimés au titre du droit de la concurrence déloyale et du parasitisme (désorganisation et parasitisme) et deux pratiques anticoncurrentielles (abus de position dominante et entente). Elle obtient gain de cause sur le terrain de la désorganisation et de l'abus de position dominante, la cour confirmant en ce sens le jugement de première instance.

Pour s'en tenir simplement aux demandes en réparation, on relèvera qu'Aviscom obtient gain de cause, mais que le montant qui lui est accordé est substantiellement réduit. La cour accepte d'indemniser la seule « *perte de chance de conquérir des parts supplémentaires du marché des annonces nécrologiques* ». Elle observe qu'Aviscom n'a pas apporté d'éléments pour établir l'étendue de cette perte de chance et ne lui accorde que 5000 euros pour la désorganisation et 5000 euros pour l'abus de position dominante au lieu des 50000 euros accordés par le tribunal. Elle ajoute que « *la solidarité ne se présumant pas* », La Montagne et les deux autres sociétés associées à l'exploitation du site Dansnoscoeurs.net sont condamnées *in solidum* à payer les 10000 euros en question.

325. À la lecture, on peut avoir le sentiment que les débats relatifs à l'évaluation du préjudice ont manqué de densité, faute peut-être pour le demandeur d'avoir suffisamment étayé ses prétentions. On ne pourra que le regretter, car la concision de l'arrêt sur cette question ne permet pas d'enrichir la pratique décisionnelle des juridictions françaises sur l'évaluation du préjudice causé par une pratique anticoncurrentielle.

CA Paris, ch. 5-4, 5 juill. 2017, *SAS NGK Spark Plugs France c/ SAS SCPI*, RG 15/12365[322]

Toute victime d'une pratique anticoncurrentielle peut en obtenir réparation. Elle doit rapporter la preuve que cette pratique est constitutive d'une faute à l'origine du dommage, la preuve de l'existence d'un dommage et d'un lien de causalité entre la faute et le dommage. Le lien de causalité constitue une articulation en soi de la responsabilité, distincte et de la faute et du préjudice. Il ne suffit donc pas que soient constatés la faute et le dommage, il faut encore que le lien de cause à effet qui les unit soit établi de façon expresse. La faute découle ici de la violation, par la société NGK, des articles 101 et 102 du TFUE et des articles L. 420-1 et L. 420-2 du code de commerce.

La société Sifam demande à la cour de condamner la société NGK à lui payer la somme de 193246 euros, correspondant à sa marge perdue sur 626 jours ouvrables (24 mois), calculée sur la base de la marge réalisée par elle en 2006 avec les bougies en provenance des États[-]Unis, soit 343 euros par jour ouvrable (343 X 626), cette somme étant réduite de 10 % pour prendre en compte la marge réalisée avec les bougies de substitution.

Elle verse aux débats un rapport d'expertise établi par la société SODATEC, cabinet d'expertise comptable, daté du 23 septembre 2015. Ont été relevées toutes les factures d'achat de bougies NGK au cours de l'année 2006 et leur prix d'achat a été comparé à leur prix de vente, pour calculer la marge réalisée par Sifam, pondérée de 47,5 % afin de ne retenir que la marge commerciale, ce qui aboutit au calcul de 343 euros par jour ouvrable.

La cour approuve cette méthode de calcul, dont la robustesse s'allie à la simplicité.

Mais la société NGK expose à juste titre que le choix de l'année 2006 pour calculer la marge est trop favorable à la société Sifam, car elle est calculée sur des bougies importées dans l'illégalité et donc probablement vendues à des prix très bas. La cour approuve également l'argument de NGK, selon lequel un abattement supplémentaire devrait être pratiqué du fait que le préjudice calculé est affecté d'un certain aléa et constituerait une perte de chance.

Mais la cour prend en compte la circonstance que la demande de la société Sifam est minorée par rapport aux dommages réellement subis. En effet, l'expert évalue à 640000 euros par an le chiffre d'affaires perdu par Sifam sur d'autres articles que les bougies, pour lequel la société intimée ne demande pas de dommages-intérêts. La prise en compte de ce poste aurait majoré le calcul du préjudice.

---

[322] *Concurrences* n° 4-2017, pp. 112-113, obs. N. Eréséo ; *Concurrences* n° 4-2017, www.concurrences.com, obs. A. Ronzano.

La cour estime donc que les deux points invoqués par NGK, de nature à minorer le préjudice calculé par Sifam, sont compensés par l'effet majorant non pris en compte, par cette société, attaché à la non[-]intégration, dans ce calcul, des ventes perdues par Sifam, en dehors des bougies.

La société NGK soutient aussi que la période retenue dans l'évaluation du préjudice ferait double emploi avec celle du précédent jugement. Mais cet argument sera écarté, ce jugement ayant été infirmé par la cour d'appel et aucun préjudice n'ayant, de ce fait, été indemnisé.

Enfin, les ventes de bougies concurrentes vendues pendant la période concernée auraient dû, selon NGK, générer un abattement de plus de 10 %, celui retenu par le tribunal et l'expert. Mais la cour estime que cette sous-évaluation n'est pas suffisamment démontrée, la société NGK se fondant sur un stock de bougies contrefaisantes très important en janvier 2008 qui révèlerait que la société Sifam aurait p[u] vendre ces bougies et donc percevoir des marges sur elles pendant une période plus longue que celle calculée dans le cadre de l'expertise privée. Or, le sort de ce stock, et son éventuel écoulement n'est pas établi.

La cour disposant des éléments nécessaires pour statuer, il n'y a pas lieu d'ordonner une expertise judiciaire.

La cour condamne la société NGK à payer à la société Sifam la somme de 193 246 euros majorée des intérêts au taux légal à compter du jugement entrepris.

326. À l'origine de ce contentieux qui a donné lieu à plusieurs séquences : des refus répétés de vente de la société NGK, fabricante de bougies, à la société Sifam, distributrice de pièces détachées et de consommables pour motos. S'ensuit une enquête de la DIRECCTE de Provence-Alpes-Côte d'Azur pour d'éventuelles pratiques anticoncurrentielles de NGK et plusieurs contentieux devant les juridictions judiciaires. NGK reprochera à Sifam des faits de contrefaçon et de concurrence déloyale pour un approvisionnement hors réseau et la seconde reprochera à la première des faits d'entente et d'abus de position dominante pour les refus de livraison. Une décision de première instance octroiera notamment 450 000 euros de dommages et intérêts à Sifam avant d'être infirmée pour une erreur dans la délimitation du marché pertinent. Le présent arrêt statue sur une deuxième action en réparation de Sifam pour de nouveaux refus de livraison. En première instance, le tribunal de commerce de Paris avait accordé 130 000 euros de dommages et intérêts à la demanderesse. La cour d'appel de Paris confirme partiellement ce jugement.

327. Pour n'évoquer ici que l'évaluation du préjudice, on peut observer que la cour accueille celle proposée par Sifam, qui prend pour base la marge commerciale qu'elle aurait réalisée pendant la durée des refus de livraison si la quantité de bougies qu'elle souhaitait commander lui avait été livrée. La marge commerciale est elle-même calculée à partir de l'année 2006, année au cours de laquelle Sifam s'était approvisionnée en dehors du réseau NGK auprès d'une société états-unienne et avait donc eu accès aux produits litigieux. La méthode est des plus simples, comme l'énonce d'ailleurs la cour dans une formule élogieuse et quelque peu inhabituelle : « *La cour approuve cette méthode de calcul, dont la robustesse*

s'allie à la simplicité. » Serait-ce une invitation pour les futures parties à éviter les modèles économétriques trop complexes pour évaluer leurs préjudices ?

328. De la motivation de la cour, on comprend aussi que le type de préjudice réparé est la perte de chance, mais sa formulation n'est pas des plus explicites (pour toute indication, il faut s'en remettre à cette phrase : « *La cour approuve également l'argument de NGK, selon lequel un abattement supplémentaire devrait être pratiqué du fait que le préjudice calculé est affecté d'un certain aléa et constituerait une perte de chance* »).

329. On observera que la cour souscrit à plusieurs arguments de NGK de nature à minorer la somme demandée par Sifam. C'est le cas notamment de la minoration invoquée pour tenir compte de l'aléa lié à la survenance du préjudice et du caractère exceptionnellement favorable pour la demanderesse de l'année 2006, sur laquelle est basée son évaluation. Pour autant, la cour décide de ne pas appliquer de minoration en raison du fait qu'elle aurait aussi pu majorer la somme demandée par Sifam pour tenir compte d'autres préjudices établis dont la réparation n'a pas été demandée.

330. Cette motivation pourrait prêter à discussion, car si la réparation d'un chef de préjudice n'est pas demandée, quoiqu'il puisse exister, on a un peu de mal à voir en quoi cela devrait avoir des conséquences sur l'évaluation du préjudice qui est dans la cause. Il est aussi étonnant que la majoration et la minoration se neutralisent parfaitement. En pratique, il est assez peu probable qu'elles aient chacune un effet rigoureusement identique, l'une à la hausse, l'autre à la baisse. Certains y verront peut-être une approximation discutable quand d'autres, plus optimistes, pourront penser que ce raisonnement n'empêche pas l'évaluation de la cour d'être sans doute assez proche de la réalité du préjudice subi par la demanderesse.

CA Versailles, 12e ch. 02, 24 juin 2004, *SA Vérimédia c/ SA Médiamétrie et al.*, RG 2002-07434[323]

Considérant par ailleurs que la production aux débats d'un compte prévisionnel qualifié de « business plan » ne saurait avoir de caractère probant quant au quantum du préjudice allégué dès lors que ce document se borne à mentionner des chiffres d'affaires et des résultats comptables sur les années 1991-1997 ; qu'il n'est appuyé d'aucune analyse sérieuse et que la date à laquelle il a été établi, controversée entre les parties, reste incertaine ; Considérant enfin que la société Vérimédia fait état d'un préjudice moral « du fait du dénigrement dont elle a été l'objet de la part de ses concurrents », sans produire aucun élément de nature à démontrer la réalité et à justifier l'ampleur de ces allégations ; Considérant que les difficultés que la société Vérimédia a rencontrées en 1993 et 1994 pour obtenir de ses partenaires Médiamétrie, Secodip et Audipub, dans des délais satisfaisants, les éléments chiffrés qu'elle estimait nécessaires pour son activité d'audit ont été pour partie, et en même temps que l'imprécision des demandes où leur non[-] concordance avec les capacités techniques de ses cocontractants, la cause d'un préjudice constitué d'un ralentissement dans le démarrage de l'activité et d'une

---

323 *e-Competitions Bulletin* June 2004, obs. A.-M. Luciani.

possibilité de l'insatisfaction de certains clients ; qu'ils constituent en réalité la cause d'une perte de chance de pénétrer plus rapidement et plus efficacement le marché de l'audit de télévision et qu'il convient d'estimer, tous préjudices confondus, à 100.000 euros somme que seront condamnés, in solidum, les sociétés Médiamétrie, Secodip ainsi que le GIE Audipub à lui payer [...]

331. Dans cette affaire, un nouvel entrant demandait réparation de son préjudice en raison de procédés dilatoires émanant de deux concurrents déjà présents sur le marché. Ces procédés consistaient à ne pas lui communiquer en temps utile des indicateurs nécessaires à son activité. Ils furent qualifiés d'entente anticoncurrentielle. Ces procédés n'avaient toutefois pas empêché la victime de pénétrer le marché. Laquelle soutient donc que si elle n'a pas été évincée du marché, elle n'en a pas moins été entravée dans le développement de son activité. La cour d'appel de Versailles souscrit à cette argumentation et lui accorde 100 000 euros en réparation d'une « *perte de chance de pénétrer plus rapidement et plus efficacement le marché* ». La perte de chance vise donc ici à compenser les gains probables que la victime aurait réalisés si elle avait pu pénétrer le marché avec l'efficacité que ses investissements et sa stratégie laissaient anticiper en l'absence de l'entente anticoncurrentielle[324].

332. La motivation de l'arrêt quant à l'évaluation du préjudice est sommaire et le point de référence permettant de calculer la perte de chance n'est pas indiqué. Ce laconisme peut s'expliquer par l'ancienneté de la décision, rendue dans un contexte où il existait peu de précédents. Il est possible aussi que les écritures des parties aient manqué de densité sur ce point. L'arrêt n'en est pas moins intéressant par sa reconnaissance précoce (en 2004) de l'existence d'une perte de chance causée par la commission d'une entente.

5. Gains manqués présents et futurs – Étendue du contrôle de la Cour de cassation sur la qualification et l'évaluation du préjudice

Cass. com., 29 janv. 2020, n° 17-15.156, ECLI:FR:CCASS:2020:CO00087, inédit

Mais attendu, en premier lieu, qu'après avoir rappelé qu'il avait été définitivement jugé que, durant l'entente, les agences de voyages en ligne concurrentes de l'Agence VSC n'avaient eu aucune possibilité d'accéder au canal mis en place par la SNCF pour vendre leurs propres produits et relevé que la société Switch était un concurrent de l'Agence VSC sur le marché des services d'agences de voyages prestés pour les voyages de loisirs, l'arrêt retient que la société Switch a subi un manque à gagner correspondant à la perte du chiffre d'affaires qu'elle

---

324 V., à titre comparatif, le « *intention and preparedness test* » auquel ont recours les juridictions états-uniennes et qui permet, à partir du business plan de l'entrant évincé, de mesurer ses perspectives de croissance et les parts de marché qu'il aurait pu gagner : *Arista Records LLC v. Lime Group LLC*, 715 F. Supp. 2d 481 (S.D.N.Y. 2010) ; *Grip-Pak, Inc. v. Illinois Tool Works, Inc.*, 694 F.2d 466, 475 (7th Cir. 1982) ; *Robert H. Martin v. Phillips Petroleum Company*, 365 F.2d 629 (5th Cir. 1966) ; *Huron Valley Hospital, Inc. v. City of Pontiac*, 666 F.2d 1029, 1033 (6th Cir. 1981) ; *Fleer Corp. v. Topps Chewing Gum, Inc.*, 415 F. Supp. 176, 179-81 (E.D. Pa. 1976).

aurait pu réaliser auprès de la clientèle internaute de la SNCF, dont elle a été évincée du fait de la pratique anticoncurrentielle ; qu'ayant ainsi caractérisé un préjudice certain, c'est sans méconnaître les conséquences légales de ses constatations que la cour d'appel a retenu que le préjudice subi par la société Switch ne s'analysait pas en une perte de chance ;

Attendu, en deuxième lieu, qu'après avoir constaté que, dans le cadre de l'atteinte à l'économie engendrée par la pratique anticoncurrentielle, l'Autorité avait défini le marché pertinent comme étant celui des services d'agences de voyages prestés pour les voyages de loisirs sur le territoire français sans distinguer les différents canaux de distribution, agences en ligne, agences physiques ou centres d'appels, au motif qu'ils étaient substituables, c'est sans méconnaître les conséquences légales de ses constatations que la cour d'appel a retenu que, s'agissant de l'appréciation du préjudice subi par la société Switch, il convenait de prendre en compte le segment du marché spécifiquement affecté par la pratique anticoncurrentielle, soit celui restreint aux seules activités réellement concernées par cette pratique, soit le segment des ventes de prestations de voyages de loisir en ligne et qu'elle a écarté la part de 10 % correspondant aux ventes réalisées par la société Switch par l'intermédiaire d'agences en « dur » ;

Et attendu, en dernier lieu, qu'après avoir précisé qu'il existait une perte directe et immédiate de volume d'affaires du fait de la pratique anticoncurrentielle, l'arrêt retient qu'il existe également une perte certaine due à un effet différé de la pratique, défini par l'expert judiciaire comme correspondant à une baisse du volume d'affaires induite par l'absence de fidélisation de la clientèle détournée ; qu'après avoir relevé que l'évaluation que faisait la société Switch de cet effet différé conduisait, ainsi que l'avait souligné l'expert judiciaire, à des effets cumulatifs dépassant le montant du préjudice direct, l'arrêt retient que le montant du préjudice demandé à ce titre doit être réduit ; qu'ayant ainsi caractérisé la certitude du préjudice causé par cet effet différé, c'est dans l'exercice de son pouvoir souverain d'appréciation et sans violer le principe de la réparation intégrale du préjudice que la cour d'appel en a fixé le montant [...]

CA Paris, ch. 5-4, 14 déc. 2016, *SNCF c/ Maître Pellegrini (liquidateur judiciaire de Switch)*, RG 13/08975

Contrairement à ce que soutient la SNCF pour conclure à l'absence d'effet de la pratique, il importe peu, au stade de la détermination de l'existence d'un préjudice personnel et certain en lien direct avec la pratique en cause, d'une part, que la société Switch et l'Agence VSC n'aient pas été concurrentes sur l'ensemble de leur activité et donc qu'elles n'aient été que « marginalement » en concurrence en matière de ventes de voyages à forfait, cet élément ne pouvant être éventuellement pris en considération que dans le cadre de l'évaluation du préjudice, que d'autre part, la plupart des concurrents ont continué à croître malgré les pratiques anticoncurrentielles, ce qui peut résulter d'autres facteurs comme à titre d'exemple en l'espèce, l'essor continu de l'e-commerce, et est sans influence sur l'existence même du préjudice invoqué et enfin, que la SNCF n'ait pas été à l'origine de la cessation des paiements de la société Switch, Maître Pellegrini ne sollicitant pas l'indemnisation de la faillite.

Il ressort de ces éléments que la société Switch justifie d'un préjudice personnel, direct et certain du fait de la pratique anticoncurrentielle de la SNCF, consistant dans le manque à gagner résultant de la perte certaine de la faculté de proposer ses produits d'agence de voyages aux clients ferroviaires internautes de la SNCF qui, ayant visité le site www.voyages-sncf.com, se sont v[u] proposer par l'Agence VSC des produits non ferroviaires substituables, pour la période non contestée des exercices 2002 à 2008.

C'est donc vainement que la SNCF indique, à titre infiniment subsidiaire, que le préjudice s'analyserait en une perte de chance. D'une part, la cour constate que la SNCF procède par voie d'affirmation contenue dans une seule phrase placée d'une part, entre des parenthèses « ...un gain manqué (qui n'est autre qu'une perte de chance)... » à la page 34 et d'autre part, à la dernière des 67 pages de conclusions et qu'elle s'abstient de caractériser la chance qu'aurait perdue la société Switch du fait de la pratique anticoncurrentielle reprochée, d'autre part, comme il a été vu ci-dessus, la société Switch a perdu, de façon certaine, la faculté de proposer ses produits non ferroviaires aux clients ferroviaires de la SNCF de sorte qu'il ne s'agit pas d'une perte de chance. Le moyen évoqué à ce titre sera donc rejeté.

[...]

[Sur] le préjudice immédiat et le préjudice différé :

Il existe une perte directe et immédiate de volume d'affaires du fait de la pratique anticoncurrentielle (perte du client capté et donc non atteint par la société Switch) ainsi que, malgré l'absence de données sur le taux de retour annuel de clients et le suivi de clients venus sur recommandation, une perte certaine due à un effet différé, effet que l'expert judiciaire a défini comme « une baisse du volume d'affaires induite par l'absence de fidélisation de la clientèle directement détournée....une fidélisation due à la satisfaction du client mais également par les recommandations faites de "bouche à oreille et sur internet". »

Pour évaluer l'effet différé, l'expert judiciaire a pris en compte « la superformance » de la société Switch par rapport au marché de l'e-tourisme qu'il a relevée pour les années 2002 et 2003. Il n'a donc rien retenu à ce titre pour les années 2004 à 2008, le taux de croissance du volume d'affaires étant inférieur à celui de l'e-tourisme pour cette période. Or, Maître Pellegrini fait observer à juste raison que cette méthodologie de quantification de l'effet différé retenue par l'expert conduit à retenir les années correspondant au début de l'entente, à un moment où la société Switch avait encore la possibilité de « superformer » et à exclure la prise en compte de cet effet à partir de 2004, année où en raison de l'entente, la croissance de la société Switch s'est réduite, et que de surcroît, il n'a pas appliqué la méthode contrefactuelle en ne proposant pas de scénario contrefactuel.

En revanche, c'est à juste titre que l'expert judiciaire a estimé que l'effet différé recalculé par la société Switch à partir de calculs mathématiques complexes, conduisait à des effets cumulatifs dépassant le montant du préjudice direct en ce que selon ce calcul, chaque vente perdue du fait de la pratique génère au moins une vente perdue pour toutes les années futures. Il y a donc lieu d'approuver la décision des premiers juges qui ont réduit une partie du montant de l'effet différé.

333. Cette affaire – dont l'arrêt d'appel a déjà été présenté ci-dessus[325] – fait suite à la sanction en 2009 par l'ancien Conseil de la concurrence d'une entente entre la SNCF et Expedia. La partie la plus substantielle de la décision concerne le préjudice. De l'arrêt d'appel contre lequel la Cour de cassation rejettera le pourvoi, on peut retenir trois enseignements.

334. Premièrement, quant au type de préjudice, la cour le qualifie ici de gain manqué « *le manque à gagner résultant de la perte certaine de la faculté de proposer ses produits d'agence de voyages aux clients ferroviaires internautes de la SNCF* ». Est ainsi rejetée l'argumentation de la SNCF qui soutenait à titre subsidiaire que le préjudice subi par la victime s'analysait en une perte de chance et non en gain manqué, faute d'une argumentation suffisamment solide sur ce point. La SNCF s'était, en effet, contentée de soutenir que le préjudice était « *un gain manqué (qui n'est autre qu'une perte de chance)* ». La cour relève même les parenthèses maladroites de l'argumentation ; et pour cause : ce sont deux types de préjudices bien distincts dont l'assimilation semble quelque peu douteuse.

On pourra regretter la faiblesse de l'argumentation de la SNCF, car elle a tué dans l'œuf toute discussion sur le sujet. Et pourtant, la qualification de gain manqué n'emporte pas forcément l'adhésion. Cette qualification suppose un degré de certitude supérieur à celui de la perte de chance. Or, capter la clientèle d'un concurrent est rarement chose certaine. Il peut toujours exister un facteur interne ou externe à la société victime de l'entente qui diminue considérablement le degré de certitude du gain manqué, surtout dans des secteurs aussi évolutifs que ceux de l'e-commerce. La simple présence d'autres concurrents sérieux sur le marché, comme en l'espèce, rend incertain le report de la clientèle illicitement captée par l'entreprise en cause sur l'offre de la victime. D'ailleurs, les termes de la cour d'appel elle-même font plus penser à la perte de chance qu'au gain manqué. Elle mentionne la « *perte certaine de la faculté de proposer ses produits d'agence de voyages aux clients ferroviaires internautes de la SNCF* ». La perte d'une « faculté » de proposer son offre ne saurait signifier que la victime aurait nécessairement « converti » ses prospects. Il s'agit donc bien d'une perte de chance de proposer son offre, qualification qui aurait peut-être été plus adaptée au préjudice de l'espèce, l'événement positif espéré fût-il affecté d'un degré de certitude relativement élevé.

335. Deuxièmement, la cour établit une distinction entre le préjudice différé et le préjudice immédiat. Le préjudice immédiat serait le gain manqué en lien direct avec la perte de parts de marché, tandis que le préjudice différé résulterait, aux termes de l'expert judiciaire dont la cour reprend les conclusions, d'« *une baisse du volume d'affaires induite par l'absence de fidélisation de la clientèle directement détournée… [d']une fidélisation due à la satisfaction du client mais également par les recommandations faites de "bouche à oreille et sur internet"* ».

336. En d'autres termes, ce préjudice différé découle directement du préjudice immédiat. Cette précision ne change pas la nature du préjudice sur le terrain du droit de la responsabilité civile : il s'agit toujours du gain manqué. Mais la précision est

---

[325] V. *supra* n° 211 et s.

utile, car elle impose de prendre en compte l'effet différé causé par l'absence de fidélisation. Tout au plus pourrait-on suggérer d'éviter l'expression de « préjudice différé » pour lui préférer celle « d'effet différé » du gain manqué, qu'utilise aussi la cour. Autrement, on peut avoir l'impression que préjudice immédiat et préjudice différé sont deux chefs de préjudice distincts, ce qui juridiquement semble inexact. Il reste qu'au cas d'espèce, l'existence de cet effet différé n'est que suggérée sans être retenue, faute d'avoir été invoquée par le demandeur.

Observons que la définition de l'effet différé donnée par la cour dans le présent arrêt (préjudice « *postérieur à l'entente et correspondant à la persistance dégressive des effets pendant un certain temps* ») rappelle celle du « préjudice futur », dont l'existence a déjà été reconnue par un jugement de première instance[326]. Au-delà de ces variations sémantiques, cette reconnaissance pourrait poser les jalons d'une théorie de l'effet différé (ou futur) des préjudices de concurrence dont les contours restent à préciser.

337. Retenons aussi que la cour examine les conséquences de « *problèmes structurels et conjoncturels importants* » ayant affecté Switch. Ces problèmes sont invoqués par la SNCF afin de minorer le rôle causal de sa faute dans la survenance du préjudice, même si l'argumentation n'est pas formulée en ces termes. Aucun rôle causal n'est ici démontré, car, selon la cour, le manque à gagner n'a pas résulté de ces problèmes mais plutôt de « *l'impossibilité dans laquelle s'est trouvée la société Switch de proposer ses services à la clientèle de la SNCF qui a été captée par l'Agence VSC du fait de la pratique anticoncurrentielle* ».

338. Depuis la première édition de cet ouvrage, la Cour de cassation a eu l'occasion de statuer sur le pourvoi formé contre cette décision par la SNCF. Son arrêt du 29 janvier 2020[327] étoffe quelque peu la jurisprudence encore embryonnaire de la chambre commerciale de la Cour de cassation sur le sujet mais il ne fait que confirmer des solutions déjà adoptées par la cour d'appel de Paris, ce qui explique peut-être son caractère inédit.

Pour en restituer ici brièvement l'apport, on notera que, dans les trois premières branches de son second moyen (le seul auquel répond la Cour), la SNCF conteste la qualification de « gain manqué » qu'avait retenue la cour d'appel. Elle soutient deux arguments en ce sens. D'abord, l'éviction de Switch n'aurait causé que la perte de la « *faculté de proposer ses produits* ». Partant, le niveau de certitude requis pour que puisse être réparé le gain manqué ne serait pas suffisant et c'est la perte de chance qu'aurait dû réparer la cour. Elle insiste sur ce point en soutenant ensuite que la cour ayant elle-même relevé que la méthode d'évaluation du préjudice se rapportait « *à une situation contrefactuelle hypothétique* » relative à une « *évolution future probable* », elle aurait dû qualifier le préjudice de perte de chance. Deux autres branches du moyen contestent l'étendue du marché retenue par la cour d'appel pour évaluer le préjudice. Enfin, par la dernière branche du moyen à laquelle répond la Cour de cassation, la SNCF soutient que l'indemni-

---

326 T. com. Paris, 15e ch., 20 juin 2016, *SA Orange Réunion c/ SRR et al.*, RG 2014058853 ; *Concurrences* n° 4-2016, p. 232, note R. Amaro.

327 Cass. com., 29 janv. 2020, n° 17-15.156, ECLI:FR:CCASS:2020:CO00087, inédit ; *Concurrences* n° 2-2020, www.concurrences.com, obs. M. Chagny.

sation du préjudice découlant de l'« effet différé » de la pratique viole le principe de réparation intégrale.

La Cour de cassation n'accueille aucun de ces moyens et rejette le pourvoi. Quant à la qualification du préjudice, elle reprend les constatations de la cour d'appel et en conclut, au terme d'un contrôle léger, « *qu'ayant ainsi caractérisé un préjudice certain […] la cour d'appel a retenu que le préjudice subi par la société Switch ne s'analysait pas en une perte de chance* ».

Idem pour la délimitation du marché sur lequel le préjudice a été apprécié, si ce n'est que la cour d'appel est approuvée cette fois de s'être inspirée de la délimitation du marché pertinent à laquelle avait procédé l'ancien Conseil de la concurrence.

Enfin, en réponse au grief portant sur l'effet différé, elle renvoie à l'appréciation souveraine des juges du fond qui ont admis l'existence d'un préjudice ultérieur à la cessation de la pratique dans les termes rappelés ci-dessus.

Cet arrêt confirme ce que l'on savait déjà : la Cour de cassation exercera un contrôle léger sur la qualification du préjudice et renverra à l'appréciation souveraine des juges du fond pour ce qui est de son évaluation[328]. En d'autres termes, il sera bien difficile à la partie qui succombe en appel de « renverser la vapeur » devant la Cour de cassation.

6. Effet préjudiciable de l'indisponibilité des sommes accordées en réparation du préjudice (« actualisation » / « intérêts » / « préjudice financier »)

CA Paris, ch. 5-4, 10 mai 2017, *SA Orange Caraïbe et SA Orange c/ SAS Outremer Télécom*, RG 15/05918[329]

Il est constant que comme l'a rappelé la Cour de justice, le droit à réparation couvre non seulement les pertes subies et le manque à gagner mais aussi le paiement des intérêts. La Cour de justice a précisé que la réparation intégrale devait inclure la compensation des effets négatifs résultant de l'écoulement du temps depuis la survenance du préjudice causé par l'infraction, à savoir l'érosion monétaire, mais également la perte de chance subie par la partie lésée du fait de l'indisponibilité du capital.

Ce préjudice tenant à l'indisponibilité du capital est donc clairement distinct du préjudice résultant de l'érosion du capital.

Les premiers juges ont, en l'espèce, pour évaluer le préjudice tenant à l'indisponibilité du capital, appliqué à la somme réparant le préjudice (hors actualisation) le taux de rémunération du capital des activités mobiles calculé par l'ARCEP, du 1er juillet 2008 au 11 octobre 2010.

---

328 V. sur le sujet, parmi une littérature abondante : N. Régis, « Le préjudice économique des entreprises », *BICC* n° 781, 1er mai 2013, p. 6 et s., spéc. p. 10 ; F. Bélot, « Pour une reconnaissance de la notion de préjudice économique en droit français », *LPA*, 28 déc. 2005, n° 258, p. 8 et s. ; M. Nussenbaum, « Pour une motivation détaillée de l'évaluation des dommages économiques dans les décisions de justice », *LPA*, 4 sept. 2017, n° 124c4, p. 8 et s.

329 *Concurrences* n° 3-2017, pp. 75-77, note A.-L. Sibony ; *Concurrences* n° 3-2017, www.concurrences.com, obs. M. Chagny.

Le cabinet Tera a, quant à lui, calculé la valorisation de ce poste de préjudice en 2013 sur la base de ce taux, soit à la somme de 4,77 millions d'euros.

Il est constant que le dommage subi par une entreprise continue à produire un effet, dès lors que, dans l'attente de son indemnisation, l'entreprise concernée reste privée de la trésorerie dont elle aurait disposé en l'absence des faits dommageables. Il s'agit donc de mesurer la perte de chance que l'entreprise a spécifiquement subie.

Il incombe à l'entreprise victime de rapporter la preuve de cette perte de chance découlant directement de la non[-]disponibilité de la somme. Selon les cas, elle peut être évaluée en appliquant à la somme dont l'entreprise a été privée le taux d'intérêt légal, correspondant à un placement sans risque. Si l'entreprise démontre que la non[-]disponibilité des sommes dont elle a été privée l'a conduite, soit à restreindre son activité sans pouvoir trouver des financements alternatifs par emprunts ou fonds propres, soit à renoncer à des projets d'investissements dûment identifiés qui étaient susceptibles de rapporter l'équivalent du coût moyen du capital, elle sera évaluée en appliquant le coût moyen pondéré du capital (ou [...] WACC : « Weight[ed] Average Cost Of Capital »), qui n'est pas un taux de rentabilité effectif, mais un taux requis par les apporteurs de capitaux.

Or, en l'espèce, si la société Outremer Télécom demande à la cour que soit retenu le taux de rémunération du capital des activités mobiles calculé par l'ARCEP, représentant le coût moyen pondéré des capitaux dans le secteur des mobiles, elle ne démontre pas que l'indisponibilité de la somme l'aurait conduite à renoncer à des projets d'investissements.

En effet, si elle prétend qu'elle n'a pu investir la somme dont elle a été privée, elle ne fait état que de perspectives générales et vagues de développement de son activité, dans son document d'introduction en bourse, et non de projets précis et aboutis d'investissements, auxquels elle aurait dû renoncer à cause de la pratique de fidélisation incriminée, et encore moins des rendements attendus de ces projets.

La perte de chance de la société Outremer Télécom résultant de l'indisponibilité du capital sera donc suffisamment réparée par l'application, à la somme de 2,6 millions, des intérêts au taux légal, majoré de 0,5 point, à compter d'avril 2005, date de fin des pratiques, et jusqu'au parfait paiement de cette somme.

Le jugement entrepris sera donc infirmé sur ce point.

CA Paris, ch. 5-4, 17 juin 2020, *SA Orange et SA Orange Caraïbe c/ SA Digicel Antilles Françaises Guyane*, RG 17/23041

Le préjudice de trésorerie résulte de la perte de chance subie par la partie lésée du fait de l'indisponibilité du capital alloué en réparation du fait de l'indisponibilité du capital alloué en réparation du préjudice initial de la naissance du dommage jusqu'au jour du jugement de réparation. Il est réparé par le paiement d'intérêts compensatoires.

Sa réparation constitue une composante essentielle de la réparation des préjudices liés aux pratiques anticoncurrentielles (CJCE Manfredi 13 juillet 2006).

Il appartient à la victime de rapporter la preuve d'une perte de chance découlant directement de l'indisponibilité du capital.

Si l'entreprise victime démontre que la non[-]disponibilité des sommes dont elle a été privée l'a conduite soit à restreindre son activité sans pouvoir trouver des financements alternatifs par emprunts ou fonds propres, soit à renoncer à des projets d'investissements dûment identifiés qui étaient susceptibles de rapporter l'équivalent du coût moyen du capital, la perte de chance est évaluée en appliquant le coût moyen pondéré du capital (CMPC) encore appelé WACC (Weight[ed] Average Cost Of Capital), qui n'est pas un taux de rentabilité effectif, mais un taux requis par les apporteurs de capitaux.

Elle pourrait aussi être évaluée au regard de l'usage que la victime aurait fait de la trésorerie correspondante.

En effet, sauf à présumer la certitude que l'entreprise victime a été privée de l'opportunité d'investir les sommes qui lui étaient dues à un taux de rendement défini par l'ARCEP, l'application du taux WACC à un projet manqué nécessite que soit démontré au préalable l'impossibilité de réaliser le projet du fait de l'indisponibilité du capital. Le taux WACC comprend en effet une composante rémunérant le risque de sorte qu'il ne s'applique pas à des flux passés connus et déterminés dès lors qu'aucun investissement alternatif n'est prouvé avoir été perdu.

Il faut une perte de chance (projet identifié et preuve du lien direct entre la non[-]réalisation et le préjudice subi du fait de l'absence de moyens alternatifs de financement).

Si Digicel établit l'existence de son préjudice de trésorerie constituée par l'écoulement du temps entre la naissance de son préjudice économique subi du fait des pratiques mises en œuvre par Orange et Orange Caraïbe et la réparation de son préjudice, il lui appartient de justifier du quantum qu'elle sollicite.

Devant la Cour, Digicel fait état en particulier de projets de déploiement du FttH et de la 4G dans lesquels elle aurait renoncé à investir par manque de moyens.

[…]

En effet, même à admettre que ces projets lui aurai[ent] rapporté au moins le WACC, elle ne rapporte pas la preuve du refus de sa maison mère de les finance[r] ainsi que de l'impossibilité de trouver d'autres sources de financement, la seule circonstance invoquée prise de l'augmentation de l'endettement du groupe sur la période 2014/2017 étant insuffisante à cet égard. Ce d'autant […] que Digicel avait non seulement la possibilité de lever de nouveaux financements mais encore la trésorerie suffisante pour mener une partie de ses projets. Ainsi entre 2014 et 2017, Digicel a prêté 65 millions au groupe et a distribué 42 millions à son actionnaire, lequel a réalisé 19 acquisitions entre 2014 et 2018.

[…]

Sur la demande subsidiaire de Digicel tenant à ce qu'il soit retenu l'usage que la victime aurait fait de la trésorerie dont elle a été privée, le cabinet Sorgem propose cette autre approche dans sa consultation et dit qu'entre 2002 et 2005, la disponibilité des sommes liées au montant du préjudice à cette date aurait pu permettre à BTC de se désendetter et ainsi de réaliser des économies de charges financières, le taux d'intérêt moyen payé par BTC sur cette période ressortant à 5,3 %, tandis qu'à partir de 2006, la disponibilité des sommes aurait pu permettre à Digicel de faire des prêts à sa maison mère ou à d'autres sociétés du groupe à un taux de 9 % (taux d'intérêt moyen payé par le groupe entre 2006 et 2017).

S'agissant de la période avant 2006, soit avant l'acquisition de BTC par Digicel, au regard de la trajectoire de forte réduction de son endettement dans laquelle s'est inscrite BTC à partir de 2003 jusqu'à sa cession, il peut être retenu qu'elle aurait affecté les sommes dont elle aurait été privée à son désendettement, ce d'autant qu'elle n'a commencé à distribuer des dividendes qu'à partir de 2011.

[...]

Mais les intérêts moratoires qui réparent forfaitairement le préjudice résultant du seul fait du retard de paiement d'une somme d'argent sont distincts des intérêts compensatoires qui visent à réparer intégralement le préjudice financier subi par la victime d'un dommage économique du fait d'une privation de trésorerie.

La réparation intégrale du préjudice financier suppose donc l'application d'un taux d'intérêt composé qui ne constitue pas un poste de préjudice distinct mais la méthode d'évaluation du préjudice financier.

[...]

En vertu du principe de réparation intégrale, le point de départ des intérêts doit être fix[é] au 1er avril 2003, date à laquelle toutes les pratiques qui ont donné lieu à une évaluation globale, ont été mises en œuvre.

339. La réparation de l'effet préjudiciable du temps causé par l'indisponibilité des sommes dont la victime a été privée par la pratique anticoncurrentielle ne pose des difficultés que depuis quelques années. Comme l'illustrent les arrêts ici commentés, cette question est en général traitée par les juridictions françaises sous l'entête « d'actualisation », « d'intérêts », voire de « préjudice financier », dénominations qui toutes nous paraissent discutables. On en viendra plus tard à ces questions de sémantique en évoquant, au commentaire suivant, le premier des deux arrêts *Digicel*, rendu le 10 octobre 2018[330] sur une requête en interprétation. Dans le présent commentaire, on s'attachera à mettre en lumière les apports de deux arrêts de la cour d'appel de Paris rendus au fond : l'arrêt *Outremer Télécom* du 10 mai 2017 et l'arrêt *Digicel* du 17 juin 2020[331].

340. On sait que, traditionnellement, l'effet préjudiciable du temps est réparé par un mécanisme aussi ancien que fruste : les intérêts moratoires au taux légal de l'article 1231-7 du code civil (ancien article 1153-1)[332]. Or, et comme chacun le pressent, en des temps où le taux légal est historiquement faible (entre 0 et 1 % depuis une dizaine d'années)[333], les intérêts moratoires sont bien souvent insuf-

330 V. *infra* n° 351.

331 V. encore CA Paris, ch. 5-11, 8 juin 2018, *SA Orange c/ SA SFR*, RG 12/031951

332 V. p. ex. CA Paris, ch. 5-5, 22 oct. 2015, *SARL Rocca Transports c/ Société Nationale Maritime Corse Méditerranée – SNCM*, RG 14/03665.

333 0,86 au premier semestre 2019 pour les créances professionnelles (https://www.service-public.fr/particuliers/vosdroits/F783).

fisants pour réparer l'effet préjudiciable du temps[334]. Économiquement, la chose peut s'entendre : la privation de la somme accordée par le juge en paiement de la créance indemnitaire a pu empêcher les demandeurs de réaliser un gain en plaçant leurs liquidités ou en les investissant dans leur développement. Cette privation a pu aussi les exposer à un coût qu'ils n'auraient pas supporté en les contraignant, par exemple, à trouver des financements de substitution. Or, peu d'entreprises attendent un taux de retour sur investissement de 1 % ou s'endettent pour un taux aussi faible. Logiquement et à mesure que le contentieux a gagné en maturité, les demandeurs ont commencé à solliciter plus systématiquement l'application de taux supérieurs au taux légal, à l'instar du fameux WACC. Les affaires *Digicel* et *Outremer Télécom* en sont les meilleures illustrations, mais d'autres affaires pourraient aussi être mentionnées[335].

341. Il existe d'ailleurs une jurisprudence méconnue de la Cour de cassation qui, en d'autres domaines, admet la réparation de l'effet préjudiciable du temps par des intérêts dits « compensatoires »[336] ou par la compensation du manque à gagner. Ces jurisprudences – dont on pourrait discuter de la parfaite cohérence – ont au moins un avantage pour les demandeurs : elles permettent de fonder la réparation de cet effet préjudiciable sur le droit commun de la responsabilité civile et d'éviter ainsi l'application du taux légal de l'article 1231-7 du code civil au profit d'un taux plus avantageux. Ces arrêts sont toutefois décevants, car ils ne précisent pas les conditions dans lesquelles des intérêts compensatoires ou le manque à gagner causé par l'indisponibilité peuvent être réparés à un taux autre que le taux légal.

342. Sur ce point, les arrêts de la cour d'appel de Paris ici commentés semblent plus aboutis. Leur intérêt dépasse d'ailleurs très largement les seuls contentieux de concurrence. Dans la première édition de ce recueil, nous insistions surtout sur l'arrêt *Outremer Télécom*. Depuis, l'affaire *Digicel* a donné l'occasion à la cour d'appel de Paris d'affiner sa jurisprudence sans pour autant faire table rase des premiers éléments de réponse apportés dans l'arrêt *Outremer Télécom*. Ces arrêts méritent donc d'être lus bout à bout pour percevoir, de la façon la plus complète possible, l'état du droit positif français sur le sujet.

---

334 M. Nussenbaum, « Les intérêts moratoires », in « Le préjudice du temps qui passe : approche économique des intérêts moratoires et compensatoires », *Revue de droit bancaire et financier*, n° 6, nov.-déc. 2017, étude 26.

335 Ainsi de l'affaire *Switch*, dont l'arrêt d'appel est commenté ailleurs dans ce recueil (v. *infra* n° 211 et 333) : CA Paris, ch. 5-4, 14 déc. 2016, *SNCF c/ Maître Pellegrini (liquidateur judiciaire de Switch)*, préc. La cour rappelle d'abord l'importance du paiement des intérêts qui réparent les « *effets négatifs résultant de l'écoulement du temps depuis la survenance du préjudice causé par l'infraction, à savoir l'érosion monétaire, mais également la perte de chance subie par la partie lésée du fait de l'indisponibilité du capital* ». Puis elle confirme l'appréciation des premiers juges qui avaient pris pour indice le taux de capitalisation moyen dans le secteur du tourisme. Elle exclut donc de prendre en compte le taux d'intérêt légal préconisé par l'expert judiciaire, qui, à ses termes, n'est destiné qu'« *à compenser la perte de valeur liée au temps passé sur la base d'une absence de prise de risque* ».

336 Intérêts soustraits au régime des intérêts moratoires : Cass. 2e civ., 29 mars 2001, n° 99-15.818 ; *RDI* 2001. 343, obs. G. Durry ; Cass. 1re civ., 19 févr. 1991, n° 89-11.018 ; v. aussi, Cass. crim., 25 juill. 1989, n° 88-86.720 : « *[E]n l'état de ces motifs d'où il résulte que les juges ont entendu donner aux intérêts alloués un caractère compensatoire, l'arrêt attaqué n'a nullement méconnu les [articles 1382 et 1153-1 du code civil et 592 du code de procédure pénale.]* »

343. Quant aux faits, on rappellera seulement que ces deux affaires ont pour origine les mêmes pratiques anticoncurrentielles commises par Orange Caraïbe, filiale d'Orange, sur le marché de la téléphonie des Antilles et de la Guyane françaises. Après une décision de condamnation de l'Autorité en 2009[337], deux concurrents – Outremer Télécom et Digicel – cherchent à obtenir réparation des préjudices causés par ces pratiques. En première instance, le tribunal de commerce de Paris leur donne gain de cause et accorde à chacun des demandeurs une « actualisation » (selon ses termes) au WACC du secteur des télécommunications, soit 10,4 %[338]. En d'autres termes, le tribunal applique, sur les sommes accordées en réparation des préjudices causés par les pratiques d'Orange, ce taux de 10,4 % par an. Dans l'affaire Digicel, le résultat est spectaculaire : aux 179,6 millions d'euros de dommages et intérêts accordés en réparation des préjudices directement causés par les pratiques, s'ajoute, au titre de « l'actualisation », une somme comprise entre 167,25 millions sans capitalisation et environ 250 millions avec capitalisation. À chaque fois, le jugement du tribunal est infirmé sur ce point par la cour d'appel de Paris et c'est dans la motivation de la cour que résident les quelques principes jurisprudentiels qui gouvernent aujourd'hui la matière.

On commencera par présenter ici les apports de l'arrêt *Outremer Télécom* puis ceux du deuxième arrêt *Digicel*, celui rendu au fond le 17 juin 2020.

Du premier, on retiendra quatre enseignements.

344. Premièrement, la cour d'appel de Paris admet, dans le sillage de l'arrêt *Manfredi*, que le préjudice qui découle de l'indisponibilité du capital que constitue le montant accordé au titre de la réparation du préjudice principal est un préjudice distinct qui peut être réparé. C'est une évidence au vu des présents développements, mais les termes de la cour méritent d'être cités : « *La Cour de justice a précisé que la réparation intégrale devait inclure la compensation des effets négatifs résultant de l'écoulement du temps depuis la survenance du préjudice causé par l'infraction, à savoir l'érosion monétaire, mais également la perte de chance subie par la partie lésée du fait de l'indisponibilité du capital.* »

345. De cette phrase, on peut retenir un deuxième enseignement : l'érosion monétaire est un chef de préjudice distinct de celui causé par l'indisponibilité du capital – ainsi qu'un troisième : le préjudice que constitue l'indisponibilité du capital est qualifié de perte de chance et non pas de gain manqué.

346. La cour précise ensuite la charge et l'objet de la preuve du demandeur. C'est le quatrième enseignement – sans doute le plus important – explicité en ces termes : « *Il incombe à l'entreprise victime de rapporter la preuve de cette perte de chance découlant directement de la non[-]disponibilité de la somme. Selon les cas, elle peut être évaluée en appliquant à la somme dont l'entreprise a été privée le taux*

---

337 Aut. conc., déc. n° 09-D-36 du 9 déc. 2009 relative à des pratiques mises en œuvre par Orange Caraïbe et France Télécom sur différents marchés de services de communications électroniques dans les départements de la Martinique, de la Guadeloupe et de la Guyane.

338 T. com. Paris, 15e ch., 16 mars 2015, *SAS Outremer Télécom c/ SA Orange Caraïbe et SA Orange (anciennement SA France Télécom)*, RG 2010073867 ; *Concurrences* n° 1-2016, p. 256, note R. Amaro ; T. com. Paris, 15e ch., 18 déc. 2017, *SA Digicel Antilles Françaises Guyane c/ SA Orange Caraïbe et SA Orange*, RG 2009016849 ; *Concurrences* n° 2-2018, pp. 87-88, note A. Wachsmann, N. Zacharie.

d'intérêt légal, correspondant à un placement sans risque. Si l'entreprise démontre que la non[-]disponibilité des sommes dont elle a été privée l'a conduite, soit à restreindre son activité sans pouvoir trouver des financements alternatifs par emprunts ou fonds propres, soit à renoncer à des projets d'investissements dûment identifiés qui étaient susceptibles de rapporter l'équivalent du coût moyen du capital, elle sera évaluée en appliquant le coût moyen pondéré du capital [...] »

Il semble que l'on puisse déduire de ces motifs que l'application du taux d'intérêt légal est la solution par défaut tandis que l'application du WACC est une solution dérogatoire admise lorsque la preuve des conséquences dommageables de l'indisponibilité de la somme est rapportée (soit une restriction d'activité, soit un renoncement à des investissements). Autrement dit, pour qu'un demandeur puisse obtenir l'application du WACC – dont on pressent qu'il lui sera souvent largement plus favorable que le taux légal –, il faut qu'il établisse un fait supplémentaire. Dans le cas contraire, il bénéficiera « seulement » du taux légal. En l'espèce, c'est d'ailleurs en ce sens que se prononce la cour, faute pour Outremer Télécom de démontrer « *que l'indisponibilité de la somme l'aurait conduite à renoncer à des projets d'investissements* ». Plus précisément, la cour estime que les projets d'Outremer Télécom ne reposent que sur des « *perspectives générales et vagues de développement de son activité* » et non de « *projets précis et aboutis d'investissements* ».

Dans la précédente édition de ce recueil, nous nous interrogions alors sur les éléments factuels qui, à l'avenir, devaient permettre de distinguer « *perspectives générales et vagues* » et « *projets précis* ». L'arrêt *Digicel* apporte quelques éléments de réponse.

347. C'est là d'ailleurs le premier enseignement que l'on peut en retenir. Pour essayer de démontrer à la cour d'appel l'existence de « *projets précis* » qui ont dû être abandonnés en raison de l'indisponibilité du capital, Digicel communique des pièces variées : « *plans d'affaires détaillés* » et « *documents de présentation étoffés* », reposant sur « *des hypothèses détaillées* » établies par des consultations d'un cabinet d'experts. Digicel complète sa démonstration en soutenant que l'endettement du groupe à l'époque où les projets ont été envisagés ne lui a pas permis de les réaliser. La cour d'appel de Paris la déboute tout de même mais sur un autre terrain. Sans remettre en question le caractère « précis » de ces projets – caractère qui faisait défaut à ceux allégués par Outremer Télécom, on le rappelle –, elle relève toutefois que ces projets n'ont pas été abandonnés et que Digicel « *ne rapporte pas la preuve du refus de sa maison mère de les finance[r] ainsi que de l'impossibilité de trouver d'autres sources de financement* ». Enfin, et c'est important, la cour note « *que Digicel avait non seulement la possibilité de lever de nouveaux financements mais encore la trésorerie suffisante pour mener une partie de ses projets* ». Pour preuve, elle relève que Digicel « *a prêté 65 millions au groupe et a distribué 42 millions à son actionnaire, lequel a réalisé 19 acquisitions entre 2014 et 2018* ». En somme, et l'on ne croira pas déformer la motivation de la cour en reformulant sa solution en ces termes, dans la reconstitution du scénario contrefactuel qui permet de savoir si une victime a été empêchée d'investir, l'usage habituel que ladite victime fait de sa trésorerie est décisif. Celle qui distribue des dividendes n'a pas de problème de financement et n'établit pas qu'elle a dû renoncer à des projets.

348. De l'arrêt *Digicel*, un deuxième enseignement peut être tiré quant au point de départ de la période au cours de laquelle est réparé l'effet préjudiciable du temps. De façon discutable, l'arrêt *Outremer Télécom* avait fixé cette date au jour marquant la fin des pratiques. Nous relevions dans la précédente édition de ce recueil que la solution, sans être inédite[339], n'en semblait pas moins peu conforme au droit de l'Union et notamment au considérant 12 de la directive 2014/104/UE, qui prévoit que c'est la date de survenance du préjudice qui doit être prise en compte[340]. Dans ce deuxième arrêt *Digicel*, la cour d'appel de Paris se range donc à la solution du droit de l'Union et abandonne explicitement la solution de l'arrêt *Outremer Télécom*. Elle affirme désormais que : « *En vertu du principe de réparation intégrale, le point de départ des intérêts doit être fix[é] au 1er avril 2003, date à laquelle toutes les pratiques qui ont donné lieu à une évaluation globale, ont été mises en œuvre.* »

349. Enfin, l'arrêt *Digicel* contient un troisième et dernier enseignement, riche de perspectives pour la pratique. À titre subsidiaire, Digicel proposait une évaluation alternative de l'effet préjudiciable du temps en demandant au juge de réparer un préjudice totalement différent : non plus la rentabilité dégagée sur des projets abandonnés mais la perte d'opportunité de se désendetter et donc la nécessité d'assumer le coût de son endettement. Cette fois-ci l'argumentation convainc la cour, qui lui accorde sur une période de trois ans un taux de 5,3 % correspondant au coût de son endettement. La cour motive sa solution en relevant qu'« *au regard de la trajectoire de forte réduction de son endettement dans laquelle s'est inscrite BTC à partir de 2003 jusqu'à sa cession, il peut être retenu qu'elle aurait affecté les sommes dont elle aurait été privée à son désendettement, ce d'autant qu'elle n'a commencé à distribuer des dividendes qu'à partir de 2011* ». Là encore, on constate que la réparation de l'effet préjudiciable du temps suppose une individualisation fine de la démonstration. Ce n'est qu'au regard de l'usage habituel que la victime fait de ses liquidités que le juge peut apprécier cet effet préjudiciable.

350. Pour le reste, l'arrêt *Digicel* confirme les solutions dégagées par l'arrêt *Outremer Télécom*.

7. Notion « d'actualisation » et capitalisation des sommes accordées au titre de l'actualisation

CA Paris, ch. 5-4, 10 oct. 2018, *SA Digicel Antilles Françaises Guyane c/ SA Orange Caraïbe et SA Orange*, RG 18/08088

Comme soutiennent les sociétés Orange, aucune demande de capitalisation des intérêts n'a été formulée par la société Digicel Antilles Françaises Guyane.

---

[339] V. p. ex. CA Paris, ch. 5-5, 22 oct. 2015, *SARL Rocca Transports c/ Société Nationale Maritime Corse Méditerranée – SNCM*, RG 14/03665 ; *AJCA*, 2016, note R. Amaro ; *Concurrences* n° 1-2016, pp. 251-260, obs. R. Amaro.

[340] Il dispose que le « *paiement des intérêts est une composante essentielle de l'indemnisation visant à réparer les dommages subis en tenant compte de l'écoulement du temps, et il devrait être dû depuis le moment où le préjudice est survenu jusqu'à celui où les dommages et intérêts sont versés* ». V. aussi, sur le principe de compensation des intérêts, l'arrêt *Manfredi* de la Cour de justice : CJCE, 3e ch., 13 juill. 2006, aff. C-295/04 à C-298/04, ECLI:EU:C:2006:461, pt 97.

Or, sous l'empire de l'ancien article 1154 du code civil, applicable en l'espèce, pour être allouée la capitalisation des intérêts doit avoir été sollicitée.

[...]

[I]l convient de relever qu'il n'est pas démontré qu'il existe une définition juridique reconnue du terme « actualisation », étant relevé que la société Digicel Antilles Françaises Guyane précise uniquement dans ses conclusions au fond devant le tribunal de commerce que le le préjudice dont elle demande réparation au titre de l'actualisation ne représente que le taux de rentabilité annuel moyen, qu'elle fixe à 10,4 %, taux calculé par l'ARCEP.

En conséquence, si le terme « actualisation » a été employé plutôt que de dire que la somme au principal portera intérêts au taux de 10,4 % à compter du 10 mars 2009, il n'en demeure pas moins que dans le jugement, au regard du litige qui lui est soumis, le terme « actualisation » ne peut s'entendre que comme le fait de faire courir les intérêts sur la somme déterminée au principal.

351. Ce « premier » arrêt *Digicel*, mentionné ci-dessus, statue sur la requête en interprétation formée par Digicel sur le fondement de l'article 461 du code de procédure civile. Nous lui réservons ici un commentaire distinct en raison de son apport qui relève plus de la clarification notionnelle que du régime de la réparation. Comme nous l'annoncions au commentaire précédent, l'évocation de cet arrêt sera l'occasion de discuter de l'orientation actuelle de la jurisprudence.

352. En l'espèce, la nécessité d'interpréter le jugement du tribunal de commerce de Paris tient à l'incertitude attachée à cette notion « d'actualisation », dont on a déjà dit qu'elle ne faisait qu'ajouter à la confusion ambiante. Comme le rappelle la cour pour juger la requête recevable, « *le jugement fait l'objet d'un désaccord entre les parties sur la manière de calculer la somme que doivent effectivement consigner les sociétés Orange et Orange Caraïbe, et ce désaccord sur la définition et la portée du terme "actualisation" doit être tranché, la portée du terme "actualisation" n'apparaissant pas clairement* ». Pour preuve, le désaccord entre les litigants quant à l'interprétation du jugement de première instance porte précisément sur la question de l'anatocisme en cas d'actualisation. Il peut être reformulé en ces termes : l'actualisation suppose-t-elle de plein droit la capitalisation des intérêts au sens de l'article 1343-2 du code civil (anc. art. 1154), ou ladite capitalisation doit-elle être demandée expressément par les parties ? La question avait son importance en l'espèce, car Digicel avait omis de demander expressément la capitalisation des intérêts au premier juge (omission dont le coût semblait s'établir approximativement à 88 millions d'euros).

353. Digicel prétend, sans surprise, que la capitalisation est automatique dès lors que l'actualisation a été ordonnée. Ce point de vue peut se réclamer d'une sorte de bon sens économique. Selon toute vraisemblance, les sommes accordées en réparation du préjudice principal seront réemployées par l'entreprise qui les perçoit pour obtenir un rendement au moins équivalent au taux légal. C'est ce qui expliquerait d'ailleurs – comme le fait observer Digicel – que la notion économique d'actualisation et les formules qui permettent de la calculer incluent automatiquement la capitalisation des intérêts.

354. Orange soutient une lecture plus « juridique » de la capitalisation, qui conduit à faire échec à sa mise en œuvre de plein droit. Elle avance que l'actualisation devrait alors obéir au régime des intérêts compensatoires. Or de tels intérêts sont soumis au droit commun de la responsabilité extracontractuelle mais aussi au droit commun du paiement des sommes d'argent dorénavant codifié aux nouveaux articles 1343 et suivants du code civil. Et parmi ces dispositions, figure l'article 1343-2 sur l'anatocisme, qui s'est substitué depuis la réforme du 10 février 2016 à l'ancien article 1154. Cet article a la particularité de poser des conditions strictes à la capitalisation : celle-ci ne peut être que conventionnelle ou judiciaire. La lettre de l'ancien article 1154, confirmée par la jurisprudence antérieure, imposait même au litigant de demander expressément la capitalisation[341].

355. La cour d'appel de Paris souscrit à l'analyse d'Orange. Elle rappelle d'abord qu'il n'existe aucune définition juridique de l'actualisation. Puis elle précise, par une incise sommaire, que l'ancien article 1154 du code civil est bien applicable à la cause. Elle ajoute que « *le terme "actualisation" ne peut s'entendre que comme le fait de faire courir les intérêts sur la somme déterminée au principal* ». Enfin, elle juge que la capitalisation des intérêts accordés au titre de l'actualisation d'une créance indemnitaire doit être demandée.

356. La solution peut se défendre. Si l'on considère que « l'actualisation » procède bien du mécanisme juridique des intérêts, il n'y a guère de raison de ne pas lui appliquer le droit commun du paiement des sommes d'argent. C'était déjà vrai pour l'article 1154 du code civil qui, en dépit de sa codification maladroite dans le droit commun des contrats, avait vu son domaine étendu bien au-delà des seules créances contractuelles. C'est encore plus vrai depuis la réforme du 10 février 2016 puisque le nouvel article 1343-2 a intégré le régime général de l'obligation, désormais détaché du droit des contrats. Cette recodification devrait, en bonne logique, conférer à l'article 1343-2 un domaine d'application des plus larges. Il s'appliquera donc à toutes les sommes d'argent, y compris celles accordées par le juge en paiement d'une créance indemnitaire extracontractuelle.

357. La précision apportée par la cour dans le présent arrêt est donc utile à la pratique. Depuis l'arrêt *Manfredi* déjà cité à maintes reprises, on a pu avoir le sentiment d'un certain tâtonnement des juges du fond, déjà mis en lumière par le commentaire précédent.

358. Ce tâtonnement n'est toutefois pas étonnant. L'une de ses explications pourrait tenir à l'emploi du terme « intérêts » par la Cour de justice. Ce terme n'est pas neutre en droit français. Il renvoie aux intérêts moratoires du nouvel article 1231-7 du code civil (anc. art. 1153-1)[342]. C'est d'ailleurs le mécanisme privilégié par les juges du fond pour réparer l'effet préjudiciable du temps : appliquer un taux d'intérêt unique sur le montant total de la créance indemnitaire. Si, comme on l'a dit au commentaire précédent, les demandeurs cherchent désormais l'application

---

341 Nonobstant parfois certaines décisions contraires de juges du fond. V. en ce sens : O. Gout, « La capitalisation des intérêts : éclairage sur un mécanisme réputé obscur », *Dr. et patrimoine*, déc. 2000, n° 88, p. 26 et s.

342 V., pour une réflexion d'ensemble sur le sujet : F. Gréau, *Recherche sur les intérêts moratoires*, Defrénois, coll. « Doctorat & Notariat », t. 21, 2006, préf. F. Chabas.

de taux plus avantageux, à l'instar du WACC, la discussion n'en est pas moins restée « parasitée » par cette notion d'intérêts. Pour preuve, on parle toujours « d'intérêts compensatoires », y compris dans l'arrêt *Digicel*. Ce phénomène est en outre aggravé par la place parfois excessive de l'expertise dans le raisonnement judiciaire. Il en découle que la discussion juridique est bien souvent appauvrie par la focalisation du juge et des parties sur la question du taux qu'aurait pu appliquer l'expert.

Or s'il n'est pas question de remettre en cause la contribution évidemment cruciale de l'expert pour chiffrer le préjudice, il semble que l'adoption parfois sans distance de ses conclusions dans la motivation des juges du fond soit plus problématique qu'autre chose. Outre qu'elle peut être vue comme une forme de délitement du *jurisdictio*[343], cette évolution conduit à l'importation de notions étrangères au droit privé, comme celle « d'actualisation ». Et l'on voit, dans la présente espèce, les perturbations que l'importation de cette notion occasionne.

359. D'ailleurs, la solution adoptée pourrait encore être discutée sur le plan conceptuel. Ainsi : est-on bien certain que la réparation de l'effet préjudiciable du temps par l'octroi d'une somme d'argent corresponde à la notion « juridique » d'intérêts ? Lorsque cette réparation est fondée sur l'article 1240 du code civil – comme en l'espèce – et non sur l'article 1231-7, le doute est permis. Certes, la méthode de calcul est identique : on applique un taux au principal. Mais est-ce que cette méthode suffit à faire des sommes versées à ce titre des « intérêts » ? Ne s'agit-il pas plutôt d'établir le montant d'une créance indemnitaire autonome qui a pour seul lien avec le préjudice principal qu'elle est calculée en proportion de la somme accordée pour sa réparation, sans en être l'accessoire (à la différence des « intérêts ») ? Dans ce cas, l'application de l'article 1343-2 du code civil, qui pourtant ne régit que les « intérêts » au sens juridique du terme, est-elle indiscutable ? En l'espèce, on aura compris que la cour assimile bien actualisation et intérêts et fait logiquement application de cet article. Une discussion théorique sur le sujet n'en reste pas moins à engager.

343 V. sur ce phénomène : J. Moury, « Les limites de la quête de preuve : expertise et *jurisdictio* », *RTD civ.* 2009, p. 665 et s.

Chapitre 5
Évaluation du préjudice

360. L'évaluation du préjudice occupe, dans la plupart des actions en réparation, une place importante. Elle est souvent complexe, et elle porte couramment sur des enjeux financiers élevés. Longtemps, elle a constitué le parent pauvre des procédures. Fin 2014, le président du tribunal de commerce de Paris observait que, s'agissant du contentieux de la concurrence, « *dans 70 % des cas, le préjudice est peu justifié et le juge s'en est tenu à l'octroi de sommes symboliques* »[344]. Fin 2015, la présidente d'une chambre spécialisée du tribunal de commerce de Paris relevait encore que « *[l]a légèreté avec laquelle certaines demandes de réparation quantifient le préjudice est [...] remarquable et regrettable* »[345]. D'importants progrès ont été réalisés depuis dans ce domaine, quoique de manière non uniforme[346]. Des rapports d'expertise sont plus souvent produits en appui des demandes ; ils sont fréquemment plus riches qu'autrefois ; mais leur intelligibilité et plus encore leur impartialité restent selon beaucoup de magistrats perfectibles.

361. La documentation sur le sujet de l'évaluation des préjudices causés par les pratiques anticoncurrentielles comporte quelques travaux de référence. Trois ont pour origine la Commission européenne :

- Le « Guide pratique concernant la quantification du préjudice dans les actions en dommages et intérêts fondées sur des infractions à l'article 101 ou 102 du TFUE » (« le guide pratique ») a été publié en juin 2013. Ce document d'environ 80 pages présente de manière complète et accessible les différentes méthodes d'évaluation du préjudice concurrentiel. Il est disponible sur le site de la Commission, en français et dans toutes les langues officielles de l'Union européenne[347]. Le contenu de ce guide n'a pas un caractère contraignant pour les magistrats. Il y est toutefois fait référence dans bon

---

344 V. « Frank Gentin (Tribunal de commerce de Paris) : Le juge du commerce, juge naturel des contentieux de concurrence », interview réalisée par M. Chagny, *Concurrences* n° 4-2014, www.concurrences.com.

345 V. N. Dostert, « Préjudice versus dommage à l'économie : En quoi le préjudice subi par la victime diffère-t-il du dommage à l'économie », petit-déjeuner Droit & Économie organisé par la Revue *Concurrences* en partenariat avec Magenta et Oxera, 1er déc. 2015, www.concurrences.com. Le problème était ancien : en 1839, dans ce qui constituait sans doute l'une des premières actions en réparation du préjudice causé par une entente, le tribunal correctionnel de la Seine relevait qu'« *une indemnité est due aux plaignants, mais que le tribunal ne trouve pas dans les documents produits des éléments suffisants pour en régler le montant en parfaite connaissance de cause* ». Tribunal correctionnel de la Seine, 6e ch., 8 mars 1839, *Les Messageries Royales et Les Messageries Générales c/ Les Messageries Françaises*, Journal du Palais, Jurisprudence française, Tome Ier de 1839, consultable sur https://books.google.fr.

346 N. Dostert, « La relation du juge et de l'expert dans l'évaluation du préjudice », conférence « Actions en réparation des pratiques anticoncurrentielles », organisée par *Concurrences*, en partenariat avec les cabinets Dechert et Deloitte, 19 juin 2020, www.concurrences.com.

347 https://ec.europa.eu/competition/antitrust/actionsdamages/quantification_en.html.

nombre de décisions rendues par des juridictions françaises, tant judiciaires qu'administratives[348].

- L'étude « Quantifying Antitrust Damages: Towards Non-Binding Guidance for Courts » a été rédigée pour la Commission européenne dans le cadre des travaux préparatoires au guide pratique[349]. Elle fournit notamment des informations complémentaires sur certaines des méthodes présentées dans le guide.
- Les « Orientations à l'intention des juridictions nationales sur la façon d'estimer la part du surcoût répercutée sur les acheteurs indirects » ont été publiées en août 2019[350]. Elles traitent exclusivement d'un sujet spécifique et souvent difficile : la répercussion du surcoût et son évaluation.

On peut ajouter à cette liste la « Communication relative à la protection des informations confidentielles par les juridictions nationales dans les procédures de mise en œuvre privée du droit de la concurrence de l'UE » mise en ligne par la Commission en juillet 2020[351] : si elle ne porte pas à proprement parler sur le sujet de l'évaluation du préjudice, cette communication traite d'une problématique que beaucoup des travaux d'évaluation rencontrent. Ce document est, comme le précédent, disponible sur le site de la Commission dans toutes les langues officielles de l'Union.

362. Pour la France, nous recommanderons tout particulièrement trois documents :

- Les fiches méthodologiques publiées par la cour d'appel de Paris, sous le titre « La réparation du préjudice économique », fournissent beaucoup d'orientations utiles à l'évaluation des préjudices causés par des pratiques anticoncurrentielles[352].
- « L'évaluation des préjudices concurrentiels », de Suzanne Carval, Muriel Chagny, Anne-Sophie Choné-Grimaldi, Constance Monnier et Jean-Philippe Tropeano, constitue avec le guide pratique l'un des rares documents présentant en français les différentes méthodes d'évaluation[353].
- « L'estimation du montant des préjudices concurrentiels », de Suzanne Carval, précise utilement comment il faut entendre, lorsque la mesure exacte du préjudice concurrentiel est impossible ou excessivement difficile, la faculté donnée au juge d'estimer ce préjudice de manière approchée[354].

---

348 V. p. ex. TGI Rennes, 2e ch. civ., 7 oct. 2019, *FRSEA Bretagne c/ CFPR et al.*, RG 13/00136.

349 « Quantifying Antitrust Damages, Towards Non-Binding Guidance for Courts », Study prepared for the European Commission, Oxera and a multi-jurisdictional team of lawyers led by A. Komninos, December 2009 (en anglais).

350 Communication de la Commission, « Orientations à l'intention des juridictions nationales sur la façon d'estimer la part du surcoût répercutée sur les acheteurs indirects » (2019/C 267/07), disponible à https://eur-lex.europa.eu/legal-content/FR/TXT/PDF/?uri=CELEX:52019XC0809(01)&from=EN.

351 https://eur-lex.europa.eu/legal-content/FR/TXT/PDF/?uri=CELEX:52020XC0722(01)&from=FR.

352 https://www.cours-appel.justice.fr/paris/publications-de-la-cour.

353 S. Carval, M. Chagny, A.-S. Choné-Grimaldi, C. Monnier et J.-P. Tropeano, « L'évaluation des préjudices concurrentiels », in *L'intensification de la réparation des dommages issus des pratiques concurrentielles*, M. Behar-Touchais, D. Bosco et C. Prieto (dir.), IRJS Éditions, coll. « Bibliothèque de l'IRJS – André Tunc », 2016.

354 S. Carval, « L'estimation du montant des préjudices concurrentiels », *D.* 2015, p. 1290.

363. Sur le sujet spécifique de l'évaluation des surcoûts causés par les cartels, l'économiste américain John M. Connor a produit de nombreuses études. Deux de ses publications présentent un intérêt spécifique :

- L'article « Forensic Economics: An Introduction With Special Emphasis on Price Fixing » décrit les différentes méthodes d'évaluation du préjudice de surcoût, et fournit des observations sur les limites de certaines[355].
- L'étude « Price-Fixing Overcharges: Revised 3rd Edition » analyse de manière statistique près de 2000 évaluations de surcoûts causés par des cartels[356].

On notera que les travaux de John M. Connor couvrent toutes sortes d'évaluations de préjudices, qu'elles aient ou pas été présentées devant des magistrats. Seule une faible part de ces évaluations provient de décisions judiciaires, beaucoup des procédures américaines aboutissant notamment à des transactions ou à des rejets[357].

364. Dans la suite de ce chapitre, nous emploierons les termes « factuel » et « contrefactuel ». Les économistes désignent sous le nom de « scénario factuel » ce qui s'est effectivement passé sur le marché. Ils appellent « scénario contrefactuel » ce qui se serait passé dans le cas où les pratiques anticoncurrentielles n'auraient pas eu lieu[358]. « *L'analyse des dommages privés repose sur la comparaison entre la situation de la victime telle qu'elle est observée en présence de la pratique anticoncurrentielle, et celle qu'elle aurait connue en son absence (la "situation contrefactuelle"). La différence entre ces deux situations permet de déterminer le montant du dommage subi par la victime. Par définition, la situation contrefactuelle n'est pas observable, et doit donc faire l'objet d'une "construction" [...]* »[359].

365. Deux types de préjudices concurrentiels sont particulièrement fréquents : les préjudices de surcoût, et les préjudices causés par des pratiques d'éviction. S'ajoute à l'un ou l'autre de ces préjudices principaux, toujours ou presque, un préjudice de trésorerie. Ce chapitre étudie successivement des décisions rendues sur ces trois types de préjudices : le préjudice de surcoût (Section 1), les préjudices causés par les pratiques d'éviction (Section 2) et le préjudice de trésorerie (Section 3).

---

355 J. M. Connor, « Forensic Economics: An Introduction With Special Emphasis on Price Fixing », *Journal of Competition Law and Economics*, vol. 4, n° 1, 2007, pp. 31-59. Disponible sur SSRN : https://papers.ssrn.com/sol3/papers.cfm?abstract_id=988709.

356 J. M. Connor, « Price-Fixing Overcharges: Revised 3rd Edition », 24 February 2014, disponible sur SSRN : https://ssrn.com/abstract=2400780.

357 V. J. M. Connor, R. H. Lande, « Cartel Overcharges and Optimal Cartel Fines », in *Issues in Competition Law and Policy*, vol. 3, ABA Book Publishing, 2008.

358 V. G. Jacquot, « La réparation de l'atteinte au secret des affaires », *Propriété industrielle* n° 3, mars 2020, dossier 4.

359 TGI Paris, 5e ch. 2e sect., 22 févr. 2018, *Sté Betclic Enterprises Limited c/ G.I.E. Pari Mutuel Urbain*, RG 15/09129 ; v. aussi CA Paris, ch. 5-4, 6 févr. 2019, *SARL Doux Aliments c/ SA Cie Financière et de Participations Roullier et SAS Timab Industries*, RG 17/04101, donnant mission à un expert judiciaire « *d'établir un scénario contrefactuel pour déterminer le niveau de prix qui aurait prévalu en l'absence d'entente* ».

Section 1
L'évaluation des préjudices de surcoût

366. Cette section traite spécifiquement et exclusivement de l'évaluation des surcoûts causés par des ententes horizontales. Le surcoût correspond dans ces affaires à l'augmentation du prix obtenue grâce à l'entente[360].

367. Nous avons connaissance, à l'heure où nous écrivons ces lignes, d'une cinquantaine d'affaires dans lesquelles une ou plusieurs juridictions françaises se sont prononcées sur l'existence de surcoûts causés par des ententes, et le cas échéant sur leurs montants. C'est plus que dans beaucoup d'autres pays : en Europe, seules les juridictions allemandes et espagnoles ont, semble-t-il, jugé un plus grand nombre d'affaires. Les affaires françaises ont été portées devant des juridictions civiles, mais aussi administratives et pénales.

368. Le décompte des procédures ayant donné lieu à jugement sur le fond ne reflète qu'une partie de ce contentieux. Beaucoup d'affaires aboutissent en effet à des transactions. La recherche de transactions, de la part de certains demandeurs, n'est d'ailleurs peut-être pas sans conséquence sur les travaux d'évaluation du préjudice. Des observateurs ont formulé l'hypothèse qu'elle orienterait leur choix vers certaines méthodes d'évaluation du préjudice, et qu'elle expliquerait le niveau parfois inattendu de certaines demandes[361].

369. Les magistrats ont parfois donné des indications sur ce qu'ils attendent des évaluations de préjudice qui leur sont présentées dans les affaires de cette nature :

- « *Établir a posteriori le prix d'un marché qui aurait été non pas faussé, mais passé dans le respect de la concurrence n'est pas une science exacte. Mais ce n'est pas non plus un exercice impossible ou aléatoire*[362]. »
- « *La quantification du préjudice n'est pas une question de calculs mathématiques (même si les calculs mathématiques y ont à coup sûr leur place). Il s'agit de développer une solide compréhension de ce qui se serait passé dans la situation contrefactuelle*[363]. »

---

360 Parfois le terme de « surcoût » est employé par les magistrats dans un sens différent. Il peut désigner alors des dépenses additionnelles que les victimes d'infractions ont engagées auprès de tiers, souvent en réaction au dommage. Une entreprise guadeloupéenne a par exemple été confrontée à un refus de vente de la part d'un fournisseur local de sable ; elle a dû alors s'approvisionner auprès d'un fournisseur martiniquais ; mais l'importation du sable depuis la Martinique vers la Guadeloupe a causé un surcoût. Lorsqu'il s'agit d'évaluer un préjudice, ce type de « surcoût » présente des différences importantes avec les « surcoûts » causés par les ententes horizontales. Il y est fait référence plus loin, dans la section 2 relative à l'évaluation des préjudices causés par des pratiques d'éviction.

361 V. L. Prosperetti, « Antitrust Damages in Europe: An Economic Perspective », in *Antitrust between EC Law and National Law*: 7 Conference, 18–19 May 2006, E.A. Raffaelli (éd.), Bruylant, 2007 ; et K. Dietzel, in « Strategic considerations in cartel follow-on litigation », déjeuner organisé par la Revue *Concurrences* en partenariat Herbert Smith Freehills (Francfort, Londres et Bruxelles) et MAPP, 2 juin 2016, www.concurrences.com.

362 Conclusions de M. Le Corre, rapporteure publique, CE, 7e et 2e ch. réunies, séance du 11 mars 2020, lecture du 27 mars 2020, *Sté Signalisation France c/ Département de la Manche*, n° 420491.

363 Sir Marcus Smith, High Court of Justice of England & Wales, 9 oct. 2018, *Britned Development Ltd c/ ABB AB and ABB Ltd* [2018] EWHC 2616 (Ch), traduction libre de : « *Quantification of loss is not a question of mathematical calculation (although mathematical calculations will, no doubt, have their place), but turns on developing a robust understanding of what would have happened in the counterfactual case.* »

- « *L'expert reste indépendant des parties quand bien même il est désigné par elles. Ses règles déontologiques doivent permettre de fiabiliser son rapport*[364]. »

370. L'évaluation du préjudice causé par une entente repose typiquement sur trois étapes. La première consiste à estimer le taux de surcoût. La deuxième détermine sur quel montant d'achats le taux de surcoût a porté. La troisième cherche à établir si le surcoût est resté à la charge du demandeur, ou s'il a été répercuté pour tout ou partie sur des tiers. Les pages qui suivent traitent successivement de chacune de ces trois étapes.

A. Le taux de surcoût : Méthodes générales d'évaluation

371. Le taux de surcoût correspond à la part du prix de vente du produit qui résulte de l'entente. On l'appelle parfois également surprix, et en anglais « *overcharge* ». L'illustration qui suit explicite le calcul de ce taux. Supposons qu'un marché a été affecté par une entente :

- Le prix auquel ce marché a été traité est de 10 euros (c'est le prix factuel).
- On estime qu'en l'absence d'entente, ce marché aurait été traité à 8 euros (c'est le prix contrefactuel).
- Le surcoût causé par l'entente correspond à la différence entre le prix factuel et le prix contrefactuel, c'est-à-dire ici 10 – 8 = 2 euros.
- Le taux de surcoût est de 2 euros / 10 euros = 20 % du prix factuel.

En Europe, on exprime généralement le taux de surcoût en pourcentage du prix factuel, comme dans l'exemple ci-dessus. On pourrait aussi l'exprimer en pourcentage du prix contrefactuel, ainsi que cela se pratique parfois en Amérique du Nord[365]. Le chiffre serait alors différent : dans l'exemple plus haut, si l'on raisonnait par rapport au prix contrefactuel, le taux de surcoût serait de 2 euros / 8 euros = 25 %.

Pour ceux de nos lecteurs qui ne seraient qu'à moitié à l'aise avec les chiffres, les deux pourcentages de 20 % et 25 % sont exacts l'un et l'autre. Il faut en revanche leur donner des significations différentes. Le second indique que l'entente a causé une augmentation des prix de 25 % (de 8 à 10 euros). Le premier dit que le surcoût représente 20 % du prix payé par l'acheteur (20 % x 10 euros = 2 euros).

372. Il existe six grandes méthodes pour évaluer les surcoûts :

- la comparaison dans le temps (également appelée « avant-après ») ;
- la comparaison avec un marché non affecté ;
- les méthodes basées sur les coûts ou financières ;
- l'analyse de régression (également appelée « économétrie ») ;
- le modèle de simulation ;
- et un ensemble hétéroclite d'autres méthodes (montant forfaitaire, chiffre fourni par des documents ou par des témoins, pourcentage présumé par une clause contractuelle, etc.).

Le juge français a été confronté au moins une fois à chacune de ces méthodes.

---

364 N. Dostert, conférence « Actions en réparation des pratiques anticoncurrentielles », 19 juin 2020, préc.

365 V. p. ex. Y. V. Bolotova, « Cartel overcharges : An empirical analysis », *Journal of Economic Behavior & Organization*, vol. 70, n° 1-2, 2009, pp. 321-341.

1. Comparaison dans le temps

T. corr. Rouen, 4e ch., 11 sept. 2008, *Travaux routiers en Seine-Maritime*, n° 2850/08[366]

Le Département, représentant la collectivité départementale toute entière, a subi un préjudice patrimonial consécutif à la majoration des prix résultant de l'entente, majoration démontrée par la chute des prix entamée début 1999, après que l'entente ait éclaté. [...] Il est démontré que l'entente a éclaté fin 1998 début 1999 et n'a pas joué lors de l'attribution des marchés en janvier et février 1999. S'en est suivie une baisse progressive des prix, qui s'est poursuivie jusqu'en 2000. Il n'est cependant pas établi que la baisse des prix sur cette dernière année soit liée à la fin de l'entente. Ont pu en effet jouer d'autres facteurs, tels que le prix des matières premières ou les modifications des conditions de passation des marchés. Dès lors, l'année 1999, qui marque incontestablement la fin de l'entente, sera l'année de référence pour calculer le préjudice subi par le Département sur les marchés réalisés en 1998 dans le cadre de l'appel d'offres de fin 1997. L'indice TP 09 reflète fidèlement le coût moyen des travaux d'épandage des enrobés. Il y a lieu de l'appliquer à rebours : partant du prix des enrobés en 1999, on obtient le prix qui aurait dû être normalement payé par le département en 1998. Vu le prix moyen de la tonne d'enrobé en 1999, le prix moyen en 1998 aurait dû être de 509,29 FF la tonne. Or, il était de 593,09 FF la tonne. Le taux de surcoût pour le Département a donc été de : 593,09 / 509,29 (soit un pourcentage de 16,45 %)[367]. Les sommes effectivement versées par le Département en 1998 sont de : 35076943 euros. Le juste coût aurait dû être de 35076943 / (593,09 / 509,29) = 30120785 euros. Le surcoût est donc de 4956158 euros [...]

373. Le 15 décembre 2005, le Conseil de la concurrence sanctionnait une entente complexe et continue entre entreprises du secteur des travaux routiers en Seine-Maritime[368]. Parallèlement à la saisine du Conseil de la concurrence, une procédure pénale avait été ouverte. Le conseil général de Seine-Maritime s'étant constitué partie civile dans le cadre de cette procédure, il obtient devant le TGI de Rouen une indemnisation à hauteur de 4956158 euros.

374. La méthode d'évaluation retenue par le TGI est reprise, pour une large part, du contenu de la décision du Conseil de la concurrence. Elle repose sur les étapes suivantes :

- Le tribunal observe qu'en 1998, alors que l'entente était en place, le prix moyen d'épandage d'enrobés bitumineux était de 593,09 FF la tonne (c'est le prix factuel).
- Pour calculer le surcoût, le tribunal doit déterminer le prix contrefactuel, celui qui aurait prévalu au cours de l'année 1998 si l'entente anticoncurrentielle n'avait pas existé.

---

366 V. en appel CA Rouen, ch. corr., 14 déc. 2009, n° 09/00028 ; v. C. Lemaire, *Concurrences* n° 1-2009, p. 192.

367 Le taux de surcoût est exprimé ici en pourcentage du prix contrefactuel.

368 Déc. n° 05-D-69 du 15 déc. 2005 relative à des pratiques anticoncurrentielles relevées dans le secteur des travaux routiers en Seine-Maritime.

- Le tribunal observe que l'année 1999 n'a pas été affectée par les pratiques anticoncurrentielles. Il considère donc que, si l'entente n'avait pas existé, le prix de 1998 aurait dû correspondre au prix de 1999 corrigé d'un coefficient d'inflation[369], soit 509,29 FF (c'est le prix contrefactuel).
- Le surcoût causé par l'entente est donc de 593,09 FF – 509,29 FF = 83,80 FF par tonne.
- Le taux de surcoût est de 83,80 FF / 593,09 FF = 14,13 % du prix factuel (ce qui correspond à 83,80 FF / 509,29 FF = 16,45 % du prix contrefactuel).

375. La méthode employée ici par le TGI de Rouen consiste à aller chercher le prix contrefactuel dans une période de temps non affectée par l'entente. Selon les circonstances propres à chaque affaire, cette période peut correspondre à trois moments distincts : après, avant, ou pendant l'entente. Le cas de figure le plus fréquent est celui où, comme ici, le tribunal retient un prix contrefactuel trouvé *après* la dissolution de l'entente[370]. Parfois, la solution adoptée consiste à aller rechercher le prix contrefactuel *avant* la date de début de l'entente ; mais en pratique, cette solution est rarement retenue. Elle est difficile à mettre en œuvre dans les affaires où la date de démarrage de l'entente est incertaine, et l'on sait que ce cas de figure est assez fréquent. Souvent elle pose également un problème de disponibilité des données : les prix *avant* sont par définition plus anciens que les prix *après*, et ils sont donc généralement plus difficiles à retrouver[371]. Reste enfin un cas de figure très occasionnel : celui où les juges ont retenu comme prix contrefactuel un prix observé *pendant* la période de l'infraction. Ce choix apparaît de prime abord surprenant : il a ponctuellement été considéré comme possible lorsqu'une entente en activité s'est trouvée temporairement inopérante, par exemple en raison d'une guerre des prix[372].

376. Lorsque le prix contrefactuel est trouvé comme ici par comparaison dans le temps, parfois plusieurs possibilités de comparaison se présentent. Ainsi, dans cette affaire, pouvaient être retenus comme prix non affectés ceux observés en 1999 ou en 2000. Laquelle de ces deux années choisir ? Le tribunal cherche à mesurer l'effet de la disparition de l'entente, et seulement cet effet. Les prix observés en 2000 ne sont pas selon lui les plus adaptés à cet exercice. Leur niveau a en effet pu être influencé par des facteurs autres que la disparation de l'entente : le jugement cite deux de ces facteurs, l'évolution du prix des matières premières et les modifications des conditions de passation

---

369 L'indice TP 09 fournit ce coefficient d'inflation.

370 V. aussi CA Paris, ch. 5-4, 6 févr. 2019, *SARL Doux Aliments c/ SA Cie Financière et de Participations Roullier et SAS Timab Industries*, RG 17/04101, où la cour donne elle-même mission à l'expert d'aller rechercher le prix contrefactuel après la cessation de l'entente.

371 Le problème est bien sûr particulièrement marqué dans le cas d'ententes de longue durée.

372 V. CA Paris, ch. 5-5, 27 févr. 2014, *SNC Doux Aliments Bretagne et al. c/ Sté Ajinomoto Eurolysine et al.*, RG 10/18285. V. aussi, sur le sujet d'une guerre des prix pendant une entente, Aut. conc., déc. n° 15-D-03 du 11 mars 2015 relative à des pratiques mises en œuvre dans le secteur des produits laitiers frais, annulée et réformée partiellement par CA Paris, ch. 5-7, 23 mai 2017, RG 2015/08224. Un arrêt de la Cour fédérale de justice allemande a pour sa part rejeté un point de comparaison de cette nature ; v. S. Thomas, *e-Competitions Bulletin* June 2007.

des marchés. Le tribunal préfère donc retenir comme point de comparaison les prix 1999. Dans d'autres circonstances, il a été jugé préférable d'aller rechercher les prix non affectés par l'entente un peu plus loin dans le temps. Parfois la dissolution d'une entente n'entraîne pas le retour immédiat des prix à leur niveau concurrentiel[373] ; il faut alors aller quérir le prix contrefactuel après le délai nécessaire à ce retour.

377. La méthode de la comparaison temporelle est la plus couramment retenue par les juridictions françaises pour évaluer les surcoûts causés par des ententes. Elle est par exemple employée dans un arrêt de 2007 de la cour administrative d'appel de Paris, où le surcoût subi par la SNCF sur un marché conclu en 1991 est estimé par référence à un chantier comparable conclu en 1995[374]. Beaucoup des préjudices subis par des acheteurs de signalisation routière verticale ont également été évalués de cette manière. Dans un jugement de septembre 2019, le tribunal de commerce de Paris fournit une variante intéressante de cette méthode car s'appuyant simultanément sur deux points de comparaison, l'un avant la période entachée d'entente et l'autre après[375].

TA Caen, 1re ch., 6 avr. 2017, *Département de l'Orne c/ Sté Signalisation France et al.*, n° 1500227[376]

[L]'expert a comparé les sommes que le département aurait dû payer, à prix et produits constants, au titre de l'exécution du marché n° 29-062, conclu en 2009, postérieurement à l'entente anticoncurrentielle, avec celles qu'il a effectivement payées au titre des marchés exécutés entre 1999 et 2008, période au cours de laquelle prévalait l'entente [...]

C'est à juste titre que l'expert, pour comparer le niveau des prix nominaux pratiqués selon les années en cause, les a corrigés en fonction d'un coefficient d'érosion monétaire [...]

378. Pour comparer des prix observés à des périodes différentes, parfois comme ici éloignées de près de dix ans, il faut préalablement rendre ces prix comparables et donc appliquer un coefficient d'érosion monétaire (également appelé coefficient d'inflation). Quel coefficient choisir ? L'Indice des Prix à la Consommation (IPC) est souvent le premier qui vient à l'esprit. Il existe cependant parfois d'autres possibilités : l'Insee publie en effet de nombreux indices de prix sectoriels. Dans l'affaire précédente, le TGI de Rouen a ainsi employé l'indice « TP 09 » (fabrication et mise en œuvre d'enrobés)[377].

---

373 H. P. Boswijk, M. J. G. Bun et M. P. Schinkel, « Cartel Dating », *Journal of Applied Econometrics*, vol. 34, n° 1, January/February 2019, pp. 26-42, https://onlinelibrary.wiley.com/doi/full/10.1002/jae.2660 ; v. aussi *infra* n° 447 (sur la persistance d'effets dans le temps).

374 CAA Paris, 6e ch., 26 juin 2007, *SNCF c/ Sté Fougerolle-Ballot*, n° 99PA01032.

375 T. com. Paris, 15e ch., 23 sept. 2019, *Sté Carrefour France et al. c/ Sté Johnson & Johnson Santé Beauté France SAS*, RG 2017013944 (v. aussi T. com. Paris, 15e ch., 23 déc. 2019, *Sté Johnson & Johnson Santé Beauté France SAS c/ Sté Carrefour France et al.*, RG 2019054087).

376 V. aussi CAA Nantes, 4e ch., 27 avr. 2018, n° 17NT01719, 17NT01740, 17NT01741 et 17NT01770 ; et CE, 7e et 2e ch. réunies, n° 421758 et 421833.

377 V. *supra* n° 373 et s.

TA Rouen, 4e ch., 14 févr. 2017, *Département de l'Eure c/ Sté Signalisation France et al.*, n° 1402021[378]

Considérant, en second lieu, que l'expert s'est fondé, pour établir l'existence et le montant des surprix des prestations objets des marchés numéros 01/004/192 et 04/079/192 sur une comparaison entre les prix de ces deux marchés et les prix pratiqués, en 2008 et 2009, soit après la fin de l'entente, par des entreprises autres que la société Signalisation France, dans le cadre d'appels d'offres d'un montant comparable à ceux ayant abouti à la passation des marchés en litige, lancés par d'autres départements que celui de l'Eure [...]

379. Le 22 décembre 2010, l'Autorité de la concurrence a sanctionné les membres d'un cartel dans le secteur de la signalisation routière verticale. L'entente avait couru de 1997 au 14 mars 2006, date à laquelle une réunion de dirigeants d'entreprises membres du cartel avait été interrompue par une perquisition sur commission rogatoire[379]. À la suite de cette décision, plusieurs départements ont engagé des actions en réparation. Dans le cadre de l'une de ces procédures, initiée par le département de l'Eure, un expert judiciaire a été nommé. Il conclut à l'existence d'un surcoût pour un montant de 900453,68 euros.

380. La méthode d'évaluation du préjudice retenue par l'expert est classique. Le cartel a été démantelé en 2006. L'expert cherche donc un prix non affecté postérieur à cette date, en l'occurrence en 2008 et 2009. Il tente, semble-t-il, dans un premier temps d'identifier des marchés comparables conclus entre le même client (le département de l'Eure) et le même fournisseur, mais il n'en trouve pas. Il choisit alors de retenir comme prix contrefactuels ceux observés à l'occasion d'appels d'offres considérés comme comparables selon différents critères, mais convenus entre des clients autres que le demandeur (notamment les départements des Hautes-Alpes et de l'Yonne) avec des fournisseurs autres que le défendeur. Les défenderesses mettent en cause la valeur de ces points de comparaison. Elles argumentent que « *la pertinence de comparaison n'est pas établie car l'expert s'est référé à des marchés impliquant des sociétés tierces* », qui « *n'ont pas la même structure de prix* »[380]. Elles objectent également que « *les besoins du pouvoir adjudicateur étaient différents* ». L'estimation proposée par l'expert est pourtant retenue par le tribunal administratif de Rouen. Elle ne sera pas non plus remise en cause par la cour administrative d'appel de Douai[381].

381. La difficulté rencontrée par l'expert judiciaire dans cette affaire n'est pas isolée : lorsqu'il faut évaluer un préjudice de surcoût, la rareté des points de comparaison constitue une problématique récurrente. On la retrouve par exemple dans

---

378 V. *Concurrences* n° 3-2016, pp. 174-177, obs. A. Camus ; v. aussi CAA Douai, 1re ch., 22 févr. 2018, *Sté Signalisation France c/ Département de l'Eure*, n° 17DA00537.

379 Aut. conc., déc. n° 10-D-39 du 22 déc. 2010 relative à des pratiques mises en œuvre dans le secteur de la signalisation routière verticale, réformée partiellement par CA Paris, ch. 5-7, 29 mars 2012, RG 2011/01228.

380 TA Rouen, ord., 3 mars 2015, n° 1402337.

381 CAA Douai, 1re ch., 22 févr. 2018, n° 17DA00537, préc. Les circonstances propres à cette affaire nous sont inconnues. En règle générale, l'hypothèse selon laquelle des prix convenus entre un client et un fournisseur B-to-B sont indépendants de l'identité de l'un et de l'autre apparaît incertaine, et elle méritera souvent vérification.

un jugement du tribunal de commerce de Paris[382], et dans un autre jugement du tribunal administratif de Grenoble[383]. Peut-être est-il utile d'avoir à l'esprit que, lorsqu'il est confronté à cette problématique, l'expert dispose d'au moins trois options :

- il peut rechercher des points de comparaison additionnels, s'ils existent ;
- il peut se satisfaire de celui ou de ceux qu'il a trouvés, si des analyses permettent de penser qu'ils sont raisonnablement représentatifs[384] ;
- il peut enfin constater qu'il ne dispose pas de suffisamment de données pour réaliser des comparaisons de prix fiables, et décider pour cette raison d'employer une méthode d'évaluation différente[385].

TA Caen, 1re ch., 22 juin 2017, *Département du Calvados c/ Sté Signalisation France*, n° 1500244[386]

L'expert a comparé les sommes que le département aurait dû payer [...] si les prix unitaires pratiqués en 2011, postérieurement à l'entente anticoncurrentielle, l'avaient été au cours de la période de l'entente et celles qu'il a effectivement dû payer au titre des marchés conclus entre 1998 et 2004 ;

[...]

L'expert a retenu un taux moyen de préjudice de 40,77 % ; qu'il a toutefois diminué ce taux en le réduisant d'un pourcentage de 5,30 % correspondant à la baisse des prix des matières premières et des films réfléchissants ; que le préjudice ainsi évalué s'élève à 4.540.947 euros [...]

382. Cette affaire fait suite à l'entente dans le secteur de la signalisation routière verticale. Un expert judiciaire cherche à déterminer le surcoût subi par le département du Calvados sur ses achats de panneaux. Il compare deux jeux de prix unitaires : ceux payés au titre de marchés conclus en 1998 et 2004 (pendant l'entente) et ceux pratiqués en 2011 (après). Le raisonnement suivi par l'expert comporte schématiquement trois temps :

- lorsque l'entente a pris fin, les prix des panneaux ont baissé de 40,77 % ;
- mais une partie de cette baisse, chiffrée à 5,3 %, provient d'une cause autre que la fin de l'entente (en l'espèce la diminution du prix des matières premières et des films réfléchissants) ;

---

382 T. com. Paris, 15e ch., 4 nov. 2019, *Sté Carrefour France et al. c/ Vania Expansion SAS*, RG 2017013952 : « *Qu'il résulte de ces éléments que le tribunal considère que l'année 2007 constitue la référence la plus fiable possible en dépit du fait que limiter la période de référence à une seule année n'est pas optimal au plan statistique.* »

383 TA Grenoble, 6e ch., 19 déc. 2019, *Département de la Savoie c/ Sté Signalisation France et al.*, n° 1503450 : « *Il est reproché au rapport M... de s'être fondé sur une comparaison avec un seul marché de signalisation conclu par le département de la Savoie, en l'espèce celui de 2010 alors que, selon les entreprises mises en cause, un seul marché ne peut refléter l'état de l'offre post-entente et qu'au surplus, l'offre était anormalement basse [...]* »

384 Ces analyses peuvent par exemple évaluer l'homogénéité des prix sur le marché.

385 Soit à la place de la méthode comparative, soit en complément ; v. p. ex. TA Lyon, 3e ch., 22 juill. 2019, *Sté AREA c/ Sté Signalisation France*, n° 1307012 ; et CAA Nantes, 4e ch., 6 mars 2020, *Sté Lacroix Signalisation c/ Département de la Loire-Atlantique*, n° 19NT02444.

386 V. aussi CAA Nantes, 4e ch., 27 avr. 2018, *Sté Signalisation France c/ Département du Calvados*, n° 17NT02571.

- la baisse de prix attribuable à la fin de l'entente se limite donc, comprend-on, à 40,77 % moins 5,3 %[387].

383. Lorsque l'on cherche à évaluer le préjudice causé par une entente, on veut mesurer le surcoût imputable à cette entente et lui seul. Parfois, comme le montre ce jugement, un ou des facteurs sans rapport avec la pratique anticoncurrentielle viennent mêler leurs effets aux siens. Ils peuvent alors entraîner le besoin d'un retraitement. Le tribunal administratif de Nantes a, par exemple, apporté un retraitement de cette nature en raison de la survenance d'une crise économique générale[388] ; le tribunal administratif de Paris a fait de même en raison d'une évolution de la conjoncture économique sectorielle[389]. Certaines juridictions ont cependant exprimé des réserves sur ce type d'ajustement, soit parce qu'elles ont jugé incertaine l'influence du facteur exogène sur les prix[390], soit parce que l'ajustement proposé portait sur peu d'enjeux[391].

2. Comparaison avec un marché non affecté – Comparaison dans l'espace géographique – Doubles différences

CA Grenoble, 1re ch. corr., 6 juill. 2000, *Centre Hospitalier Régional Universitaire*, n° 99/01022[392]

Attendu que l'expert judiciaire a, conformément à sa mission, étudié le prix des marchés, et les quantités, en les mettant en relation avec les prix habituels du marché, pour évaluer le prix réel des ouvrages réalisés ; qu'il a procédé à l'évaluation des quantités, par trois méthodes, selon les lots : métrage du gros œuvre, métrés des plans d'architectes comparés avec les quantités facturées par les sous-traitants pour les corps d'état secondaires, sondages sur les lots techniques ; qu'en ce qui concerne les prix, il les a comparés à ceux appliqués dans des marchés similaires, en les majorant d'un taux pour les frais généraux, et d'un taux de bénéfice, recoupant cette comparaison avec une méthode par ratios [...]

384. Deux personnes physiques ont été condamnées par le tribunal correctionnel de Grenoble, le 30 juin 1998, pour différentes infractions, parmi lesquelles celle

---

387 L'intégralité des calculs du montant du préjudice n'est pas fournie dans le jugement (notamment pour ce qui concerne l'actualisation). Peut-être les chiffres repris ici sont-ils imprécis ; ils sont mentionnés dans le seul but d'illustrer le raisonnement portant sur la prise en compte d'un facteur exogène. V. pour une autre illustration les conclusions de M. Le Corre, rapporteure publique, CE, 7e et 2e ch. réunies, 27 mars 2020, *Sté Signalisation France c/ Département de la Manche*, n° 420491 : « *L'expert a comparé le prix du marché de 2005 avec ceux des marchés postérieurs de 2009 et 2013 et il a évalué le surcoût à 33 %, dont il a retranché 5 % pour tenir compte de la diminution du prix de certaines matières premières, soit un surcoût de 28 %.* »

388 TA Nantes, 2e ch., 19 juin 2019, *Département de la Loire-Atlantique c/ Sté Lacroix Signalisation*, n° 1607875 et n° 1610255 ; et CAA Nantes, 4e ch., 6 mars 2020, n° 19NT02444.

389 TA Paris, 6e sect. 1re ch., 27 mars 2009, *SNCF c/ Sté Dumez TP et al.*, n° 9800111.

390 V. p. ex. TA Dijon, 16 juill. 2018, *Sté Autoroutes Paris-Rhin-Rhône (APRR) c/ Sté Lacroix Signalisation*, n° 1301554 (annulé pour partie par CAA Lyon, 4e ch., 3 déc. 2020, *Sté Autoroutes Paris-Rhin-Rhône (APRR) c/ Sté Lacroix Signalisation*, n° 18LY03562).

391 V. p. ex. TA Dijon, 16 juill. 2018, *Sté Autoroutes Paris-Rhin-Rhône (APRR) c/ Sté Franche Comté Signaux*, n° 1301551 (v. aussi CAA Lyon, 4e ch., 3 déc. 2020, *Sté Franche Comté Signaux c/ Sté Autoroutes Paris-Rhin-Rhône (APRR)*, n° 18LY03519).

392 *e-Competitions Bulletin* May 2001, obs. E. David.

d'entente frauduleuse[393]. L'affaire vient devant la cour d'appel de Grenoble, qui confirme les dispositions du jugement déféré sur les déclarations de culpabilité et les peines prononcées, et se prononce sur l'action civile. L'entente a concerné des entreprises de la région de Grenoble à l'occasion de marchés de travaux, portant par exemple sur la construction d'un sous-sol à usage de parking dans le CHU de la ville. Pour évaluer le préjudice, un expert judiciaire a été nommé. Il a retenu comme prix contrefactuels ceux observés dans « *des marchés similaires* » qui n'ont pas été affectés par l'entente.

385. La méthode employée ici est celle de la comparaison avec un autre marché[394]. Elle consiste à rechercher un ou des marchés qui présentent deux caractéristiques : ils ressemblent à celui qui a fait l'objet de l'entente, mais ils n'ont pas été affectés par cette entente. Souvent, et c'est le cas ici, cette méthode est employée dans des cas d'ententes de portée géographique locale ou régionale. Dans une autre affaire, jugée en Allemagne, une entente avait affecté le marché du béton prêt à l'emploi à Berlin ; les juges ont retenu comme prix contrefactuels ceux de ce même béton prêt à l'emploi dans d'autres Länder[395].

386. Au-delà du sujet de l'évaluation du préjudice, l'affaire décrite ici présente deux caractéristiques notables. Jugée en première instance dès 1998, elle constitue à notre connaissance la première procédure dans laquelle une juridiction française a indemnisé un préjudice de surcoût causé par une entente[396]. Il s'agit par ailleurs d'un contentieux autonome, qui n'a été précédé d'aucune décision d'une autorité de concurrence. Ce type de contentieux n'est pas rare lorsque l'infraction consiste en un abus de position dominante, mais il est en revanche peu fréquent dans les cas d'entente horizontale[397].

T. com. Paris, 15e ch., 20 févr. 2020, *SASU Provera France et al. c/ SA Groupe Lactalis et al.*, RG 2017021571

Attendu que les demanderesses ont choisi d'utiliser le modèle dit des « doubles différences » au soutien de la quantification de leur préjudice direct ;

Attendu que le prix du lait représente non seulement un constituant important des coûts des Produits en cause mais également un élément dont la variation a été très importante au cours de la période objet de la présente instance ;

Attendu que le modèle des « doubles différences » permet de s'affranchir de la variation du prix du lait pendant la période ;

Le tribunal considère que le modèle des « doubles différences » est recevable en l'espère ;

---

393 T. corr. Grenoble, 30 juin 1998, n° 2399/mp2.

394 En anglais on parle de la méthode du « *yardstick* ».

395 Cour d'appel de Berlin (Kammergericht), 1er oct. 2009, 2 U 10/03 (Kart) et 2 U 17/03 (Kart).

396 À l'entente, s'ajoutaient ici d'autres infractions.

397 I. Luc, « Les actions privées sans action publique : Une voie inutile ? », in « La concurrence des institutions et des actions : Quelle articulation optimale ? (La réparation des dommages concurrentiels en France et en Europe : État des lieux et changements à venir, Paris, 13 mai 2014) », *Concurrences* n° 3-2014, www.concurrences.com.

> Attendu que le rapport R... [cabinet missionné par les demanderesses] propose d'effectuer des comparaisons, sous forme d'indices, entre les Produits incriminés (Produits sous MDD directement affectés par l'entente) et deux groupes de Produits de contrôle (Produits sous MDF et Produits sous MDD non directement affectés) qui ne faisaient pas partie de l'entente ;
>
> [...]
>
> Attendu cependant que, pour que le modèle retenu permette d'estimer le bien-fondé des préjudices allégués par les victimes de l'entente, il est nécessaire que les deux groupes de contrôle soient pertinents et représentatifs avec :
>
> – D'une part, un échantillon suffisamment large pour être représentatif ;
>
> – D'autre part, des références temporelles identiques pour que la comparaison des indices ait un sens [...]

387. Le 11 mars 2015, l'Autorité de la concurrence a sanctionné une dizaine d'entreprises pour avoir mis en œuvre des pratiques concertées sur le marché des produits laitiers frais vendus sous Marque De Distributeur (MDD)[398]. Trois sociétés membres d'un même groupe de distribution alimentaire demandent réparation pour le surcoût qu'elles estiment avoir subi sur leurs achats de ces produits. Elles présentent en appui de leur demande un rapport réalisé par un cabinet d'économistes.

388. Les prix de vente des produits laitiers sont susceptibles de varier lorsque fluctue le prix du lait. Dans ces conditions, on pourrait comparer le prix du kilo de produits laitiers pendant et après l'entente, mais l'on ne saurait pas avec certitude à quelle cause attribuer cet écart : démantèlement de l'entente, variation du prix du lait, un peu des deux ? Pour contourner cette difficulté, le cabinet missionné par les demanderesses compare non pas des prix (en euros), mais des variations de prix (en pourcentage). Son raisonnement est schématiquement le suivant :

- l'entente portait sur des produits laitiers vendus sous MDD ;
- on peut identifier deux groupes de produits comparables (appelés « groupes de contrôle ») : d'une part d'autres produits laitiers également vendus sous MDD mais non affectés par l'entente, d'autre part des produits laitiers vendus sous Marque De Fabricant (MDF) ;
- les produits entachés d'entente ont vu leurs prix augmenter de 10 % ;
- les produits comparables ont vu leurs prix augmenter de seulement 2 % ;
- le surcoût est de 10 % – 2 % = 8 %[399].

La méthode est dite « en doubles différences » : elle compare en effet deux différences de prix, la première observée sur le marché entaché d'entente (ici 10 %) et la seconde enregistrée sur un marché non affecté (ici 2 %).

389. La méthode en doubles différences a pour avantage d'éliminer les effets d'un ensemble de facteurs exogènes. Elle permet de s'affranchir ici des variations du

---

398 Aut. conc., déc. n° 15-D-03 du 11 mars 2015, annulée et réformée partiellement par CA Paris, ch. 5-7, 23 mai 2017, RG 2015/08224 ; v. *Concurrences* n° 3-2017, www.concurrences.com, obs. A. Ronzano.

399 Le jugement fournit différents taux de surcoût en fonction des enseignes et des périodes (page 10) ; ceux qui sont repris ici visent exclusivement à illustrer le raisonnement.

prix du lait, comme le tribunal le remarque ; mais aussi des fluctuations du coût des emballages, de celles du prix du transport, bref de tous les facteurs susceptibles d'avoir eu un impact (de même ampleur) sur les prix des produits entachés d'entente et sur ceux des produits du groupe de contrôle. Le jugement indique deux des conditions qu'il faudra respecter à l'avenir pour que le tribunal juge les évaluations réalisées avec cette méthode recevables : « *un échantillon suffisamment large* » pour chaque groupe de contrôle et « *des références temporelles identiques* ». En l'espèce, le tribunal a jugé que le rapport qui lui était soumis ne respectait pas ces conditions. Deux autres évaluations de préjudice réalisées par des juridictions françaises emploient des analyses en doubles différences : l'une figure dans un arrêt de la cour d'appel de Rouen[400] et l'autre dans un jugement du tribunal de commerce de Paris[401].

3. Méthodes basées sur les coûts ou financières – Utilisation du taux de marge

CAA Nantes, 4e ch., 6 mars 2020, *Sté Lacroix Signalisation c/ Département de la Loire-Atlantique*, n° 19NT02444

9. [L'expert a évalué] l'excédent de marge dégagé par la société Lacroix Signalisation au cours de la période de l'entente, après avoir analysé les marges avant et après l'entente, et en comparant ces marges aux indices publiés par l'INSEE [...].

[...]

18. Dès lors pour les 40 % de son chiffre d'affaires correspondant altérés par les pratiques de l'entente, le taux de marge est de 35,435 % dont il convient de déduire les 8,21 % correspondant à un taux de marge normal, soit un taux de surcoût atteignant 27,225 % [...]

390. Cet arrêt fait suite à l'entente dans le secteur de la signalisation routière verticale. L'évaluation du préjudice repose sur une comparaison de taux de marge. Le raisonnement développé dans l'arrêt est schématiquement le suivant :

- la cour estime à 35,435 % la marge que réalisait l'entreprise membre de l'entente (sur la partie de son chiffre d'affaires altérée par les pratiques de l'entente) ;
- par référence à des données sectorielles Insee, un taux de marge « normal » (les guillemets figurent dans l'arrêt) aurait été de 8,21 %[402] ;
- l'excédent de marge permis par l'entente est donc évalué à 35,435 % – 8,21 % = 27,225 % ;
- il correspond au taux de surcoût retenu par la cour.

391. La cour détermine ici le niveau d'un éventuel surcoût à partir d'une analyse de taux de marge. Cette méthode n'est pas la plus fréquemment employée, mais elle

---

400 CA Rouen, ch. corr., 19 déc. 2012, *Restauration de monuments historiques*, n° 12/00205, v. *infra* n° 416 et s.

401 T. com. Paris, 15e ch., 4 nov. 2019, *SAS Carrefour France et al. c/ Vania Expansion SAS*, RG 2017013952.

402 Ce chiffre provient de données Insee retraitées en première instance par le tribunal administratif de Nantes ; v. TA Nantes, 2e ch., 19 juin 2019, *Département de la Loire-Atlantique c/ Sté Lacroix Signalisation*, n° 1607875 et n° 1610255.

n'est pas non plus inhabituelle. Elle a également été utilisée dans une affaire jugée par le tribunal administratif de Lyon : « *[L'expert] a procédé à une évaluation des augmentations de prix générées par l'entente en procédant à une analyse de la marge brute de l'entreprise Signature SA pendant et après l'entente*[403]. »

392. La mise en parallèle des méthodes employées dans ces deux décisions met en évidence deux observations :

- Il existe différents types de marge, et ils correspondent à des agrégats comptables différents. L'évaluation de préjudice retenue par le tribunal administratif de Lyon emploie un taux de marge brute ; celle réalisée par la cour administrative d'appel de Nantes utilise, semble-t-il, un taux d'excédent brut d'exploitation.
- Il existe également différentes manières d'établir le taux de marge contrefactuel (celui qui aurait prévalu en l'absence d'entente). L'expert missionné par le tribunal administratif de Lyon retient comme point de comparaison le taux de marge réalisé par la défenderesse après la fin de l'entente ; l'expert missionné par le tribunal administratif de Nantes emploie pour sa part un taux sectoriel moyen.

393. Évaluer un préjudice de surcoût à partir d'un indicateur de marge présente parfois des avantages. Il est possible de faire abstraction, de la sorte, des fluctuations de certains postes de coût. Il est par ailleurs quelquefois plus simple de réunir les informations financières requises par ce type d'analyse que de trouver des données détaillées sur les prix. Il faut cependant relever trois limites à cette famille de méthodes.

394. Première limite : les comptes de l'entreprise agrègent généralement toutes ses ventes à tous ses clients. L'analyse de marge fournit alors un taux de surcoût moyen tous clients confondus : pas le taux de surcoût spécifique à un demandeur donné.

395. Deuxième limite : souvent, le périmètre de l'entente et celui des comptes de l'entreprise ne coïncident pas. L'entente ne couvrait par exemple qu'une partie des activités de l'entreprise ; ou qu'une partie des zones géographiques où l'entreprise opérait. Il faut dans ce cas établir des hypothèses et procéder à des retraitements, comme ont dû le faire dans la procédure mentionnée plus haut le tribunal administratif puis la cour administrative d'appel de Nantes. Parfois les résultats obtenus sont très dépendants des hypothèses retenues, et ils peuvent apparaître alors incertains.

396. Troisième limite : elle est énoncée dans le jugement qui suit.

TA Caen, 1re ch., 22 juin 2017, *Département du Calvados c/ Sté Signalisation France*, n° 1500244[404]

Considérant que la circonstance que le taux de préjudice retenu par l'expert soit supérieur[405] au taux de marge de la société Signalisation France, à la supposer

[403] Extrait des conclusions de M. J. Arnould, rapporteur public, dans l'affaire jugée par TA Lyon, 3e ch., 22 juill. 2019, *Sté AREA c/ Sté Signalisation France*, n° 1307012.

[404] V. en appel CAA Nantes, 4e ch., 27 avr. 2018, *Sté Signalisation France c/ Département du Calvados*, n° 17NT02571.

[405] Le jugement dit « inférieur ». Nous pensons qu'il s'agit d'une erreur de plume. Dans une ordonnance précédente, la défenderesse soutenait que « *le surcoût moyen de 40 % retenu par l'expert est démenti par les conclusions du rapport Deloitte relevant des marges brutes de 22 % en moyenne durant cette période* » (TA Caen, ord.,

établie, n'est pas de nature à établir son caractère excessif, dès lors que l'absence de concurrence, qui se traduit par des prix élevés, inhibe la recherche de gain de productivité par les entreprises, et par conséquent dégrade leur capacité à améliorer leur marge [...]

397. Le tribunal administratif de Caen attire notre attention, à juste titre sans doute, sur une autre limite des raisonnements fondés sur des taux de marge : ils ne sont exacts qu'à condition que les coûts de l'entreprise n'aient pas été influencés par son appartenance à l'entente. Or, dans le cas d'ententes de longue durée, cette condition est parfois incertaine. Un autre jugement du tribunal administratif de Caen développe une analyse similaire[406].

398. Le guide pratique de la Commission européenne évoque cette problématique (§ 110) : « *Il peut arriver que les coûts de production observés pendant l'infraction ne soient pas représentatifs de ceux qui auraient probablement prévalu en l'absence d'infraction. [...] Les entreprises qui, en raison de leur comportement collusoire, ne sont pas soumises à la pression concurrentielle qui aurait existé dans le scénario contrefactuel peuvent fonctionner de manière moins efficace et ainsi générer des coûts de production supérieurs à ceux qu'elles auraient supportés si elles avaient été soumises à une pression concurrentielle [...]* »

399. Les limites de certains raisonnements fondés sur certains types de taux de marge sont donc sérieuses. Il ne faut cependant pas les étendre au point de rejeter toute évaluation où figurerait le terme de « marge ». Certains indicateurs de marge, construits spécifiquement pour isoler les variations de prix d'un petit nombre de matières premières, peuvent notamment fournir dans certaines circonstances un moyen d'évaluation adapté[407]. D'autres indicateurs, tirés de données comptables, peuvent également livrer des informations utiles, par exemple des ordres de grandeur corroborant des évaluations issues d'autres méthodes.

4. Économétrie – Analyse de régression

CA Paris, ch. 5-5, 27 févr. 2014, *SNC Doux Aliments Bretagne et al. c/ Sté Ajinomoto Eurolysine et al.*, RG 10/18285[408]

Considérant [...] que le rapport de M. S..., produit par la société Ajinomoto Eurolysine, a procédé à une analyse économétrique du prix de la lysine achetée par les sociétés ayant engagé des poursuites ; que cette analyse mathématique ne prend pas en compte les constatations de la Commission et ses conclusions, dont il résulte que pendant plusieurs années la société Ajinomoto Eurolysine a été à l'initiative d'une entente qui a eu un impact sur les prix de la lysine, soit

---

20 mars 2015, n° 1401464).

406 TA Caen, 1re ch., 6 avr. 2017, *Département de l'Orne c/ Sté Signalisation France et al.*, n° 1500227 : « *Considérant que si la société Signalisation France soutient que l'expert n'a pas pris en compte la recherche de limitation des prix de revient, l'entente anticoncurrentielle avait notamment pour objet d'éviter les efforts de productivité et d'innovation [...]* » V. *infra* n° 447 et s.

407 Une estimation du surcoût engendré par un cartel du sucre en Espagne raisonne par exemple en marge sur prix d'achat de la betterave sucrière.

408 *Contrats, conc., consom.* 2014/6, comm. 139, note G. Decocq ; *Concurrences* no 2-2014, www.concurrences.com, obs. A. Ronzano; *e-Competitions Bulletin* February 2014, obs. Y. Anselin, T. Hua.

> en agissant sur les volumes ce qui avait nécessairement une incidence sur le prix, soit en agissant directement au niveau des prix pratiqués ; que, dès lors la société Ajinomoto Eurolysine ne saurait soutenir que l'entente qu'elle a initiée et dont elle a assuré la pérennité pendant plusieurs années n'a pas eu d'impact économique et qu'elle n'en a pas tiré profit au détriment de ses clients en empêchant le libre jeu de la concurrence, quand bien même une analyse purement mathématique ne permet pas d'en déceler tous les effets [...].

400. La Commission européenne a sanctionné pour entente des producteurs de lysine synthétique destinée à être utilisée dans des aliments pour animaux[409]. Des sociétés du groupe Doux ont procédé à des achats de lysine, et réclament réparation du surcoût qu'elles estiment avoir subi sur ces achats. Elles s'appuient sur un rapport, réalisé à leur demande par Monsieur M..., expert près la cour d'appel de Rennes, qui sur la base d'une comparaison des prix dans le temps conclut à l'existence du surcoût de 30 %.

401. En réponse à l'évaluation présentée par le demandeur, la société défenderesse produit un rapport fondé sur une analyse économétrique[410]. Selon ce rapport, « *l'entente alléguée n'a eu aucun impact statistiquement identifiable sur les prix de la lysine payés* ». La cour relève dans le contenu de la décision de la Commission des déclarations de membres du cartel qui semblent indiquer qu'eux-mêmes considéraient leur entente comme efficace[411]. Reprochant à l'analyse économétrique présentée par le défendeur son caractère « *purement mathématique* », elle en écarte les conclusions[412].

402. L'opportunité d'employer l'économétrie pour estimer dans un cadre judiciaire les surcoûts causés par des ententes a fait l'objet d'intenses débats. Certains économistes plaident en sa faveur, mettant en avant sa capacité à produire dans certaines circonstances des résultats plus précis que ceux que peuvent fournir d'autres méthodes[413]. Beaucoup de juristes répondent que les modèles économétriques sont à leurs yeux excessivement complexes. Les commentaires de magistrats évoquent en particulier la difficulté à en vérifier les résultats.

403. Ceux de nos lecteurs qui s'intéressent à ce sujet pourront utilement prendre connaissance des documents suivants. Pour des points de vue d'économistes :

- Gildas de Muizon, « Causalité et quantification : La prise en compte de l'économétrie par le juge français »[414] ;

---

409 Comm. CE, déc. du 7 juin 2000, aff. COMP/36.545/F3.

410 On parle également d'analyse « de régression ».

411 « *Au cours de la réunion avec Ajinomoto le 5 novembre 1992, Cheil a considéré que la hausse de la lysine était un véritable succès. Le 26 février 1993 Ajinomoto Eurolysine, Kyowa, Sewon et Cheil ont noté que le prix européen se maintenait parce que Ajinomoto Eurolysine et Sewon limitaient leur volume de vente. Le 28 avril 1993, ADM et Eurolysine s'accordent à penser que la hausse des prix en Europe était l'effet de l'accord de prix conclu à Mexico (23 juin 1992) et que l'Europe était la seule région où cet accord avait été intégralement mis en œuvre.* »

412 Pour une autre affaire où les résultats d'un modèle économétrique n'ont pas été retenus, v. aussi T. com. Paris, 15e ch., 20 févr. 2020, *SASU Provera France et al. c/ SA Groupe Lactalis et al.*, RG 2017021571.

413 L'économétrie a pour fonction d'isoler l'influence sur les prix que différents facteurs exogènes à l'entente ont pu avoir.

414 G. de Muizon, « Causalité et quantification : La prise en compte de l'économétrie par le juge français », conférence « Actions en réparation des pratiques anticoncurrentielles », 19 juin 2020, www.concurrences.com.

- Raphaël De Coninck, « Quantifying damages in civil proceedings: Can economists and should competition authorities help? A pragmatic approach »[415] ;
- Francesco Rosati et Christian Ehmer, « Science, myth and fines: Do cartels typically raise prices by 25%? »[416] ;
- James Kavanagh, « Economics in antitrust damages litigation: GIS »[417] ;
- dans un sens différent, Luigi Prosperetti, « Antitrust Damages in Europe: An Economic Perspective »[418] ;
- Luis Campos, « Estimation du préjudice dans le contentieux indemnitaire de la concurrence »[419].

404. Pour des points de vue de magistrats :

- *Masterfoods Ltd. v. HB Ice Cream Ltd and HB Ice Cream Ltd v. Masterfoods Ltd.* [1993] ILRM 145 ;
- *TV Sports Markets*, « League's expert evidence washes over judge's head »[420] ;
- OECD, « Techniques for Presenting Complex Economic Theories to Judges »[421] ;
- Corte di Cassazione Italiana, « Comments on the guidance paper on damages for breach of antitrust law »[422] ;
- High Court of Justice of England & Wales, *Emerald Supplies v. British Airways Plc*, audience de mise en état du 13 octobre 2015[423] ;
- Sir Marcus Smith, « Lawyers come from Mars, and economists come from Venus – or is it the other way round? Some thoughts on expert economic evidence in competition cases »[424].

---

415 J. Padilla, R. De Coninck, O. D'Ormesson, « Quantifying damages in civil proceedings: Can economists and should competition authorities help? (New Frontiers of Antitrust Conference – Paris, 11 February 2011) », *Concurrences* n° 2-2011, www.concurrences.com.

416 F. Rosati, C. Ehmer, « Science, myth and fines: Do cartels typically raise prices by 25%? », *Concurrences* n° 4-2009, www.concurrences.com.

417 J. Kavanagh, « Economics in antitrust damages litigation: GIS », ACE Conference, 5 December 2014, https://www.competitioneconomics.org.

418 L. Prosperetti, « Antitrust Damages in Europe: an economic perspective », 2006, préc.

419 L. Campos, in « Estimation du préjudice dans le contentieux indemnitaire de la concurrence », conférence-déjeuner organisée par la Revue *Concurrences* en partenariat avec Allen & Overy et Frontier Economics, 27 mars 2017, www.concurrences.com.

420 *TV Sports Markets*, 26 mars 1999, p. 12 et 13 ; sur les réactions de Mr. Justice Ferris envers un modèle économétrique.

421 OECD, « Techniques for Presenting Complex Economic Theories to Judges », 16 déc. 2008, notamment p. 58, disponible sur le site internet de l'OCDE ; fait également référence aux appréciations de Mr. Justice Ferris.

422 Corte di Cassazione Italiana, « Comments on the guidance paper on damages for breach of antitrust law », 2011.

423 High Court of Justice of England & Wales, *Emerald Supplies v. British Airways Plc*, Case Management Conference, hearing of 13 October 2015, non disponible en ligne ; v. pour un résumé succinct P. Hitchings, « The EU pass-on study », in ABA Antitrust Section, *Global Private Litigation Bulletin*, Issue 8 December 2016 (p. 6). V. aussi High Court of Justice of England & Wales, 9 oct. 2018, *Britned Development Ltd c/ ABB AB and ABB Ltd* [2018] EWHC 2616 (Ch).

424 Sir M. Smith, « Lawyers come from Mars, and economists come from Venus – or is it the other way round? Some thoughts on expert economic evidence in competition cases », *Competition Law Journal*, vol. 18, n° 1, 2019.

405. À l'heure à laquelle nous écrivons ces lignes, nous avons connaissance d'une action en réparation, consécutive à une entente et jugée par une juridiction française, dans laquelle l'évaluation du taux de surcoût repose sur un modèle économétrique, du moins pour partie. Il s'agit d'un jugement du tribunal administratif de Grenoble[425]. Le cabinet d'expertise missionné par le demandeur soumet un modèle économétrique évaluant le taux de surcoût à 40 %[426]. Le tribunal reprend ce chiffre, mais il le corrige pour prendre en compte l'évolution du coût d'une matière première, ramenant ainsi le taux de surcoût à environ 33 %.

406. Il est également fait mention d'un modèle économétrique dans un arrêt de la cour administrative d'appel de Paris[427] : « *Si l'état du dossier, qui comporte notamment l'étude économétrique réalisée par le cabinet M... versée en appel par la SNCF, permet d'établir l'existence d'un préjudice [...], il ne permet pas à la Cour d'évaluer avec précision son intégralité.* »

407. Au périmètre de l'Europe, les affaires dans lesquelles des juridictions ont pris en compte les résultats d'analyses économétriques sont également peu nombreuses[428]. Quelques décisions rendues par des juridictions étrangères fournissent des éclairages sur les difficultés que soulève l'emploi de l'économétrie dans un contexte judiciaire. On citera un jugement du tribunal de commerce de Bruxelles (ascenseurs et escaliers mécaniques[429]), deux arrêts de la cour d'appel d'Helsinki (asphalte[430] et acheteurs de bois brut[431]) et un jugement de la Haute Cour de justice d'Angleterre et du Pays de Galles (câbles électriques[432]).

5. Modèle de simulation

TA Paris, 3e sect. 1re ch., 1er avr. 2014, *SNCF c/ Sté Hoffmann & Co. Elektrokohle AG et al.*, n° 1308641, 1301400/3-1[433]

Considérant [...] que, d'autre part, s'agissant de l'évaluation du surcoût de la SNCF, le cabinet O..., à partir notamment des informations contenues dans la décision de la Commission européenne, a retenu une méthode consistant à modéliser de façon théorique la situation du marché en présence du cartel, correspondant à la situation factuelle, et en son absence, correspondant à la situation contrefactuelle, et permettant d'évaluer le prix qui aurait prévalu dans la situation contrefactuelle

---

425 TA Grenoble, 6e ch., 19 déc. 2019, *Département de la Savoie c/ Sté Signalisation France et al.*, n° 1503450.

426 En pourcentage du prix contrefactuel, semble-t-il.

427 CAA Paris, 4e ch., 13 juin 2019, *SNCF c/ Sté Hoffmann & Co. Elektrokohle AG et al.*, n° 14PA02419 ; l'un des auteurs a travaillé sur cette affaire.

428 V. J.-F. Laborde, « Cartel damages actions in Europe: How courts have assessed cartel overcharges (2019 ed.) », *Concurrences* n° 4-2019, www.concurrences.com.

429 T. com. Bruxelles, 5e ch., 24 nov. 2014, *Union européenne c/ Sté Otis et al.*, A.R. A/08/06816, disponible sur le site de la Commission européenne (en néerlandais).

430 CA Helsinki, 20 oct. 2016, S 14/1370, entente dans le secteur de l'asphalte (en finnois). En première instance, le TGI d'Helsinki avait semblé prendre en compte parmi d'autres éléments les résultats d'analyses économétriques, mais il n'a pas été suivi sur ce point par la cour d'appel.

431 CA Helsinki, 21 mai 2018, S 16/2275, entente entre acheteurs de bois brut (en finnois).

432 High Court of Justice of England & Wales, 9 oct. 2018, *Britned Development Ltd c/ ABB AB and ABB Ltd* [2018] EWHC 2616 (Ch)

433 Annulé par l'arrêt de la CAA Paris, 13 juin 2019, n° 14PA02419, préc. ; v. aussi CE, 7e et 2e ch. réunies, 12 oct. 2020, n° 432981, 433423, 433477, 433563, 433564 ; l'un des auteurs a travaillé sur cette affaire.

comme une fraction de celui déterminé dans la situation factuelle, à partir du taux de marge moyen réalisé par les entreprises Morgane Crucible Co et SGL Carbon AG entre 1988 et 1999, et correspondant au surcoût payé par les clients du cartel ; que les notes des cabinets N... et R... ont toutefois relevé que les hypothèses retenues pour la construction des modèles supposés décrire les situations factuelles et contrefactuelles idéalisent la situation du marché, telle qu'elle ressort de la décision de la Commission européenne, dès lors, notamment, qu'elles ont exclu des facteurs susceptibles d'avoir influencé le niveau des prix sur ledit marché ; qu'en outre, ainsi qu'il ressort des constats opérés par les cabinets N... et R..., rien ne permet d'établir que les données utilisées pour évaluer le taux de marge du cartel, constituées d'éléments comptables de seulement deux des entreprises membres du cartel auprès desquels la SNCF a effectué moins de 6 % de ses achats, sont pertinentes au regard des caractéristiques des achats effectués par la SNCF, dès lors notamment, que les produits et zones géographiques auxquels correspondent ces chiffres ne sont pas précisés ; qu'au final, les calculs hypothétiques du cabinet O..., fondés sur des données approximatives et basés sur des modèles économiques dont l'exactitude est difficile à vérifier, ne permettent pas d'établir la réalité du surcoût qui serait imputable à l'entente des sociétés défenderesses [...]

408. Ce jugement a été annulé par un arrêt de la cour administrative d'appel de Paris[434]. L'analyse qu'il fournit sur le sujet des modèles de simulation reste toutefois selon nous utile, aucun autre jugement français ou européen n'ayant à notre connaissance exploré ce sujet.

409. Le 3 décembre 2003, la Commission européenne a sanctionné six entreprises pour des accords et pratiques concertées dans le secteur des produits à base de carbone et de graphite pour applications électriques et mécaniques[435]. La SNCF demande réparation pour le surcoût qu'elle estime avoir subi sur des achats de balais et de bandes en carbone. À l'appui de sa demande, elle produit un rapport chiffrant le préjudice allégué à partir d'un modèle économique dit « de simulation ». Le tribunal administratif de Paris adresse deux critiques à ce modèle. La première porte sur le paramétrage du modèle, réalisé à partir de données comptables dont la pertinence n'est pas établie. La seconde, plus fondamentale, observe que le modèle a un caractère « *théorique* » et « *idéalise la situation de marché* ».

410. Le guide pratique de la Commission fait mention, parmi l'ensemble des méthodes d'évaluation de préjudices qu'il présente, des modèles de simulation que l'on désigne aussi comme modèles « d'économie industrielle », « de Cournot » ou « de Bertrand ». Ces modèles restent toutefois peu employés dans le cadre d'actions en réparation consécutives à des ententes. Nous avons connaissance d'une seule autre affaire, en France et en Europe, dans laquelle l'utilisation de ce type de modèle a été envisagée, et elle n'a pas été retenue[436].

---

434 CAA Paris, 13 juin 2019, n° 14PA02419, préc. ; v. aussi CE, 7e et 2e ch. réunies, 12 oct. 2020, n° 432981, 433423, 433477, 433563, 433564.

435 Comm. CE, déc. du 3 déc. 2003, aff. C.38.359.

436 Tribunal maritime et commercial de Copenhague, 15 janv. 2015, *Cheminova A/S c/ Akzo Nobel Functional Chemicals BV et Akzo Nobel Base Chemicals AB*, SH2015.U-0004-07. L'utilisation d'un modèle de simulation a été rejetée dans cette procédure par l'expert judiciaire. Le jugement indique que « *les modèles d'économie*

6. Conjugaison de méthodes

T. com. Paris, 15e ch., 4 nov. 2019, *SAS Carrefour France et al. c/ Vania Expansion SAS*, RG 2017013952

Attendu ainsi que les différentes méthodes que le tribunal considère suffisamment rigoureuses pour être prises en considération conduisent à une évaluation du préjudice comprise entre 1,18 et 3,51 millions € ;

[...]

Qu'il résulte de l'ensemble de ces éléments que le tribunal, faisant usage de son pouvoir d'appréciation, dit que le préjudice subi par Carrefour du fait de la faute commise par Vania s'élève à la somme de 2 millions € [...]

TA Lyon, 3e ch., 12 juill. 2018, *Sté AREA c/ Sté Signalisation France*, n° 1307012[437]

Il sera, avant de statuer sur la requête de la société des autoroutes Rhône-Alpes, procédé par un expert, désigné par le président du tribunal administratif, à une expertise avec pour mission [...] d'exposer les différentes méthodes d'évaluation du préjudice qui pourraient être mises en œuvre et d'en utiliser au moins deux, dans le but de conforter les estimations auxquelles il sera parvenu [...]

411. Dans quelques jugements, l'évaluation d'un préjudice de surcoût repose sur l'emploi de plusieurs méthodes en parallèle, comme illustré ci-dessus. On peut faire à ce sujet deux observations. La première : le cas de figure est moins fréquent qu'on aurait pu le penser. Sauf omission de notre part, nous ne l'avons relevé que dans trois affaires[438]. La seconde : la pluralité des évaluations résulte, semble-t-il, souvent dans ces procédures de la volonté des juges – soit parce qu'ils ont fait le choix d'employer eux-mêmes plusieurs méthodes, soit parce qu'ils ont demandé à l'expert qu'ils avaient nommé de leur en proposer plusieurs[439].

---

industrielle devraient souvent être employés seulement à titre complémentaire et non pas comme méthode principale de quantification du préjudice » (traduction libre de « *the industry economic models should often only be used as a supplement and not as the underlying basis of a statement of loss* »).

437 Suivi par TA Lyon, 3e ch., 22 juill. 2019, *Sté AREA c/ Sté Signalisation France*, n° 130701 ; v. aussi CAA Lyon, 4e ch., 3 déc. 2020, *Sté AREA c/ Sté Signalisation France*, n° 18LY03524.

438 V. aussi CAA Nantes, 4e ch., 6 mars 2020, *Sté Lacroix Signalisation c/ Département de la Loire-Atlantique*, n° 19NT02444.

439 Il existe également une affaire dans laquelle un préjudice d'éviction a été évalué au regard des résultats produits par deux méthodes d'évaluation déployées en parallèle : CA Paris, ch. 5-4, 17 juin 2020, *SA Orange et SA Orange Caraïbe c/ SA Digicel Antilles Françaises Guyane*, RG 17/23041.

B. Le taux de surcoût : Méthodes d'évaluation spécifiques aux appels d'offres

412. Les marchés traités par appel d'offres peuvent se prêter à l'emploi des méthodes d'évaluation du surcoût évoquées plus haut. Parfois ils permettent aussi de mettre en œuvre des méthodes qui leur sont spécifiques[440].

1. Appel d'offres – Utilisation du prix prévisionnel comme prix contrefactuel

TA Paris, 6e sect. 1re ch., 27 mars 2009, *SNCF c/ Sté Dumez TP et al.*, n° 9800111

Considérant qu'il résulte de l'instruction, que préalablement à la négociation du marché en cause la SNCF a recherché, par référence à des contrats antérieurs portant sur le même type de prestations, le « prix objectif de base » de chaque lot, permettant d'apprécier la compétitivité des offres qui lui seraient faites, et constituant, en principe, le prix auquel l'établissement public estimait qu'il était acceptable de traiter ; que ce prix, établi avant le dépouillement des offres, sur la base de la totalité des prix unitaires du détail estimatif du marché, à l'aide d'une banque de données regroupant les résultats de précédentes consultations, constitue une donnée objective à laquelle les experts ont estimé possible de se référer pour déterminer le préjudice éventuellement subi par la SNCF [...]

413. Le 29 novembre 1995, le Conseil de la concurrence a sanctionné une trentaine de sociétés pour des pratiques anticoncurrentielles ayant affecté des marchés de grands travaux de génie civil[441]. En mars 2009, le tribunal administratif de Paris rend une série de 34 jugements, parmi lesquels 31 indemnisent la SNCF pour des préjudices subis à l'occasion d'appels d'offres pour la construction de lots de lignes TGV (par exemple des travaux de terrassement ou de construction d'ouvrages d'art). La SNCF obtient au total de l'ordre de 90 millions d'euros.

414. Les évaluations de préjudice ont été réalisées par voie d'expertise judiciaire. Avant chaque appel d'offres, la SNCF avait estimé un prix prévisionnel pour chaque lot, par référence à des consultations antérieures. Suivant l'avis des experts, le tribunal administratif de Paris considère que ce prix prévisionnel, appelé ici « prix objectif de base », constitue un point de départ permettant de construire le prix contrefactuel. L'évaluation d'un surcoût selon cette méthode repose très schématiquement sur le raisonnement suivant :

- par référence à des marchés antérieurs, l'organisateur d'un appel d'offres estime le prix prévisionnel d'un marché à 100 euros ;

---

440 Sur les ententes en matière de marchés publics (souvent passés par appel d'offres), v. l'étude de R. D. Anderson, A. Jones et W. E. Kovacic, « Preventing Corruption, Supplier Collusion, and the Corrosion of Civic Trust: A Procompetitive Program to Improve the Effectiveness and Legitimacy of Public Procurement », *George Mason Law Review*, vol. 24, n° 4, 2019, p. 1233, disponible à http://georgemasonlawreview.org/wp-content/uploads/2020/04/26-4_Kovacic_Final_Web.pdf.

441 Déc. n° 95-D-76 du 29 nov. 1995 relative à des pratiques constatées à l'occasion de marchés de grands travaux dans le secteur du génie civil ; v. les recours sur le site de l'Autorité de la concurrence.

- l'appel d'offres entaché d'entente aboutit à un prix de 107 euros ;
- le surcoût causé par l'entente est de 7 euros.

Le risque de ce raisonnement réside comme on le comprend aisément dans la référence à des marchés antérieurs. Si ces marchés ont eux-mêmes été affectés par des pratiques anticoncurrentielles, par exemple dans le cas d'ententes de longue durée, alors le prix prévisionnel est lui-même indirectement un produit de ces pratiques, et il ne constitue pas un prix contrefactuel de bonne qualité[442].

415. Imaginons une situation où le prix prévisionnel attendu d'un appel d'offres serait de 100 euros ; et où le marché serait traité en dessous de ce prix, par exemple pour 95 euros. Faudrait-il voir dans cet écart un indice de l'absence de surcoût ? Les décisions rendues sur cette question par des juridictions françaises expriment des avis partagés[443].

CA Rouen, ch. corr., 19 déc. 2012, *Restauration de monuments historiques*, n° 12/00205[444]

Il n'est pas véritablement contesté que cette participation personnelle des prévenus retenus dans les liens de la prévention à un fait d'entente illicite et anticoncurrentielle, ait faussé l'attribution finale du marché, en en rendant l'accès plus aisé à l'attributaire qui n'était pas alors obligé, dans ce contexte, de s'efforcer de proposer le prix le plus étudié et donc le plus bas possible pour remporter le chantier. Le principe d'une augmentation artificielle des prix d'attribution doit donc être retenu et il convient de dire que cette augmentation constitue bien un préjudice pour celui qui finance ces travaux, en l'espèce l'État, représenté par l'agent judiciaire du trésor. La difficulté tient au calcul du montant de ce préjudice. La méthode proposée par la partie civile présente l'avantage d'une réelle objectivité, puisqu'il s'agit de calculer l'écart de prix apparaissant entre le prix d'estimation et le prix d'attribution d'un marché à une époque donnée, la période des ententes poursuivies en l'espèce en 2000 et 2001, aux mêmes écarts de prix constatés à une époque où tout le monde est d'accord pour dire qu'il n'y avait plus d'ententes du fait de l'enquête judiciaire, l'année 2002 en l'occurrence. C'est cet écart entre les chiffres de ces deux périodes dont la partie civile dit qu'il constitue son préjudice. Ce sont deux enquêtes administratives aboutissant à des résultats proches qui permettent d'obtenir ce résultat, leur méthode n'étant pas véritablement critiquable. Ces chiffres peuvent donc constituer la base du calcul du préjudice de l'État. Il convient par contre de tenir compte aussi des aléas liés à la conjoncture, aux variations économiques ou aux différences régionales comme à tout autre élément pouvant affecter ce marché très particulier et très difficile de la restauration des monuments historiques, et ce chiffre de 17 % doit

442 Il risque d'être surestimé, et son utilisation comme prix contrefactuel peut alors conduire à sous-estimer le montant du préjudice.

443 TA Caen, 1re ch., 6 avr. 2017, *Département de la Manche c/ Sté Signaux Girod*, n° 1500352 ; TA Caen, 1re ch., 6 avr. 2017, *Département de l'Orne c/ Sté Signalisation France et al.*, n° 1500227 ; TA Paris, 3e sect. 3e ch., 31 mai 2016, *SNCF Mobilités*, n° 1104965 (appel en cours sur renvoi du Conseil d'État) ; CA Paris, ch. 5-5, 2 juill. 2015, *SA EDF et SA ERDF c/ SAS Nexans France et SAS Prysmian Câbles et Systèmes France*, RG 13/22609 ; TA Rouen, ord., 3 mars 2015, n° 1402337.

444 Nous n'avons pas trouvé trace d'un arrêt de la Cour de cassation, alors que des pourvois ont semble-t-il été formés.

être pondéré, en le diminuant à 7 %, pour obtenir le montant du préjudice de l'État, maître d'ouvrage, pour cette perte de chance que constitue bien pour lui ces ententes illicites qui ont faussé, sur ces marchés, la libre concurrence [...]

416. Des ententes ont affecté des marchés de restauration de monuments historiques. Elles ont été sanctionnées par l'Autorité de la concurrence dans une décision du 26 janvier 2011[445]. Une procédure pénale s'étant déroulée en parallèle, la cour d'appel de Rouen évalue dans cet arrêt le préjudice subi par l'État français, partie civile. Les estimations de préjudice que retient la cour d'appel ont été réalisées par la DGCCRF et par l'Inspection générale des affaires culturelles. Le raisonnement est schématiquement le suivant :

- avant chaque marché, l'État établissait un prix prévisionnel ;
- pendant la période des ententes, les marchés étaient traités en moyenne 3,6 % en dessous de leurs prix prévisionnels ;
- après la fin des ententes, ils ont été traités en moyenne 19,2 % en dessous des prix prévisionnels ;
- l'écart entre ces deux différentiels correspond au montant du surcoût[446].

417. Comme dans les jugements du tribunal administratif de Paris du 27 mars 2009[447], le calcul de surcoût utilise les prix prévisionnels des marchés. Mais ce calcul repose ici sur une méthode dite en « doubles différences », qui compare non pas des prix, mais des écarts de prix. Cette méthode présente ici un avantage important : quand bien même les prix prévisionnels des marchés auraient été influencés par les ententes, le calcul de surcoût resterait valide[448].

2. Appel d'offres – Prix proposés par une ou des entreprises extérieures à l'entente

CA Paris, ch. 5-5, 2 juill. 2015, *SA EDF et SA ERDF c/ SAS Nexans France et SAS Prysmian Câbles et Systèmes France*, RG 13/22609[449]

Considérant qu'ainsi que l'observe la société Nexans, le calcul de l'évolution contrefactuelle des prix pouvait se fonder non, comme le cabinet M... l'a fait, sur des hypothèses, mais sur les prix remis, en réponse au deuxième appel d'offres, par la société NKT, puisque celle-ci n'a pas participé aux pratiques sanctionnées par le Conseil de la concurrence ; que les prix remis par cette société pouvaient, pour cette dernière raison, être considérés comme des prix du marché ; que, comme l'observe le rapport du cabinet C..., dans chaque lot

---

445 Déc. n° 11-D-02 du 26 janv. 2011 relative à des pratiques mises en œuvre dans le secteur de la restauration des monuments historiques, réformée partiellement par CA Paris, ch. 5-7, 11 oct. 2012, RG 2011/03298 et CA Paris, ch. 5-7, 28 mai 2015, RG 2014/09272.

446 Le calcul est décrit de manière très résumée dans l'arrêt de la cour d'appel de Rouen. Les chiffres de 3,6 % et 19,2 % sont tirés de la décision de l'Autorité de la concurrence n° 11-D-02.

447 P. ex. TA Paris, 6e sect. 1re ch., 27 mars 2009, *SNCF c/ Sté Dumez TP et al.*, n° 9800111 ; v. *supra* n° 413 et *infra* n° 468.

448 L'influence que les ententes ont pu exercer sur les prix prévisionnels doit, de manière moins contraignante, être restée inchangée après la fin des ententes.

449 *Concurrences* no 4-2015, www.concurrences.com, obs. A. Ronzano.

pour lequel la société NKT a remis une offre, il y avait au moins un prix remis par un autre participant inférieur au prix remis par celle-ci [...]

418. Le 26 juillet 2007, sur saisine de la société Électricité de France (EDF), le Conseil de la concurrence a sanctionné des fabricants de câbles à haute tension pour s'être entendus dans le cadre d'une enchère électronique et d'un appel d'offres organisés par EDF. La décision a été adoptée selon la procédure de non-contestation des griefs[450]. Le 4 novembre 2013, EDF est déboutée par le tribunal de commerce de Paris des demandes qu'elle a formulées dans le cadre d'une action en réparation[451]. Le 2 juillet 2015, la cour d'appel de Paris confirme ce jugement.

419. Pour différents lots de l'appel d'offres organisé par EDF, une société extérieure à l'entente a déposé des propositions. La cour considère que les prix proposés par cette société peuvent « *être considérés comme des prix du marché* ». Elle observe que ces prix n'étaient pas les plus bas qu'EDF a reçus. Retenant ce point parmi d'autres indices, elle conclut qu'EDF « *n'apporte pas les éléments permettant d'établir avec certitude le préjudice qu'elle dit avoir subi* »[452].

420. Un jugement du 31 mai 2016 du tribunal administratif de Paris retient un indice de même nature[453]. Un arrêt du 27 avril 2018 de la cour administrative d'appel de Nantes va dans un sens différent[454] : « *[L]a circonstance que, pour le marché conclu en 1999, des sociétés ne participant pas à l'entente auraient présenté des offres supérieures à celles des sociétés participant à cette entente n'est pas de nature à établir qu'aucun surcoût n'aurait résulté de l'entente [...]* » On consultera aussi un jugement du tribunal administratif de Caen[455] et un autre du tribunal administratif de Grenoble[456].

3. Appel d'offres – Procédure ouverte ou restreinte – Pondération du critère de prix

TA Caen, 1re ch., 6 avr. 2017, *Département de la Manche c/ Sté Signalisation France*, n° 1500353

Considérant que la société Signalisation France soutient que l'évolution de la pondération du critère du prix, passée de 30 % à 50 % puis 60 % entre les marchés de 2005, 2009 et 2012, explique la baisse des prix constatée ; que,

---

450 Déc. n° 07-D-26 du 26 juill. 2007 relative à des pratiques mises en œuvre dans le cadre de marchés de fourniture de câbles à haute tension.

451 T. com. Paris, 4 nov. 2013, *SA EDF et SA ERDF c/ SAS Nexans France et SAS Prysmian Câbles et Systèmes France*, RG J2011000785.

452 L'un des indices tient au constat qu'EDF a elle-même fait part de sa satisfaction quant aux prix obtenus de ses fournisseurs ; un autre à ce que les prix obtenus à l'issue des appels d'offres se situaient en deçà du seuil d'acceptabilité préalablement défini.

453 TA Paris, 3e sect. 3e ch., 31 mai 2016, *SNCF Mobilités*, n° 1104965 (appel en cours sur renvoi du Conseil d'État) : « *[Q]ue pour le lot n° 37 B, la SNCF a reçu 38 offres, dont 13 émanant d'entreprises étrangères ; qu'il n'est pas établi ni même allégué que ces offres ont été présentées par des entreprises ayant participé aux ententes et qu'elles étaient moins-disantes [...]* »

454 CAA Nantes, 4e ch., 27 avr. 2018, *Sté Signalisation France et al. c/ Département de l'Orne*, n° 17NT01719, 17NT01740, 17NT01741 et 17NT01770.

455 TA Caen, 1re ch., 6 avr. 2017, *Département de la Manche c/ Sté Signaux Girod*, n° 1500352.

456 TA Grenoble, 6e ch., 19 déc. 2019, *Département de la Savoie c/ Sté Signalisation France et al.*, n° 1503450.

toutefois, dès lors que les prix pratiqués résultaient d'une entente, et non du mécanisme de formation des prix propre à un marché concurrentiel, le niveau de pondération du critère du prix n'a pu, en l'espèce, influer sur le niveau des prix stipulés aux contrats concernés [...]

CAA Nantes, 4e ch., 16 mars 2018, *Sté Signalisation France c/ Département de la Manche*, n° 17NT01526[457]

Considérant que ni le choix d'une procédure restreinte pour la passation de ces marchés, ni la pondération à 30 % du critère du prix, qui sont des circonstances sans lien avec les agissements dolosifs de la société Signalisation France, ne sont de nature à exonérer partiellement celle-ci de sa responsabilité [...]

CE, 7e et 2e ch. réunies, 27 mars 2020, *Sté Signalisation France c/ Département de la Manche*, n° 420491[458]

En estimant implicitement qu'en l'espèce cette chute des prix ne résultait pas de l'augmentation de la pondération du critère du prix dans les marchés postérieurs ou de la réduction alléguée des marges bénéficiaires des entreprises concernées, la cour, dont l'arrêt est suffisamment motivé sur ce point, n'a pas dénaturé les pièces du dossier [...]

421. Les trois décisions citées ci-dessus s'inscrivent dans le cadre d'une même affaire. Un expert judiciaire évalue, par une méthode de comparaison dans le temps, un surcoût survenu dans le cadre de marchés de fourniture de panneaux de signalisation routière. Le tribunal administratif de Caen condamne la société défenderesse à indemniser le département de la Manche à hauteur de cette évaluation. La cour administrative d'appel rejette la requête qui lui demandait d'annuler ce jugement, et le Conseil d'État rejette le pourvoi. L'affaire est intéressante en ce qu'elle illustre deux problématiques courantes d'évaluation d'un préjudice subi à l'occasion de marchés passés par appel d'offres. La première porte sur le choix par l'organisateur du marché de la procédure d'appel d'offres restreint ; et la seconde sur la pondération des critères d'évaluation des offres.

422. L'article R2124-2 du code de la commande publique définit deux sortes d'appels d'offres : « *1° L'appel d'offres ouvert lorsque tout opérateur économique intéressé peut soumissionner ; 2° L'appel d'offres restreint lorsque seuls les candidats sélectionnés par l'acheteur sont autorisés à soumissionner.* » On se dit que la concurrence est vraisemblablement moindre dans le cadre d'un appel d'offres restreint, puisque le nombre de participants en lice pour emporter le marché est dans ce cas limité. Cette concurrence amoindrie résulte d'un choix de l'acheteur : il aurait pu opter pour la procédure de l'appel d'offres ouvert.

---

457 V. aussi CAA Nantes, 4e ch., 27 avr. 2018, *Sté Signalisation France c/ Département du Calvados*, n° 17NT02571.

458 V. J. Martin, « Solidarité des participants et recours à la méthode comparative pour indemniser le préjudice issu d'une entente dans un marché public », *JCP A* n° 21-22, 25 mai 2020.

423. Supposons qu'une entente anticoncurrentielle affecte un appel d'offres restreint. Qui faut-il tenir pour responsable du manque de concurrence ? Les membres de l'entente ? Ou l'acheteur qui a choisi la formule de l'appel d'offres restreint ? La cour administrative d'appel de Nantes nous indique, à juste titre sans doute, que l'emploi d'une procédure restreinte n'exonère pas une entreprise membre de l'entente de sa responsabilité. L'économiste ajouterait volontiers qu'il convient, dans ce cas de figure, d'imputer à l'entreprise membre de l'entente le seul surcoût causé par l'entente. On mesurera ce surcoût en comparant les résultats de l'appel d'offres restreint entaché d'entente avec les résultats d'appels d'offres contrefactuels *eux aussi restreints*. On évitera en revanche, si possible, la comparaison avec les résultats d'appels d'offres ouverts : ce serait prendre le risque d'attribuer à l'entente un éventuel différentiel de prix résultant des modalités de l'appel d'offres[459].

424. L'article L2152-7 du code de la commande publique explique par ailleurs comment sont évaluées les propositions reçues lors d'un appel d'offres : « *Le marché est attribué au soumissionnaire ou, le cas échéant, aux soumissionnaires qui ont présenté l'offre économiquement la plus avantageuse sur la base d'un ou plusieurs critères objectifs, précis et liés à l'objet du marché ou à ses conditions d'exécution.* » Les critères d'évaluation des offres sont rendus publics, et ils sont pondérés : la note finale obtenue par chaque offre peut par exemple dépendre pour 40 % du prix proposé, pour 30 % de la qualité du produit, pour 15 %, de l'expérience acquise par le vendeur sur des marchés de même nature, etc.

425. Dans l'affaire évoquée plus haut, l'acheteur a fait évoluer au cours des années la manière dont il évaluait les offres. Le critère du prix a gagné en importance : la défenderesse observe que sa pondération a augmenté, passant « *de 30 % à 50 % puis 60 % entre les marchés de 2005, 2009 et 2012* ». Selon elle, cette évolution « *explique la baisse des prix constatée* ». L'argument est rejeté par le Conseil d'État : figure implicitement dans l'arrêt de la cour administrative de Nantes, nous dit-il, l'idée que la « *chute des prix ne résultait pas de l'augmentation de la pondération du critère du prix dans les marchés postérieurs* » à la fin de l'entente.

426. Les circonstances propres à cette affaire nous sont inconnues. En règle générale, d'un point de vue économique, souvent il apparaîtra raisonnable de penser qu'une modification marquée des critères d'achat a pu entraîner une variation de prix (petite ou grande). On privilégiera donc quand on le pourra les comparaisons de prix à critères d'achat identiques ou proches. À défaut, on cherchera à évaluer, si faire se peut, quelle part de l'évolution des prix résulte du changement des critères d'achat.

---

459 Une autre possibilité pourrait consister à retraiter les résultats d'appels d'offres ouverts pour les rendre comparables.

C. L'évaluation du taux de surcoût : Principes

427. Quelques-unes des décisions rendues par des juridictions françaises formulent des règles de portée générale. Ces règles sont reprises ici.

1. Portée des données statistiques

Commission européenne – Guide pratique concernant la quantification du préjudice dans les actions en dommages et intérêts fondées sur des infractions à l'article 101 ou 102 du TFUE[460]

Une étude réalisée à la demande de la Commission a examiné les données empiriques relatives à l'existence d'effets de surcoût et à leur importance[461] [...]. [L']étude a conclu que, dans 93 % des cas examinés, les ententes conduisaient à un surcoût. En ce qui concerne l'importance de ce surcoût, l'étude est parvenue aux conclusions suivantes :

Distribution des taux de surcoût dans les études empiriques

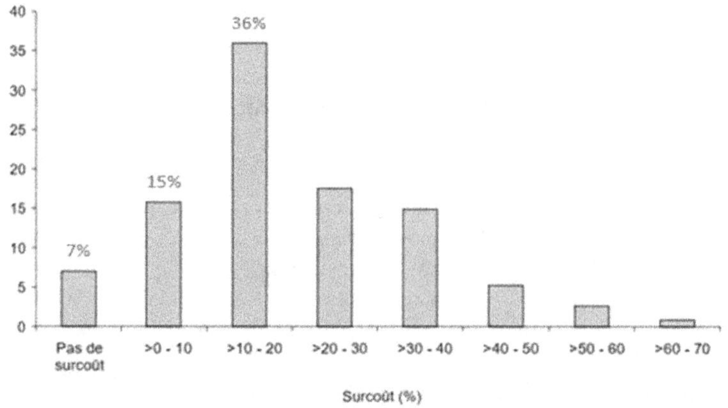

Selon cette étude, les surcoûts observés varient donc considérablement [...], la moyenne se situant autour de 20 % [...].

Ces indications concernant les effets des ententes ne remplacent pas la quantification du préjudice spécifique subi par les demandeurs dans un cas particulier.

428. Le graphique ci-dessus se lit de la manière suivante :

- 7 % des ententes ne causent pas de surcoût (barre de gauche) ;
- 15 % des ententes causent un surcoût compris entre 0 % et 10 % ;
- 36 % des ententes causent un surcoût compris entre 10 % et 20 %[462], etc.

---

460 https://ec.europa.eu/competition/antitrust/actionsdamages/quantification_en.html

461 « Quantifying Antitrust Damages, Towards Non-Binding Guidance for Courts, Study prepared for the European Commission », December 2009, préc.

462 Les chiffres sont tirés de la lecture du graphique et, pour cette raison, peut-être un peu imprécis.

429. L'étude réalisée pour la Commission européenne, faisant suite aux travaux de l'économiste américain John M. Connor[463], a montré que le surcoût engendré par les ententes horizontales est en moyenne, toutes ententes confondues, d'environ 20 %[464]. Lorsqu'elles ont dû produire une évaluation du préjudice qu'elles estimaient avoir subi, certaines demanderesses ont parfois évoqué ce chiffre de 20 %, seul ou en conjugaison avec d'autres évaluations[465]. Comme le préconise le guide pratique, les juges ont considéré cette moyenne statistique générale comme inappropriée pour évaluer le préjudice causé par une entente donnée à un demandeur donné.

430. Les statistiques fournies par la Commission permettent en revanche de tirer trois observations :

- la première de ces observations figure dans un arrêt de la cour d'appel de Paris : « *[L]es cartels entraînent généralement une hausse des prix ou empêchent une baisse des prix qui se serait produite si l'entente n'avait pas existé* »[466] ;
- la deuxième observation découle de la précédente : la règle formulée par la cour d'appel de Paris ne vaut que « *généralement* ». Il existe une part, réduite mais non négligeable, d'ententes horizontales n'ayant pas eu d'effet. L'étude réalisée pour la Commission estime qu'elles sont environ 7 %[467] ;
- la troisième observation apparaît visuellement sur le graphique, et elle est soulignée par la Commission : les taux de surcoût varient dans des proportions considérables d'une entente à une autre.

2. Chiffres tirés de la décision d'une autorité de la concurrence – Différence entre dommage à l'économie et préjudice individuel

CAA Nantes, 4e ch., 2 févr. 2016, *Sté Signalisation France c/ Département de l'Orne*, n° 15NT00865[468]

[L]'estimation du surprix global par l'Autorité de la concurrence, qui n'est au demeurant fondée que sur des témoignages et sur une étude réalisée à la demande de la société Signature SA, n'a servi qu'à qualifier l'importance du dommage à l'économie et ne pouvait permettre d'évaluer avec une précision suffisante le surcoût résultant des pratiques anticoncurrentielles ayant affecté des marchés publics déterminés [...]

---

463 V. J. M. Connor, « Price-Fixing Overcharges: Revised 3rd Edition », February 2014, disponible sur SSRN : https://papers.ssrn.com/sol3/papers.cfm?abstract_id=2400780. V. aussi F. Smuda, « Cartel Overcharges and the Deterrent Effect of EU Competition Law » (2012), Discussion Paper disponible sur SSRN : https://ssrn.com/abstract=2118566 or http://dx.doi.org/10.2139/ssrn.2118566.

464 En pourcentage du prix factuel.

465 V. p. ex. TA Paris, 3e sect. 1re ch., 1er avr. 2014, *SNCF c/ Sté Hoffmann & Co. Elektrokohle AG et al.*, n° 1308641, 1301400/3-1 (annulé par CAA Paris, 13 juin 2019, n° 14PA02419, préc.).

466 V. CA Paris, ch. 5-4, 6 févr. 2019, *SARL Doux Aliments c/ SA Cie Financière et de Participations Roullier et SAS Timab Industries*, RG 17/04101.

467 Peut-être un peu plus en raison d'un possible biais de sélection : les cartels qui ont engendré des taux de surcoût élevés sont plus susceptibles d'intéresser la communauté académique que ceux qui n'ont pas eu d'effet. V. p. ex. F. Rosati, C. Ehmer, « Science, myth and fines: Do cartels typically raise prices by 25%? », préc.

468 V. aussi CAA Nantes, 4e ch., 27 avr. 2018, *Sté Signalisation France c/ Département du Calvados*, n° 17NT02571.

431. Cet arrêt est rendu dans l'une des procédures consécutives au cartel de la signalisation routière verticale. Dans le cadre de son évaluation du dommage à l'économie, l'Autorité avait considéré que « *le surprix est vraisemblablement compris dans un ordre de grandeur de 5 à 10 % a minima* »[469]. Par ordonnance du 26 février 2015, le juge des référés du tribunal administratif de Caen a condamné la société Signalisation France à verser au département de l'Orne une provision de 2 240 000 euros[470]. L'expert judiciaire nommé par le tribunal administratif de Caen a chiffré le taux de surcoût à 29,38 %, un niveau sensiblement plus élevé que l'ordre de grandeur donné par l'Autorité. La société Signalisation France demande à la cour administrative d'appel de Nantes d'annuler cette ordonnance, soutenant notamment l'idée que « *l'évaluation du surcoût faite par l'autorité de la concurrence est pertinente* ». La cour rejette la possibilité d'évaluer le préjudice subi par le département de l'Orne par référence aux chiffres qui figurent dans la décision de l'Autorité. Ces chiffres ont servi à déterminer l'importance du dommage général à l'économie ; ils ne permettent pas d'évaluer le surcoût spécifique à des marchés publics déterminés[471].

432. Plusieurs décisions établissent des constats similaires. Le tribunal administratif de Lyon a par exemple jugé que « *l'estimation de l'Autorité de la concurrence a pour seul objet de déterminer le montant des sanctions infligées aux membres de l'entente et non de déterminer le montant du préjudice réellement subi par chacun de leurs cocontractants* »[472]. Le tribunal de commerce de Paris a pour sa part observé que « *les dommages causés à l'économie, préoccupation principale de l'ADLC, sont distincts de ceux qui auraient pu avoir été causés aux demanderesses et qui font l'objet de cette instance* »[473]. Ces analyses vont dans le même sens que celle faite par Etienne Pfister, chef économiste de l'Autorité de la concurrence : « *L'Autorité de la concurrence ne fait pas de l'évaluation du préjudice. [...] [É]valuation du dommage à l'économie et évaluation du préjudice ne se recoupent pas car les deux évaluations ne poursuivent pas la même finalité*[474]. »

433. Parfois, pourtant, des juridictions ont utilisé des chiffres tirés d'une décision de l'Autorité pour estimer des préjudices individuels (peut-être parce que les demandeurs ne leur avaient pas fourni beaucoup d'autres points d'appui)[475]. Sans doute faut-il souhaiter qu'une position commune puisse à l'avenir se dégager sur ce sujet.

---

469 Déc. n° 10-D-39 du 22 déc. 2010, réformée partiellement par CA Paris, ch. 5-7, 29 mars 2012, RG 2011/01228, préc.

470 TA Caen, ord., 26 févr. 2015, n° 1401086.

471 V. M. Chagny, B. Deffains, *Réparation des dommages concurrentiels*, Dalloz, 2015, not. § 220.

472 TA Lyon, 3e ch., 13 juill. 2016, *Sté AREA c/ Sté Signalisation France*, n° 1307012 ; v. aussi TA Caen, 1re ch., 6 avr. 2017, *Département de la Manche c/ Sté Signalisation France*, n° 1500353 (§ 17).

473 T. com. Paris, 15e ch., 26 mars 2018, *SAS Provera France et al. c/ SA Groupe Lactalis et al.*, RG 2017021571.

474 E. Pfister, in « Actions en réparation des pratiques anticoncurrentielles : État des lieux en France et dans l'Union », conférence annuelle de la Revue *Concurrences* organisée à la première chambre de la cour d'appel de Paris, 28 mars 2019,.

475 V. CAA Nancy, 4e ch., 21 mars 2017, *Département de la Meuse c/ Sté Signaux Girod*, n° 15NC02367 ; et CAA Bordeaux, 5e ch., 19 mars 2019, *Sté Signalisation France c/ Département de la Charente-Maritime*, n° 17BX01521.

3. Variations du taux de surcoût dans le temps – Extrapolation d'un taux de surcoût d'une période à une autre

TA Grenoble, 6e ch., 19 déc. 2019, *Département de la Savoie c/ Sté Signalisation France et al.*, n° 1503450

L'analyse des prix ainsi corrigés a permis de dégager un surprix de l'ordre de 69 % pour 2001, de 2 % pour 2003 et de 88 % pour l'année 2006 [...][476].

434. Cette affaire fait suite à l'entente dans le secteur de la signalisation routière verticale. Le département de la Savoie a conclu plusieurs marchés, potentiellement affectés par l'entente, à quelques années d'intervalle les uns des autres. Il a fait chiffrer ce qu'il estime être les taux de surcoût engendrés par l'entente année par année. On observe que ces taux varient dans des proportions importantes d'une année à une autre[477].

435. L'efficacité d'une entente n'est pas constante dans le temps. Des tricheries, des guerres des prix, des entrées ou sorties de membres, bien d'autres causes encore la font varier. On trouvera par exemple des éléments sur ce sujet dans un arrêt de la cour d'appel de Paris[478] et dans un jugement du tribunal de commerce de Paris[479].

436. Dans une autre affaire, faisant suite elle aussi à l'entente dans le secteur de la signalisation routière verticale, l'expert s'est trouvé confronté à un manque de données[480] : « *Considérant que l'expert, pour évaluer le niveau du surprix, a utilisé une méthode basée sur la comparaison des prix pratiqués [...] ; que, toutefois, ces comparaisons n'ont porté que sur des données chiffrées des années 2005 et suivantes ; qu'en effet l'expert n'a pas disposé de données relatives à l'exécution des marchés conclus en 1999 et 2002, soit la période d'exécution de 1999 à 2004 ; que l'expert a cependant conclu que le surprix subi par le département de la Manche au cours de cette période devait être du même ordre [...].* »

L'expert détermine ici un taux de surcoût pour les années 2005 et suivantes ; puis il extrapole, semble-t-il, ce taux de surcoût aux années 1999 à 2004. Au regard des variations de taux de surcoût observées dans d'autres affaires, ce type d'extrapolation temporelle demande sans doute beaucoup de précaution[481].

---

476 Les chiffres semblent établis en pourcentage des valeurs contrefactuelles. Le taux de surcoût moyen proposé par le département de la Savoie est revu à la baisse par le tribunal administratif de Grenoble ; les taux de surcoût cités ici sont donc implicitement réduits.

477 Pour une autre illustration de variations importantes, v. les trois arrêts rendus par la CAA Douai le 22 févr. 2018.

478 CA Paris, ch. 5-5, 27 févr. 2014, *SNC Doux Aliments Bretagne et al. c/ Sté Ajinomoto Eurolysine et al.*, RG 10/18285.

479 T. com. Paris, 15e ch., 20 févr., 2020, *SASU Provera France et al. c/ SA Groupe Lactalis et al.*, RG 2017021571.

480 TA Caen, 1re ch., 6 avr. 2017, *Département de la Manche c/ Sté Signaux Girod Nord-Ouest*, n° 1500352.

481 Le jugement indique que l'expert a procédé à des analyses montrant une « *stabilité des prix pratiqués postérieurement à la hausse constatée à l'occasion de la mise en œuvre de l'entente anticoncurrentielle* ». V. aussi TA Caen, 1re ch., 6 avr. 2017, *Département de la Manche c/ Sté Signalisation France*, n° 1500353.

4. Moyenne de deux estimations contradictoires (rejet)

TA Rennes, 3e ch., 28 avr. 2016, *Département du Morbihan c/ Sté Signalisation France*, n° 1502572, 1502584ADD

Considérant qu'il résulte de ce qui précède que le département du Morbihan est fondé à soutenir qu'il a subi un préjudice financier résultant du surprix du marché de signalisation routière verticale qu'il a conclu avec la société Signature SA aux droits de laquelle est venue la société Signalisation France le 26 février 1999 ; que, toutefois, pour évaluer ce préjudice, le département se fonde sur un surprix de 32 % résultant de la moyenne de deux hypothèses établies par ses services à savoir l'une basse concluant à un surprix de 8 % fondé sur les données financières de la société, et l'autre haute démontrant une baisse des prix de 56 % des marchés de signalisation routière verticale après arrêt de l'entente ; que ces éléments ne permettent pas d'établir avec une précision suffisante la réalité du surcoût allégué ; qu'en effet, la moyenne exposée par le département ne permet pas de déterminer le montant du préjudice qu'il a réellement subi [...]

437. Dans cette procédure consécutive au cartel de la signalisation routière verticale, le demandeur a développé deux hypothèses pour estimer son préjudice. La première chiffre le taux de surcoût à 8 % ; la seconde l'évalue à 56 %. Le demandeur demande à être indemnisé à hauteur de la moyenne de ces deux hypothèses : (8 % + 56 %) / 2 = 32 %. Le tribunal observe que cette moyenne « *ne permet pas de déterminer le montant du préjudice* ».

438. Le cas de figure avait été prévu dans le guide pratique de la Commission : « *Lorsque l'application de deux méthodes génère [...] des résultats apparemment contradictoires [...], il n'est en principe pas indiqué d'effectuer simplement la moyenne des deux résultats*[482] *[...].* »

5. Absence de lien entre le montant du préjudice et le bénéfice réalisé par l'auteur de la faute

CJUE, 5e ch. 5 juin 2014, *Kone*, aff. C-557/12, ECLI:EU:C:2014:1317[483]

35. Kone et Otis font valoir que des actions en réparation du dommage subi en raison de prix élevés, qui sont la conséquence de l'existence d'un prix de protection, constituent des demandes de dommages et intérêts punitifs, dès lors que le préjudice subi par ÖBB-Infrastruktur n'aurait pas pour contrepartie un enrichissement des requérantes au principal. Il convient cependant de relever que les règles en matière de responsabilité non contractuelle ne font pas dépendre le montant d'un dommage indemnisable du bénéfice réalisé par celui qui a commis la faute ayant causé ce dommage.

439. Cet arrêt de la CJUE est surtout connu pour traiter des effets d'ombrelle. L'extrait présenté ici porte toutefois sur un sujet un peu différent. Dès lors que l'existence

---

482 V. guide pratique préc., § 125.

483 *Concurrences* n° 3-2014, pp. 161-162, note A. Lacresse ; *Concurrences* n° 3-2014, p. 76, note J.-P. Christienne.

d'effets d'ombrelle est retenue, des membres de l'entente pourraient se trouver condamnés à indemniser des surcoûts sur des ventes qu'ils n'auraient pas eux-mêmes réalisées. La cour ne voit pas d'obstacle à cela : le montant du dommage indemnisable est, rappelle-t-elle, indépendant du bénéfice réalisé par l'auteur de la faute.

440. Un arrêt du 6 juillet 2000 de la cour d'appel de Grenoble développe lui aussi l'idée que le préjudice s'apprécie du point de vue de la victime[484]. Lorsqu'un appel d'offres a été faussé, le prix contrefactuel n'est pas le prix qu'aurait proposé la société qui a emporté l'appel d'offres s'il n'y avait pas eu d'entente : c'est le prix auquel le marché aurait été traité si la concurrence avait joué (quelle que soit l'identité du vainqueur de l'appel d'offres dans le scénario contrefactuel).

6. Absence de prise en compte de l'éventuelle négligence de la victime

CA Versailles, 9 ch. corr., 9 sept. 2009, *Espaces verts en Île-de-France*, n° 10/01728

Les prévenus s'abritent derrière une faute d'imprudence de la victime qui serait exonératrice de responsabilité. La Cour rappelle ici qu'aucune disposition de la loi ne permet de réduire, en raison d'une négligence de la victime, le montant des réparations civiles dues à celle-ci par l'auteur d'une infraction intentionnelle contre les biens [...]

441. Les auteurs d'ententes anticoncurrentielles argumentent parfois que la victime de l'entente a contribué à son propre dommage. L'argument a par exemple été évoqué dans des circonstances où le demandeur, plutôt que d'organiser un appel d'offres, avait fait le choix de traiter un marché de gré à gré : il lui a alors été reproché d'avoir lui-même contribué à réduire la concurrence. Parfois a également été évoquée l'idée que l'acheteur aurait pu chercher à s'approvisionner auprès d'un fournisseur extérieur à l'entente.

« *Concernant la démonstration du lien de causalité, les intimées soutiennent que la société Doux n'établit pas qu'elle n'a pas pu s'approvisionner auprès de fournisseurs non membres de l'entente pour échapper aux surcoûts imposés par celle-ci et que ces fournisseurs proposaient des prix inférieurs à ceux des produits de la société Timab*[485]. »

L'idée selon laquelle un acheteur de produits entachés d'entente a pu contribuer à son propre dommage n'a, semble-t-il, généralement pas été retenue.

D. Le montant des achats

442. Pour évaluer la valeur du surcoût, il ne suffit pas d'établir le taux de surcoût : il faut aussi déterminer la masse des achats sur laquelle ce taux s'est appliqué. Cet exercice pourrait sembler anodin. Il soulève pourtant parfois quelques difficultés.

---

[484] CA Grenoble, 1re ch. corr., 6 juill. 2000, *Centre Hospitalier Régional Universitaire*, n° 99/01022.

[485] CA Paris, ch. 5-4, 6 févr. 2019, *SARL Doux Aliments c/ SA Cie Financière et de Participations Roullier et SAS Timab Industries*, RG 17/04101.

Des problématiques portant sur l'assiette des achats affectés par une entente sont apparues dans trois circonstances :

- lorsque des demandeurs ont rencontré des difficultés pour prouver le montant des achats qu'ils disaient avoir réalisés ;
- lorsque des demandeurs ont plaidé la persistance des effets d'une entente après sa fin ;
- lorsque des demandeurs ont plaidé l'existence d'effets d'ombrelle.

1. Preuve du montant des achats[486]

TA Paris, 3e sect. 1re ch., 1er avr. 2014, *SNCF c/ Sté Hoffmann & Co. Elektrokohle AG et al.*, n° 1308641, 1301400/3-1[487]

[S]'agissant de l'évaluation du montant des achats de la SNCF qui aurait été affecté par le cartel, [...] l'évaluation proposée n'en reste pas moins discutable ; [...] le montant des achats effectués entre 1988 et 1996 procède d'une simple estimation, les données de la SNCF au titre de ces années étant manquantes ou incomplètes [...]

CAA Paris, 4e ch., 13 juin 2019, *SNCF c/ Sté Hoffmann & Co. Elektrokohle AG et al.*, n° 14PA02419[488]

La circonstance qu'en l'espèce la SNCF n'a pas produit les contrats et les pièces justificatives afférentes à leur exécution, notamment les factures, dont il n'est pas contesté qu'elles ont plus de dix ans, et qu'elle ne dispose plus des données complètes portant sur ses achats de fournitures litigieuses au cours de la période de responsabilité ne fait pas obstacle à la possibilité d'une mise en jeu de la responsabilité des sociétés intimées devant le juge administratif.

[...]

Il y a eu lieu [...] d'ordonner avant dire droit une expertise contradictoire fin de permettre à l'expert d'évaluer les surcoûts subis par la SNCF [...] sur la base d'une estimation par extrapolation des données disponibles concernant ses achats [...]

443. On a déjà vu plus haut la difficulté probatoire rencontrée par une consommatrice française qui croyait avoir subi un préjudice à la suite d'achats de produits d'entretien[489]. Pour preuve de ses achats, Mme V. produisait des attestations de ses fils témoignant l'avoir vue acquérir des produits de différentes marques. Le tribunal de grande instance de Lille a constaté que ces attestations ne permettaient de déterminer ni les quantités achetées ni les prix de vente. La difficulté rencontrée par

486 V. A. Choffel, N. Dostert, J. Riffault-Silk, J.-C. Roda et Sir P. Roth, « Administration de la preuve : Quel est le rôle du juge et des parties ? », in « Actions en réparation des pratiques anticoncurrentielles : État des lieux en France et dans l'Union », conférence annuelle de la Revue *Concurrences* organisée à la première chambre de la cour d'appel de Paris, 29 mars 2018, www.concurrences.com.

487 Ce jugement a été annulé par l'arrêt de la CAA Paris, 13 juin 2019, n° 14PA02419, préc. ; l'un des auteurs a travaillé sur cette affaire.

488 V. aussi CE, 7e et 2e ch. réunies, 12 oct. 2020, n° 432981, 433423, 433477, 433563, 433564.

489 TGI Lille, 1re ch., 6 juin 2017, *Mme V. c/ Sté Colgate Palmolive et al.*, RG 15/10938.

Mme V. n'est pas propre aux procédures engagées par des personnes physiques : les entreprises rencontrent parfois, elles aussi, des difficultés lorsqu'elles doivent prouver l'existence et le montant de leurs achats.

444. Les deux décisions citées plus haut ont été rendues dans la même affaire. Le tribunal administratif de Paris rejette une requête présentée par la SNCF. Parmi les considérants qui le conduisent à cette décision, le tribunal indique que le montant des achats de la demanderesse repose pour partie sur « *une simple estimation* », certaines des données étant manquantes ou incomplètes. La cour administrative d'appel de Paris revient sur ce point. Le fait que la SNCF ne dispose plus des données complètes « *ne fait pas obstacle à la possibilité d'une mise en jeu de la responsabilité des sociétés intimées* ». La cour donne ainsi mission à un expert judiciaire de procéder à une estimation des achats réalisés par la SNCF « *par extrapolation des données disponibles* ». L'arrêt est sur ce point inhabituel : sauf omission de notre part, nous n'avons connaissance d'aucune autre décision, rendue par une juridiction française, ayant retenu l'idée d'indemniser un préjudice de surcoût sur des achats estimés.

445. D'un point de vue économique, la réalisation d'une estimation de cette nature comportera généralement deux volets. Il faudra estimer d'une part les quantités achetées, et estimer d'autre part à quels prix ces transactions ont été réalisées.

Du côté du juge judiciaire, la question de la preuve des achats est abordée dans un jugement un peu ancien du tribunal de commerce de Nanterre[490].

446. Les lecteurs intéressés par le sujet de l'assiette des achats pourront consulter également trois arrêts de la cour administrative d'appel de Bordeaux. La cour ordonne dans le premier de ces arrêts une mesure d'instruction peu courante, car portant spécifiquement sur la détermination du montant de marchés entachés d'entente[491]. Les deux arrêts suivants confirment, semble-t-il, l'utilité de cette mesure.

2. Persistance des effets de l'infraction dans le temps – Durée des contrats

TA Caen, 1re ch., 6 avr. 2017, *Département de l'Orne c/ Sté Signalisation France et al.*, n° 1500227

18. Considérant que la société Signaux Girod soutient que le département n'est pas fondé à rechercher sa responsabilité pour la période postérieure à mars 2006, date à laquelle les pratiques du cartel ont été dévoilées ; qu'il ne résulte toutefois pas de l'instruction que les seules révélations par voie de presse, intervenues en 2006, d'une entente généralisée en matière de marchés publics ayant pour objet des prestations en matière de signalisation routière verticale étaient de nature, eu égard à leur caractère général, à permettre au département de l'Orne d'identifier le caractère anticoncurrentiel des contrats qu'il avait conclus avec la société Signature SA ; que les prix stipulés au marché à bons de commande

490 T. com. Nanterre, 6e ch., 11 mai 2006, *SA Les Laboratoires Pharmaceutiques Arkopharma c/ Sté Roche et al.*, RG 2004F02643 ; *e-Competitions Bulletin* May 2006, obs. M. Debroux.

491 CAA Bordeaux, 5e ch., 19 mars 2019, *Sté Signalisation France c/ Département de la Charente-Maritime*, n° 17BX01521 ; v. aussi CAA Bordeaux, 5e ch., 9 juill. 2019, n° 17BX01521 et CAA Bordeaux, 3e ch., 19 mai 2020, n° 19BX02591.

conclu en 2005 ont ainsi perduré, la cessation des pratiques anticoncurrentielles en 2006 n'ayant, en l'espèce, d'incidence que sur le marché conclu en 2009 [...]

CAA Nantes, 4e ch., 27 avr. 2018, *Sté Signalisation France et al. c/ Département de l'Orne*, n° 17NT01719, 17NT01740, 17NT01741 et 17NT01770

Considérant [...] qu'enfin, le marché conclu en 2005, pendant la période de l'entente, a été tacitement reconduit jusqu'en 2008 et a donc produit des effets pour le département, jusqu'à cette date quand bien même l'entente a été démantelée en 2006 [...]

CE, 7e et 2e ch. réunies, 27 mars 2020, *Sté Signaux Girod c/ Département de l'Orne*, n° 421833

[E]n relevant que le marché conclu par le département de l'Orne le 1er avril 2005, renouvelable chaque année civile pour une durée maximale de quatre ans, avait produit ses effets jusqu'en 2008, et qu'il convenait de retenir cette date pour évaluer le préjudice subi par celle collectivité, alors même que l'entente dans le secteur de la signalisation routière avait pris fin en 2006, la cour administrative d'appel, qui a implicitement mais nécessairement jugé que le département ne pouvait être regardé comme ayant eu une connaissance suffisamment certaine de l'existence et du démantèlement de cette entente dès 2006, n'a pas entaché son arrêt d'insuffisance de motivation, d'erreur de qualification juridique ou de dénaturation des pièces du dossier.

447. Dans l'une des procédures engagées à la suite de l'entente dans le secteur de la signalisation routière verticale, le département de l'Orne demande après expertise judiciaire l'indemnisation de surcoûts subis à l'occasion de trois marchés à bons de commande. Le dernier de ces marchés a couvert une période d'environ trois ans : conclu le 1er avril 2005, il a été tacitement reconduit jusqu'en 2008. L'un des défendeurs objecte que « *la période d'exécution du marché postérieure à mars 2006, date de fin des pratiques anticoncurrentielles, ne peut donner lieu à réparation* ».

448. Le tribunal administratif de Caen rejette l'argument. Il observe que les prix stipulés dans le marché conclu le 1er avril 2005 (pendant la période d'activité de l'entente) ont perduré au-delà du 14 mars 2006 (date de fin de l'entente) : ils sont restés en vigueur jusqu'à ce qu'un nouveau marché soit conclu. Bien qu'étant survenus après la date de fin de l'entente, des achats du département de l'Orne ont donc été affectés par un surcoût. La cour administrative d'appel de Nantes puis le Conseil d'État confirment cette analyse.

449. Ces décisions rappellent un point important : la période pendant laquelle des pratiques anticoncurrentielles ont eu lieu et celle pendant laquelle ces pratiques ont eu des effets ne sont pas nécessairement identiques. Lorsque des contrats de longue durée ont été conclus, comme dans cette affaire, certains des effets des pratiques anticoncurrentielles peuvent se prolonger tant que perdurent ces contrats, alors même que l'atteinte au droit de la concurrence a cessé[492].

---

[492] De la même manière, si des contrats pluriannuels ont été conclus avant la date de début d'une entente, leur continuation peut avoir pour conséquence de retarder dans le temps le moment où l'entente commence à produire des effets.

450. Parfois un cas de figure différent a été envisagé : celui où des transactions conclues non pas avant la fin d'une entente, mais peu de temps après, ont pu être elles aussi affectées par cette entente[493]. Un arrêt de la Cour de justice indique une circonstance susceptible de faciliter la persistance des effets d'une entente par-delà même sa fin[494] : « *Si une entente fixe l'état du marché au moment où elle est conclue, sa longue durée peut en rigidifier les structures, diminuant l'incitation à l'innovation et au développement pour les participants à l'entente. Le retour à l'état de libre concurrence sera d'autant plus difficile et long que la durée de l'entente aura elle-même été longue.* »

451. Lorsque des parties s'opposent sur les dates de début et de fin des effets d'une entente, le débat porte typiquement sur deux enjeux. Le premier de ces enjeux est le plus apparent : si l'on repousse dans le temps la date de fin des effets d'une entente, on augmente généralement l'assiette des achats indemnisables. Le second enjeu est moins manifeste, quoique pas nécessairement important : lorsque l'on change les dates de début et de fin des effets d'une entente, souvent le taux de surcoût en ressort modifié[495]. Un jugement du tribunal de commerce de Paris illustre cette problématique[496].

3. Effets d'ombrelle

CJUE, 5e ch., 5 juin 2014, *Kone*, aff. C-557/12, ECLI:EU:C:2014:1317[497]

27. Dans l'affaire au principal, il est allégué par ÖBB-Infrastruktur qu'une partie du dommage qu'elle a subi a été causée par l'entente en cause, qui a permis de maintenir un prix du marché à un niveau tellement élevé que des concurrents non membres de cette entente ont pu tirer eux-mêmes avantage de ce prix du marché supérieur à ce qu'il aurait été en l'absence de ladite entente [...]

[...]

29. [...] Lorsqu'une entente parvient à maintenir un prix artificiellement élevé pour certains produits et que certaines conditions du marché sont réunies, tenant, notamment, à la nature du produit ou à la taille du marché couvert par cette entente, il ne peut être exclu que l'entreprise concurrente, extérieure à celle-ci, choisisse de fixer le prix de son offre à un montant supérieur à celui qu'elle aurait choisi dans des conditions normales de concurrence, c'est-à-dire en l'absence de ladite entente. Dans un tel contexte, même si la détermination d'un prix d'offre est considérée comme une décision purement autonome, adoptée par l'entreprise ne participant pas à une entente, il y a lieu cependant de constater que cette décision a pu être prise par référence à un prix du marché faussé par cette entente et, par conséquent, contraire aux règles de concurrence.

[...]

---

493 TA Rennes, 3e ch., 2 juin 2016, *Département des Côtes-d'Armor c/ Sté Lacroix Signalisation*, n° 1505829ADD ; et TA Rennes, 3e ch., 28 avr. 2016, *Département du Morbihan c/ Sté Lacroix Signalisation*, n° 1304263, 1304265ADD.

494 CJUE, 2e ch., 8 déc. 2011, *KME Germany et al.*, aff. C-389/10 P, ECLI:EU:C:2011:816.

495 Les dates de début et de fin des effets affectent le niveau des prix factuels ; si l'on raisonne par comparaison dans le temps, elles affectent aussi le niveau des prix contrefactuels.

496 T. com. Paris, 15e ch., 20 févr. 2020, *SASU Provera France et al. c/ SA Groupe Lactalis et al.*, RG 2017021571.

497 *Concurrences* no 3-2014, pp. 161-162, note A. Lacresse ; *Concurrences* no 3-2014, p. 76, note J.-P. Christienne.

> 31. En ce qui concerne la réglementation nationale en cause au principal, il ressort de la décision de renvoi que le droit autrichien exclut, de manière catégorique, un droit à réparation dans une situation telle que celle en cause au principal, en raison du fait que le lien de causalité entre le préjudice subi et l'entente concernée est considéré, en l'absence d'un lien contractuel avec un membre de cette entente, comme ayant été rompu par la décision autonome de l'entreprise ne participant pas à ladite entente, mais ayant fixé, en raison de l'existence de cette dernière, un prix de protection (« umbrella pricing »).
>
> [...]
>
> 33. Or, la pleine effectivité de l'article 101 TFUE serait remise en cause si le droit de toute personne de demander réparation du préjudice subi était subordonné par le droit national, de manière catégorique et indépendamment des circonstances spécifiques de l'espèce, à l'existence d'un lien de causalité directe tout en excluant ce droit en raison du fait que la personne concernée a eu des liens contractuels non pas avec un membre de l'entente, mais avec une entreprise ne participant pas à celle-ci, dont la politique des prix est pourtant une conséquence de l'entente ayant contribué à fausser les mécanismes de formation des prix régissant des marchés concurrentiels.
>
> 34. Par conséquent, la victime d'un prix de protection (« umbrella pricing ») peut obtenir la réparation du dommage subi par les membres d'une entente, quand bien même elle n'aurait pas eu de liens contractuels avec ceux-ci, dès lors qu'il est établi que cette entente était, selon les circonstances de l'espèce et, notamment, les spécificités du marché concerné, susceptible d'avoir pour conséquence l'application d'un prix de protection par des tiers agissant de manière autonome, et que ces circonstances et spécificités ne pouvaient être ignorées par les membres de ladite entente [...]

452. Une entente horizontale a affecté le secteur des ascenseurs et des escaliers mécaniques en Autriche. Cette entente couvrait une partie des entreprises du secteur, mais pas toutes. Le gestionnaire du réseau ferroviaire autrichien ÖBB-Infrastruktur demande la réparation d'un préjudice évalué à 1 839 239,74 euros, résultant selon lui de ce qu'il a acheté à des entreprises tierces, non membres de l'entente, des ascenseurs et des tapis roulants à un prix plus élevé que celui qui aurait été fixé en l'absence de cette entente. Bien que n'ayant pas participé à l'entente, et n'ayant donc commis aucune faute, ces entreprises tierces auraient profité de l'augmentation des prix suscitée par cette entente pour, elles aussi, fixer leurs prix à un niveau rehaussé. Dans le langage des économistes, ÖBB-Infrastruktur plaide ici l'existence d'un « effet d'ombrelle ».

453. La Cour suprême autrichienne Oberster Gerichtshof juge que le droit autrichien s'oppose à l'indemnisation de ce type de préjudice. Selon la jurisprudence autrichienne, lorsqu'une entreprise étrangère à une entente tire avantage de l'effet d'ombrelle, il n'y aurait pas de causalité adéquate entre l'entente et le préjudice éventuellement subi par l'acheteur, car il s'agirait d'un préjudice indirect. L'Oberster Gerichtshof pose alors à la Cour de justice de l'Union européenne la question préjudicielle suivante : « *L'article 101 TFUE (article 81 CE, article 85*

du traité CE) doit-il être interprété en ce sens que toute personne est en droit de demander aux membres d'une entente même la réparation du préjudice dû à une personne étrangère à l'entente qui, profitant de l'accroissement des prix de marché, augmente les prix de ses propres produits plus qu'elle ne l'aurait fait en l'absence d'entente ('umbrella pricing'), de sorte que le principe d'effectivité énoncé par la Cour [...] exige l'adoption d'une décision favorable dans le cadre du droit national ? » La Cour répond que le préjudice causé par l'effet d'ombrelle doit avoir un caractère réparable : lorsqu'une entente horizontale a existé, et lorsqu'il est démontré que des achats réalisés auprès d'une entreprise extérieure à cette entente ont été réalisés à un prix renchéri par l'existence de l'entente, alors le droit national ne saurait s'opposer à l'indemnisation du surprix.

454. L'arrêt retient l'idée que, lorsque des entreprises restent extérieures à une entente, un effet d'ombrelle peut apparaître. Il ne dit pas qu'il apparaît nécessairement. Les conclusions de l'avocat général Kokott dans cette affaire relèvent d'ailleurs ce point : « *La solution que nous proposons ne conduit pas automatiquement et toujours à engager la responsabilité des parties à une entente à l'égard des clients d'entreprises étrangères à l'entente, mais elle ne l'exclut pas non plus d'emblée. Il faut plutôt examiner chaque fois dans une appréciation exhaustive de toutes les circonstances de fait si des effets d'ombrelle sur les prix liés à une entente se sont produits dans une espèce donnée.* »

Existe-t-il des circonstances qui favorisent l'apparition de cet effet ? Qui rendent alors son existence plus probable ? Les conclusions de l'avocat général Kokott en citent deux[498] :

- lorsque « *les parties à l'entente couvrent une partie significative du marché pertinent* » : « *[p]lus la position de l'entente est significative sur le marché concerné, plus il se pourra que l'entente déteigne fortement sur le niveau de prix de ce marché dans son ensemble* » ;
- lorsque le marché est « *homogène et transparent* » : il est alors plus « *facile à l'entreprise étrangère à l'entente de suivre, dans le calcul de ses prix, les signaux envoyés par les parties à l'entente* ».

455. Notons enfin une importante observation de l'avocat général Kokott sur le niveau du surcoût causé par l'effet d'ombrelle : « *Il se peut qu'une entreprise étrangère à une entente, quand elle se trouve en surcapacité, s'efforce de fixer ses propres prix au-dessous des prix de l'entente afin d'accaparer ainsi des parts de marché aux dépens des parties à l'entente. Néanmoins, même dans ce cas, l'entreprise étrangère à l'entente sera nettement encline à exiger de ses clients un prix plus élevé que celui qu'elle aurait pu obtenir dans des conditions de concurrence. À supposer que le prix pratiqué par une entente soit de 120 et que le prix que l'on peut obtenir dans des conditions de concurrence s'élève à 100, l'entreprise étrangère à l'entente pourrait, par exemple, fixer son prix à 110. Un tel comportement ne serait en rien inhabituel, mais, au contraire, économiquement rationnel et tout sauf imprévisible pour les parties à l'entente.* »

---

498 Conclusions de l'avocat général Kokott présentées le 30 janv. 2014, aff. C-557/12, disponible à http://curia.europa.eu/juris/document/document.jsf?docid=147064&doclang=FR.

En d'autres termes, lorsque sera retenue l'existence d'un effet d'ombrelle, il faudra évaluer deux taux de surcoût potentiellement distincts :

- le premier s'appliquera aux achats auprès d'entreprises membres de l'entente (20 % dans l'exemple de l'avocat général Kokott) ;
- le second portera sur les achats auprès de l'entreprise extérieure à l'entente (10 % dans le même exemple)[499].

456. Un jugement du tribunal de commerce de Paris rejette une demande au titre d'un effet d'ombrelle[500]. Un arrêt avant dire droit de la cour administrative d'appel de Paris semble retenir la possibilité d'un tel effet[501] ; un arrêt de la cour administrative de Bordeaux l'écarte rapidement[502].

E. La répercussion du surcoût

457. La question de la répercussion du surcoût occupe une place importante dans beaucoup d'actions en réparation fondées sur des ententes. Il s'agit de déterminer si l'entreprise victime du surcoût a pu limiter son préjudice en répercutant tout ou partie de ce surcoût sur des tiers, le plus souvent ses propres clients. Simple dans son principe, la question de la répercussion du surcoût soulève en pratique d'importantes difficultés[503]. Sur le plan économique, ces difficultés peuvent être regroupées en trois catégories :

- Y a-t-il eu ou pas répercussion ?
- Comment en quantifier l'importance ? Le surcoût a-t-il pu être répercuté en totalité, ou en partie seulement ?
- S'il y a eu répercussion (totale ou partielle), comment évaluer « l'effet volume »[504] ?

La Commission européenne a publié en août 2019 des « Orientations à l'intention des juridictions nationales sur la façon d'estimer la part du surcoût répercutée sur les acheteurs indirects »[505]. Elles font suite à l'étude « Study on the Passing-on of Overcharges » (2016) réalisée pour le compte de la Commission[506]. On recommandera également la lecture de l'article « Discovering

---

499 Voire même plus de deux taux différents, dans le cas où plusieurs entreprises seraient restées extérieures à l'entente.

500 T. com. Paris, 15e ch., 20 févr. 2020, *SASU Provera France et al. c/ SA Groupe Lactalis et al.*, RG 2017021571.

501 CAA Paris, 13 juin 2019, *SNCF c/ Sté Hoffmann & Co. Elektrokohle AG et al.*, n° 14PA02419 ; v. aussi CE, 7e et 2e ch. réunies, 12 oct. 2020, n° 432981, 433423, 433477, 433563, 433564.

502 CAA Bordeaux, 5e ch., 9 juill. 2019, *Société Signalisation France c/ Département de la Charente-Maritime*, n° 17BX01521, rectifié par CAA Bordeaux, 3e ch., 19 mai 2020, n° 19BX02591.

503 V. p. ex. R. Amaro, J. Holzwarth, V. Michel-Amsellem, G. de Muizon et V. Savov, « La répercussion des surcoûts (*passing-on*) : Charge et objet de la preuve », in « Actions en réparation des pratiques anticoncurrentielles : État des lieux en France et dans l'Union », conférence annuelle de la Revue *Concurrences* organisée à la première chambre de la cour d'appel de Paris, 29 mars 2018, www.concurrences.com.

504 Voir *infra* n° 476 et s. pour une définition de cet effet.

505 Communication de la Commission, « Orientations à l'intention des juridictions nationales sur la façon d'estimer la part du surcoût répercutée sur les acheteurs indirects » (2019/C 267/07), disponible à https://eur-lex.europa.eu/legal-content/FR/TXT/PDF/?uri=CELEX:52019XC0809(01)&from=EN.

506 « Study on the Passing-on of Overcharges », Final report, written by RBB Economics and Cuatrecasas, Conçalves Pereira, 2016 ; une synthèse d'une dizaine de pages en français est également disponible sur le site de la Commission.

New Spheres of Antitrust Damages Quantification: The European Commission, National Courts, and Guidelines on Passing-On », mettant en évidence certaines des interactions qui peuvent apparaître entre évaluation économique de la répercussion et règles de droit[507].

1. Détermination du montant du préjudice indemnisable : Nécessité de déduire l'éventuelle part du surcoût répercutée

TA Lyon, 3e ch., 12 juill. 2018, *Sté AREA c/ Sté Signalisation France*, n° 1307012[508]

Le préjudice indemnisable de la société des autoroutes Rhône-Alpes résulte de la différence éventuelle, non répercutée sur les usagers, entre le prix indûment payé par l'acheteur et le prix qui aurait dû être payé s'il avait été déterminé par le libre jeu de la concurrence.

[...]

L'expert ne s'est pas prononcé sur l'éventuelle répercussion du surcoût sur les usagers de l'autoroute. Or, une telle répercussion, également appelée règle du « passing on », si elle était établie en tout ou partie, aurait des conséquences sur l'évaluation du préjudice subi par la société requérante.

[...]

Il résulte de l'ensemble de ces éléments que l'état du dossier ne permet pas au tribunal de statuer sur les conclusions indemnitaires de la société des autoroutes Rhône-Alpes. Il y a lieu, dans ces conditions, d'ordonner une expertise complémentaire [...]

458. Cette affaire fait suite à l'entente dans le secteur de la signalisation routière verticale. La demanderesse est ici une société d'autoroutes. Un expert judiciaire a évalué à 30 % le taux de surcoût unitaire moyen. Le tribunal ne se satisfait cependant pas de cette évaluation. Peut-être le préjudice indemnisable ne correspond-il pas à l'intégralité du surcoût : si la société d'autoroutes a répercuté une partie de ce surcoût sur ses usagers, sous la forme d'une augmentation des tarifs de péage, alors seule restera indemnisable la part du surcoût non répercutée. L'expert ne s'étant pas prononcé sur l'existence et le niveau de cette éventuelle répercussion, le tribunal n'est pas en mesure d'arrêter le montant du préjudice réparable. Il ordonne donc une expertise complémentaire[509].

---

507 H.-P. H. Hanson, J. Holzwarth, « Discovering New Spheres of Antitrust Damages Quantification: The European Commission, National Courts, and Guidelines on Passing-On », *Competition Policy International*, 6 February 2019.

508 V. aussi CAA Lyon, 4e ch., 3 déc. 2020, *Sté AREA c/ Sté Signalisation France*, n° 18LY03524.

509 La problématique de la répercussion n'est, semble-t-il, pas l'unique raison justifiant le besoin d'une expertise complémentaire.

2. Facteurs susceptibles d'influencer la possibilité de répercuter ou pas un surcoût

CA Paris, ch. 5-5, 27 févr. 2014, *SNC Doux Aliments Bretagne et al. c/ Sté Ajinomoto Eurolysine et al.*, RG 10/18285[510]

Considérant que les sociétés Doux exercent une activité agricole d'élevage de poulets qui sont destinés notamment à être distribués par les grandes surfaces ; que ce secteur est soumis à une forte concurrence en provenance des pays émergents de sorte que, si les prix tiennent compte des coûts qui résultent en partie des prix pratiqués par les fournisseurs de produits destinés à la nourriture des poulets, d'autres facteurs interviennent également, notamment la demande et la concurrence ; qu'il ne s'agit en effet pas pour les sociétés Doux de déterminer le bon et juste prix mais le prix de marché leur permettant d'écouler leurs produits en conservant une marge.

Considérant que les sociétés Doux produisent une étude de marché qui montre que la grande distribution a représenté plus de 80 % des achats de volailles des ménages en 2008, que celle-ci bloque l'augmentation des tarifs et qui constate que le groupe Doux, trop dépendant, souffre de la faiblesse de ses marges ;

Considérant que, de plus la lysine qui n'était qu'un des éléments de la nourriture des poulets, représentait 1 % du coût global, de sorte qu'elle ne constituait pas un élément substantiel du prix qui aurait pu constituer un argument des sociétés Doux pour obtenir une modification des prix ; que la fixation du prix dépend de nombreux facteurs dont l'attente du consommateur, la concurrence avec d'autres produits carnés, la concurrence internationale, le rapport de force avec la grande distribution et les subventions européennes ; que dans ces conditions la hausse d'un produit marginal n'était pas de nature à entrainer une révision automatique et mathématique du prix pratiqué par les sociétés du groupe Doux auprès des distributeurs ; que, dans ces circonstances, les sociétés du groupe Doux ne pouvaient imposer à leur distributeur une augmentation de leurs prix, alors même qu'elles n'étaient pas en mesure de le justifier par une variation à la hausse d'un élément essentiel de celui-ci.

459. Sur renvoi après cassation, la cour d'appel de Paris étudie dans cet arrêt si les sociétés du groupe Doux ont pu ou pas répercuter vers leurs clients le surcoût qu'elles ont subi sur leurs achats de lysine. Elle conclut à l'absence d'une telle répercussion, pour trois raisons.

460. Première raison : les sociétés du groupe Doux étaient en forte concurrence avec des producteurs établis dans des pays émergents[511]. Elles n'avaient pas le loisir de vendre à ce qui leur semblait être « *le bon et juste prix* » : elles devaient plu-

---

[510] V. D. Gilles, retranscription de la conférence « Actions en réparation des pratiques anticoncurrentielles », 19 juin 2020, www.concurrences.com.

[511] La relation entre intensité concurrentielle et taux de répercussion est souvent perçue de manière différente par les juristes et par les économistes. Une étude empirique récente éclaire le débat : v. C. Genakos, M. Pagliero, « Competition and Pass-Through: Evidence from Isolated Markets », 2019, *CEP Discussion Papers*, LSE, disponible à https://ideas.repec.org/p/cep/cepdps/dp1638.html.

tôt rechercher « *le prix de marché leur permettant d'écouler leurs produits en conservant une marge* ». Deuxième raison : les sociétés du groupe Doux vendaient une part importante de leur production à des acheteurs appartenant au secteur de la grande distribution, et donc puissants. Signe de la force de ces acheteurs, les marges du groupe Doux étaient faibles. Troisième raison : la lysine ne représentait que 1 % du coût total de la production de poulets, de sorte qu'une variation même importante de son prix d'achat ne constituait pas un argument suffisant pour justifier une augmentation de tarif en aval[512].

461. On mentionnera un autre point d'intérêt de l'arrêt. Les sociétés du groupe Doux n'étaient clientes de la société Ajinomoto Eurolysine que de manière indirecte : elles se fournissaient par l'entremise d'un distributeur exclusif, la société Ceva Santé Animale.

T. com. Nanterre, 6e ch., 11 mai 2006, *SA Les Laboratoires Pharmaceutiques Arkopharma c/ Sté Roche et al.*, RG 2004F02643[513]

Qu'en effet, la commission a relevé dans le considérant 667 de sa décision que « les infractions commises par des producteurs, couvraient plus de 80 % au moins du marché mondial et de l'EEE des vitamines A, E, C, B2 et D3, de beta carotène et des caroténoïdes, et ont eu une incidence réelle sur ces marchés de produits dans l'EEE », Qu'elle souligne encore dans son considérant 681 que « les ententes étaient mondiales par nature »... Que dès lors, ainsi que l'indique Mme G... expert judiciaire dans un avis non contradictoire établi dans un dossier similaire et versé aux débats par les défenderesses, les entreprises ne pouvant s'approvisionner qu'auprès des membres des ententes supportent toutes la majoration des prix et peuvent donc répercuter cette hausse sans craindre la concurrence puisque les conditions du marché sont identiques pour toutes [...]

462. Le 21 novembre 2001, la Commission européenne sanctionnait pour entente des producteurs de vitamines[514]. Les Laboratoires Pharmaceutiques Arkopharma tentent devant le tribunal de commerce de Nanterre d'obtenir réparation pour le surcoût qu'ils estiment avoir subi, mais ils sont déboutés, pour une large part parce qu'ils ne démontrent pas avoir été dans l'impossibilité de répercuter un éventuel surcoût vers leurs propres acheteurs. Sur le plan de l'analyse économique, le jugement présente un point d'intérêt. Il existe, comme on l'a vu dans l'arrêt de la cour d'appel de Paris du 27 février 2014, des circonstances de marché qui rendent plus ou moins probable la répercussion de surcoûts. L'une d'entre elles est évoquée ici : plus une entente affecte une part importante des acheteurs sur un marché, plus la probabilité que ceux-ci répercutent le surcoût dont ils sont victimes est élevée.

---

512 Dans un sens différent, v. T. com. Paris, 10e ch., 26 janv. 2007, *Sté Les laboratoires Juva Production et al. c/ SAS Roche et al.*, RG 2003048044 : « *Attendu [...] que le coût des matières premières litigieuses constitue une part très faible du prix de vente des produits dans la composition desquels entrent ces matières premières [...]. Qu'en conséquence il suffit d'une augmentation faible du prix de vente pour compenser un "gonflement" très important du coût des matières premières [...]* »

513 *e-Competitions Bulletin* May 2006, obs. M. Debroux ; J. Riffault-Silk, « La Cour de cassation et le droit de la concurrence : Actions privées, régulation... et autres avancées de la jurisprudence récente », *Concurrences* n° 1-2008, www.concurrences.com.

514 Comm. CE, déc. du 21 nov. 2001, aff. COMP/E-1/37.512.

463. Un raisonnement de même nature figure dans un jugement du 20 février 2020 du tribunal de commerce de Paris[515] : « *Attendu que l'entente sur les Produits sous MDD a été le fait de la majorité des producteurs et que dans un tel cas, il est logique que le "pass-on" se rapproche de 100 % car toutes les principales GMS ont été victimes de l'entente [...].* »

Cass. com., 6 mai 2014, n° 12-26.429 F-D, ECLI:FR:CCASS:2014:CO00427

Mais attendu qu'après avoir constaté l'abus de position dominante de la SRPP, l'arrêt relève qu'il incombait à la société Engen de démontrer qu'elle avait subi un préjudice concurrentiel défini comme la perte de capacité concurrentielle ; qu'il retient que le prix de vente au détail du carburant était fixé par l'autorité préfectorale, que celui-ci prenait en compte le tarif de passage pratiqué par la SRPP et s'imposait à tous les distributeurs ; que, répondant aux conclusions, la cour d'appel a pu en déduire que la réglementation assurait une marge bénéficiaire constante et que la société Engen n'établissait pas la preuve du préjudice allégué ; que le moyen n'est pas fondé [...]

464. Les questions de répercussion de surcoût sont le plus souvent évoquées à l'occasion d'actions en réparation consécutives à des ententes horizontales. Parfois, cependant, elles sont soulevées dans des actions fondées sur d'autres types de faute[516]. Tel est le cas ici. En raison d'un abus de position dominante, la société Engen a supporté un surcoût sur ses achats de produits pétroliers. La cour d'appel de Saint-Denis de la Réunion considère toutefois qu'elle n'a pas subi de préjudice : les prix de vente au détail du carburant à la Réunion sont fixés par l'autorité préfectorale, et ils sont calculés de manière à assurer aux distributeurs pétroliers une marge bénéficiaire constante.

465. L'arrêt rappelle qu'il existe des secteurs où les prix sont réglementés. C'est alors la réglementation qui détermine elle-même si un surcoût est répercuté ou pas, et le cas échéant dans quelle proportion[517].

TA Lyon, 3e ch., 22 juill. 2019, *Sté AREA c/ Sté Signalisation France*, n° 1307012[518]

[L'expert] a ensuite examiné la répercussion de ce surcoût sur les usagers. Après avoir établi que les tarifs des péages autoroutiers avaient augmenté, et indiqué que cette augmentation résultait exclusivement des engagements d'investissements programmés par la société des autoroutes Rhône-Alpes, l'expert a conclu à la répercussion partielle du surcoût (passing-on) [...]

466. Un expert a évalué dans cette affaire le préjudice subi par une société d'autoroutes sur des achats de panneaux de signalisation routière. Le tribunal arrête le montant

---

515 T. com. Paris, 15e ch., 20 févr. 2020, *SASU Provera France et al. c/ SA Groupe Lactalis et al.*, RG 2017021571.

516 V. aussi CA Paris, ch. 5-4, 20 sept. 2017, *Sté JCB Sales Ltd et al. c/ SAS Central Parts*, RG 12/04441, *infra* n° 497, envisageant brièvement la possibilité de répercussion d'un surcoût causé par le contournement de refus de vente.

517 V. aussi T. com. Paris, 15e ch., 4 nov. 2019, *SAS Carrefour France et al. c/ Vania Expansion SAS*, RG 2017013952.

518 V. aussi CAA Lyon, 4e ch., 3 déc. 2020, *Sté AREA c/ Sté Signalisation France*, n° 18LY03524.

du préjudice à un niveau proche de celui proposé par l'expert. Cette affaire révèle, comme la précédente, un cas de figure où la répercussion du surcoût trouve son origine dans un mécanisme de réglementation des prix (les tarifs des sociétés d'autoroutes étant semble-t-il, à l'époque des faits, fonction de leurs engagements d'investissements). L'originalité principale de ce jugement est cependant ailleurs.

467. Lorsqu'elles ont pris position sur l'existence ou pas d'une répercussion, les juridictions ont le plus souvent adopté des positions très tranchées : soit elles ont jugé qu'un surcoût avait été totalement répercuté, soit elles ont considéré qu'il ne l'avait pas été du tout[519]. L'expert retient ici l'existence d'une répercussion partielle. Une fraction du surcoût a été retransmise par la société d'autoroutes sur ses usagers ; une autre est restée à sa charge.

3. Lien causal – Répercussion par le biais de subventions

TA Paris, 6e sect. 1re ch., 27 mars 2009, *SNCF c/ Sté Dumez TP et al.*, n° 9800111[520]

[Q]u'il ne résulte pas non plus de l'instruction que la hausse des tarifs pratiqués par la SNCF et les subventions qu'elle a obtenues de la part de l'État ont eu pour objet ou pour effet de compenser le surcoût des travaux liés à l'entente dolosive [...]

468. La SNCF demande ici réparation pour des surcoûts subis à l'occasion de grands chantiers de génie civil. Certains défendeurs objectent qu'elle a répercuté lesdits surcoûts, notamment au travers d'augmentations du prix des billets, ainsi que par le biais de subventions reçues. Le tribunal administratif de Paris rejette l'argument. Deux éléments de son raisonnement semblent particulièrement notables.

469. Le premier point d'intérêt porte sur le lien causal. Le tribunal ne met pas en cause l'existence des hausses tarifaires pratiquées par la SNCF. Il considère cependant que celles-ci n'ont pas eu « *pour objet ou pour effet* » de compenser le préjudice subi par la SNCF en raison des ententes. En d'autres termes, la demanderesse a certes sans doute augmenté les prix de ses billets pendant la période des ententes, mais elle les aurait vraisemblablement tout autant augmentés en l'absence d'entente : il n'y a pas de lien causal entre le surcoût d'une part et l'augmentation du prix des billets d'autre part.

470. La situation dans laquelle une entreprise demande réparation pour le surcoût causé par une entente, et se trouve avoir augmenté ses prix pendant la durée de cette entente, est bien entendu fréquente. On observera avec attention quels moyens les parties développeront, à l'avenir, pour démontrer l'existence ou l'absence de lien causal dans ce cas de figure.

471. L'autre point d'intérêt porte sur la possibilité, évoquée dans ce jugement, que la répercussion du surcoût puisse en certaines circonstances prendre la forme d'une

519 En France comme ailleurs en Europe.

520 V. *supra* n° 413 et s. V. aussi E. Combe, F. Rosati, I. Simic, « La répercussion des surcoûts : "Passing-on defence" », *Concurrences* n° 4-2011, www.concurrences.com.

augmentation des subventions perçues par la victime. Lorsqu'est évoquée l'éventuelle répercussion d'un surcoût, c'est le plus souvent pour envisager l'hypothèse d'une répercussion par la victime vers ses propres clients, au travers d'une augmentation de prix. Il existe cependant quelques procédures qui envisagent d'autres modalités possibles de répercussion. Cette affaire en donne un exemple, et les deux affaires suivantes en fournissent d'autres.

CJUE, 5e ch., 12 déc. 2019, *Otis II*, aff. C-435/18, ECLI:EU:C:2019:1069[521]

L'article 101 TFUE doit être interprété en ce sens que les personnes n'opérant pas comme fournisseur ou comme acheteur sur le marché concerné par une entente, mais qui ont accordé des subventions, sous la forme de prêts incitatifs, à des acheteurs de produits offerts sur ce marché, peuvent demander la condamnation des entreprises ayant participé à cette entente à la réparation du préjudice qu'elles ont subi du fait que, le montant de ces subventions ayant été plus élevé qu'il ne l'aurait été en l'absence de ladite entente, ces personnes n'ont pas pu utiliser ce différentiel à d'autres fins plus lucratives.

472. Le Land de Haute-Autriche a versé des subventions, prenant la forme de prêts assortis de conditions préférentielles, à des projets de construction. Les coûts de ces constructions ont, dit-il, été renchéris par une entente dans le secteur des ascenseurs et des escaliers mécaniques. Si cette entente n'avait pas existé, considère le Land, les subventions versées par lui-même auraient été moins élevées ; il aurait pu faire un autre usage des sommes ainsi non employées ; et il a donc subi un préjudice. Répondant à une question préjudicielle de l'Oberster Gerichtshof autrichien, la Cour dit pour droit que le préjudice éventuel du Land, et plus généralement le préjudice éventuel de celui qui a fourni une subvention, a bien un caractère indemnisable.

473. Nous n'avons connaissance en France d'aucune action engagée, par un fournisseur de subventions, à l'encontre de membres d'une entente. Il a en revanche parfois été plaidé, par une ou des défenderesses, qu'un département victime de l'entente dans le secteur de la signalisation routière verticale avait peut-être répercuté tout ou partie de son préjudice « *sur les dotations de l'État* »[522]. Ou, comme on l'a vu plus haut, que la SNCF avait peut-être compensé un éventuel préjudice au travers d'un supplément de subventions. Ce moyen de défense n'a jusqu'à présent rencontré que peu d'écho. On se demande s'il trouvera dans les années à venir, grâce à cet arrêt, une force nouvelle.

474. L'évaluation de l'éventuel préjudice du Land de Haute-Autriche dans cette affaire soulèvera par ailleurs une problématique intéressante. Dans le scénario contrefactuel, quel usage le Land aurait-il fait de la somme économisée ? Aurait-il par exemple financé d'autres projets, qui en l'absence de subvention n'ont peut-être pas abouti ? Le préjudice doit-il être analysé de manière particulière, lorsque sa

---

521 C. Prieto, « Dommages et intérêts demandés par le prêteur, victime du cartel auquel a été soumis son emprunteur », *RDC* juin 2020, n° 116w0, p. 91.

522 TA Nantes, 2e ch., 19 juin 2019, *Département de la Loire-Atlantique c/ Sté Lacroix Signalisation*, n° 1607875 et n° 1610255.

victime a pour mission de servir l'intérêt général ? Les lecteurs qui s'intéresseraient à ces questions trouveront des éléments de réponse dans les conclusions de l'avocat général Kokott[523].

4. Préjudice causé à une collectivité locale

TA Caen, 1re ch., 6 avr. 2017, *Département de la Manche c/ Sté Signalisation France*, n° 1500353

12. Considérant que la société Signalisation France soutient que l'expert n'a pas examiné la question de savoir si les surprix ont été répercutés sur les administrés ; que, s'il est exact que l'analyse de l'incidence économique et financière d'une entente sur l'acheteur victime de cette entente doit intégrer l'éventuelle répercussion sur les clients de la victime, s'agissant d'un acheteur public, en l'espèce d'un département, et de routes sans péage, aucune répercussion ne pourrait être prise en compte autre que celle pesant sur les contribuables [...]

475. Dans cette affaire consécutive à l'entente dans le secteur de la signalisation routière verticale, la défenderesse présente un argument un peu inattendu : « *la répercussion des surcoûts sur les administrés n'a pas été prise en compte par l'expert* ». L'argument est écarté par le tribunal administratif. Il le sera également par la cour administrative d'appel de Nantes : « *[S]'agissant d'un marché de signalisation routière, le département de la Manche ne pouvait pas répercuter les prix élevés facturés par son cocontractant*[524]. »

5. Effet volume

CJCE, 5e ch., 2 oct. 2003, *Weber's Wine*, aff. C-147/01, ECLI:EU:C:2003:533[525]

98. La Cour a également jugé que, même lorsqu'il est établi que la charge de la taxe indûment perçue a été partiellement ou totalement répercutée sur les tiers, le remboursement de celle-ci à l'opérateur ne lui procure pas nécessairement un enrichissement sans cause (voir arrêts Comateb e.a., précité, point 29, et du 21 septembre 2000, Michaïlidis, C-441/98 et C-442/98, Rec. p. I-7145, point 34).

99. En effet, même dans l'hypothèse où la taxe serait complètement intégrée dans le prix pratiqué, l'assujetti pourrait subir un préjudice lié à une diminution de volume de ses ventes (voir arrêts précités Comateb e.a., point 29, et Michaïlidis, point 35).

476. Le surcoût dans cette affaire n'a pas été causé par une entente. L'arrêt pose néanmoins sur le sujet de la répercussion du surcoût une règle d'une grande importance[526]. Une taxe sur les boissons alcoolisées a été indûment perçue en

---

523 Conclusions de l'avocat général Kokott présentées le 30 janv. 2014, aff. C-557/12, préc.

524 CAA Nantes, 4e ch., 16 mars 2018, n° 17NT01526.

525 V. Cass. com., 10 mai 2006, pourvois n° A 05-15.338 et n° M 04-17.759, faisant référence de cet arrêt.

526 Pour d'autres affaires extérieures au droit de la concurrence, mais traitant de la répercussion de surcoûts, v. M. Strand, *The Passing-On Problem in Damages and Restitution under EU Law*, Edward Elgar Publishing, 2017.

Autriche. Le négociant en vins *Weber's Wine* et d'autres assujettis en demandent le remboursement. L'administration fiscale autrichienne rejette leurs demandes, estimant que la taxe a été répercutée sur les consommateurs finaux. Les demandeurs introduisent un recours devant une juridiction autrichienne, qui pose une question préjudicielle à la CJCE. La Cour observe en termes très clairs que, même dans l'hypothèse où le surcoût engendré par la taxe aurait été intégralement répercuté par les assujettis dans leurs prix de vente, il ne serait pas possible de conclure à l'absence de préjudice : ces assujettis auraient pu subir dans ce cas de figure une diminution du volume de leurs ventes.

477. Le raisonnement économique développé par la Cour est difficilement contestable. Les économistes s'accordent à dire que, sauf cas particulier, une augmentation de prix entraîne généralement une baisse des quantités vendues. On parle de « l'effet volume », également appelé « effet quantité ». Lorsque des prix ont augmenté, la question qu'il faut le plus souvent se poser porte non pas sur l'existence de cet effet, mais sur son ampleur[527].

478. L'analyse faite par la Cour a dans cette affaire pour point de départ une augmentation de prix causée par une taxe illicite. Sans doute vaut-elle tout autant lorsque l'augmentation des prix de vente de la victime résulte d'autres causes, et notamment lorsqu'elle répercute un surcoût causé par un cartel. L'arrêt *Weber's Wine* est d'ailleurs cité dans le guide pratique de la Commission. Il en est également fait mention dans quelques actions en réparation du dommage concurrentiel jugées par des juridictions étrangères[528].

479. En France, l'existence d'un effet volume est retenue dans un jugement du tribunal de commerce de Paris[529], dans une affaire où la faute consistait en une entente horizontale : « *Si les prix nets facturés des produits Vania ont été impactés à la hausse par les pratiques comme le relève la décision de l'Autorité, cet impact a été répercuté sur les consommateurs en raison des caractéristiques du cadre législatif de la loi Galland (cf. ci-avant), de sorte que le volume des ventes et donc des achats a été impacté à la baisse du fait de l'élasticité de la demande par rapport au prix […]* »

L'apparition d'un effet volume a été plaidée dans une autre affaire, elle aussi consécutive à une entente horizontale, où elle n'a toutefois pas été retenue[530].

Un préjudice causé par un effet volume a enfin été indemnisé, par la cour d'appel de Paris, dans une affaire où la faute consistait en une pratique de prix imposés[531].

---

527 Cette ampleur peut varier dans des proportions très importantes selon les circonstances.

528 V. Tribunal supremo, 7 nov. 2013, *Nestlé et al. c/ Ebro Foods*, Sentencia n° 651/2013 ; et Tribunale Ordinario di Milano, 27 déc. 2013, *Brennercom SPA c/ Telecom Italia SPA*, RG 22423/2010, *Concurrences* n° 3-2017, pp. 170-172, obs. S. Pietrini.

529 T. com. Paris, 15e ch., 4 nov. 2019, *SAS Carrefour France et al. c/ Vania Expansion SAS*, RG 2017013952.

530 T. com. Paris, 15e ch., 20 févr. 2020, *SASU Provera France et al. c/ SA Groupe Lactalis et al.*, RG 2017021571 : « *Sur les pertes de volumes alléguées par les demanderesses […] Attendu [que les demanderesses] soutiennent ne pas avoir perdu de parts de marché par rapport à leurs concurrents principaux ; attendu enfin qu'il n'est pas rapporté non plus que la consommation totale en France des Produits sous MDD affectés ait baissé pendant la période de l'entente ; le tribunal déboutera Cora et Match de leurs demandes de ce chef.* »

531 CA Paris, ch. 5-4, 19 déc. 2018, *SA Bubble Diving et Me C. R… c/ SA La Spirotechnique Industrielle et Commerciale*, RG 16/07213.

« [L]a pratique de prix imposés a conduit à une baisse des volumes vendus, un message électronique attestant de l'attitude réactive des consommateurs aux différences de prix. Compte tenu de cet élément, de la durée des pratiques et de leur caractère systématique, la cour évalue à 20000 euros le préjudice économique subi de ce fait par la société Bubble Diving. »

480. Au jour où nous écrivons ces lignes, nous avons connaissance d'un seul jugement, rendu en Europe à la suite d'une entente horizontale, dans lequel l'évaluation du préjudice intègre l'évaluation du surcoût, de sa répercussion, et de l'effet volume associé à cette répercussion. Il s'agit d'un jugement rendu le 15 janvier 2015 par le tribunal maritime et commercial de Copenhague[532]. S'appuyant sur le rapport de l'expert qu'il avait nommé, le tribunal développe un raisonnement en quatre temps :

- Le tribunal estime que le surcoût avant répercussion atteint dans cette affaire de l'ordre de 15 millions de couronnes danoises.
- Il considère ensuite que la moitié de ce surcoût a été répercutée, sous la forme d'une augmentation des prix de la société demanderesse, de sorte que le préjudice resté à charge n'est que d'environ 7,5 millions de couronnes[533].
- Mais, parce qu'elle a augmenté ses prix, la demanderesse a vu le volume de ses ventes diminuer, ce qui lui a causé une perte de marge d'environ 3 millions de couronnes[534].
- Le préjudice indemnisable ressort donc à environ 15 – 7,5 + 3 = 10,5 millions de couronnes.

F. Les conséquences en matière d'évaluation de l'annulation en droit administratif

CE, 7e et 2e ch. réunies, 10 juill. 2020, *Sté Lacroix Signalisation c/ Département de la Seine-Maritime*, n° 420045, ECLI:FR:CECHR:2020:420045.20200710

1. Par trois jugements du 31 janvier 2017, le tribunal administratif de Rouen, saisi par le département de la Seine-Maritime, a annulé les marchés que ce dernier avait conclus avec la société Lacroix Signalisation en 1999, 2003 et 2006 et a condamné cette société à restituer au département l'intégralité des sommes versées dans le cadre de ces marchés, soit respectivement 2630016,11 euros, 1741563,49 euros et 862209,41 euros. Par un arrêt du 22 février 2018, la cour administrative d'appel de Douai a, sur appel de la société Lacroix Signalisation, réformé ces trois jugements en ne faisant droit qu'aux conclusions subsidiaires du département de la Seine-Maritime tendant à obtenir une indemnité pour réparer

---

532 Tribunal maritime et commercial de Copenhague, 15 janv. 2015, *Cheminova A/S c/ Akzo Nobel Functional Chemicals BV et Akzo Nobel Base Chemicals AB*, SH2015.U-0004-07 (en langue danoise) ; les chiffres sont arrondis.

533 Le taux de répercussion est estimé par l'expert judiciaire au regard des conditions de concurrence sur le marché aval.

534 L'importance de l'effet volume est estimée par l'expert judiciaire à partir de données d'élasticité de la demande au prix sur le marché aval.

le surcoût lié aux pratiques anticoncurrentielles de la société Lacroix Signalisation, et elle condamné cette dernière à verser au département les sommes de 1 525 409,34 euros, 818 534,84 euros et 206 930,26 euros, tout en rejetant le surplus des conclusions des parties. [...]

2. Lorsqu'une personne publique est victime, de la part de son cocontractant, de pratiques anticoncurrentielles constitutives d'un dol ayant vicié son consentement, elle peut saisir le juge administratif, alternativement ou cumulativement, d'une part, de conclusions tendant à ce que celui-ci prononce l'annulation du marché litigieux et tire les conséquences financières de sa disparition rétroactive, et, d'autre part, de conclusions tendant à la condamnation du cocontractant, au titre de sa responsabilité quasi-délictuelle, à réparer les préjudices subis en raison de son comportement fautif.

3. En cas d'annulation du contrat en raison d'une pratique anticoncurrentielle imputable au cocontractant, ce dernier doit restituer les sommes que lui a versées la personne publique mais peut prétendre en contrepartie, sur un terrain quasi-contractuel, au remboursement des dépenses qu'il a engagées et qui ont été utiles à celle-ci, à l'exclusion, par suite, de toute marge bénéficiaire. [...]

481. En raison de pratiques anticoncurrentielles constitutives d'un dol, le tribunal administratif de Rouen a annulé plusieurs marchés passés par le département de la Seine-Maritime, et il a condamné la défenderesse à en rembourser intégralement les montants. La cour administrative d'appel de Douai a réformé les jugements : considérant que la demande allait « *au-delà d'une réparation intégrale des préjudices subis* », elle a réduit la valeur des réparations aux seuls surcoûts subis par le département sur les marchés annulés. Le Conseil d'État annule, sur ce point, l'arrêt de la cour administrative d'appel : « *En cas d'annulation du contrat en raison d'une pratique anticoncurrentielle imputable au cocontractant, ce dernier doit restituer les sommes que lui a versées la personne publique mais peut prétendre [...] au remboursement des dépenses qu'il a engagées et qui ont été utiles à celle-ci [...]* »

482. D'un point de vue strictement économique, cet arrêt soulève quatre observations :

- Dans un cas de figure tel que celui qui vient d'être décrit, ce ne sera pas le montant du préjudice de surcoût qu'il faudra évaluer : ce sera la valeur des « dépenses utiles ».
- Puisque l'évaluation portera sur des dépenses effectuées par un défendeur, ce sera généralement ce défendeur qui sera susceptible de détenir les informations requises.
- La recherche de ces informations soulèvera sans doute parfois des difficultés pratiques (notamment lorsqu'il faudra tenter d'identifier et d'évaluer des dépenses utiles réalisées loin dans le passé).
- La notion de « dépense utile » n'est pas encadrée par des normes comptables. Celle de la « marge bénéficiaire » que les défendeurs devront restituer ne l'est pas davantage. On imagine volontiers que demandeurs et défendeurs ne les entendront pas de la même manière. Quelques décisions de juridictions administratives, rendues dans des affaires où la faute n'était pas une pratique anticoncurrentielle, fourniront toutefois aux experts des points d'appui.

Section 2
L'évaluation des préjudices causés par des pratiques d'éviction

483. Les pratiques d'éviction peuvent être constitutives d'abus de position dominante ou d'ententes. Elles sont très diverses : prédation, accord d'exclusivité, refus de fourniture, vente liée, concertation en vue d'écarter un concurrent, etc.[535]. Lorsqu'elles atteignent leur objectif, elles ont pour effet de priver leur victime d'un volume d'affaires. L'éviction peut être partielle ou totale. Elle est partielle lorsque la victime est restée présente sur le marché, mais a été empêchée d'atteindre la part de marché qui aurait été la sienne en l'absence d'infraction. Elle est totale lorsque, par exemple, la victime a dû renoncer à entrer sur un nouveau marché ; sortir complètement d'un marché sur lequel elle opérait préalablement ; et, *a fortiori*, cesser toute activité[536].

484. Le préjudice le plus fréquemment causé par les pratiques d'éviction est un manque à gagner : l'entreprise victime a vendu moins qu'elle ne l'aurait fait en l'absence des pratiques[537]. En France, les juristes appellent ce préjudice la « perte de marge ». Parfois il se prolonge dans le temps et prend une dimension patrimoniale : on parle alors de « perte de clientèle » ou de « perte de fonds de commerce ». C'est sur l'évaluation de ce type de préjudice que porte pour une large part de cette section.

485. Souvent des pratiques d'éviction sont responsables non pas d'un seul préjudice indemnisable, mais de plusieurs. Les préjudices additionnels sont très divers. Des juridictions françaises ont notamment accepté d'indemniser les chefs de préjudice suivants :

- Des dépenses engagées par la victime en réaction au dommage :
  - le surcoût engendré par la nécessité de faire appel à un fournisseur plus éloigné[538], ou aux tarifs plus élevés[539] ;
  - le surcoût occasionné par la mise en place de circuits d'approvisionnement parallèles[540] ;
  - le surcoût causé par la nécessité de faire appel à des distributeurs inexpérimentés, prenant notamment la forme de provisions pour impayés élevées[541] ;

---

535 Pour une liste de pratiques d'éviction sanctionnées par l'article 102 TFUE, v. Communication de la Commission, Orientations sur les priorités retenues par la Commission pour l'application de l'article 82 du traité CE aux pratiques d'éviction abusives des entreprises dominantes, *JOUE* n° C 45 du 24 févr. 2009.

536 V. p. ex. CA Paris, ch. 5-5, 30 oct. 2014, *Me P. H. Soret, Mandataire liquidateur de la société Médailles Souvenirs et al. c/ La Monnaie de Paris*, RG 13/00265.

537 V. guide pratique préc. § 188 et s.

538 CA Basse-Terre, 2e ch., 26 juin 1995, *SARL Les Sablières de Guadeloupe et SA Les Carrières de Deshaies c/ SA Somatco*, RG 9400036 ; et T. corr. Laval, 15 avr. 2011, *SARL Ernée Viandes*, n° 378/2011.

539 CAA Nantes, 2e ch., 28 déc. 2006, *SARL Ernée Viandes c/ Communauté d'agglomération de Laval*, n° 05NT01487.

540 CA Paris, ch. 5-4, 20 sept. 2017, *Sté JCB Sales Ltd et al. c/ SAS Central Parts*, RG 12/04441, *infra* n° 497 et s.

541 CA Paris, ch. 5-4, 17 juin 2020, *SA Orange et SA Orange Caraïbe c/ SA Digicel Antilles Françaises Guyane*, RG 17/23041, *infra* n° 534 et s.

- le surcroît de travail que la réaction au dommage a entraîné pour l'une des fonctions de l'entreprise[542] ;
- les frais d'avocats exposés dans le cadre de la procédure devant l'Autorité de la concurrence[543].

• Des investissements exposés en vain :
- le montant des pertes subies par une entreprise contrainte d'abandonner le projet d'entrer sur un marché[544] ;
- un investissement matériel rendu pour partie inutile[545] ;
- des dépenses d'investissement préalables à la production[546].

• Des pertes de chance :
- celle de conquérir de nouveaux clients[547] ou de gagner des parts de marché supplémentaires[548] ;
- celle de développer une nouvelle activité[549] ;
- celle de se développer à moindre coût[550] ;
- celle de maintenir en l'état la structure d'une usine[551] ;
- celle de réaliser une opération d'investissement[552].

• Le surcoût causé par des tensions de trésorerie[553].

• Des préjudices moins habituels :
- la non-obtention de contacts en publicité[554] ;
- dans le secteur de la presse, le surcoût causé par une augmentation du taux des invendus[555] ;
- un préjudice collectif[556].

---

542 CA Paris, ch. 5-4, 20 sept. 2017, préc.

543 CA Paris, ch. 5-4, 10 mai 2017, *SA Orange Caraïbe et SA Orange c/ SAS Outremer Télécom*, RG 15/05918.

544 CA Paris, ch. 5-11, 2 oct. 2015, *SAS Cowes (anciennement Subiteo) c/ SA Orange (anciennement France Télécom)*, RG 14/15779, *infra* n° 494 et s.

545 T. com. Paris, 1re ch., 2 mars 2012, *SA Sereme c/ SA Actidyn Systèmes et al.*, RG 2010067418, *infra* n° 516 et s.

546 CA Paris, 1re ch., 30 sept. 1998, *SA Mors c/ SA Labinal*, RG 1992-20943, *infra* n° 509 et s.

547 CA Paris, ch. 5-5, 22 oct. 2015, *SARL Rocca Transports c/ Société Nationale Maritime Corse Méditerranée – SNCM*, RG 14/03665 ; et TGI Paris, 5e ch. 2e sect., 22 févr. 2018, *Sté Betclic Enterprises Limited c/ G.I.E. Pari Mutuel Urbain*, RG 15/09129.

548 CA Paris, ch. 5-4, 7 déc. 2016, *SA La Montagne et al. c/ Sté Aviscom*, RG 14/01036.

549 TGI Montargis, 16 sept. 2009, *SCM Gien Radiodiagnostic et al. c/ Groupement de gestion de l'imagerie médicale conventionnelle et en coupes et al.*, n° 05/00156 ; et T. com. Paris, 13e ch., 11 juin 2019, *SAS 10 Médias c/ SA Les Éditions P. Amaury et al.*, RG 2013004738.

550 CA Paris, ch. 5-4, 11 avr. 2018, *SCP B... R..., ès qualités de liquidateur judiciaire de la Sté Lectiel c/ SA Orange*, RG 14/14758.

551 CA Paris, 1re ch., 30 sept. 1998, préc.

552 CA Paris, ch. 5-4, 27 avr. 2011, *M. B. M. c/ SNC Sté Presse Paris Services*, RG 08/21750.

553 CA Basse-Terre, 2e ch., 26 juin 1995, préc.

554 CA Paris, 25e ch. A, 28 juin 2002, *SARL Philippe Streiff Motorsport et al. c/ SAS Speedy et al.*, RG 2000-10676.

555 T. com. Paris, 13e ch., 11 juin 2019, préc.

556 CA Versailles, 12e et 13e ch., 17 mai 1994, *SNVC et USPA c/ Sté FR3 et SPPA*, RG 3132/92.

- Des atteintes à l'image et à la réputation[557], et des préjudices moraux[558], souvent pour des montants peu élevés.

486. Les conséquences des pratiques d'éviction sont souvent similaires à celles d'autres faits générateurs (acte de concurrence déloyale, rupture brutale d'une relation commerciale établie, défaillance d'un fournisseur ou d'un matériel, perte de jouissance d'un local commercial, etc.). C'est pourquoi les juridictions disposent, lorsqu'il s'agit d'évaluer les préjudices causés par ces pratiques, d'une boîte à outils déjà bien garnie[559].

A. La perte de marge et la perte de clientèle

1. Différence entre perte de chiffre d'affaires et perte de marge

Cass. com, 12 févr. 2013, n° 11-20.670[560]

Attendu, selon l'arrêt attaqué, que M. et Mme X... ont vendu leur officine de pharmacie à la société Pharmacie Y... en déclarant servir une maison de retraite ; qu'ayant appris que cet établissement avait pris la décision avant la vente de créer une pharmacie à usage interne et de confier le poste de pharmacien à M. X..., la société Pharmacie Y... a fait assigner M. et Mme X... en rescision de la vente pour dol et en réparation de son préjudice ;

[...]

Attendu qu'en retenant au titre d'un préjudice subi par la société Pharmacie Y... la perte de chiffre d'affaires consécutive à la rupture des relations avec la maison de retraite, alors que seule la perte de marge brute résultant de cette rupture constituait un chef de préjudice indemnisable, la cour d'appel a violé le texte susvisé [...]

487. Des époux achètent une pharmacie. Il leur a été caché qu'une maison de retraite ne renouvellerait pas sa relation commerciale avec cette pharmacie, mettant fin à la réalisation d'un chiffre d'affaires de 10 000 euros par mois. Un arrêt de la cour d'appel de Rennes les indemnise, à hauteur de 120 000 euros, pour la perte du chiffre d'affaires sur un an. La Cour de cassation casse l'arrêt sur ce point : « *seule la perte de marge brute [...] constitu[e] un chef de préjudice indemnisable* ».

488. La règle évoquée dans cet arrêt vaut bien entendu pour toutes les situations où une entreprise est évincée d'un marché. L'entreprise est alors privée d'un

---

557 CA Montpellier, ch. 1 B, 9 mars 2010, *Unilia Mutuelle Santé Prévoyance c/ Groupe Languedoc – Mutualité Mutuelle*, RG 09/01917 ; CA Riom, ch. com., 29 juin 2011, *Mme R... c/ Conseil départemental de l'ordre des chirurgiens-dentistes du Puy-de-Dôme*, RG 10/02145.

558 CA Paris, 25e ch. A, 28 juin 2002, préc. ; TGI Paris, ch. civ. 3, 6 févr. 2008, *M. X... et al. c/ ACIP*, RG 05/10927 ; T. com. Paris, 15e ch., 20 nov. 2008, *SARL LB et Associés c/ la Monnaie de Paris*, RG 2007044186, *infra* n° 524 ; CAA Paris, 8e ch., 14 juin 2010, *M. A... c/ Fédération française de football et al.*, n° 08PA00502 ; CA Paris, ch. 5-1, 22 mars 2016, *SA Le Berry Républicain et al. c/ SAS Aviscom*, RG 14/11095.

559 V. L. Prosperetti et I. Tomasi, « Damages arising from exclusionary practices: the Commission's Practical Guide and the Experience of European National Courts », preliminary draft, 15 June 2016.

560 V. aussi Cass. com., 25 oct. 2017, n° 16-14.520.

chiffre d'affaires. Si elle avait pu réaliser celui-ci, elle aurait généralement supporté des coûts associés à ce chiffre d'affaires : si par exemple la pharmacie dont il est fait mention dans cet arrêt avait pu continuer à fournir des médicaments à la maison de retraite, alors elle aurait supporté les coûts d'achat de ces médicaments, peut-être également des coûts de préparation de commande ou de livraison. Pour réparer intégralement son préjudice, mais pas plus que son préjudice, il faut indemniser cette pharmacie à hauteur seulement de la marge dont elle a été privée[561].

T. com. Paris, 6e ch., 30 mars 2011, SAS Numericable et al. c/ SA France Télécom-Orange, RG 2009073089

En conséquence, vu les éléments dont le tribunal dispose et notamment les annexes du rapport du cabinet R..., le nombre de clients perdus pendant la période litigieuse sera évalué à 45 000 abonnements d'une durée de vie de trois ans avec une marge annuelle brute à 60 € par abonné, soit un gain manqué actualisé à 10 millions Euros [...]

489. Le tribunal de commerce de Paris constate dans cette affaire que des sociétés du groupe Numericable ont été victimes de prix prédateurs, constitutifs d'un abus de position dominante sanctionné par la Commission européenne[562]. L'évaluation du préjudice tient en deux temps. Dans un premier temps, le tribunal estime le nombre d'abonnés dont les demanderesses ont été privées (ici 45 000). Dans un deuxième temps, le tribunal estime la marge que chacun de ces abonnés aurait générée (60 euros par an x 3 ans = 180 euros). Le préjudice avant actualisation ressort donc de 45 000 abonnés x 180 euros par abonné.

490. L'évaluation de la perte de marge causée par des pratiques d'éviction comprend généralement les deux étapes employées ici par le tribunal de commerce de Paris :

- la première estime une quantité perdue par l'entreprise (par exemple combien de clients non obtenus, combien de produits non vendus[563], combien de chiffre d'affaires non réalisé[564]) ;
- la seconde multiplie cette quantité par un indicateur de marge (par exemple une marge par client, une marge par produit, ou un taux de marge sur chiffre d'affaires).

Dans le cadre des actions en réparation fondées sur des pratiques d'éviction, l'étape qui présente les difficultés les plus marquées est souvent la première : quelle est l'importance du volume d'affaires dont la victime des pratiques d'éviction a été privée ?

---

561 Les lecteurs qui souhaiteraient approfondir le sujet de la perte de marge pourront se référer à l'étude de S. Carval, S. Nérot et J.-F. Laborde, « La réparation de la perte de marge », *D.* 2018, p. 252.

562 Décision du 16 juill. 2003, aff. COMP/38233. L'une des sociétés du groupe Numericable a également été victime d'un dénigrement.

563 V. p. ex. CA Paris, ch. 5-4, 17 sept. 2014, *SA La Montagne c/ SAS Aviscom*, RG 12/10322 : « *[Q]u'elle établit avoir perdu la somme de 10 € sur 4 839 annonces [...] ; que sa perte totale s'élève donc à 48 390 € [...]* »

564 V. p. ex. CA Paris, ch. 5-4, 11 avr. 2018, *SCP B... R..., ès qualités de liquidateur judiciaire de la Sté Lectiel c/ SA Orange*, RG 14/14758.

2. Estimation de la quantité perdue – Méthodes comparatives – Manque de points d'ancrage

CA Paris, ch. 5-1, 22 mars 2016, SA Le Berry Républicain et al. c/ SAS Aviscom, RG 14/11095

Considérant qu'en ce qui concerne le préjudice résultant de la perte de chance de conquête du marché des annonces nécrologiques en ligne il résulte des éléments de la cause que dans les secteurs où aucun titre de la presse régionale partenaire de la société Dansnoscoeurs ou du groupe Centre-Presse n'est diffusé, la pénétration par la SAS Aviscom de ce marché a été de l'ordre de 10 % ainsi que l'ont retenu les premiers juges [...]

491. Des entreprises du secteur de la presse quotidienne régionale ont, par des pratiques de vente liée, empêché l'accès au marché des annonces en ligne à d'autres acteurs économiques. Dans le cadre d'une action autonome, la cour d'appel de Paris retient l'existence d'un abus de position dominante, et elle indemnise sa victime, la société Aviscom. Comment déterminer le volume d'affaires qui aurait été capté par la société Aviscom en l'absence de pratiques anticoncurrentielles ? La cour observe que ces pratiques avaient une portée régionale. La part de marché contrefactuelle, celle qui aurait été obtenue par la société Aviscom en l'absence d'infraction, est de manière assez naturelle recherchée dans des régions où les sociétés fautives n'étaient pas présentes.

492. Pour évaluer le volume d'affaires perdu par la victime de pratiques d'éviction, trois types de points de comparaison sont le plus souvent employés. Ils correspondent à trois types de marchés considérés comme comparables mais non affectés par les pratiques anticoncurrentielles :

- ailleurs dans l'espace géographique (comme dans cette affaire) ;
- ailleurs dans le temps[565] ;
- ou portant sur un produit différent[566].

T. com. Paris, 15e ch., 16 mars 2015, SAS Outremer Télécom c/ SA Orange Caraïbe et SA Orange (anciennement SA France Télécom), RG 2010073867[567]

Attendu que la valorisation du préjudice concernant la pratique Ameris sur le marché des mobiles est incluse dans une évaluation globale effectuée par le cabinet T... en considérant que, à part les pratiques d'exclusivité, l'ensemble des autres pratiques incriminées (pratique de fidélisation, de différenciation tarifaire, d'avantage Ameris) ont entrainé pour Outremer Télécom un retard de développement par rapport à ce qu'une concurrence saine lui aurait permis d'atteindre ;

---

565 V. p. ex. CA Paris, ch. 5-4, 20 sept. 2017, *Sté JCB Sales Ltd et al. c/ SAS Central Parts*, RG 12/04441 ; CA Paris, ch. 5-4, 17 juin 2020, *SA Orange et SA Orange Caraïbe c/ SA Digicel Antilles Françaises Guyane*, RG 17/23041.

566 V. TGI Paris, 5e ch. 2e sect., 22 févr. 2018, *Sté Betclic Enterprises Limited c/ G.I.E. Pari Mutuel Urbain*, RG 15/09129, rejetant une comparaison entre le marché des paris hippiques en ligne et celui des paris sportifs en ligne.

567 Ce jugement a été infirmé sur différents points par l'arrêt de la CA Paris, ch. 5-4, 10 mai 2017, RG 15/05918.

> Que ce retard est quantifié par comparaison entre sa part de marché réelle sur les années 2005 à 2008 et une part de marché théorique qui aurait été obtenue en l'absence des pratiques incriminées et qui est déterminée par comparaison avec les parts de marché acquises par le troisième entrant sur des marchés réputés similaires à la zone Antilles Guyane à savoir le Suriname, le Monténégro, Malte et Bahreïn ;
>
> Attendu que le tribunal considère que ce type d'approche repose sur des hypothèses extrêmement fragiles, notamment par le choix des pays retenus (le cabinet M..., pour valoriser le préjudice entrainé par le programme « changer de mobile » avait précédemment retenu une approche similaire sur le segment des forfaits post payés portant sur 17 pays européens et avait déterminé un montant de préjudice supérieur de 3 fois à celui qui a été calculé par le cabinet T...) ;
>
> Que ce type d'approche ne prend aucunement en compte des éléments qualitatifs qui peuvent être très divers selon les opérateurs et avoir des impacts différents, tels les facteurs culturels, la stratégie commerciale adoptée et notamment la politique de prix proposés par chaque opérateur, la qualité de service, etc. ;
>
> Le tribunal rejette ce type d'évaluation [...]

493. En raison de pratiques anticoncurrentielles, la société Outremer Télécom a subi un retard dans le développement de sa part de marché. Pour chiffrer ce retard, une évaluation raisonne par analogie avec des marchés nationaux qu'elle tient pour similaires à ceux de la zone Antilles Guyane : le Suriname, le Monténégro, Malte et Bahreïn. Le tribunal rejette cette approche dans des termes vigoureux. Ses objections semblent être au nombre de deux :

- le choix des pays est susceptible d'influencer dans des proportions importantes les résultats de la comparaison ;
- de nombreux facteurs peuvent rendre deux marchés nationaux non comparables

Par-delà cette seule affaire, l'analyse de l'ensemble des jugements et arrêts réunis dans ce livre montre que, lorsque des comparaisons géographiques ont été acceptées par des juridictions françaises, ces comparaisons restaient généralement à l'intérieur des frontières nationales : elles portaient par exemple sur des marchés communaux ou régionaux[568]. Marquant peut-être une évolution, un arrêt récent de la cour d'appel de Paris semble toutefois accorder du crédit à une évaluation de préjudice fondée sur une comparaison internationale : « *[L]e rapport T... a regroupé des marchés comparables sur les caractéristiques essentielles telles que retenues par la commission : degré de concurrence et de concentration sur les marchés considérés, caractéristiques des coûts et de la demande, barrières à l'entrée. Ainsi ont été retenus les pays suivants : la Bulgarie, l'Irlande, le Luxembourg et Malte. [...] [I]l n'est pas nécessaire que toutes les caractéris-*

---

568 V. aussi CA Paris, 1re ch., 23 juin 2004, *SARL Exploitation des Marbreries Lescarcelle et al. c/ Sté OGF*, RG 1996-85208, pour une comparaison de commune à commune ; et T. com. Paris, 6e ch., 30 mars 2011, *SAS Numericable et al. c/ SA France Télécom-Orange*, RG 2009073089 pour le rejet d'une comparaison avec un marché allemand.

tiques du marché de comparaison soient les mêmes à celle du marché affecté par l'infraction dès lors que les caractéristiques concurrentielles essentielles pour la comparaison existent[569]. »

CA Paris, ch. 5-11, 2 oct. 2015, SAS Cowes (anciennement Subiteo) c/ SA Orange (anciennement France Télécom), RG 14/15779

La société France Télécom par le retard pris dans l'ouverture à la concurrence du marché de l'ADSL et sa pratique de prix a contraint la société Subiteo à abandonner son projet ce qui lui a causé un préjudice du fait des fonds qu'elle a investis dans ce but et de la perte de chance de mener à bien un projet ambitieux.

[...]

Le préjudice subi par la société Subiteo s'analyse en investissements exposés en vain dans le cadre du projet et dans la perte de chance de réussir celui-ci mais non en la perte de marché subie si elle avait mené à bien son projet qui comporte toujours un aléa. Elle justifie par la production de ses comptes de résultat que le montant de ses pertes s'est élevé à 4 millions d'euros pour les années 2000 et 2001. La perte de chance sera évaluée en tenant compte de la date à laquelle la société Subiteo s'est retirée du marché soit en mai-juin 2001 alors qu'elle a été créée en mai 2000 ; le préjudice subi par la société Subiteo sera évalué à 7 millions d'euros.

494. La société Subiteo a été créée en mai 2000 avec pour ambition de fournir un accès haut débit à Internet. Faute, pour entrer sur le marché, de pouvoir souscrire aux offres proposées par la société Orange, elle s'en est retirée en mai 2001. Comment évaluer le préjudice ? La société Subiteo semble avoir établi un business plan, réuni une équipe, obtenu des promesses d'investissement[570]. Mais elle n'a jamais pu véritablement entrer sur le marché, et elle a dû abandonner son projet à peine un an après avoir été créée. Comment savoir si le projet aurait réussi en l'absence de faute ? Et à quelle échelle ?

495. Pour dimensionner le préjudice, la cour d'appel de Paris trouve dans cette affaire un point d'appui. On sait que la société Subiteo a réalisé des pertes de 4 millions d'euros. Faute de mieux, c'est un ordre de grandeur. Il constitue, semble-t-il, le point de départ à partir duquel la cour estime quelle valeur donner à la chance, perdue par la victime, de réussir son projet[571].

496. La situation dans laquelle un nouvel entrant abandonne un projet et quitte le marché qu'il ambitionnait de conquérir présente, lorsqu'il faut évaluer un préjudice, deux

---

569 CA Paris, ch. 5-4, 17 juin 2020, RG 17/23041, préc. ; peut-être faut-il noter que, dans cette affaire, deux évaluations de préjudice fondées sur deux méthodes différentes produisaient des résultats jugés « *très proches* ».

570 V. à l'inverse T. com. Paris, 17e ch., 16 déc. 2015, *SELAFA MJA et al. c/ SA Orange*, RG 2011002749, où le tribunal a jugé que la capacité d'une entreprise à réunir les fonds nécessaires à un projet n'était pas établie.

571 Il serait selon nous erroné de cumuler dans le calcul du montant du préjudice la valeur des investissements exposés en vain d'une part, et la valeur de la chance perdue d'autre part. C'est pourquoi nous pensons que la cour n'additionne pas ces deux chiffres, mais utilise le premier comme ordre de grandeur pour estimer le second.

difficultés majeures[572]. La première tient comme on vient de le voir au peu de points d'ancrage dont on dispose souvent (ici, le seul que trouve la cour est celui du montant des pertes comptabilisées par la victime). La seconde porte comme on le verra plus loin sur les incertitudes qui affectent parfois la démonstration du lien causal.

3. Estimation de la quantité perdue – Durée des effets

CA Paris, ch. 5-4, 20 sept. 2017, Sté JCB Sales Ltd et al. c/ SAS Central Parts, RG 12/04441

L'expert considère que la société Central Parts aurait pu réaliser la maintenance des machines pendant 5 ans pour les machines d'occasion et pendant 10 ans pour les machines neuves. Ce faisant, selon les appelantes, il calculerait un préjudice sur une période bien postérieure à 2001, puisque, de fait, cette partie du préjudice évaluée par l'expert va jusqu'en 2006 pour les machines d'occasion et jusqu'en 2011 pour les machines neuves, ce qui, selon les appelantes, excéderait sa mission. Mais la Cour d'appel a jugé dans son arrêt définitif du 26 juin 2013 que « doivent être pris en compte les préjudices subis depuis le 15 avril 1995 et résultant des infractions commises jusqu'au 21 février 2001 ». Elle a donc visé explicitement la période du fait générateur du préjudice (du 15 avril 1995 au 21 février 2001) et précisé que les préjudices résultant des pratiques commises dans ce créneau devaient être indemnisés, sans limite de dates, les effets des pratiques anticoncurrentielles s'étalant dans le temps. L'expert n'a donc pas excédé sa mission en évaluant jusqu'à dix ans après le début des pratiques les conséquences sur la maintenance des refus de ventes.

497. Par décision du 21 décembre 2000, la Commission européenne a conclu que « *la société JCB et ses filiales [avaient] enfreint les dispositions de l'article 81 du traité CE, en concluant avec les concessionnaires des accords ou des pratiques concertées dont l'objet est de restreindre la concurrence à l'intérieur du marché commun afin de cloisonner les marchés nationaux et d'assurer une protection absolue sur les territoires exclusifs en dehors desquels les concessionnaires sont empêchés de réaliser des ventes actives* »[573].

498. La société Central Parts est un distributeur de pièces détachées et d'engins neufs et d'occasion. Elle achetait en Grande-Bretagne des pièces et des machines de la marque JCB pour les revendre en France. À l'issue d'une procédure riche en rebondissements, la cour d'appel de Paris procède à l'évaluation des préjudices subis par cette société du fait des pratiques anticoncurrentielles sanctionnées par la Commission. L'expert judiciaire considère que la société Central Parts a été privée de ventes de machines neuves et d'occasion. Mais le préjudice selon l'expert ne s'arrête pas là : si la société Central Parts avait pu vendre ces matériels, elle aurait pu également effectuer sur certains des opérations de maintenance, parfois jusqu'en 2011. Les infractions ont été commises jusqu'au 21 février 2001, mais

---

572 V. p. ex. O. Douvreleur, « Le juge et l'indemnisation du préjudice », *LPA*, 4 sept. 2017, n° 176.

573 Comm. CE, déc. du 21 déc. 2000, aff. COMP.F.1/35.918 – *JCB*.

certains de leurs effets ont selon l'expert perduré sur une durée de dix ans. La cour suit l'expert et retient l'existence d'effets sur cette durée.

499. Les parties aux actions en réparation du préjudice concurrentiel débattent fréquemment de la durée pendant laquelle des pratiques anticoncurrentielles ont produit leurs effets[574]. Pour ce qui concerne les pratiques d'éviction, on pourra consulter sur le sujet un jugement du tribunal de commerce de Paris qui retient que, « *si les pratiques anticoncurrentielles ont duré de 2007 à 2008, leurs effets se sont nécessairement prolongés au-delà de cette période* »[575]. On pourra également s'intéresser à un arrêt par lequel la cour d'appel de Paris demande à un expert d'évaluer un éventuel préjudice « *de rétablissement* »[576].

T. com. Paris, 15e ch., 20 juin 2016, SA Orange Réunion c/ Sté SRR et al., RG 2014058853

Attendu qu'Orange Réunion explique que, du fait des manœuvres anticoncurrentielles auxquelles elle s'est heurtée pour pénétrer les marchés de la Réunion et de Mayotte, le cabinet M... a déterminé qu'elle ne pourrait retrouver la part de marché qui aurait dû être la sienne, en l'absence des dites manœuvres, que durant l'année 2020 ; Qu'en conséquence Orange Réunion demande la réparation de son préjudice également sur la période 2015-2020 car il s'agit d'un préjudice futur et non d'un préjudice éventuel, le préjudice n'ayant pas cessé de se faire sentir du seul fait de l'arrêt des pratiques anticoncurrentielles en 2013 ; Le tribunal dira que le préjudice d'Orange Réunion sur la période 2015-2020 peut être la prolongation certaine et directe d'un état de chose actuel et que seul un examen critique de l'étude du cabinet M... permettra de déterminer la réalité de ce préjudice et la durée sur laquelle il convient qu'il soit réparé [...]

500. Par décision du 13 juin 2014, l'Autorité de la concurrence a sanctionné des infractions à l'article 102 TFUE et à l'article L. 420-2 du code de commerce dans le secteur de la téléphonie mobile à la Réunion et à Mayotte[577]. La société Orange Réunion estime avoir été victime de ces infractions. Les pratiques ont cessé en 2013, mais Orange Réunion considère qu'au moment où elles ont pris fin, elle « *s'est retrouvée titulaire d'une part de marché significativement plus basse que celle qui aurait dû être la sienne* » et que « *le rattrapage de cette part de marché ne peut être envisagé avant l'année 2020* ».

501. La part de marché dont une entreprise a été privée par des pratiques anticoncurrentielles ne lui revient pas nécessairement immédiatement lorsque cessent ces pratiques. Parfois le retour à la normale va demander une ou plusieurs années ;

---

574 Elles débattent parfois aussi de la durée pendant laquelle les pratiques anticoncurrentielles ont eu lieu ; v. p. ex. T. com. Paris, 15e ch., 15 nov. 2002, *SA Éditions Montparnasse c/ SA Télévision Française 1 « TF1 »*, RG 2001-075716.

575 T. com. Paris, 15e ch., 1er févr. 2016, *SA Digitick c/ SA Fnac et al.*, RG 2013033034 ; v. aussi CA Aix-en-Provence, 2e ch., 22 mai 1997, *Sté ODA c/ M. A... et al.*, RG 96/18916, retenant que des pratiques « *ont vu nécessairement leurs effets persister durablement bien qu'il y ait été mis fin* ».

576 CA Paris, ch. 5-4, 12 sept. 2018, *GIE Pari Mutuel Urbain c/ SARL Betclic Entreprises Limited*, RG 18/04914.

577 Déc. n° 14-D-05 du 13 juin 2014 relative à des pratiques mises en œuvre dans le secteur de la téléphonie mobile à destination de la clientèle résidentielle à La Réunion et à Mayotte.

et rien n'interdit d'imaginer une situation dans laquelle un jugement indemnitaire devrait être rendu alors même que la victime n'aurait pas encore recouvré l'intégralité de la part de marché perdue. On se trouverait alors dans la situation d'un « préjudice futur », c'est-à-dire subi par la victime postérieurement au jugement[578]. Le tribunal de commerce de Paris rappelle qu'un tel préjudice, si tant est qu'il constitue « *la prolongation certaine et directe d'un état de chose actuel* », présente un caractère indemnisable.

502. Lorsque l'on sort du champ du droit de la concurrence, les préjudices futurs sont bien tristement courants (ne serait-ce qu'au travers de certains préjudices corporels). La Cour de cassation retient de longue date leur caractère indemnisable. Un arrêt du 1er juin 1932 indiquait déjà que, « *s'il n'est pas possible d'allouer des dommages-intérêts en réparation d'un préjudice purement éventuel, il en est autrement lorsque le préjudice, bien que futur, apparaît aux juges du fait comme la prolongation certaine et directe d'un état de chose actuel et comme étant susceptible d'estimation immédiate* »[579].

503. Notons que, d'un point de vue financier, un euro dont une victime aurait été privée en 2024 ne vaudrait pas un euro indemnisé en 2021 ou 2022, mais un peu moins. Lorsque des préjudices concurrentiels futurs seront reconnus, il faudra en toute rigueur les actualiser à la date du jugement (comme on le fait déjà pour les préjudices corporels).

4. Dommages en cascade – Perte de clientèle

CA Paris, 1re ch., 23 juin 2004, SARL Exploitation des Marbreries Lescarcelle et al. c/ Sté OGF, RG 1996-85208

Sur le préjudice lié à l'activité « pompes funèbres » : Considérant que les experts ont, en premier lieu, cherché à mesurer les effets de la captation de clientèle liés à la gestion du funérarium de Gonesse [...]

Sur le préjudice lié à l'activité de marbrerie : Considérant qu'une fraction des dossiers obtenus par une entreprise de pompes funèbres entraînent l'exécution d'une prestation de marbrerie [...]

Sur le préjudice lié à la vente de fleurs et d'autres articles funéraires : Considérant que la société Lescarcelle a subi, du fait de la captation illicite par OGF d'un certain nombre de dossiers de pompes funèbres, un préjudice résultant de la perte de ventes de fleurs de deuil ainsi que de la perte de ventes d'autres articles funéraires accompagnant les obsèques [...]

504. Bénéficiaire de la concession de la chambre funéraire de la commune de Gonesse, une société n'a pas été neutre dans la gestion de celle-ci, mais a utilisé la concession pour rendre l'accès au marché des prestations libres de pompes funèbres plus difficile aux entreprises concurrentes. L'existence d'un abus de position dominante

---

578 V. G. Viney, P. Jourdain et S. Carval, *Les conditions de la responsabilité*, 4e éd., LGDJ, 2013, § 277.

579 Cass. req., 1er juin 1932, pourvoi n° 377 ; v. aussi Cass. 1re civ., 13 juill. 2004, n° 02-10.386 ; Cass. 2e civ., 15 déc. 1971, n° 70-12.603 ; et Cass. com., 9 juin 2015, n° 14-15.074, 14-15.123 et 14-15.592 (préjudice futur assorti d'une perte de chance, pour une durée de contrat prévisible de vingt ans).

est reconnue par un arrêt du 22 mars 2000 de la cour d'appel de Paris, et il est confié à un expert la mission d'établir l'étendue du préjudice[580]. Après remise du rapport d'expertise, l'arrêt du 23 juin 2004 dresse la liste des différents chefs de préjudice et fixe leurs montants.

505. En raison des pratiques anticoncurrentielles, les demanderesses ont été privées de ventes de prestations de pompes funèbres (marché n° 1). Les experts judiciaires ont en outre retenu que, si elles avaient été fournies, les prestations de pompes funèbres auraient pour certaines d'entre elles été accompagnées de prestations de marbrerie (marché n° 2) ainsi que de ventes de fleurs et d'autres articles funéraires (marché n° 3). Des préjudices sont donc indemnisés au titre de ventes perdues sur ces trois marchés.

506. Lorsqu'une entreprise est évincée de manière illicite d'un marché, sa perte ne se limite pas nécessairement à la seule marge brute que ce marché aurait générée. Dans cet exemple, la perte de ventes d'une première prestation (pompes funèbres) entraîne la perte de ventes de deux produits complémentaires (marbrerie et fleurs). Il y a donc trois dommages, les deux derniers étant des conséquences du premier. Les deux affaires qui suivent présentent d'autres dommages en cascade, un peu différents[581].

CA Paris, ch. 5-4, 14 déc. 2016, *SNCF c/ Maître G. Pellegrini (ès qualités de liquidateur judiciaire de la société Switch)*, RG 13/08975[582]

Il existe une perte directe et immédiate de volume d'affaires du fait de la pratique anticoncurrentielle (perte du client capté et donc non atteint par la société Switch) ainsi que, malgré l'absence de données sur le taux de retour annuel de clients et le suivi de clients venus sur recommandation, une perte certaine due à un effet différé, effet que l'expert judiciaire a défini comme « une baisse du volume d'affaires induite par l'absence de fidélisation de la clientèle directement détournée....une fidélisation due à la satisfaction du client mais également par les recommandations faites de "bouche à oreille et sur internet". »

507. Le 5 février 2009, le Conseil de la concurrence a considéré qu'un partenariat entre la SNCF et la société Expedia créant l'Agence VSC constituait une entente, ayant pour objet et pour effet de favoriser leur filiale commune sur le marché des services d'agence de voyages prestés pour les voyages de loisirs au détriment de ses concurrents[583]. Le 26 avril 2013, le tribunal de commerce de Paris condamne la SNCF à verser à Me Pellegrini, ès qualités de liquidateur judiciaire de la société Switch, la somme de 6,9 millions d'euros en réparation du préjudice subi du fait de la faute de la SNCF[584]. Après appel de la SNCF, la cour d'appel de Paris confirme le jugement en toutes ses dispositions.

---

580 CA Paris, 1re ch., 22 mars 2000, *SARL Exploitation des Marbreries Lescarcelle et al. c/ Sté OGF*, RG 1996-85208.

581 Sur la notion de dommage en cascade, v. M. Fabre-Magnan, *Droit des obligations*, 4e éd., PUF, coll. « Thémis droit », 2019, § 172 ; G. Viney, P. Jourdain et S. Carval, Les conditions de la responsabilité, préc., § 359.

582 Confirmé par Cass. com., 29 janv. 2020, n° 17-15.156.

583 Décision n° 09-D-06 du 5 févr. 2009 relative à des pratiques mises en œuvre par la SNCF et Expedia Inc. dans le secteur de la vente de voyages en ligne.

584 T. com. Paris, 15e ch., 26 avr. 2013, *Maître G. Pellegrini (ès qualités de liquidateur judiciaire de la société Switch) c/ SNCF*, RG 2012002045.

508. L'arrêt met en relief un type de dommage en cascade que l'on imagine fréquent, quoique sans doute pas toujours demandé. Lorsqu'une pratique anticoncurrentielle prive l'entreprise d'une vente, celle-ci subit une première perte de marge. Mais elle perd aussi la possibilité de nouer une relation plus durable avec le client auquel elle n'a pas vendu, de le fidéliser, et de lui vendre dans le futur d'autres produits ou services. Il faut donc distinguer la perte de marge sur la première prestation non vendue, qui constitue comme l'indique l'arrêt l'effet le plus immédiat et le plus apparent des pratiques anticoncurrentielles, de la privation de la relation client, qui constitue un effet à plus long terme. Il s'agit de deux chefs de préjudice distincts, évaluables et indemnisables comme le montre cet arrêt l'un et l'autre[585].

CA Paris, 1re ch., 30 sept. 1998, SA Mors c/ SA Labinal, RG 1992-20943

Que les agissements de la société Labinal ont en conséquence nécessairement fait perdre à MORS une chance très sérieuse de faire admettre sa technologie, nouvelle et performante, tant auprès des compagnies Air France, Lufthansa et UTA qui étaient les compagnies de lancement pour le A 340 et les plus importants clients potentiels, qu'auprès des autres compagnies que le choix des premières aurait pu influencer et à l'égard desquelles Mors aurait pu bénéficier d'une réputation de spécialiste ; Que cette perte de chance doit dès lors être calculée sur l'ensemble du marché potentiel des A 330/340, et non comme le voudrait la société Labinal, limitée aux seules offres contenant l'une des pratiques illicites et appréciée à la date limite du 19 mai 1993 [...]

509. La société Mors fournit des systèmes de mesure de pression des pneus destinés à être installés sur des avions. Les premières homologations et entrées en service du nouvel Airbus A 330/340 doivent avoir lieu en 1992. En raison de pratiques anticoncurrentielles, la société est privée d'une chance de faire admettre sa technologie auprès des compagnies de lancement de cet appareil (marché n° 1). Elle argumente que, si elle n'avait pas été évincée de ce premier marché, elle aurait pu par la suite devenir le fournisseur de référence pour l'ensemble du marché des A 330/340 (marché n° 2). Et elle considère qu'alors, si elle avait obtenu ce second marché, il lui aurait sans doute été possible d'étendre par la suite ses ventes à d'autres types d'appareils (marché n° 3).

510. La cour d'appel de Paris considère que la perte de chance subie par la société Mors ne se limite pas effectivement au marché n° 1, mais couvre aussi le marché n° 2. Elle retient donc ici encore l'existence d'un dommage en cascade, de nature un peu différente de ceux présentés dans les deux arrêts précédents :

- la victime a perdu la chance de vendre à trois clients déterminés (les compagnies de lancement Air France, Lufthansa et UTA) ;
- et, pour cette raison, elle a perdu en cascade la chance de vendre à d'autres clients (toutes les compagnies aériennes qui auraient acheté des A 330/340).

---

585 V. aussi CA Aix-en-Provence, 2e ch., 22 mai 1997, *Sté ODA c/ M. A... et al.*, RG 96/18916 ; T. com. Toulon, 6e ch., 5 mai 2000, *M. A... c/ Sté ODA*, RG 92F01271 & 96F00939 ; CA Paris, 1re ch., 23 juin 2004, *SARL Exploitation des Marbreries Lescarcelle et al. c/ Sté OGF*, RG 1996-85208.

511. La cascade de dommages s'arrête lorsque le lien causal entre marchés prétendument perdus se distend. Dans cette affaire, après avoir observé le marché pour d'autres types d'avions (que nous avons appelé marché n° 3), la cour d'appel de Paris considère ainsi que « *rien ne permet de relever un lien entre les pratiques anticoncurrentielles et le fait que cette société [Mors] ne se soit pas implantée sur le marché d'autres avions* ».

512. D'autres décisions ont rejeté des demandes d'indemnisation de dommages concurrentiels en cascade pour manque de lien causal. On pourra consulter par exemple un arrêt de la cour d'appel de Paris dans le secteur des matériels de travaux publics[586], ou un autre dans le secteur de la téléphonie fixe[587].

5. Détermination du taux de marge

CA Paris, ch. 5-4, 11 avr. 2018, SCP B... R..., ès qualités de liquidateur judiciaire de la Sté Lectiel c/ SA Orange, RG 14/14758

La société Lectiel propose de retenir une fourchette de marge comprise entre 85 et 95 %, tandis que l'expert retient un taux de marge nette sur chiffre d'affaires de 50 % [...].

Le rétablissement de la société Lectiel dans sa situation antérieure conduit à rechercher quel est le chiffre d'affaires dont elle a été privée sous déduction des charges qui n'ont pas été supportées du fait de la baisse d'activité. La question posée est donc la détermination, in concreto, des frais qui n'ont pas été engagés ou qui ont été « évités » pendant la période concernée, c'est[-]à[-]dire celle pendant laquelle le chiffre d'affaires a été perdu du fait de la pratique anticoncurrentielle de France Télécom, de décembre 1991 à août 1998, comme le rappelle la note de S... E... (Pièce n° 66). Il appartient au demandeur d'apporter les justifications et analyses pertinentes pour calculer cette marge. Pour quantifier le préjudice, il convient donc d'établir le chiffre d'affaires réalisable en l'absence d'infraction, diminué de l'ensemble des charges qui en sont la contrepartie.

[...]

Compte tenu de tous ces éléments, le chiffre de 20 % sera retenu par la cour comme estimation du taux de marge sur coûts variable de la société Lectiel.

513. La société Filetech, aux droits de laquelle vient la société Lectiel, a été victime d'un abus de position dominante. Un expert judiciaire évalue à 6 946 000 euros le chiffre d'affaires dont elle a été privée. S'il n'y avait pas eu de faute, quel aurait été le taux de marge de l'entreprise sur ce chiffre d'affaires additionnel ? La société Lectiel avance un taux de 88,7 %. L'expert retient un taux de 50 %, regrettant notamment une « *carence de production de pièces comptables et analytiques suffisantes* ». La cour retient pour sa part 20 %.

---

586 CA Paris, ch. 5-4, 20 sept. 2017, *Sté JCB Sales Ltd et al. c/ SAS Central Parts*, RG 12/04441 (rejet d'une demande de préjudice en cascade sur la vente de machines d'occasion).

587 CA Paris, ch. 5-11, 8 juin 2018, *SA Orange c/ SA SFR*, RG 16/19147 (arrêt annulé par Cass. com., 16 sept. 2020, n° 18-21.615).

514. La détermination d'une perte de marge suppose que la victime communique quel est son taux de marge et qu'elle en justifie[588]. Deux problématiques apparaissent de manière récurrente. La première est celle de la demanderesse qui refuse de communiquer ces informations, alors même qu'elle est généralement seule à en disposer. La seconde porte sur le caractère évitable ou pas de certains frais, sujet sur lequel les demanderesses et les défenderesses ont généralement des positions divergentes. Beaucoup des décisions susceptibles d'apporter des éclairages sur ces questions ont été rendues dans des affaires où la faute n'était pas une pratique anticoncurrentielle[589]. On recommandera en particulier la lecture des analyses de Patrick Le Teuff et Pierre Loeper, tous deux experts-comptables de justice, « Les problématiques de coûts : coûts fixes, coûts variables, coûts directs, coûts indirects »[590].

515. Dans le cas de figure où une partie ne communique pas des éléments comptables, pourtant nécessaires à l'évaluation de son préjudice, peut-être faut-il lire dans un autre extrait de l'arrêt un message adressé par la cour : « *[L]'expert souligne que la société Lectiel n'a fourni aucun élément permettant le calcul de la répartition de son chiffre d'affaires entre ses diverses activités, la fourniture d'adresses pour le mailing et le télémarketing ne constituant qu'une partie de celui-ci. La cour remarque qu'elle ne communique pas davantage d'éléments devant elle. En cette absence, les chiffres les moins favorables de la société Lectiel seront retenus à son encontre.* »

6. Perte de chance

T. com. Paris, 1re ch., 2 mars 2012, SA Sereme c/ SA Actidyn Systèmes et al., RG 2010067418

En conséquence le tribunal dira qu'en refusant de fournir à Sereme les produits commandés, les sociétés Team Corporation ont abusé de leur position dominante sur le micromarché mondial des paliers hydrostatiques [...]. Attendu que Sereme indique que la perte du marché Alcatel équivaudrait pour elle à une perte de marge brute générant une perte comptable dans son exercice 2007 de 257.000 € hors taxes. Attendu qu'elle justifie de tous ses succès commerciaux passés pour conforter sa thèse selon laquelle elle aurait dû gagner cet appel d'offre[s]. Attendu que la probabilité de remporter le marché Alcatel était réelle. Mais attendu que les aléas du commerce doivent également être pris en compte et que Sereme ne peut être dédommagée de l'intégralité de la marge brute de la perte du marché, la perte d'une chance étant, selon une jurisprudence établie, évaluée en prenant en compte l'incertitude de l'occurrence du résultat manqué. En conséquence, prenant en compte les différents éléments fournis par l'expert[-]comptable de Sereme et se fondant sur l'analyse des faits, le tribunal appliquant son pouvoir d'appréciation retiendra que Sereme avait 50 % de chance de remporter le contrat

588 Ou un autre indicateur de marge (marge par client, marge par produit, etc.).

589 Souvent, par exemple, dans le cadre de procédures faisant suite à une rupture brutale de relations commerciales établies ; v. S. Carval, S. Nérot et J.-F. Laborde, « La réparation de la perte de marge », *D.* 2018, p. 252, § 39 et s.

590 CNCEJ, « Points clés relatifs à l'évaluation des préjudices économiques », chapitre 3, mars 2018.

Alcatel, Actidyn Systemes ayant été un concurrent sérieux sur cette opération. Rapportant ce pourcentage aux demandes invoquées, le tribunal chiffrera donc à la somme de 128.500 euros le montant de l'indemnisation du dommage résultant de la perte de chance de Sereme [...]

516. Une société a été victime d'un refus de vente, constitutif d'abus de position dominante, en raison duquel elle n'a pas pu participer à un appel d'offres. Dans le cadre d'une action autonome, elle demande et obtient réparation de son préjudice devant le tribunal de commerce de Paris.

517. S'il avait été obtenu, le marché aurait rapporté à l'entreprise une marge brute de 257 000 euros. L'estimation du préjudice subi par l'entreprise ne s'arrête cependant pas à ce chiffre. Si la faute n'avait pas eu lieu, l'entreprise aurait pu participer à l'appel d'offres. Peut-être l'aurait-elle emporté ; peut-être pas. Le tribunal se place donc sur le terrain de la perte de chance[591] :

- la marge qu'aurait représenté le marché était, rappelons-le, de 257 000 euros ;
- l'entreprise avait aux yeux des juges 50 % de chance d'obtenir ce marché ;
- la chance dont elle a été privée peut donc être valorisée à 257 000 euros x 50 % = 128 500 euros.

518. Comme indiqué plus haut dans cet ouvrage, le concept de perte de chance est très présent dans le contentieux de la réparation des préjudices causés par les pratiques d'éviction. Parmi les actions en réparation fondées sur des abus de position dominante, par exemple, près d'une affaire sur deux y fait référence de manière explicite ou implicite.

519. Souvent, les décisions dans lesquelles des pertes de chance sont indemnisées n'indiquent que le résultat final du calcul, passant sous silence le niveau de probabilité que les juges ont retenu (dans l'exemple ci-dessus 50 %). Deux jugements du tribunal de commerce de Paris fournissent néanmoins, en matière de pratiques anticoncurrentielles, d'utiles (mais encore rares) ordres de grandeur :

- s'il n'avait pas été victime d'un abus de position dominante, un nouvel entrant sur le marché de la presse sportive aurait eu 4 % de chance de parvenir à développer une activité rentable[592] ;
- si elle n'avait pas figuré sur la « liste noire » établie par les membres d'une entente, une société aurait eu huit chances sur dix de connaître une évolution de son chiffre d'affaires comparable à celle de ses concurrents[593].

L'écart entre ces deux chiffres confirme, si besoin était, que les chances perdues peuvent être petites ou grandes.

---

591 Généralement définie comme « *la disparition actuelle et certaine d'une éventualité favorable* ».

592 T. com. Paris, 13e ch., 11 juin 2019, *SAS 10 Médias c/ SA Les Éditions P. Amaury et al.*, RG 2013004738. Le terme « rentable » semble avoir été défini dans le jugement comme dégageant « *une marge nette de 2,1 millions d'euros par an* » ; la probabilité de succès est explicitement estimée en fonction du niveau de rentabilité envisagé.

593 T. com. Paris, 15e ch., 26 mai 2015, *SARL Équipements et Matériels pour Chantiers et Collectivités (EMC2) et M. J.-J. B... c/ SAS Lacroix Signalisation et al.,* RG J2014000147 ; réformé par CA Paris, ch. 5-4, 28 févr. 2018, RG 15/11824, 15/12921, 15/13633, 15/12827, 15/12227 et 15/12141 (l'arrêt modifiant notamment l'évaluation de la perte de chance).

520. Parfois les parties s'opposent sur la qualification d'un préjudice comme gain manqué ou comme perte de chance. Le choix des mots recouvre ici de vrais enjeux financiers : si dans l'exemple ci-dessus, le préjudice de la société Sereme avait été considéré comme un gain manqué, le montant indemnisé aurait été double. Des débats de cette nature ont notamment été tranchés dans deux arrêts de la cour d'appel de Paris[594]. Un arrêt de la cour administrative d'appel de Nantes traite également du sujet, dans une affaire où le préjudice était cette fois constitué d'un surcoût engendré par un cartel[595].

B. Les causes de non-indemnisation ou de réduction du montant du préjudice réparable

1. Absence de lien causal – Pluralité de facteurs

CA Paris, ch. 5-4, 28 févr. 2018, M. J.-J. B... et al. c/ SAS Lacroix Signalisation et al., RG 15/11824, 15/12921, 15/13633, 15/12827, 15/12227 et 15/12141

Toute victime d'un dommage qui entend rechercher la responsabilité de son auteur doit rapporter la preuve d'une faute, d'un dommage et d'un lien de causalité entre la faute et le dommage. Le lien de causalité constitue une articulation en soi de la responsabilité, distincte et de la faute et du préjudice. Il ne suffit donc pas que soient constatés la faute et le dommage, il faut encore que le lien de cause à effet qui les unit soit établi de façon directe. À défaut, les conditions de la responsabilité civile ne sont pas réunies.

Ces principes s'appliquent pour l'indemnisation d'un préjudice découlant de pratiques anticoncurrentielles : celle-ci n'est due que si ces pratiques sont directement à l'origine du préjudice subi. Aussi, si le préjudice dont il est demandé réparation est susceptible de trouver son origine dans d'autres faits que les pratiques anticoncurrentielles, il n'existe pas de lien de causalité suffisamment direct et certain permettant l'application de l'article 1382 du code civil (devenu l'article 1240 du code civil) [...].

Le rapport présume que les pertes subies par la société EMC2 jusqu'en 2006 sont exclusivement causées par le cartel. Or, la seule concomitance de la baisse de son chiffre d'affaires à partir de 2000 et de la période d'existence du cartel ne saurait en soi justifier une indemnisation égale à cette perte. La société EMC2 ne peut, à la suite de l'expert, prendre pour acquis que l'intégralité de la baisse de son chiffre d'affaires à compter de 2000 par rapport à celui de 1999 est la résultante de l'entente, sans en rapporter la preuve [...]

---

594 CA Paris, ch. 5-4, 14 déc. 2016, *SNCF c/ Maître G. Pellegrini (ès qualités de liquidateur judiciaire de la société Switch)*, RG 13/08975, *supra* n° 507 et s. ; CA Paris, ch. 5-4, 17 juin 2020, *SA Orange et SA Orange Caraïbe c/ SA Digicel Antilles Françaises Guyane*, RG 17/23041, *infra* n° 534. V. aussi CA Paris, ch. 5-4, 28 févr. 2018, RG 15/11824, indiquant que « *le succès d'une soumission à un marché [est] par définition affecté d'un aléa* ».

595 CAA Nantes, 4e ch, 27 avr. 2018, *Sté Signalisation France c/ Département du Calvados*, n° 17NT02571.

521. Le préjudice évalué dans cet arrêt résulte de pratiques d'éviction. S'appuyant sur un rapport d'expertise privée, une société fait état d'une privation de chiffre d'affaires, et elle demande réparation pour la perte de marge correspondante. Comme elle l'avait déjà fait dans d'autres affaires également fondées sur des pratiques d'éviction[596], la cour d'appel de Paris rappelle l'importance du lien causal. Peut-être le chiffre d'affaires de la victime a-t-il effectivement baissé à compter de 2000, concomitamment à la période d'existence d'une entente anticoncurrentielle ; mais cette concomitance ne vaut pas causalité.

522. Lorsqu'il faut prouver que des pratiques d'éviction ont entraîné la non-réalisation d'un chiffre d'affaires, la question du lien causal occupe fréquemment une place importante. Les questions soulevées dépendent de la situation de la victime alléguée :

- Dans le cas où la demanderesse n'est pas parvenue à entrer sur un marché : démontre-t-elle qu'elle avait « *l'intention sérieuse d'entrer sur le marché* »[597] ? Était-elle effectivement « *en passe* » de le faire[598] ? Peut-on penser qu'au moment où la faute a été commise, « *les conditions étaient [...] réunies pour engager sans délai son projet* »[599] ? Avait-elle si nécessaire la « *capacité à réunir des fonds* » au moment requis[600] ? Peut-on retenir qu'elle a « *abandonné ses projets [...] en raison des seules pratiques anti-concurrentielles* »[601] ?
- Dans le cas où la demanderesse était présente sur un marché (de longue date ou depuis peu) : la non-réalisation d'un chiffre d'affaires résulte-t-elle pour tout ou partie d'une « *méconnaissance des spécificités du métier* » (dans lequel en l'espèce la victime débutait)[602] ? Faut-il penser qu'indépendamment de la faute, la victime a « *réalisé des choix stratégiques qui ont pu retarder son développement* »[603] ? Le rythme de son développement a-t-il été pour partie déterminé par « *l'aptitude de la société elle-même à saisir des opportunités* »[604] ?

523. La question du lien causal a également été souvent soulevée dans un cas de figure particulier (quoique pas exceptionnel) : celui où la société victime de pratiques anticoncurrentielles a rencontré des difficultés économiques justifiant l'ouverture d'une procédure collective. Fallait-il alors tenir les pratiques anticoncurrentielles pour cause de ces difficultés ? On pourra consulter sur le sujet un jugement du tribunal de commerce de Paris[605] et deux arrêts de la cour d'appel de Paris[606].

---

596 V. en particulier CA Paris, ch. 5-4, 10 mai 2017, *SA Orange Caraïbe et SA Orange c/ SAS Outremer Télécom*, RG 15/05918.

597 CA Paris, ch. 5-4, 10 mai 2017, préc.

598 T. com. Paris, 15e ch., 20 nov. 2008, *SARL LB et Associés c/ La Monnaie de Paris*, RG 2007044186, *infra* n° 524.

599 CA Paris, ch. 5-5, 30 oct. 2014, *Me P. H. Soret, Mandataire liquidateur de la société Médailles Souvenirs et al. c/ La Monnaie de Paris*, RG 13/00265.

600 CA Paris ch. 5-11, 30 nov. 2018, *SELAFA Mandataires Judiciaires Associés MJA prise en la personne de Me F. L... ès qualités de mandataire liquidateur de la SA Cambio c/ SA Orange*, RG 16/03880.

601 *Ibid.*

602 CA Versailles, 12e ch. 02, 24 juin 2004, *SA Vérimédia c/ SA Médiamétrie et al.*, RG 2002-07434.

603 CA Paris, ch. 5-4, 10 mai 2017, préc.

604 T. com. Paris, 19 oct. 2001, *SARL Emettel c/ SA Télédiffusion de France TDF*, RG 2000-009930-1.

605 T. com. Paris, 15e ch., 26 avr. 2013, *Maître G. Pellegrini (ès qualités de liquidateur judiciaire de la société Switch) c/ SNCF*, RG 2012002045 ; confirmé par CA Paris, ch. 5-4, 14 déc. 2016, RG 13/08975.

606 CA Paris, ch. 5-4, 19 déc. 2018, *SA Bubble Diving et Me C. R... c/ SA La Spirotechnique Industrielle et Commerciale*, RG 16/07213 ; et CA Paris, ch. 5-5, 30 oct. 2014, préc.

T. com. Paris, 20 nov. 2008, SARL LB et Associés c/ La Monnaie de Paris, RG 2007044186

Attendu que la faute commise par Monnaie de Paris est établie ; attendu que le refus de vente a empêché LB de s'introduire dans des conditions satisfaisantes sur ce marché compte tenu de la position dominante de Monnaie de Paris ; Attendu néanmoins que LB, pour établir son préjudice de gain manqué, se doit de démontrer qu'elle était en passe d'entrer sur le marché et que la faute commise par Monnaie de Paris a stoppé une activité déjà engagée ou sur le point de l'être ; Attendu que LB ne produit pas d'éléments probants tels que comptes-rendus de rendez-vous, agendas montrant qu'une véritable prospection avait été menée durant l'année précédant le refus de Monnaie de Paris et qu'une clientèle intéressée avait été référencée ; Attendu que LB ne fournit aucun élément comptable justifiant d'un quelconque investissement lié au démarrage de cette nouvelle activité ; Attendu que LB ne produit aucun « business plan » prévisionnel établi au moment du lancement qu'elle définit comme avorté ; [...] Le Tribunal déboutera LB de sa demande de dommages et intérêts en réparation du gain manqué [...]

524. La demanderesse semble avoir voulu entrer sur un nouveau marché. Une faute l'en a empêchée. Le préjudice de gain manqué est chiffré par la demanderesse à hauteur de 20 336 191 euros. Le tribunal s'interroge sur l'existence d'un lien causal : la demanderesse était-elle véritablement « *en passe* » d'entrer sur le marché ? L'intérêt du jugement réside à nos yeux dans la liste des pièces que le tribunal aurait, semble-t-il, considérées comme probantes : sont cités d'éventuels comptes rendus de rendez-vous, agendas, éléments comptables, investissements, et business plan prévisionnel[607].

2. Double indemnisation

Cass. com., 12 juin 2012, n° 11-20.482

Vu le principe de la réparation intégrale ;

Attendu que pour condamner M. Y... à payer à M. Z... et à Mme A... la somme de 26 900 euros à titre de dommages-intérêts, l'arrêt retient que sans les manœuvres dont ils ont été victimes, ces derniers n'auraient pas investi en pure perte à hauteur de la somme de 26 900 euros chacun ;

Attendu qu'en statuant ainsi, alors qu'elle relevait que les « mobile homes » avaient été donnés en location et qu'elle condamnait la société « L... » à payer à M. Z... et à Mme A... les loyers qu'elle avait perçus, pour leur compte, au titre de ces locations, la cour d'appel, qui n'a pas tiré les conséquences légales de ses constatations, a violé le principe susvisé [...]

525. La faute dans cette affaire est extérieure au champ du droit de la concurrence. Deux personnes physiques ont investi dans des mobile homes destinés à la location. Les

---

607 Pour un exemple d'arrêt relativisant la valeur probante d'un business plan, v. CA Paris, ch. 5-5, 30 oct. 2014, préc.

fruits promis de leur investissement ne leur ont pas été versés. La cour d'appel d'Aix-en-Provence condamne M. Y… à restituer aux investisseurs le montant de leurs apports (deux fois 26 900 euros) ; elle condamne également une société L… à payer à ces investisseurs les loyers qu'elle a perçus pour leur compte. L'arrêt est cassé au visa du principe de la réparation intégrale.

526. Pour les anglophones, « *you can't have your cake and eat it* » ; pour les francophones, « on ne peut avoir le beurre et l'argent du beurre ». Lorsqu'une victime a réalisé un investissement, et qu'une faute l'a privée des fruits de cet investissement, il est incohérent de restituer à la fois la valeur de l'investissement (comme s'il n'avait jamais existé) et les fruits qu'il aurait dû produire[608]. En matière de pratiques anticoncurrentielles, l'incompatibilité entre ces deux chefs de préjudice a été relevée dans plusieurs décisions :

- Un jugement du tribunal administratif de Bastia retient que « *l'indemnisation de son manque à gagner* » ne rend pas les frais engagés par la victime inutiles[609].
- Un jugement du tribunal de commerce de Paris explique que « *la perte subie et le gain manqué sont des notions qui se recoupent, la première comme la seconde étant due aux investissements qui ne sont pas rentabilisés* », de sorte « *qu'il y a donc redondance* »[610].
- Un arrêt de la cour d'appel de Paris approuve les premiers juges d'avoir indemnisé une perte de marge et retient que « *la demande présentée au titre des investissements réalisés […] fait double emploi* »[611].

3. Avantage tiré du fait dommageable

TGI Montargis, 16 sept. 2009, SCM Gien radiodiagnostic et al. c/ Groupement de gestion de l'imagerie médicale conventionnelle et en coupes et al., n° 05/00156[612]

Les docteurs Y… et N… ont subi un préjudice en lien avec l'existence des pratiques anticoncurrentielles susmentionnées, s'analysant en une perte de chance de pratiquer des scanners, d'avoir une patientèle plus importante et de faire en conséquence un chiffre d'affaires plus important. Il convient cependant dans l'évaluation de la perte de chance de tenir compte du développement d'activités de substitution leur ayant permis de diversifier leurs activités dans un autre secteur médical et de percevoir des honoraires non négligeables […]

---

608 Sauf cas très particulier ; v. CA Paris, 1re ch., 30 sept. 1998, *SA Mors c/ SA Labinal*, RG 1992-20943 (cas de figure inhabituel dans lequel un accord prévoyait des modalités spécifiques de remboursement d'investissements préalables à la production).

609 TA Bastia, 2e ch., 6 févr. 2003, *SARL Autocars Mariani c/ Département de la Haute-Corse*, n° 0100231, 0100232, 0100230.

610 T. com. Paris, 6e ch., 30 mars 2011, *SAS Numericable et al. c/ SA France Télécom-Orange*, RG 2009073089.

611 CA Paris, ch. 5-1, 22 mars 2016, *SA Le Berry Républicain et al. c/ SAS Aviscom*, RG 14/11095.

612 V. AFEC, « Annexe aux observations présentées par l'AFEC sur le projet de document d'orientation "La quantification du préjudice dans les actions en dommages et intérêts fondées sur des infractions à l'article 101 ou 102 du Traité sur le fonctionnement de l'Union européenne" », 2011, document grâce auquel plusieurs affaires commentées dans ce livre ont été identifiées.

527. Un GIE a refusé à deux médecins radiologues l'accès à un scanner. Le tribunal juge que ce refus est constitutif d'un abus de position dominante. Le préjudice est constitué de la perte de chance de pratiquer des scanners et de réaliser ainsi un chiffre d'affaires additionnel. Le tribunal observe cependant que les médecins victimes des pratiques anticoncurrentielles en ont tiré un avantage : ils ont pu développer des activités de substitution, et celles-ci ont généré des revenus. On comprend qu'a été réduit d'autant le montant du préjudice indemnisé.

528. Pour la Cour de cassation, « *la détermination d'un préjudice suppose la prise en compte des avantages que le demandeur à l'action a pu retirer de la situation dommageable* »[613]. Commentant cet arrêt, Philippe Brun relevait par exemple que, « *s'il s'agit de rétablir la victime dans la situation dans laquelle elle se serait trouvée en l'absence du fait dommageable, il faut bien prendre en compte non seulement les conséquences préjudiciables de la situation créée par le fait dommageable, mais aussi les avantages que la victime a pu tirer de cette situation* ».

529. D'autres actions en réparation de préjudices causés par des pratiques anticoncurrentielles fournissent des exemples d'avantages tirés d'une situation dommageable :

- Un arrêt de la cour d'appel de Paris retient, classiquement, qu'une société n'ayant pu réaliser la vente d'engins de travaux publics a économisé les coûts de transport et de mise en service de ces engins[614].
- Un jugement du TGI de Laval considère qu'une société n'ayant pu accéder à un abattoir a subi différents surcoûts lorsqu'elle a dû faire appel à un autre, mais que son préjudice a été pour partie compensé par une économie de frais de personnel[615].
- Un jugement du tribunal de commerce de Paris semble considérer que, si des pratiques anticoncurrentielles ont poussé une société à vendre une unité de production, alors la plus-value dégagée lors de cette cession doit venir en diminution d'autres préjudices (mais la cour d'appel de Paris portera sur les faits une appréciation différente)[616].

La doctrine cite également d'autres exemples, dans le cadre d'affaires où la faute n'était pas une pratique anticoncurrentielle[617].

---

613 Cass. 1re civ., 28 sept. 2016, n° 15-18.904 ; *D.* 2016, p. 2061, S. Carval ; *D.* 2017, p. 25, P. Brun ; *JCP G* 2017, 257, p. 457, P. Stoffel-Munck.

614 CA Paris, ch. 5-4, 20 sept. 2017, *Sté JCB Sales Ltd et al. c/ SAS Central Parts*, RG 12/04441.

615 T. corr. Laval, 15 avr. 2011, *SARL Ernée Viandes*, n° 378/2011 ; confirmé par CA Angers, ch. corr., 8 mars 2012, RG 11/00449.

616 T. com. Paris, 15e ch., 26 mai 2015, *SARL Équipements et Matériels pour Chantiers et Collectivités (EMC2) et M. J.-J. B... c/ SAS Lacroix Signalisation et al.*, RG J2014000147 ; réformé par CA Paris, ch. 5-4, 28 févr. 2018, RG 15/11824, 15/12921, 15/13633, 15/12827, 15/12227 et 15/12141 (l'arrêt modifiant notamment l'évaluation de la perte de chance).

617 *D.* 2016, p. 2061, S. Carval ; *JCP G* 2017, 257, p. 457, P. Stoffel-Munck.

Section 3
L'évaluation du préjudice de trésorerie

530. Suzanne Carval expliquait le préjudice de trésorerie en ces termes : « *[L]orsque, par la faute d'un tiers, une entreprise ou un particulier subit un dommage économique en un instant t, sa perte ne se limite pas au montant de ce dommage. Elle comprend un préjudice additionnel, qui résulte de la privation de la somme pendant la durée qui sépare t du jour où le jugement de réparation est prononcé. En droit, ce préjudice ne reçoit pas d'appellation particulière, mais, dans la pratique, il est souvent qualifié de "préjudice financier" ou de "préjudice de trésorerie"*[618]. » On dit que le préjudice de trésorerie est réparé par « l'actualisation » du montant du préjudice, opération par laquelle on ajuste une somme passée pour lui donner sa valeur actuelle[619]. Le différentiel est appelé par les juristes « intérêts compensatoires »[620].

531. Les questions que soulève l'évaluation d'un préjudice de trésorerie diffèrent en fonction de l'identité de la victime, personne publique ou personne morale de droit privé. La pratique du juge administratif est donc, sur ce sujet, peu comparable avec celle du juge judiciaire. Elle est également plus réduite[621]. Pour cette raison, cette section porte principalement sur l'évaluation, par les juridictions judiciaires, de préjudices de trésorerie subis par des entreprises.

1. Principe

Cass. com., 8 nov. 2017, n° 16-13.307, ECLI:FR:CCASS:2017:CO01412

Vu l'article 1147 du code civil dans sa rédaction antérieure à celle issue de l'ordonnance du 10 février 2016, ensemble l'article 1149, devenu 1231-2, du code civil ; Attendu que le juge doit assurer la réparation intégrale du préjudice prévisible en l'estimant au jour où il s'est réalisé et en l'actualisant au jour de sa décision ; Attendu que pour rejeter la demande d'actualisation du préjudice subi par M. X..., l'arrêt retient que les calculs opérés par ce dernier pour réactualiser son préjudice ne sont pas justifiés ; Qu'en statuant ainsi, alors que le préjudice avait été estimé au jour où il avait été subi, la cour d'appel a violé les textes susvisés ; Par ces motifs, et sans qu'il y ait lieu de statuer sur les autres

---

618 S. Carval, « Les intérêts compensatoires – La réparation de la dimension temporelle des préjudices économiques », *D.* 2017, p. 414.

619 On peut également actualiser une somme future.

620 Le vocabulaire employé sur le sujet du préjudice de trésorerie comprend des termes parfois mal définis en droit ; v. R. Amaro, « "L'actualisation" de l'indemnité réparant un dommage matériel : régime *sui generis* ou droit commun ? », *D.* 2019, p. 747.

621 V. J. Adda, R. Amaro, J.-F. Laborde, « Réparation du dommage causé par les ententes devant le juge administratif », *AJDA* 2019, p. 320. On pourra consulter TA Grenoble, 6e ch., 19 déc. 2019, *Département de la Savoie c/ Sté Signalisation France et al.*, n° 1503450 ; TA Lyon, 3e ch., 22 juill. 2019, *Sté AREA c/ Sté Signalisation France*, n° 1307012 ; CAA Paris, 4e ch., 13 juin 2019, *SNCF c/ Sté Hoffmann & Co. Elektrokohle AG et al.*, n° 14PA02419 ; CE, 7e et 2e ch. réunies, 12 oct. 2020, n° 432981, 433423, 433477, 433563, 433564 ; et CAA Douai, 1re ch., 22 févr. 2018, *Sté Signalisation France c/ Département de la Seine-Maritime*, n° 17DA00507, 17DA00509, 17DA00511.

griefs : Casse et annule, mais seulement en ce que, confirmant le jugement, il rejette la demande d'actualisation de l'indemnité de 114577,70 euros allouée à M. X... en réparation du préjudice subi, l'arrêt rendu le 10 décembre 2015, entre les parties, par la cour d'appel d'Aix-en-Provence [...]

532. La faute dans cette affaire ne relève pas du droit de la concurrence. La règle posée par la Cour de cassation n'en est pas moins applicable aux actions en réparation du dommage concurrentiel. Entre 1993 et 1995, le client d'un établissement financier s'est vu prélever des frais de courtage excessifs. Il découvre l'anomalie en 2012, et engage alors une procédure. Par arrêt du 10 décembre 2015, la cour d'appel d'Aix-en-Provence condamne l'établissement financier à rembourser le trop-perçu. Elle refuse en revanche d'indemniser le préjudice de trésorerie, estimant que les calculs d'actualisation fournis par le demandeur ne sont pas justifiés. Son arrêt est cassé sur ce point : « *le juge doit assurer la réparation intégrale du préjudice prévisible en l'estimant au jour où il s'est réalisé et en l'actualisant au jour de sa décision* ».

533. Du point de vue économique, l'idée selon laquelle la privation d'une somme d'argent est à l'origine d'un préjudice fait consensus. Ce préjudice de trésorerie n'est bien entendu pas spécifique aux affaires de droit de la concurrence[622]. Il prend cependant dans ces affaires une dimension particulièrement importante. En effet, l'indemnisation des victimes de pratiques anticoncurrentielles n'intervient souvent qu'après des procédures longues. En France, pour les actions *follow-on* faisant suite à des ententes horizontales, le premier jugement a été rendu en moyenne près de treize ans après la date du dommage. Pour les actions *follow-on* faisant suite à des abus de position dominante, le délai est de l'ordre de neuf ans[623]. Les enjeux relatifs au préjudice de trésorerie peuvent dans ces conditions être très élevés[624].

2. Mode de calcul

CA Paris, ch. 5-4, 17 juin 2020, SA Orange et SA Orange Caraïbe c/ SA Digicel Antilles Françaises Guyane, RG 17/23041[625]

Sur l'indemnisation du préjudice financier ou préjudice de trésorerie

Digicel demande réparation de son préjudice financier sous forme d'une actualisation au taux WACC sur la durée de la privation des sommes, soit à hauteur de la somme de 520,53 millions au 31 décembre 2018.

[...]

---

622 Son indemnisation n'est par ailleurs pas nouvelle : v. p. ex. CA Paris, 1re ch., 23 juin 2004, *SARL Exploitation des Marbreries Lescarcelle et al. c/ Sté OGF*, RG 1996-85208.

623 J.-F. Laborde, in « Actions en réparation des pratiques anticoncurrentielles : État des lieux en France et dans l'Union », conférence annuelle de la Revue *Concurrences* organisée à la première chambre de la cour d'appel de Paris, 28 mars 2019, www.concurrences.com.

624 V. p. ex. P. Déchamps, « Comment calculer les intérêts lors d'une estimation de préjudice ? », *Concurrences* n° 4-2017, pp. 33-40 ; et M. Nussenbaum, « Le préjudice du temps qui passe : approche économique des intérêts moratoires et compensatoires », *Revue de droit bancaire et financier*, n° 6, nov.-déc. 2017.

625 D. Bosco, « Affaire Orange Caraïbe : le succès de l'action indemnitaire confirmé en appel », *Contrats, conc., consom.* n° 8-9, août 2020, comm. 129.

Dans les actions en dommages et intérêts fondées sur des infractions à l'article 101 ou 102 TFUE, ainsi que l'a souligné la Cour de justice, la réparation intégrale du préjudice subi doit inclure la compensation des effets négatifs résultant de l'écoulement du temps depuis la survenance du préjudice causé par l'infraction, à savoir l'érosion monétaire et la perte de chance subie par la partie lésée du fait de l'indisponibilité du capital.

Le préjudice de trésorerie résulte de la perte de chance subie par la partie lésée du fait de l'indisponibilité du capital alloué en réparation du préjudice initial de la naissance du dommage jusqu'au jour du jugement de réparation. Il est réparé par le paiement d'intérêts compensatoires.

Sa réparation constitue une composante essentielle de la réparation des préjudices liés aux pratiques anticoncurrentielles (CJCE Manfredi 13 juillet 2006).

Il appartient à la victime de rapporter la preuve d'une perte de chance découlant directement de l'indisponibilité du capital.

Si l'entreprise victime démontre que la non[-]disponibilité des sommes dont elle a été privée l'a conduite soit à restreindre son activité sans pouvoir trouver des financements alternatifs par emprunts ou fonds propres, soit à renoncer à des projets d'investissements dûment identifiés qui étaient susceptibles de rapporter l'équivalent du coût moyen du capital, la perte de chance est évaluée en appliquant le coût moyen pondéré du capital (CMPC) encore appelé WACC (Weight[ed] Average Cost Of Capital), qui n'est pas un taux de rentabilité effectif, mais un taux requis par les apporteurs de capitaux.

Elle pourrait aussi être évaluée au regard de l'usage que la victime aurait fait de la trésorerie correspondante.

En effet, sauf à présumer la certitude que l'entreprise victime a été privée de l'opportunité d'investir les sommes qui lui étaient dues à un taux de rendement défini par l'ARCEP, l'application du taux WACC à un projet manqué nécessite que soit démontré au préalable l'impossibilité de réaliser le projet du fait de l'indisponibilité du capital. Le taux WACC comprend en effet une composante rémunérant le risque de sorte qu'il ne s'applique pas à des flux passés connus et déterminés dès lors qu'aucun investissement alternatif n'est prouvé avoir été perdu.

Il faut une perte de chance (projet identifié et preuve du lien direct entre la non[-]réalisation et le préjudice subi du fait de l'absence de moyens alternatifs de financement).

Si Digicel établit l'existence de son préjudice de trésorerie constituée par l'écoulement du temps entre la naissance de son préjudice économique subi du fait des pratiques mises en œuvre par Orange et Orange Caraïbe et la réparation de son préjudice, il lui appartient de justifier du quantum qu'elle sollicite.

Devant la Cour, Digicel fait état en particulier de projets de déploiement du FttH et de la 4G dans lesquels elle aurait renoncé à investir par manque de moyens.

[...]

Digicel ne démontre pas qu'elle a été dans l'obligation de renoncer à ces projets du fait de l'indisponibilité des sommes correspondan[t] au montant du préjudice subi.

En effet, même à admettre que ces projets lui aurai[ent] rapporté au moins le WACC, elle ne rapporte pas la preuve du refus de sa maison mère de les financer ainsi que de l'impossibilité de trouver d'autres sources de financement, la seule circonstance invoquée prise de l'augmentation de l'endettement du groupe sur la période 2014/2017 étant insuffisante à cet égard. Ce d'autant qu'il résulte de la consultation du cabinet A... (pièce OC 54 points 33-35) que Digicel avait non seulement la possibilité de lever de nouveaux financements mais encore la trésorerie suffisante pour mener une partie de ses projets. Ainsi entre 2014 et 2017, Digicel a prêté 65 millions au groupe et a distribué 42 millions à son actionnaire, lequel a réalisé 19 acquisitions entre 2014 et 2018.

[...]

Dès lors, Digicel qui ne justifie pas que la non[-]disponibilité des sommes dont elle a été privée l'a conduite soit à restreindre son activité sans pouvoir trouver des financements alternatifs par emprunts ou fonds propres, soit à renoncer à des projets d'investissements dûment identifiés qui étaient susceptibles de rapporter l'équivalent du coût moyen du capital, n'est pas fondée à obtenir l'indemnisation des sommes au taux WACC ARCEP et doit être déboutée de sa demande en réparation de son préjudice financier au taux WACC.

Sur la demande subsidiaire de Digicel tenant à ce qu'il soit retenu l'usage que la victime aurait fait de la trésorerie dont elle a été privée, le cabinet S... propose cette autre approche dans sa consultation et dit qu'entre 2002 et 2005, la disponibilité des sommes liées au montant du préjudice à cette date aurait pu permettre à BTC de se désendetter et ainsi de réaliser des économies de charges financières, le taux d'intérêt moyen payé par BTC sur cette période ressortant à 5,3 %, tandis qu'à partir de 2006, la disponibilité des sommes aurait pu permettre à Digicel de faire des prêts à sa maison mère ou à d'autres sociétés du groupe à un taux de 9 % (taux d'intérêt moyen payé par le groupe entre 2006 et 2017).

S'agissant de la période avant 2006, soit avant l'acquisition de BTC par Digicel, au regard de la trajectoire de forte réduction de son endettement dans laquelle s'est inscrite BTC à partir de 2003 jusqu'à sa cession, il peut être retenu qu'elle aurait affecté les sommes dont elle aurait été privée à son désendettement, ce d'autant qu'elle n'a commencé à distribuer des dividendes qu'à partir de 2011.

[...]

En revanche, s'agissant de la période postérieure à l'acquisition, force est de constater que Digicel ne produit aucun document de nature à justifier qu'elle aurait affecté les sommes dont elle a été privée à des prêts intra-groupe alors que les profits générés par Digicel ont été distribués sur cette dernière période.

Dès lors, en l'absence de preuve d'un préjudice spécifique, la perte de chance peut être évaluée en appliquant à la somme dont l'entreprise a été privée le taux d'intérêt légal correspondant à un placement sans risque, à compter du mois de janvier 2006.

S'agissant du taux d'intérêt, les appelantes estiment que seul un taux d'intérêt simple peut être appliqué au cas d'espèce et non le taux d'intérêt composé sollicité par Digicel, en l'absence d'élément factuel démontrant l'existence d'un « préjudice financier complémentaire ».

Mais les intérêts moratoires qui réparent forfaitairement le préjudice résultant du seul fait du retard de paiement d'une somme d'argent sont distincts des intérêts compensatoires qui visent à réparer intégralement le préjudice financier subi par la victime d'un dommage économique du fait d'une privation de trésorerie.

La réparation intégrale du préjudice financier suppose donc l'application d'un taux d'intérêt composé qui ne constitue pas un poste de préjudice distinct mais la méthode d'évaluation du préjudice financier.

S'agissant du point de départ des intérêts compensatoires, les appelantes soutiennent que celui-ci doit être fixé à la date de l'assignation comme l'a dit le tribunal et non au 1er janvier 2002, date de début des pratiques, ce qui serait arbitraire, outre que la différenciation tarifaire et l'exclusivité avec le réparateur local agréé n'avaient pas cours à ce moment[-]là. Elles ajoutent qu'une telle approche encouragerait les comportements dilatoires, faisant valoir que Digicel a attendu le mois de mars 2009 pour assigner et a demandé un sursis à statuer dans l'attente de la Décision.

La Cour de justice a précisé que la réparation intégrale doit inclure la compensation des effets négatifs de l'écoulement du temps depuis la survenance du préjudice causé par l'infraction, à savoir, l'érosion monétaire, mais également la perte de chance subie par la partie lésée du fait de l'indisponibilité du capital.

En vertu du principe de réparation intégrale, le point de départ des intérêts doit être fix[é] au 1er avril 2003, date à laquelle toutes les pratiques qui ont donné lieu à une évaluation globale, ont été mises en œuvre.

S'agissant du préjudice financier résultant des surcoûts des exclusivités de distribution, le point de départ des intérêts est fixé au 1er janvier 2007, date à laquelle tous ces surcoûts sont intervenus.

S'agissant du préjudice financier résultant des surcoûts de l'exclusivité de réparation, le point de départ des intérêts est fixé au 1er avril 2005, date à laquelle tous ces surcoûts sont intervenus.

534. Digicel a été victime de la part d'Orange Caraïbe de plusieurs pratiques constitutives d'abus de position dominante. Elle obtient réparation au titre de trois chefs de préjudices distincts, pour un total d'un peu plus de 180 millions d'euros. Ces préjudices étant survenus il y a une quinzaine d'années, Digicel demande également indemnisation pour un préjudice de trésorerie qu'elle évalue à un peu plus de 520 millions d'euros. L'arrêt de la cour d'appel de Paris fournit sur le sujet de l'évaluation du préjudice de trésorerie plusieurs enseignements importants[626].

---

[626] Les questions de préjudice de trésorerie mêlent étroitement le juridique et le financier. Elles soulèvent parfois des difficultés de vocabulaire, certains termes étant parfois définis moins précisément dans leur sens juridique qu'ils ne le sont dans leur sens financier ; v. supra n° 352.

535. Premier enseignement : l'arrêt confirme dans quelles circonstances une demanderesse pourra obtenir que son préjudice de trésorerie soit évalué avec un taux d'intérêt de type WACC. On s'en souvient, les débats sur l'indemnisation du préjudice de trésorerie ont souvent porté jusqu'à présent, devant les juridictions françaises, sur l'opportunité de retenir ou pas un taux dit « WACC (Weighted Average Cost of Capital, et en français Coût Moyen Pondéré du Capital)[627]. Dans un arrêt *Outremer Télécom* du 10 mai 2017, la cour d'appel de Paris avait défini deux situations dans lesquelles elle considérait comme envisageable l'usage d'un taux de cette nature : « *Si l'entreprise démontre que la non[-]disponibilité des sommes dont elle a été privée l'a conduite, soit à restreindre son activité sans pouvoir trouver des financements alternatifs par emprunts ou fonds propres, soit à renoncer à des projets d'investissements dûment identifiés qui étaient susceptibles de rapporter l'équivalent du coût moyen du capital [...]* »[628]. Intervenant trois ans après l'arrêt *Outremer Télécom*, l'arrêt commenté ici reprend exactement la même formulation.

536. Deuxième enseignement : les victimes qui pourront remplir les conditions requises pour prétendre à l'emploi d'un taux WACC paraissent devoir être peu nombreuses. L'arrêt indique en effet qu'une demanderesse, souhaitant que l'on calcule son préjudice de trésorerie avec un taux de cette nature, devra semble-t-il démontrer cumulativement au moins cinq points :

- qu'elle disposait de projets d'investissements précisément définis, qui lui auraient « *rapporté au moins le WACC* » (ou bien qu'elle avait dû restreindre son activité) ;
- qu'elle ne disposait pas elle-même d'une « *trésorerie suffisante* » pour les mener à bien ;
- qu'elle n'avait pas distribué à ses actionnaires des sommes importantes (sommes qu'elle aurait pu sinon consacrer au financement desdits projets) ;
- que ses actionnaires avaient refusé de financer ces projets (pourtant rentables) ;
- qu'elle avait été dans « *l'impossibilité de trouver d'autres sources de financement* », par exemple auprès des banques.

537. Troisième enseignement : le coût de la dette de la demanderesse constitue un taux d'actualisation possible. Les débats sur le choix d'un taux d'actualisation ont souvent opposé en France deux possibilités seulement : taux légal ou WACC. La fiche méthodologique établie par la cour d'appel de Paris indique pourtant que les options sont plus nombreuses[629]. L'évaluation du préjudice de trésorerie doit être effectuée au regard de « *l'usage que la victime aurait fait de la trésorerie correspondante* ». Sont ainsi cités comme autres taux potentiellement appropriés, selon les circonstances, le taux marginal auquel des ressources de financement ont été obtenues, celui auquel des placements financiers auraient été rémunérés,

---

627 Pour des précisions sur la nature du WACC et son calcul, v. J.-F. Laborde, conférence « Actions en réparation des pratiques anticoncurrentielles : État des lieux en France et dans l'Union », 28 mars 2019, préc.

628 CA Paris, ch. 5-4, 10 mai 2017, *SA Orange Caraïbe et SA Orange c/ SAS Outremer Télécom*, RG 15/05918.

629 CA Paris, Fiche n° 7, « Comment réparer les préjudices liés à l'écoulement du temps ? », dispo. sur le site de la cour : https://www.cours-appel.justice.fr/paris/publications-de-la-cour.

ou encore celui que des projets abandonnés auraient rapporté. La cour retient dans cet arrêt *Digicel* le coût de la dette, du moins pour une partie de la période pendant laquelle le préjudice de trésorerie a été subi. L'arrêt paraît indiquer une condition pour que ce taux puisse être retenu (pour une période donnée) : l'absence de distribution de dividendes (pendant cette même période).

538. Quatrième enseignement : si une demanderesse a distribué des dividendes à ses actionnaires, il lui faudra apporter « *la preuve d'un préjudice spécifique* » (et l'on se dit que cette preuve sera peut-être être difficile à fournir) ; ou bien accepter de voir son préjudice de trésorerie évalué par référence au taux légal. Il sera important d'observer si, à l'avenir, d'autres arrêts confirment que l'absence de distribution de dividendes constitue une condition à l'emploi d'un taux d'intérêt autre que le taux légal.

539. Cinquième enseignement : les intérêts compensatoires devront désormais être calculés de manière composée (et non pas de manière simple). En d'autres termes, en matière d'intérêts compensatoires les intérêts perçus en année N seront considérés comme réinvestis, et ils produiront eux-mêmes des intérêts en année N + 1. Marquant la différence entre intérêts compensatoires et intérêts moratoires, l'arrêt met ainsi en évidence le fait que les premiers ne sont pas soumis aux dispositions du code civil régissant les seconds.

540. Sixième et dernier enseignement : la date de début du calcul des intérêts compensatoires est nécessairement celle de survenance du dommage. Il a parfois été plaidé qu'une victime pouvait être elle-même à l'origine d'une partie de son préjudice de trésorerie, par exemple parce qu'elle aurait tardé à assigner, ou bien demandé et obtenu un sursis à statuer. Ces circonstances sont, semble-t-il, jugées par la cour insuffisantes pour déroger à la règle selon laquelle le calcul du préjudice de trésorerie doit avoir pour point de départ « *la survenance du préjudice causé par l'infraction* »[630].

Sainsbury's c/ MasterCard [2016] CAT 11, n° 1241/5/7/15 (T)[631]

Les intérêts compensatoires indemnisent un préjudice comme les autres, réparable selon les règles habituelles. Il n'existe pas de règle « spéciale » les concernant [...]. Mr R. [ajout : expert présenté par Sainsbury's] explique que le WACC représente le coût moyen du financement du groupe Sainsbury's, composé à la fois de dette, de fonds propres et d'accords de *leaseback*. Mr. R. considère que le préjudice de Sainsbury's doit être actualisé au taux WACC indépendamment de la manière dont le surcoût subi par Sainsbury's a été financé. En d'autres termes, le taux auquel Sainsbury's s'endettait à l'époque n'a aucune importance selon Mr. R. pour le calcul d'actualisation. L'opinion de Mr. R. trouve son fondement dans le théorème de Modigliani-Miller. Ce théorème est souvent cité dans la littérature financière, et le dictionnaire New Palgrave Dictionary of Economics

---

630 Pour un exemple de jugement ayant retenu comme point de départ la date de l'assignation, v. T. com. Paris, 13e ch., 11 juin 2019, *SAS 10 Médias c/ SA Les Éditions P. Amaury et al.*, RG 2013004738.

631 Traduction libre du texte original en anglais, § 520, 530 et s. ; jugement disponible sur le site internet du Competition Appeal Tribunal ; appel jugé le 4 juill. 2018 ; *e-Competitions Bulletin* July 2016, obs. V. Cosimo Romano ; *e-Competitions Bulletin* July 2016, obs. E. Neill.

le décrit comme « l'un des piliers de la finance d'entreprise moderne ». Le théorème de Modigliani-Miller postule qu'à chaque entreprise est attaché un niveau de risque, qui est fonction de la nature des activités de l'entreprise. Ce niveau de risque peut être « découpé » de différentes manières, en fonction du mix d'endettement et de fonds propres de l'entreprise. Mais ce découpage n'affecte pas le niveau de risque sous-jacent ; de sorte que, quelles que soient la part de dette et la part de fonds propres dans le financement, le coût moyen de financement restera le même. Modigliani et Miller montrent que – dans certaines conditions – si les marchés financiers sont efficients et si les coûts de transaction sont nuls, toute réduction du coût de la dette sera parfaitement compensée par une augmentation du coût des fonds propres. En bref, le niveau de risque attaché à l'activité de l'entreprise sera toujours fidèlement reflété dans ses coûts de financement. Dans ces hypothèses, le WACC d'une entreprise est indépendant de la manière dont elle se finance. Mr. R. a expliqué que son opinion était basée sur une hypothèse explicite : celle selon laquelle une entreprise telle que Sainsbury's a vraisemblablement optimisé le mix de son financement (c'est-à-dire minimisé le coût de ses capitaux engagés) [...]. Si Sainsbury's a financé le surcoût qu'elle a subi par de la dette (un moyen de financement peu coûteux), alors cela a accru son ratio d'endettement. Ce ratio d'endettement plus élevé a, par voie de conséquence, accru le risque attaché aux fonds propres de l'entreprise. Et il en est résulté deux effets : le coût des dettes levées par la suite a augmenté ; et le coût de nouveaux capitaux propres a augmenté. C'est pourquoi, même si Sainsbury's a financé le surcoût sous la forme de dette (par nature peu coûteuse), du point de vue de Mr. R., pour réparer intégralement le préjudice de Sainsbury's, il faut tenir compte non seulement des intérêts apparents de cette dette, mais aussi (i) du taux d'intérêt plus élevé payé par Sainsbury's sur ses dettes futures et (ii) du coût accru de ses fonds propres. Si l'hypothèse que Sainsbury's avait optimisé son mix de financement est vérifiée, alors ces deux coûts additionnels annulent grosso modo l'économie réalisée par Sainsbury's grâce au financement par de la dette « pas chère » [...].

Mr. H. [ajout : expert présenté par MasterCard] a rejeté l'idée que le WACC constituait le taux approprié pour évaluer les intérêts compensatoires dus à Sainsbury's. Il a défendu l'idée que cette approche était très théorique, et qu'elle ne permettait pas d'évaluer le préjudice réellement subi par Sainsbury's. Les deux critiques principales formulées par Mr. H. sont les suivantes : (1) Aucun élément de preuve ne confirme l'hypothèse formulée par Mr. R. selon laquelle Sainsbury's avait optimisé son mix de financement (de sorte que toute déviation aurait écarté Sainsbury's de l'optimum). (2) En tout état de cause, au regard de son montant, le surcoût ne pouvait affecter que de manière négligeable le mix de financement de Sainsbury's. L'idée selon laquelle il aurait pu affecter la perception du risque chez les actionnaires de Sainsbury's et modifier leurs attentes semblait donc plus imaginaire que réelle. En bref, que le surcoût ait été subi par Sainsbury's ou pas, le taux d'endettement de Sainsbury's aurait été à peu près identique [...].

Au regard des éléments dont nous disposons, nous ne sommes pas en mesure de conclure que Sainsbury's avait atteint un mix de financement optimal ou proche de l'optimum, et certainement pas sur toute la durée des pratiques mises en cause. Peut-être Sainsbury's essayait-il d'optimiser la structure de ses capitaux ; mais cela ne permet pas de conclure qu'il y était parvenu. Les variations considérables de la trésorerie de Sainsbury's suggèrent d'ailleurs fortement l'existence d'un mix de financement sous-optimal. Nous en concluons que ce prérequis pour appliquer le théorème de Modigliani-Miller n'était pas rempli [...].

Mr. H. accepte l'idée qu'un changement important du mix de financement d'une entreprise peut entraîner des variations du coût de son endettement et/ou du coût de ses fonds propres. Tel serait le cas, pense-t-il, dans des circonstances où l'entreprise devrait lever une masse significative de dette, suffisamment importante pour affecter la perception du risque attaché à la dette de l'entreprise. Toutefois, il considère que des « petites » variations de coût sont peu susceptibles de changer les attentes des actionnaires. Mr. R. a contesté ce point de vue, même s'il a reconnu que l'argument pouvait sembler intuitif. En 2014/2015, les fonds propres de J Sainsbury plc étaient d'environ 5 443 millions de livres sterling : au regard de cette somme considérable, même un très petit changement du coût du mix de financement pouvait entraîner un changement significatif du coût de ces fonds propres. Et ce d'autant qu'il existe des acteurs dont le métier consiste à réaliser des arbitrages sur les marchés financiers. Les comptes publiés par J Sainsbury plc spécifient le niveau de dette de l'entreprise au million près, a expliqué Mr. R. Des analystes utilisent ces chiffres dans leurs modèles d'évaluation financière. Le coût du capital de J Sainsbury plc change sans arrêt, par fractions de centime chaque jour, de sorte que même des changements peu élevés du mix de financement affectent véritablement le coût de ses fonds propres.

Sur ce point, nous sommes plus proches de l'avis d'expert de Mr. H. que de celui de Mr. R. Nous ne voyons pas d'élément établissant que l'augmentation du taux d'endettement aurait affecté le coût des fonds propres de J Sainsbury plc ou de Sainsbury's. Les marchés de capitaux n'arbitrent pas de manière parfaite les coûts des différentes formes de financement (ils prennent en compte également beaucoup d'autres facteurs) ; ils n'opèrent pas non plus dans un monde dans lequel l'information serait parfaitement transparente. De notre point de vue, dans le monde réel, un changement dans le taux d'endettement de Sainsbury's, même d'une ampleur plusieurs fois supérieure au montant du surcoût, ne se traduirait pas de manière mécanique par une augmentation du coût des fonds propres [...].

Peut-être le WACC a-t-il sa place lorsqu'il faut évaluer le prix approprié que doit payer une entreprise pour lever une quantité importante de capitaux engagés. Mais c'est un taux complètement inapproprié dans cette affaire. Le théorème de Modigliani-Miller repose sur quantité d'hypothèses qui, ailleurs qu'en laboratoire, ne sont jamais remplies. Il nous semble donc, *prima facie*, qu'il est fondamentalement inadapté lorsqu'il s'agit d'évaluer un préjudice. Même si on laisse de côté la difficulté à réconcilier une théorie et le monde réel, nous avons constaté que le mix de financement de Sainsbury's était sous-optimal (de sorte qu'un changement de son ratio d'endettement n'entraînait pas des effets négatifs) et que le montant du surcoût était d'ampleur insuffisante pour affecter ce ratio (même dans l'hypothèse où il aurait été optimal) [...]

541. Dans l'affaire *Digicel* analysée plus haut, le débat sur l'opportunité d'actualiser le montant du préjudice avec un taux de type WACC s'est, semble-t-il, centré sur une question : l'entreprise avait-elle été contrainte d'abandonner des opportunités d'investissement qui lui auraient rapporté une rémunération à ce niveau ? Il existe une autre manière de justifier l'usage d'un taux WACC. Dans cette affaire jugée par le Competition Appeal Tribunal, elle est développée par l'expert missionné par le demandeur Sainsbury's.

542. Selon le théorème financier de Modigliani-Miller, le coût du financement d'une entreprise est indépendant de la source de financement utilisée. Si par exemple l'entreprise se finance par de la dette, elle a recours à un moyen de financement dont le prix apparent est inférieur au WACC. Mais le risque de défaut que présente l'entreprise augmente. Ses différents prêteurs demandent donc un taux d'intérêt plus élevé, et ses actionnaires une rémunération des fonds propres accrue. Et, quand on prend en compte tous ces effets, le coût véritable de la nouvelle dette correspond au WACC. En d'autres termes, peu importe le moyen de financement employé : quand on regarde bien, tous coûtent le WACC. Lorsqu'elles évaluent la rentabilité d'un investissement, beaucoup d'entreprises emploient de manière implicite le théorème de Modigliani-Miller : peut-être l'argument développé ici par Sainsbury's n'est-il pas exact, mais il est assurément sérieux.

543. Le Competition Appeal Tribunal rejette l'argument pour deux raisons :

- Le théorème de Modigliani-Miller n'est applicable qu'à la condition que l'entreprise ait atteint une structure financière optimale ou quasi optimale. Il n'est pas prouvé que tel était le cas de Sainsbury's ; il existe même des raisons de penser le contraire.
- Le théorème repose sur l'idée que, lorsque le ratio d'endettement d'une entreprise augmente, il en résulte un accroissement du coût de ses fonds propres. Le tribunal estime que cet effet ne se produit que lorsque l'augmentation du ratio d'endettement est substantielle : si elle est peu élevée, alors l'existence de cet effet lui semble incertaine.

On notera le caractère tranché de l'appréciation du Competition Appeal Tribunal, notamment lorsqu'il décrit l'usage du WACC comme « *complètement inapproprié* » dans cette affaire. Gageons que des arguments similaires à ceux présentés par Sainsbury's seront développés devant des juridictions françaises. Il sera intéressant d'observer si elles partagent le point de vue de leur homologue britannique.

544. On notera un autre aspect du jugement. Ayant choisi d'écarter le taux d'intérêt WACC, le tribunal se demande quel taux d'intérêt employer pour évaluer le préjudice de trésorerie. Son analyse l'amène à la conclusion que, si Sainsbury's n'avait pas été privé du montant de son préjudice principal, il en aurait fait deux usages : 40 % de la somme seraient venus s'ajouter à la trésorerie de l'entreprise, et les 60 % restants auraient permis de limiter l'endettement[632]. C'est ainsi que le tribunal retient pour évaluer le préjudice de trésorerie non pas un taux d'intérêt unique mais deux : le taux auquel la trésorerie de Sainsbury's était rémunérée (pour 40 % de la somme), et le taux d'intérêt payé par Sainsbury's sur la dette levée au moment des pratiques (pour 60 % de la somme).

---

632 Ces chiffres laissent de côté la moitié du préjudice principal qui, selon le tribunal, a vraisemblablement été répercutée.

LISTE DES DÉCISIONS COMMENTÉES OU CITÉES

Les décisions commentées sont assorties d'un astérisque et du numéro de paragraphe auquel elles sont commentées. Les autres décisions ne sont que mentionnées en note ou dans le corps de texte.

Cour de justice de l'Union européenne

(anciennement des Communautés européennes)

CJUE, 5e ch., 12 déc. 2019, *Otis II*, aff. C-435/18, ECLI:EU:C:2019:1069*, n° 259 et 472

CJUE, 6e ch., 29 juill. 2019, *Tibor-Trans*, aff. C-451/18, ECLI:EU:C:2019:635*, n° 84

CJUE, 2e ch., 28 mars 2019, *Cogeco*, aff. C-637/17, ECLI:EU:C:2019:263*, n° 9

CJUE, 2e ch., 14 mars 2019, *Skanska*, aff. C-724/17, ECLI:EU:C:2019:204*, n° 252

CJUE, 3e ch., 24 oct. 2018, *Apple Sales International*, aff. C-595/17, ECLI:EU:C:2018:854*, n° 91

CJUE, 2e ch., 5 juill. 2018, *flyLAL*, aff. C-27/17, ECLI:EU:C:2018:533*, n° 73

CJUE, 3e ch., 23 nov. 2017, *Gasorba*, aff. C-547/16, ECLI:EU:C:2017:891 ; *Europe*, 2018/1, comm. 18, note L. Idot ; *RDC* 2018, p. 92, note L. Idot ; *Contrats, conc., consom.* 2018/1, comm. 16, note D. Bosco ; *ibid.*, 2018/2, comm. 34, note G. Decocq*, n° 216

CJUE, 3e ch., 21 déc. 2016, *Concurrence*, aff. C-618/15, ECLI:EU:C:2016:976, n° 77

CJUE, 4e ch., 21 mai 2015, *Cartel Damage Claims (CDC) Hydrogen Peroxide SA*, aff. C-352/13, ECLI:EU:C:2015:335 ; *Europe*, 2015/7, comm. 287, note L. Idot ; *Procédures* 2015/7, comm. 225, note C. Nourissat ; *RLC*, 2015/44, p. 85, obs. C. Robin*, n° 67 et 91

CJUE, 5e ch., 5 juin 2014, *Kone*, aff. C-557/12, ECLI:EU:C:2014:1317 ; *JCP E* 2014, n° 1401, obs. C. Maréchal ; *Contrats, conc., consom.* 2014, comm. 200, obs. G. Decocq*, n° 439 et 452

CJUE, 1re ch., 6 juin 2013, *Donau Chemie*, aff. C-536/11, ECLI:EU:C:2013:366 ; *JCP G* 2013, n° 25, 717, obs. F. Picod, n° 148

CJUE, 2e ch., 8 déc. 2011, *KME Germany et al.*, aff. C-389/10 P, ECLI:EU:C:2011:816, n° 450

CJUE, gde ch.. 14 juin 2011, *Pfleiderer*, aff. C-360/09, ECLI:EU:C:2011:389 ; *Contrats, conc. consom.* 2011/8, comm. 198, note G. Decocq ; *Concurrences* n° 3-2011, p. 177, note A. Lacresse ; *Europe*, 2011/8, comm. 308, obs. L. Idot, n° 148

CJCE, 3e ch., 13 juill. 2006, *Manfredi*, aff. C-295/04 à C-298/04, ECLI:EU:C:2006:461, n° « introduction », 242, 244, 262, 264, 267, 291-292, 344, 348 et 357

CJCE, 5e ch., 2 oct. 2003, *Weber's Wine*, aff. C-147/01, ECLI:EU:C:2003:533*, n° 476

CJCE, 20 sept. 2001, *Courage*, aff. C-453/99, ECLI:EU:C:2001:465, *Rec.*, p. I-6297 ; *LPA*, n° 212, 24 oct. 2001, obs. P. Arhel ; *RDC* 2003/1, p. 71, note J.-S. Bergé ; *Europe*, 2001/11, comm. 330, note L. Idot ; *Contrats, conc., consom.* 2002/1, comm. 14, obs. S. Poillot-Peruzzetto, n° « introduction », 242-243, 261, 291 et 298

CJCE, 19 sept. 1995, *Marinari*, aff. C-364/93, ECLI:EU:C:1995:289, n° 77 et 87

CJCE, 10 mars 1992, *Powell Duffryn*, aff. C-214/89, ECLI:EU:C:1992:115, n° 110

CJCE, 30 nov. 1976, *Mines de potasse d'Alsace*, aff. 21/76, ECLI:EU:C:1976:166, n° 71

CJCE, 6 avr. 1962, *Bosch*, aff. 13-61, ECLI:EU:C:1962:11, *Rec.* 1962, p. 00089, n° « introduction »

Tribunal des conflits

T. conf., 16 nov. 2015, *Région Île-de-France c/ M. N. et autres*, n° 4035*, n° 121

Conseil d'État

CE, 7e et 2e ch. réunies, 12 oct. 2020, n° 432981, 433423, 433477, 433563, 433564, n° 408, 456 et 531

CE, 7e et 2e ch. réunies, 10 juill. 2020, *Lacroix Signalisation*, req. n° 420045, ECLI:FR:CECHR:2020:420045.20200710*, n° 295 et 481

CE, 7e et 2e ch. réunies, 27 mars 2020, *Sté Signaux Girod c/ Département de l'Orne*, n° 421833*, n° 447

CE, 7e et 2e ch. réunies, 27 mars 2020, *Sté Signalisation France c/ Département de la Manche*, req. n° 420491, ECLI:FR:CECHR:2020:420491.20200327*, n° 26 et 421

CE, 7e et 2e ch. réunies, 22 nov. 2019, *SNCF Mobilités*, req. n° 418645, ECLI:FR:CECHR:2019:418645.20191122*, n° 26

CE, 19 déc. 2007, *Sté Campenon-Bernard et al.*, req. n° 268918, 269280, 269293, ECLI:FR:CESSR:2007:268918.20071219*, n° 295

CE, sect., 10 avr. 2008, *Sté Decaux*, n° 244950, n° 298

CE, 22 févr. 2008, *Tête*, n° 266755, n° 298

Cour de cassation

Première chambre civile

Cass. 1re civ., 30 janv. 2019, n° 16-25.259, *Bull. civ.* I, n° 84, ECLI:FR:CCASS:2019:C100084, n° 101

Cass. 1re civ., 11 oct. 2017, n° 16-25.259, P+B, n° 100

Cass. 1re civ., 7 oct. 2015, n° 14-16.898, n° 1053 FS-P+B+I, ECLI:FR:CCASS:2015:C101053 ; *D.* 2015, p. 2620, note F. Jault-Seseke et *JCP G* 2015.1322, note L. Idot, n° 98

Cass. 1re civ., 12 juill. 2007 : JurisData n° 2007-040277 ; *Resp. civ. et assur.* 2007, comm. 306, n° 48

Cass. 1re civ., 13 juill. 2004, n° 02-10.386, n° 502

Cass. 1re civ., 28 sept. 2016, n° 15-18.904, n° 528

Cass. 1re civ., 19 févr. 1991, n° 89-11.018, n° 341

Deuxième chambre civile

Cass. 2e civ., 8 oct. 2015, n° 14-17.952 ; *Procédures* 2016, comm. 2, H. Croze, n° 128

Cass. 2e civ., 17 févr. 2011, n° 10-13.977, n° 41

Cass. 2e civ., 5 avr. 2007, n° 06-12.935 : JurisData n° 2007-038394 ; *Resp. civ. et assur.* 2007, comm. 209, n° 48

Cass. 2e civ., 29 mars 2001, n° 99-15.818, n° 341

Cass. 2e civ., 15 déc. 1971, n° 70-12.603, n° 502

Troisième chambre civile

Cass. 3e civ., 7 déc. 1988, n° 86-19.427, *Bull. civ.* III, n° 174, n° 41

Cass. 3e civ., 17 juin 2014, n° 13-14.759, n° 201

Cass. 3e civ., 8 déc. 2009, n° 08-11.911, n° 201

Chambre commerciale

Cass. com., 14 oct. 2020, n° 18-24.221, inédit, n° 216 et 222

Cass. com., 16 sept. 2020, n° 18-21.615, ECLI:FR:CCASS:2020:CO00441, inédit, n° 250 et 512

Cass. com., 8 juill. 2020, n° 19-25.065, ECLI:FR:CCASS:2020:CO00440, inédit*, n° 164

Cass. com., 29 janv. 2020, n° 17-15.156, ECLI:FR:CCASS:2020:CO00087, inédit*, n° 333

Cass. com., 23 janv. 2019, n° 17-26.870, ECLI:FR:CCASS:2019:CO00047, n° 321

Cass. com., 10 juill. 2018, n° 17-16.365, ECLI:FR:CCASS:2018:CO00696*, n° 125

Cass. com., 28 mars 2018, n° 16-27.268, P, ECLI:FR:CCASS:2018:CO00347, n° 41

Cass. com., 17 janv. 2018, n° 17-10.360, *Bull. civ.* IV, n° 87, ECLI:FR:CCASS:2018:CO00087, n° 138

Cass. com., 8 nov. 2017, 16-13.307, ECLI:FR:CCASS:2017:CO01412 ; *D.* 2017, p. 2533 obs. S. Carval J.-F. Laborde*, n° 532

Cass. com., 25 oct. 2017, n° 16-14.520, n° 487

Cass. com., 18 oct. 2017, n° 15-26.363, ECLI:FR:CCASS:2017:CO01275, inédit, n° 126

Cass. com., 27 sept. 2017, n° 15-20.087 et 15-20.291, ECLI:FR:CCASS:2017:CO01223, inédit, n° 35

Cass. com., 13 sept. 2017, n° 15-22.320 et 16-10.327, ECLI:FR:CCASS:2017:CO01085, inédit*, n° 190 et 274

Cass. com., 13 sept. 2017, n° 15-22.837 et 15-23.070, ECLI:FR:CCASS:2017:CO01073, inédit*, n° 190

Cass. com., 26 avr. 2017, n° 15-28.197, non publié, ECLI:FR:CCASS:2017:CO00611*, n° 206

Cass. com., 29 mars 2017, (3 arrêts) n° 15-17.659, n° 15-24.241 n° 15-15.337 ; *D.* 2017, p. 756 ; *ibid.*, p. 1075, obs. S. Tréard ; *AJ Contrat* 2017, p. 217, obs. B. Ruy ; *RTD civ.* 2017, p. 72, note P. Théry, n° 118

Cass. com., 12 avr. 2016, n° 14-26.815, ECLI:FR:CCASS:2016:CO00374, inédit ; *AJCA*, 2016, p. 291, note R. Amaro ; *Contrats, conc., consom.* 2016/6, p. 55 obs. G. Decocq, n° 250

Cass. com., 26 janv. 2016, n° 14-17.952 ; *JCP E* 2016, 1102, n° 128

Cass. com., 6 oct. 2015 n° 13-24.854, FS-P+B, ECLI:FR:CCASS:2015:CO00871 ; *AJCA*, 2015, p. 526, note R. Saint-Esteben ; *Concurrences* n° 1-2016, p. 259, note R. Amaro*, n° 190 et 269

Cass. com., 9 juin 2015, n° 14-15.074, n° 502

Cass. com., 3 juin 2014, n° 12-29.482, inédit, n° 275

Cass. com., 6 mai 2014, n° 12-26.429 F-D, ECLI:FR:CCASS:2014:CO00427*, n° 464

Cass. com. 16 avr. 2013, n° 10-14.881, *Bull. civ.* IV, n° 64, *D.* 2013, p. 1061 ; *ibid.* 2014, p. 893, obs. D. Ferrier ; *RTD com.* 2013, p. 518, obs. E. Claudel ; *RTD eur.* 2014, p. 474, obs. F. Zampini, n° 211

Cass. com, 12 févr. 2013, n° 11-20.670*, n° 487

Cass. com., 12 juin 2012, n° 11-20.482*, n° 525

Cass. com., 15 mai 2012, n° 11-18.495, non publié*, n° 202

Cass. com., 21 févr. 2012, n° 11-13.276 ; *D.* 2012, p. 677, obs. E. Chevrier*, n° 125

Cass. com., 15 nov. 2011, n° 10-21.701, non publié ; *Contrats, conc., consom.* 2012/3, comm. 66, obs. M. Malaurie-Vignal ; *Bull. Joly Sociétés*, 2012, p. 395, note C. Prieto ; *Rev. Sociétés*, 2012, p. 37, note S. Prévost, n° 269

Cass. com., 9 nov. 2010, n° 10-10.937 : JurisData n° 2010-020763 ; *Bull. civ.* IV, n° 169 ; *RLDA*, 2010/55, n° 3169, obs. C. Anadon ; *RLC*, 2011/27, n° 1814, obs. C. Barbier de La Serre ; *D.* 2010, p. 2764, obs. E. Chevrier ; *Contrats, conc., consom.* 2011/1, comm. 5, note M. Malaurie-Vignal ; *Procédures* 2011/2, comm. 61, note B. Ruy*, n° 125

Cass. com., 15 juin 2010, n° 09-15.816 ; non publié ; *D.* 2010, p. 2781, note Y. Utzschneider, H. Parmentier ; *Contrats, conc., consom.* 2010, n° 232, obs. M. Malaurie-Vignal ; *Gaz. Pal.*, 12 févr. 2011, n° 43, p. 43, obs. J. Philippe, M. Trabucci ; *RJDA* 2011, n° 349 ; *Concurrences* n° 4-2010, p. 205, obs. C. Lemaire, M. Cousin, confirmé sur ce point par Cass. com., 15 mai 2012, n° 11-18.495*, n° 305

Cass. com., 23 mars 2010, n° 08-20.427, inédit ; *CCE*, 2010/12, comm. 122, note M. Chagny ; *Contrats, conc., consom.* 2010/5, comm. 131, G. Decocq ; *RTD com.* 2010, p. 317, note F. Pollaud-Dulian, n° 275

Cass. com., 19 janv. 2010, n° 08-19.761, *Bull. civ.* IV, n° 8 ; *Contrats, conc., consom.* 2010, comm. 105, note G. Decocq ; *Rev. jurid. écon. publique*, 2010, n° 677, comm. 36, note A. Friboulet ; *Concurrences* n° 2-2010, p. 136, obs. C. Lemaire, S. Naudin*, n° 151

Cass. com., 10 mai 2006, n° A 05-15.338, n° 476

Cass. com., 10 mai 2006, n° M 04-17.759, n° 476

Cass. com., 26 nov. 2003, n° 00-10.243, *Bull. civ.* IV, n° 186, n° 322

Cass. com., 7 nov. 1989, n° 88-15.282, *Bull. civ.* IV, n° 281, n° 145

Cass. com., 1er mars 1982, n° 80-15.834, *Bull. civ.*, n° 76, n° « introduction »

Chambre sociale

Cass. soc., 13 déc. 2007, n° 06-44.080, *D.* 2007, p. 162, n° 145

Cours administratives d'appel

Bordeaux

CAA Bordeaux, 5e ch., 9 juill. 2019, *Sté Signalisation France c/ Département de la Charente-Maritime* n° 17BX01521, n° 446 et 456

CAA Bordeaux, 3e ch., 19 mai 2020, n° 19BX02591, n° 446 et 456

CAA Bordeaux, 5e ch., 19 mars 2019, *Sté Signalisation France c/ Département de la Charente-Maritime*, n° 17BX01521, n° 433 et 446

Douai

CAA Douai, 1re ch., 22 févr. 2018, *Sté Signalisation France c/ Département de la Seine-Maritime*, n° 17DA00507, 17DA00509, 17DA00511, n° 298 et 531

CAA Douai, 1re ch., 22 févr. 2018, *Sté Signalisation France c/ Département de l'Eure*, n° 17DA00537, n° 379-380

CAA Douai, 1re ch., 22 févr. 2018, *Sté Lacroix Signalisation c/ Département de la Seine-Maritime*, n° 17DA00561, 17DA00562, 17DA00563, n° 298

CAA Douai, 1re ch., 22 févr. 2018, *Sté Franche Comté C. c/ Département de la Seine-Maritime*, n° 17DA00595, n° 298

CAA Douai, 1re ch., 22 févr. 2018, *Stés Signalisation France et Signature Industrie c/ Département de l'Eure*, n° 17DA00537, RG 15/07583, n° 298

Nancy

CAA Nancy, 4e ch., 21 mars 2017, *Département de la Meuse c/ Sté Signaux Girod*, n° 15NC02367*, n° 234

Nantes

CAA Nantes, 4e ch., 6 mars 2020, *Sté Lacroix Signalisation c/ Département de la Loire-Atlantique*, n° 19NT02444*, n° 390

CAA Nantes, 4e ch., 27 avr. 2018, *Sté Signalisation France et al. c/ Département de l'Orne*, n° 17NT01719, 17NT01740, 17NT01741 et 17NT01770*, n° 447

CAA Nantes, 4e ch., 27 avr. 2018, *Sté Signalisation France c/ Département du Calvados*, n° 17NT02571, n° 382, 397, 421, 431, 520

CAA Nantes, 4e ch., 16 mars 2018, *Sté Signalisation France c/ Département de la Manche*, n° 17NT01526*, n° 421

CAA Nantes, 4e ch., 10 mai 2017, *Sté Signalisation France c/ Département du Morbihan*, n° 16NT01778*, n° 234

CAA Nantes, 4e ch., 2 févr. 2016, *Sté Signalisation France c/ Département de l'Orne*, n° 15NT00865*, n° 431

CAA Nantes, 2e ch., 28 déc. 2006, *SARL Ernée Viandes c/ Communauté d'agglomération de Laval*, n° 05NT01487, n° 485

Paris

CAA Paris, 13 juin 2019, *SNCF c/ Sté Hoffmann & Co. Elektrokohle AG et al.*, n° 14PA02419*, n° 443

CAA Paris, 6e ch., 29 déc. 2017, *Sociétés Bouygues et Bouygues Construction*, n° 16PA02417-16PA02473-16PA02476, n° 27

CAA Paris, 8e ch., 14 juin 2010, *M. A… c/ Fédération française de Football et al.*, n° 08PA00502, n° 485

CAA Paris, 6e ch., 26 juin 2007, *SNCF c/ Sté Fougerolle-Ballot*, n° 99PA01032, n° 377

Cours d'appel

Aix-en-Provence

CA Aix-en-Provence, ch. 3-1, 30 janv. 2020, *Société Distriparfum LLC c/ SAS Coty France*, RG 19/07904, n° 130

CA Aix-en-Provence, 2e ch., 22 mai 1997, *Sté ODA c/ M. A… et al.*, RG 96/18916, n° 499 et 508

Angers

CA Angers, ch. corr., 8 mars 2012, RG 11/00449, n° 529

Basse-Terre

CA Basse-Terre, 2e ch., 26 juin 1995, *SARL Les Sablières de Guadeloupe et SA Les Carrières de Deshaies c/ SA Somatco*, RG 9400036, n° 485

Fort-de-France

CA Fort-de-France, 24 janv. 2017, *C. c/ SARL Cinésogar, SARL Filmdis, SAS Mediagestion*, RG 15/00486*, n° 42

Grenoble

CA Grenoble, 1re ch. corr., 6 juill. 2000, *Centre Hospitalier Régional Universitaire*, n° 99/01022*, n° 384

Montpellier

CA Montpellier, ch. com., 22 mai 2020, *SARL Il Venti Nove c/ SARL Balducci Di Piu*, RG 17/05647, n° 130

CA Montpellier, ch. 1 B, 9 mars 2010, *Unilia Mutuelle Santé Prévoyance c/ Groupe Languedoc – Mutualité Mutuelle*, RG 09/01917, n° 485

Nîmes

CA Nîmes, 1re civ., 28 mai 2020, *SARL GMG c/ O., D., SAS VCR France et Société Vivai Cooperativi Rauscedo*, RG 15/05027, n° 130

Paris

CA Paris, ch. 5-4, 17 juin 2020, *SA Orange et SA Orange Caraïbe c/ SA Digicel Antilles Françaises Guyane*, RG 17/23041*, n° 339 et 534

CA Paris, ch. 5-16, 7 janv. 2020, *Sport One c/ Nike Europe Operations Netherlands (NEON)*, RG 19/12209*, n° 103

CA Paris, ch. 1-8, 25 oct. 2019, *Société X Y c/ Société Renault Trucks*, RG 19/05356*, n° 131 et 164

CA Paris, ch. 5-4, 6 mars 2019, *SARL Arkeos et al. c/ SA EDF, SASU EDF Énergies Nouvelles Réparties et SASU EDF ENR Solaire*, RG 17/21261*, n° 35 et 195

CA Paris, ch. 5-11, 8 févr. 2019, *SASU Fibre Excellence Tarascon et SAS Bioenerg c/ SA ERDF (devenue Enedis)*, RG 16/06164*, n° 314

CA Paris, ch. 5-4, 6 févr. 2019, *SARL Doux Aliments c/ SA Cie Financière et de Participations Roullier et SAS Timab Industries*, RG 17/04101*, n° 195

CA Paris, ch. 5-4, 19 déc. 2018, *SA Bubble Diving et Me C. R... c/ SA La Spirotechnique Industrielle et Commerciale*, RG 16/07213, n° 479 et 523

CA Paris ch. 5-11, 30 nov. 2018, *SELAFA Mandataires Judiciaires Associés MJA prise en la personne de Me F. L... ès qualités de mandataire liquidateur de la SA Cambio c/ SA Orange*, RG 16/03880, n° 522

CA Paris, ch. 5-4, 10 oct. 2018, *SA Digicel Antilles Françaises Guyane c/ SA Orange Caraïbe et SA Orange*, RG 18/08088*, n° 351

CA Paris, ch. 5-4, 12 sept. 2018, *G.I.E. Pari Mutuel Urbain c/ Sté Betclic Enterprises Limited*, RG 18/04914*, n° 222

CA Paris, ch. 5-11, 8 juin 2018, *SA Orange c/ SA SFR*, RG 16/19147, n° 512

CA Paris, ch. 5-4, 11 avr. 2018, *SCP B... R..., ès qualités de liquidateur judiciaire de la Sté Lectiel c/ SA Orange*, RG 14/14758*, n° 513

CA Paris, ch. 5-4, 28 févr. 2018, *M. J.-J. B... et al. c/ SAS Lacroix Signalisation et al.*, RG 15/11824, 15/12921, 15/13633, 15/12827, 15/12227 et 15/12141*, n° 521

CA Paris, ch. 5-4, 17 janv. 2018, *SARL Grau Levage Chieusse c/ Sté Marbrerie Azuréenne*, RG 15/17101, n° 321

CA Paris, ch. 5-4, 17 janv. 2018, *SARL Prevote c/ SASU Priplak*, RG 15/17249, n° 321

CA Paris, ch. 5-11, 12 janv. 2018, *SASU Société de Distribution des automobiles du Limousin c/ SARL Auto Clean 87, SAS Commerciale Automobile*, RG 15/20452, n° 321

CA Paris, ch. 5-7, 21 déc. 2017, *Sté Crédit Lyonnais*, RG 15/17638, n° 41

CA Paris, ch. 5-4, 20 déc. 2017, *SA SREP (anciennement SA Eco-Emballages) et SA Valorplast c/ SARL DKT International*, RG 15/07583*, n° 157 et 226

CA Paris, ch. 5-4, 27 sept. 2017, *SA Iveco France c/ SA Sotira*, RG 15/02824, n° 321

CA Paris, ch. 5-4, 20 sept. 2017, *Sté JCB Sales Ltd et al. c/ SAS Central Parts*, RG 12/04441*, n° 497

CA Paris, ch. 5-4, 5 juill. 2017, *SAS NGK Spark Plugs France c/ SAS SCPI*, RG 15/12365*, n° 326

CA Paris, ch. 5-7, 23 mai 2017, RG 2015/08224, n° 375 et 387

CA Paris, ch. 5-4, 10 mai 2017, *SA Orange Caraïbe et SA Orange c/ SAS Outremer Télécom*, RG 15/05918 ; *Concurrences* n° 4-2017, p. 212, note R. Amaro*, n° 160, 282 et 339

CA Paris, ch. 5-4, 14 déc. 2016, *SNCF c/ Maître Pellegrini (liquidateur judiciaire de Switch)*, RG 13/08975*, n° 211, 333 et 507

CA Paris, ch. 5-4, 7 déc. 2016, *SA La Montagne et al. c/ Sté Aviscom*, RG 14/01036*, n° 323

CA Paris, ch. 5-1, 22 mars 2016, *SA Le Berry Républicain et al. c/ SAS Aviscom*, RG 14/11095*, n° 491

CA Paris, ch. 5-4, 25 nov. 2015, *SARL Google France, société Google Inc. c/ Société Evermaps*, RG 12/02931*, n° 232

CA Paris, ch. 5-5, 22 oct. 2015, *SARL Rocca Transports c/ Société Nationale Maritime Corse Méditerranée – SNCM*, RG 14/03665 ; *Concurrences* n° 1-2016, www.concurrences.com, obs. A. Ronzano ; *AJCA*, 2016, note R. Amaro, n° 340, 348 et 485

CA Paris, ch. 5-11, 2 oct. 2015, *SAS Cowes (anciennement Subiteo) c/ SA Orange (anciennement France Télécom)*, RG 14/15779, *AJCA*, 2016, p. 152 et s., note R. Amaro*, n° 494

CA Paris, ch. 5-5, 2 juill. 2015, *SA EDF et SA ERDF c/ SAS Nexans France et SAS Prysmian Câbles et Systèmes France*, RG 13/22609 ; *Concurrences* n° 4-2015, www.concurrences.com, obs. A. Ronzano*, n° 308 et 418

CA Paris, ch. 5-4, 24 juin 2015, *Région Île-de-France c/ L. Nautin et al.*, RG 14/01570 ; *Concurrences* n° 4-2015, p. 185, note C. Lemaire, S. Naudin, n° 122

CA Paris, ch. 5-7, 28 mai 2015, RG 2014/09272, n° 416

CA Paris, ch. 5-4, 27 mai 2015, *Sté Lectiel (en liquidation) c/ SA Orange (anciennement SA France Télécom)*, RG 14/14758*, n° 274

CA Paris, ch. 5-7, 21 mai 2015, RG 14/02694, n° 35

CA Paris, ch. 5-5, 30 oct. 2014, *Me P. H. Soret, Mandataire liquidateur de la société Médailles Souvenirs et al. c/ La Monnaie de Paris*, RG 13/00265, n° 483 et 522

CA Paris, ch. 5-4, 24 sept. 2014, *SARL DKT International c/ SA Eco-Emballages et Valorplast*, RG 12/06864 ; *Concurrences* n° 4-2014, www.concurrences.com, obs. A. Ronzano ; *Concurrences* n° 1-2015, pp. 178-180, obs. C. Lemaire, S. Naudin*, n° 157

CA Paris, ch. 5-4, 17 sept. 2014, *SA La Montagne c/ SAS Aviscom*, RG 12/10322, n° 490

CA Paris, ch. 5-5, 27 févr. 2014, *SNC Doux Aliments Bretagne et al. c/ Sté Ajinomoto Eurolysine et al.*, RG 10/18285 ; *Contrats conc. consom.* 2014/6, comm. 139, note G. Decocq*, n° 400 et 459

CA Paris, ch. 5-4, 20 nov. 2013, *Président de l'Autorité de la concurrence c/ SAS Ma liste de courses et al.*, RG 12/05813 ; *Concurrences* n° 1-2014, pp. 187-189, note C. Lemaire ; *Concurrences* n° 1-2014, www.concurrences.com, obs. A. Ronzano ; *e-Competitions Bulletin* November 2013, obs. L. Berthol-Balladur, S. Pele, n° 158

CA Paris, ch. 5-4, 20 nov. 2013, *SARL Google France, société Google Inc. c/ Société Evermaps*, RG 12/02931 ; *Comm. com. électr.* 2014/1, comm. 6, obs. M. Chagny, n° 232

CA Paris, ch. 5-4, 26 juin 2013, *Sté JCB Sales Ltd, Sté JC Bamford Excavators Ltd et Sté JCB Service c/ SA Central Parts*, RG 12/04441 ; *Concurrences* n° 3-2013, www.concurrences.com, obs. A. Ronzano*, n° 31

CA Paris, ch. 5-7, 11 oct. 2012, RG 2011/03298, n° 416

CA Paris, ch. 5-10, 27 juin 2012, *Me Michel Bes c/ SA France Télécom*, RG 10/18278 ; *CCE*, 2013/1, comm. 6, obs. M. Chagny, n° 275

CA Paris, ch. 5-7, 29 mars 2012, RG 2011/01228, n° 379 et 431

CA Paris, ch. 5-4, 27 avr. 2011, *M. B. M. c/ SNC Sté Presse Paris Services*, RG 08/21750 : JurisData n° 2011-007393, n° 314 et 485

CA Paris, ch. 5-4, 16 févr. 2011, *SCA Le Gouessant c/ SA Ceva Santé et SAS Ajinomoto Eurolysine*, RG 08/08727, n° 203

CA Paris, 1re ch. A, 30 sept. 2008, *SA Lectiel c/ SA France Télécom*, RG 06/21874, n° 275

CA Paris, 1re ch. H, 29 mars 2005, RG 2004/19930, n° 43

CA Paris, 1re ch., 23 juin 2004, *SARL Exploitation des Marbreries Lescarcelle et al. c/ Sté OGF*, RG 1996-85208*, n° 504

CA Paris, 25e ch. A, 28 juin 2002, *SARL Philippe Streiff Motorsport et al. c/ SAS Speedy et al.*, RG 2000-10676, n° 485

CA Paris, 1re ch., 22 mars 2000, *SARL Exploitation des Marbreries Lescarcelle et al. c/ Sté OGF*, RG 1996-85208, n° 504

CA Paris, 1re ch., 30 sept. 1998, *SA Mors c/ SA Labinal*, RG 1992-20943*, n° 509

Riom

CA Riom, ch. com., 29 juin 2011, *Mme R... c/ Conseil départemental de l'ordre des chirurgiens-dentistes du Puy-de-Dôme*, RG 10/02145, n° 485

Rouen

CA Rouen, ch. corr., 19 déc. 2012, *Restauration de monuments historiques*, n° 12/00205*, n° 416

CA Rouen, ch. corr., 14 déc. 2009, n° 09/00028, n° 373

Versailles

CA Versailles, ch. 14, 28 nov. 2018, *Société Sud Radio c/ SA Médiamétrie*, RG 17/08351*, n° 131

CA Versailles, 14e ch., 17 mai 2018, *SARL Beauty Store 92 c/ SA L'Oréal*, RG 17/06387, n° 136

CA Versailles, 9 ch. corr., 9 sept. 2009, *Espaces verts en Île-de-France*, n° 10/01728*, n° 441

CA Versailles, 12e ch. 02, 24 juin 2004, *SA Vérimédia c/ SA Médiamétrie et al.*, RG 2002-07434*, n° 331

CA Versailles, 12e et 13e ch., 17 mai 1994, *SNVC et USPA c/ Sté FR3 et SPPA*, RG 3132/92, n° 485

Juridictions du premier degré

Tribunaux de grande instance

TGI Rennes, 2e civ., 7 oct. 2019, *FRSEA Bretagne c/ CFPR et al.*, RG 13/00136*, n° 50

TGI Paris, 5e ch. 2e sect., 22 févr. 2018, *Société Betclic Enterprises Limited c/ G.I.E. Pari Mutuel Urbain*, RG 15/09129*, n° 222

TGI Lille, 1re ch., 6 juin 2017, *Mme V. c/ Sté Colgate Palmolive et al.*, RG 15/10938*, n° 58 et 311

TGI de Paris, 17 déc. 2013, RG 10/03480, n° 122

T. corr. Laval, 15 avr. 2011, *SARL Ernée Viandes*, n° 378/2011, n° 485 et 529

TGI Montargis, 16 sept. 2009, *SCM Gien radiodiagnostic et al. c/ Groupement de gestion de l'imagerie médicale conventionnelle et en coupes et al.*, n° 05/00156*, n° 527

TGI Paris, ord., 15 janv. 2009, *Conseil régional d'Île-de-France et Région Île-de-France*, RG 08/55030, 08/59948, 08/59949 ; *RLC*, 2009/19, p. 97, note M. Chagny*, n° 31

T. corr. Rouen, 4e ch., 11 sept. 2008, *Travaux routiers en Seine-Maritime*, n° 2850/08*, n° 373

TGI Paris, ch. civ. 3, 6 févr. 2008, *M. X... et al. c/ ACIP*, RG 05/10927, n° 485

T. corr. Grenoble, 30 juin 1998, n° 2399/mp2, n° 384

T. corr. Seine, 6e ch., 8 mars 1839, *Les Messageries Françaises c/ Les Messageries Royales et Les Messageries Générales*, n° 360

Tribunaux de commerce

T. com. Paris, 15e ch., 20 févr. 2020, *SASU Provera France et al. c/ SA Groupe Lactalis et al.*, RG 2017021571*, n° 387

T. com. Paris, 15e ch., 23 déc. 2019, *Sté Johnson & Johnson Santé Beauté France SAS c/ Sté Carrefour France et al.*, RG 20190054087, n° 377

T. com. Paris, 15e ch., 4 nov. 2019, *SAS Carrefour France et al. c/ Vania Expansion SAS*, RG 2017013952*, n° 411

T. com. Paris, 1re ch., 1er oct. 2019, *CNAMTS c/ Sanofi*, RG 2017053369, n° 37

T. com. Paris, 15e ch., 23 sept. 2019, *Sté Carrefour France et al. c/ Sté Johnson & Johnson Santé Beauté France SAS*, RG 2017013944, n° 377

T. com. Paris, 13e ch., 11 juin 2019, *SAS 10 Médias c/ SA Les Éditions P. Amaury et al.*, RG 2013004738, n° 485, 519 et 540

T. com. Paris, 15e ch., 26 mars 2018, *SAS Provera France et al. c/ SA Groupe Lactalis et al.*, RG 2017021571*, n° 183

T. com. Paris, 15e ch., 18 déc. 2017, *SA Digicel Antilles Françaises Guyane c/ SA Orange Caraïbe et SA Orange*, RG 2009016849, n° 343

T. com. Paris, 15e ch., 25 sept. 2017, *SAS Carrefour France et al. c/ SAS Procter & Gamble Holding France*, RG 2016036862*, n° 177

T. com. Paris, 15e ch., 20 juin 2016, *SA Orange Réunion c/ Sté SRR et al.*, RG 2014058853*, n° 500

T. com. Paris, 15e ch., 26 mai 2015, *SARL Équipements et Matériels pour Chantiers et Collectivités (EMC2) et M. J.-J. B... c/ SAS Lacroix Signalisation et al.*, RG J2014000147, n° 519 et 529

T. com. Paris, 15e ch., 1er févr. 2016, *SA Digitick c/ SA Fnac et al.*, RG 2013033034, n° 499

T. com. Paris, 17e ch., 16 déc. 2015, *SELAFA MJA et al. c/ SA Orange*, RG 2011002749, n° 494

T. com. Paris, 15e ch., 30 mars 2015, *SARL DKT International c/ SA Eco-Emballages et Valorplast*, RG 2012000109 ; *RLDA*, 2015/107, p. 29, note R. Amaro et H. Vey-Morit ; *Concurrences* n° 3-2015, pp. 154-156, note C. Lemaire ; *Concurrences* n° 3-2015, pp. 79-81, note A. Wachsmann, N. Zacharie ; *Concurrences* n° 3-2015, www.concurrences.com, obs. A. Ronzano, n° 201, 227 et 292

T. com. Paris, 15e ch., 16 mars 2015, *SAS Outremer Télécom c/ SA Orange Caraïbe et SA Orange (anciennement SA France Télécom)*, RG 2010073867*, n° 493

T. com. Paris, 4 nov. 2013, *SA EDF et SA ERDF c/ SAS Nexans France et SAS Prysmian Câbles et Systèmes France*, RG J2011000785, n° 418

T. com. Paris, 15e ch., 26 avr. 2013, *Maître G. Pellegrini (ès qualités de liquidateur judiciaire de la société Switch) c/ SNCF*, RG 2012002045, n° 211, 507 et 523

T. com. Paris, 15e ch., 16 mars 2012, *SARL DKT International c/ SA Eco-Emballages et Valorplast*, RG 2011023307 ; *Concurrences* n° 2-2012, pp. 142-145, note C. Lemaire, S. Naudin ; *Concurrences* n° 2-2012, www.concurrences.com, obs. L.-F. Martin ; *Concurrences* n° 2-2012, www.concurrences.com, obs. A. Ronzano, n° 227

T. com. Paris, 1re ch., 2 mars 2012, *SA Sereme c/ SA Actidyn Systèmes et al.*, RG 2010067418*, n° 516

T. com. Paris, 15e ch., 31 janv. 2012, *SAS Bottin Cartographes c/ SARL Google France et Google Inc.*, RG 2009061231 ; *Contrats, conc., consom.* 2012/5, comm. 129, note G. Decocq ; *Comm. com. électr.* 2012/5, comm. 51, obs. M. Chagny, n° 232

T. com. Paris, 6e ch., 30 mars 2011, *SAS Numericable et al. c/ SA France Télécom-Orange*, RG 2009073089*, n° 489

T. com. Paris, 15e ch., 20 nov. 2008, *SARL LB et Associés c/ La Monnaie de Paris*, RG 2007044186*, n° 524

T. com. Paris, 10e ch., 26 janv. 2007, *Sté Les laboratoires Juva Production et al. c/ SAS Roche et al.*, RG 2003048044, n° 460

T. com. Nanterre, 6e ch., 11 mai 2006, *SA Les Laboratoires Pharmaceutiques Arkopharma c/ Sté Roche et al.*, RG 2004F02643*, n° 462

T. com. Paris, 19 oct. 2001, *SARL Emettel c/ SA Télédiffusion de France TDF*, RG 2000-009930-1, n° 522

T. com. Paris, 15e ch., 15 nov. 2002, *SA Éditions Montparnasse c/ SA Télévision Française 1 « TF1 »*, RG 2001-075716, n° 499

T. com. Toulon, 6e ch., 5 mai 2000, *M. A... c/ Sté ODA*, RG 92F01271 & 96F00939, n° 508

T. com. Paris, 1re ch. A, 5 janv. 1994, RG 92/082099, n° 275

Tribunaux administratifs

TA Grenoble, 6e ch., 19 déc. 2019, *Département de la Savoie c/ Sté Signalisation France et al.*, n° 1503450*, n° 434

TA Lyon, 3e ch., 22 juill. 2019, *Sté AREA c/ Sté Signalisation France*, n° 1307012*, n° 466

TA Nantes, 2e ch., 19 juin 2019, *Département de la Loire-Atlantique c/ Sté Lacroix Signalisation*, n° 1607875 et n° 1610255, n° 383, 390 et 473

TA Dijon, 16 juill. 2018, *Sté Autoroutes Paris-Rhin-Rhône (APRR) c/ Sté Lacroix Signalisation*, n° 1301554, n° 383

Juridictions étrangères

Allemagne

Belgique

Danemark

Espagne

Finlande

CA Helsinki, 25 mai 2018, S 16/2275 (cartel des acheteurs de bois brut), n° 407

CA Helsinki, 20 oct. 2016, S 14/1370 (asphalte), n° 407

Italie

Tribunale Ordinario di Milano, 27 déc. 2013, *Brennercom SPA c/ Telecom Italia SPA*, RG 22423/2010, n° 478

Portugal

Supremo Tribunal de Justiça, 16 févr. 2016, *Interlog et Taboada c/ Apple*, n° 100

Royaume-Uni

Competition Appeal Tribunal, 14 juill. 2016, *Sainsbury's c/ MasterCard* [2016] CAT 11, n° 1241/5/7/15 (T)*, n° 541

High Court of Justice of England & Wales, 9 oct. 2018, *Britned Development Ltd c/ ABB AB and ABB Ltd* [2018] EWHC 2616 (Ch), n° 369, 404 et 407

Index

Les numéros renvoient aux paragraphes.

E

F

I

J

L

M

N

O

P

R

S

T

TABLE DES MATIÈRES

Revue Concurrences

Revue trimestrielle dédiée aux droits interne et européen de la concurrence

Concurrences est une revue universitaire trimestrielle dédiée aux droits interne et européen de la concurrence. Créée en 2004 par Laurence Idot, Frédéric Jenny et Nicolas Charbit, la revue est un forum de discussions entre universitaires, magistrats et praticiens du droit de la concurrence. Son rayonnement en dehors du champ des spécialistes est tel que plusieurs personnalités publiques de premier plan ont publié des points de vue dans ses colonnes : Jacques Attali, Elie Cohen, François Hollande, Christine Lagarde, Emmanuel Macron, Nicolas Sarkozy, Margrethe Vestager...

Comité scientifique et comité international

Le Comité scientifique, présidé par Laurence Idot assure l'indépendance de la revue et sélectionne les articles soumis à la revue sur des critères de rigueur de la démonstration et d'objectivité. Le Comité international, présidé par Frédéric Jenny, contribue à la diffusion de la revue à l'international et à l'organisation des conférences hors de l'Europe.

Contributeurs

Plus de 1500 contributeurs provenant de 15 pays ont publié dans la revue Concurrences. Ces contributeurs sont universitaires, magistrats ou représentants d'autorités de concurrence, avocats ou conseils juridiques, tous spécialisés en droit ou en économie de la concurrence.

Version électronique

Depuis 2004, Concurrences a publié 40 numéros totalisant 15 000 articles (au 1er septembre 2020). La version électronique reprend l'intégralité des articles parus dans la version imprimée depuis 2004 ainsi qu'environ 20 % d'articles supplémentaires. Ce supplément électronique correspond à des contributions publiées exclusivement sur le site de la revue notamment en raison de leur ampleur : actes de colloques, articles de fond, contributions économiques...

INSTITUTE of Competition Law
Antitrust databases and resources

Institut de droit de la concurrence

L'Institut de droit de la concurrence est un groupe de réflexion créé en 2004 dédié au droit de la concurrence et de la régulation économique. L'objectif de l'Institut est de promouvoir la recherche en droit de la concurrence et de la régulation. L'Institut édite à cette fin des revues et bases de données en langues française et anglaise et organise des conférences en Europe et aux Etats Unis. Afin d'assurer indépendance, rigueur et objectivité, chacune de ces publications et conférences est placée sous la supervision d'un comité scientifique et/ou d'un comité éditorial. Grâce à ses travaux, l'Institut est devenu en quelques années un groupe de réflexion et un centre de recherches de référence en droit de la concurrence et de la régulation.

Domaines d'action

Droit de la concurrence, droit de la régulation économique, et, économie industrielle.

Comités scientifiques et éditoriaux

Eleanor Fox, Laurence Idot, Frédéric Jenny, Bill Kovacic, Bruno Lasserre, Mario Monti, Damien Neven, Wouter Wils, Richard Whish...

Contributeurs

3 800 contributeurs dans 85 pays.

Partenaires

- Universités : IEJE Liège, King's College London, Paris Panthéon Assas/Sorbonne, Queen Mary College, University College London...
- Cabinets d'avocats : Baker McKenzie, Cleary Gottlieb, Jones Day, Shearman Arps, Van Bael & Bellis, White & Case ...

Séminaires

Plus de 350 évènements depuis 2004 à Paris, Bruxelles, Londres, New York, Washington et Hong Kong.

www.ingramcontent.com/pod-product-compliance
Lightning Source LLC
LaVergne TN
LVHW050631051026
849532LV00002B/347